英伦艺术视角与教学管理

宋相瑜 马薇蕾 巨立庆 著

吉林美术出版社 | 全国百佳图书出版单位

图书在版编目（CIP）数据

英伦艺术视角与教学管理 / 宋相瑜，马薇蕾著.
-- 长春：吉林美术出版社，2017.6
ISBN 978-7-5575-2819-5

Ⅰ．①英… Ⅱ．①宋… ②马… ③巨…Ⅲ．①艺术教育－教学研究－中学 Ⅳ．①G633.950.2

中国版本图书馆CIP数据核字(2017)第169218号

YINGLUN YISHU SHIJIAO YU JIAOXUE GUANLI

英伦艺术视角与教学管理

作　　者	宋相瑜　　马薇蕾　　巨立庆
责任编辑	于丽梅
装帧设计	海星传媒
开　　本	710mm×1000mm　　　1/16
字　　数	360千字
印　　张	23.5
版　　次	2018年9月第1版
印　　次	2022年8月第2次印刷
出版发行	吉林美术出版社
地　　址	长春市人民大街4646号
印　　刷	北京朗翔印刷有限公司

ISBN 978-7-5575-2819-5　　定价：80.00元

前　言

　　从外语作为一门学科引入我国教学场域以来，关于外语教育教学的研究与运用就成为人们聚焦的议题。在基础外语教育中，文学和语言教学的关系，一直都是国内外中学英语教学界具有争论的话题之一。外语教学中，文学起着举足轻重的作用。但是，随着教育和社会条件的变化，尤其是在交际法的影响下，文学的地位受到了历史性的挑战。美术教育在潜移默化中对中学生的各个方面都在产生着影响。本文主要介绍了外语教学法的相关理论、国内外的外语教学法、中学英语教学中的文学教学、中学生美术教育、英语教育教学法、中学英语教学中的文学教学以及美术教育对中学生各个方面的塑造等方面进行了深入地分析探讨，着重强调了对教学法相关知识的介绍，中学英语教学中的文学教学，中学生美术教育，给读者在教学法、中学英语教学中的文学教学、中学生美术教育方面提供借鉴。

第一章　外语教学法引述 ··· 1

　　第一节　引述——外语教学法中不可避免的若干问题 ············· 2

　　第二节　外语教学法的学理思考 ·· 6

第二章　外语教学法 ·· 13

　　第一节　语法翻译法 ··· 14

　　第二节　直接法 ·· 20

　　第三节　听说法 ·· 28

　　第四节　系列人文主义外语教学法 ······································ 37

　　第五节　认知主义外语教学法 ·· 38

第三章　后方法时代外语教学法 ·· 45

　　第一节　后方法时代外语教学法的基本特征 ·························· 46

　　第二节　交际外语教学法 ··· 50

　　第三节　任务型外语教学法 ·· 58

　　第四节　内容型教学法 ··· 66

第四章　本土英语教学法 ·· 79

　　第一节　本土英语教学法的形成和体系分析 ·························· 80

　　第二节　本土英语教学法的特征与评价 ······························ 130

　　第三节　本土英语教学法未来发展的思考 ···························· 149

第五章 国际外语教学法 ··· 163

   第一节 美国外语教学实践与外语教学法发展研究 ·························· 164

   第二节 欧洲外语教学实践与外语教学法发展研究 ·························· 179

第六章 中学英语教学中的文学教学 ··· 193

   第一节 相关概念 ··· 194

   第二节 中学英语课堂的文学教学的理论依据及启示 ···················· 202

第七章 美术教育对中学生思想道德品质教育的促进 ············· 209

   第一节 美术教育中融入德育的理论支撑 ···································· 210

   第二节 中学生出现思想道德品质问题的原因分析 ······················ 212

   第三节 中学生美术教育中的德育教育 ·· 215

   第四节 美术教学对提高中学生的思想道德品质教育的途径 ·········· 219

第八章 美术教育对中学生独立人格的培养 ···························· 227

   第一节 相关概念的界定 ·· 223

   第二节 培养中学生独立人格的重要性 ·· 234

   第三节 美术教育之于中学生独立人格培养的可行性 ··················· 241

   第四节 美术教育之于中学生独立人格培养方法思考 ··················· 243

第九章 美术教育对中学生情感的培养 ·································· 253

   第一节 情感教育的相关理论 ·· 254

   第二节 美术教育与情感教育的关系 ··· 259

   第三节 美术课程对中学生情感培养的实施 ································· 262

第十章 新课程标准下中学教学管理的相关概念和理论 ·········· 271

   第一节 新课程标准 ··· 272

　　第二节　课堂管理 ·· 274

第十一章　传统教学模式下中学课堂教学管理中心存在的问题及根源分析 ········· 279

　　第一节　传统教学模式下中学课堂教学管理中存在的问题 ··················· 280

　　第二节　传统教学模式下中学课堂教学管理问题的根源分析 ··············· 284

第十二章　新课程标准下中学课堂教学的评价 ······································· 287

　　第一节　学生学习状态评价 ··· 288

　　第二节　教师教学状态评价 ··· 312

　　第三节　课堂教学特色评价 ··· 349

第十三章　新课程标准下中学课堂教学管理的对策 ······························· 357

　　第一节　以人为本改进课堂教学管理主体片面化 ···························· 358

　　第二节　运用多种学习方式组织教学改善课堂教学组织形式僵硬化 ········ 360

参考文献 ··· 365

第一章

外语教学法引述

第一节　引述——外语教学法中不可避免的若干问题

一、母语、外语、第二语言的界定

关于母语(L1)、二语(L2)、外语学习的概念界定问题，在国内外已有大量的著作和论文对此问题进行研究和阐述，已经不是什么新问题了。然而，在许多讨论中，存在着有些范畴划分不清，有些概念模棱两可，甚至有越讨论越不清楚之嫌，就像一锅总也煮不烂的粥。

在语言教学界，母语被界定为一个人在婴孩和儿童早期，通常在家庭环境中习得的语言，又被称为第一语言。由于第一语言通常具有较高的熟练程度，在本民族内使用，所以又常常称为本族语。把在非本族语国家里学习一种该国家的语言称之为第二语言。如中国移民在英国或美国学英语，英语就是他们的第二语言。外语则指在本族语国家里学习一种非本族语的语言，这种语言就是他们的外语。如远离英美国家的中国人在中国学英语，英语就是我们的外语。

斯特恩(Stern)在其《语言教学基本概念》一书中，从第一语言与第二语言的学习顺序、熟练程度、学习方式进行比较，得出第一语言是幼儿时期习得的语言，第二语言是本族语掌握之后习得的;按熟练程度划分，第一语言是强语言，是主要语言，而第二语言是弱语言和次要语言;从学习方式方面比较，第二语言可以通过参加学习课程、或者自学、或通过其他非正规条件学习。从第一语言和第二语言的比较中，斯特恩并没有把第二语言与外语区别对待。相反他的第二语言概念包括外语、第二语言，以及非本族语三个概念。他还从语言功能、学习方式、学习环境、学习目的等方面比较了第二语言与外语的区别。第二语言在学习所在地通常有官方地位和公认的社会功能，而外语则没有这种地位和功能;学习第二语言有充分的语言环境支持，而学习外语除了有限的课堂教学和几本教材以外，几乎很少有接触外语的机会或场所;外语教学通常在课堂里进行，而第二语言可以无须正式的课堂讲授，通常可以在自然环境下习得。学习第二语言通常是为了全面参与所在国的政治、经济生活，而学习外语的目的通常是为了旅游、与外语本族人进行交际、阅读外国文学和外文科技文献。从第二语言与外语的比较中，他又将外语与第二语言分离出来。

可以看出，第二语言这一概念研究中具有狭义和广义两种：广义第二语言即泛指非本族语(母语)的所有语言(当然包括外语概念)；狭义第二语言的概念特指在目的语国家的语言环境中习得和学得的非本族语。狭义第二语言的"心理活动的过程与母语相近，存在下意识的心理活动过程，也存在有意识的心理活动过程。然而外语却是在非目的语国家的语言环境中学得的，听、读、说、写都是一种有意识的心理活动过程。西方学者所说的第二语言指在母语以外，在官方、商业及社会中广泛应用着的语言。在世界上，第二语言主要有这几种模式：首先是移民模式，如一个中国人移居美国，英语就成为他的第二语言；其次是新加坡模式。多数新加坡人的母语是华语，而英语却是他们国家的官方语言，因此，对新加坡人来说，英语是他们的第二语言。而外语作为一个语言学术语，是指母语以外，只在学校里学习的而在日常生活中很少有交际用途的语言。比如在中国学习英语，基本上靠课堂上学习，平时用于交流的机会很少。因此对于我国英语学习者来说，英语是外语。

可见，母语、第二语言、外语在诸多方面存在差异，应该区别对待。

二、第二语言教学与外语教学差异的分析

总结起来，第二语言教学与母语和外语的教学有以下几方面的差异：

（一）语言环境和学习中语言信息输入量的差异。幼儿习得母语有一切天然的有力条件，占尽"天时、地利、人和"之优势。第二语言学习者与儿童的母语习得的语言环境大体相似，能够全方位地接触大量的语言信息。而且这些信息自然、真实；环境的熏陶和浸染是在教育系统中出现的外语教学所不能企及的。

（二）从语言学习的动机和需求而言，幼儿习得母语是一种潜意识动机，一种人求得生存、与人交流的本能需要。它不由人的意志为转移。第二语言学习者是为了生存而学，他们要通过目的语的学习而融入当地社会。为此他们要"封存"自己原有的文化而建构目的语民族文化。他们人生的成功、失败都决定于能否学会目的语，所以他们面对第二语言要"背水一战"。语言学研究称这种动力为融合性动力(integrative motivation)。而外语学习的动机却不同。外语学习者往往带有明显的工具性动力，"工具性动力主要把目的语作为图谋良好发展的工具，如升学、升职等"。因此，学习过程中一直存在一种或多种外在压力。

（三）语言学习是个自然过程。该过程可以不涉及教材、正规的教学环境和教学计划。第二语言学习者既可以在正规的教学环境和教学计划中有意识地学习，也可以积极参与周围的社会生活，通过与日常生活互动、融合获得语言技能。而外语学习则不同，由于没有良好的语言环境提供语言学习所需的充足的信息量，其教学过程和程序必须借助于规范的语言知识的帮助。同时，教学程序也不能与第二语言教学程序互换，而必须遵循教学的基本原则。

（四）教学内容不同。由于第二语言教学在目的语环境中发生，学生急于融入当地社会生活的强烈动机促使教学内容与学生的日常生活紧密结合，解决他们在生活中直接面对的问题和困难。而外语教学内容则不同。如果在有限的教学时间和正规的教学环境中，全面按照日常生活作为教学内容，其功效无法达到第二语言教学的效果。因此，外语教学的内容应该侧重其语言的规范性和高频率的使用面，从而帮助学生"举一隅而以三隅反""学一用十"。另外，母语习得、第二语言教学、外语教学在获得语言的能力、教学方法和手段等方面都有明显的差异。

根据以上分析，外语和第二语言、母语是不同的概念。那么为什么20世纪70年代以来，第二语言的使用频率越来越高，很多时候甚至代替了外语概念，造成概念混淆呢?本文认为，首先可以从外语教学发展的历史背景中找到一个原因。大多数大学的外语语言文学系都主要涉及三方面的研究和学习方向:文学/文化研究、语言学，以及教学法的研究和教学。在过去一个世纪，外语教学的理论基础随着外语语言文学系的学科重心的转移而发生相应的变化。第一次世界大战前，外语教学理论根植于语文学和纯文学。两次大战期间，心理学和教育学的兴盛和繁荣将外语教学引入教育和社会科学的领域。然而，第二次世界大战后语言学的勃兴成为外语教学的又一个指导学科，即理论语言学。它代替了文学和教育学成为外语教学的研究基础。20世纪70年代，一个横跨语言学、教育学、心理学的新学科开始崭露头角——第二语言习得，它在70年代早期起源于儿童语言习得研究。由于世界各地涌现出越来越多的将英语作为第二语言学习的学习者，教师需要一种能够指导他们进行第二语言教学的理论。他们发现第二语言习得理论不仅对英语教学有用，而且对其他教学环境的语言教学也非常有帮助。因此，它逐渐替代语文学成为语言教学实践的理论基础。事实上，以上原因也是各种教学法产生和消退的根本原因之一，因为整个20世纪外语教学法概念和体系的发展都与这些发展有着千丝万缕的关系。由于第二语言习得的长足发展，强大的生命力对语言教学产生渗透性的影响力，术语上的趋同似乎使外语教学也借二了第二语言科学性的气息。

另外，第二语言和外语的区分最重要的标准就是学习环境不同。凡是在目的语环境中学习的目的语一般称为第二语言，反之则是外语。由于大多数外语教学专家云集在英语语言国家，而英语是当今的世界性语言。他们多以在以英语为本族语的国家学习英语的学习者为研究对象，对其他环境中的学习情况不甚了解，造成对第二语言概念的泛化。另外把作为非母语的英语作为第二语言，也许会使居住在美国的人感到不"外气"。应该说，从世界范围而言，我们很难想象把所有国家的外语教学都归类为第二语言教学，对不同的教学环境和教学对象采取"一把抓"的态度会给外语教学带来严重的后果。在西方学者仍然坚持不加区别地采用第二语言教学的时候，我国不少学者开始意识到其中的问题，并立足于本国实际，认真反思第二语言教学与外语教学之间的异同，倡导外语必须与第二语言分离出来。这种观点是正确的，也是明智的。因此，本文开宗明义，外语教学法的发展研究是以"外语"教学法为研究对象，而不是第二语言教学法。

本文认为，即使在以英语作为第二语言的国家中，语言教学领域的研究仍然有必要将外语教学和第二语言教学的概念分别处理。当今世界各国都越来越重视外语教育。随着世界政治、经济、文化的快速发展，世界变成了"地球村"。在这个村庄里，交流日益频繁，经济的融合和文化的理解成为必然，语言成为实现人类交往的必经之路。外语教育在意识上已经走出了偏狭的"地方主义"，向文化理解和经济发展相交融的方向前进。因此，中国人不仅仅学习英语，还学习日语、韩语、法语、德语等多种语言。而美国人不再只重视西班牙语、德语、法语，他们对汉语、日语也日益重视。遭受"9·11"恐怖袭击以来，美国政府再一次通过立法促进外语教育，阿拉伯语成为现在许多美国高校的热门语言。没有人会认为阿拉伯语、汉语、日语等语言也是美国的第二语言。外语教学本应该在语言教学的话语领域中始终坚守着自己的阵地。同样，外语教学法的研究也应以"外语"作为主要的对象，避免遭受第二语言理论渗透性错误影响。

综上所述，母语、外语与第二语言属于几个人不同的概念，混淆它们的不同的概念就会抹杀外语的特殊性，以抽象代替具体，以共性掩盖个性。把外语生硬地归结为第二语言是以西方的时髦话语掩盖实际问题的错误做法。"外语教学以及外语教学法"仍是一块有待继续开发的土地，有许多课题有待我们去探索、去研究。因此，不可能舍弃外语这个个性去寻求语言的共性。共性与个性永远是辩证的统一体，个性是共性的基础。如果我们能在中国这种特殊情况下对外语教学法开展深入的研究和探讨，这不仅可以丰富和发展共性研究，而且还可以用其来检验共性研究的普遍性和充分性。所以本文的研究重心是与第二语概念不同的外语教学和外语教学法。

第二节　外语教学法的学理思考

外语教学实践者常常处于一种"不识庐山真面目"的迷失状况，面对众多的"法典"，外语教师们不免疑惑、彷徨，甚至迷失，希望寻找一种真正科学的，操作性强的明确的理论。这是每一位教学实践者的愿望，但它更是外语教学理论者的心声。然而，百年的教学法历史证明，建树一种标准的唯一科学可行的单一理论是不现实的。接受这样的观点似乎是一种明智的选择，即"唯一永恒的事物是变化。这一悖论正是对20世纪时代思想——不论是在哲学领域、科学领域还是在美学领域的确切而真实的写照。没有任何静止不变的、绝对的思想和理论能够对当代这个运动中的世界给予令人满意的解释。"正如弗莱明所阐述的那样，语言教学领域里的思想和观念也绝非迷人的静谧港湾，而是一个永恒变幻的过程，我们唯有在这一流变的过程中去把握理论的主线，才能找到适应外语教学发展的甘泉。

国际外语教学法虽然持续流变，在冲突和困惑中前进，但只要慎重选择，珍视它们，就能从中寻找自己的观念和方法，探索和发现新的思想为语言教学服务。这既是当今外语教学的必然选择，也是外语教学法研究者在困难中进行选择、鉴别、探索所应坚持的根本信念。

教学法概念溯源

什么是外语教学法?如何区别百年来出现的林林总总的外语教学方法?这是外语教学理论研究必须面对的首要问题，这也是能使外语教学实践者克服教学法认识上的混乱和困惑的首要问题。这里本文将从下面两个方面进行辨析阐述:首先，对外语教学法概念中的多层次概念做必要的探析和澄清。其次，探讨教学法的基本特点。

爱德华·安东尼(Edward Anthony)就前瞻性地论述了外语教学法的概念问题，并提出了自己外语教学法的三个层次概念。他把这三个层次由高向低层级依次表述为:Approach, Method, Techniques。他对三者分别下了这样的定义:"Approach is a set of assumptions dealing with the nature of language, learning and teaching. Method is an overall plan for systematic presentation of language based upon a selected approach. Techniques are the specific activities manifested in the classroom that are consistent with a method and therefore in harmony with an approach as well."可见，安东尼为外语教学论定下了基本的三个层级关系。如图1-1所示:

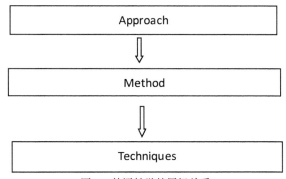

图1-1 外语教学的层级关系

其中，Approach是一系列关于语言、学习、教学本质的设想。在三个层次中居于最高位置。Method是根据选择的Approach而制订的系统陈述语言教学的总的方案，为条理性地讲解语言材料做出整体规划，处于教学中间层级。Approach（路子）是公理性的(axiomatic);Method(方法)则是程序性的。而Techniques是呈现于课堂的一系列具体的教学活动及技巧，是工具性的(implementational)。这些活动要和Method和Approach保持一致。他认为，三者之间是从抽象到具体，从理论到实际操作的层级关系。他还指出"方法是为了有序地教授语言内容而制订的总体计划，其中必须前后一致，都要建立在所选择的思路上(Anthony & Norris)。安东尼对教学法三个层级的表述虽然基本上确定了这几个层次的关系，但在表述上太简单，论述不够深入。加拿大麦基指出，外语教学法的意思是"取决于特定的教学法本身。不同的人对教学法的理解也是不一样的。"一些人认为教学法指教学程序;而另一些人也许认为是一系列教学原则，或者是一个固定的教学模式。但是，他放弃了给外语教学法下一个确切的定义的尝试。也许是他认识到给教学法下一个准确的定义

是多么的不容易。他只指出教学法之间的区别仅仅在于作为一种教学法所必须包括的内容上。而且"一切教学，无论好坏，都必须包括某种选择、某种分级、某种引出和某种重复。选择的原因是我们不可能穷尽整个领域的知识。需要分级是因为我们不可能同时教授选择出来的东西。需要引出是必须用清晰的方式将选择出来、分级处理的知识表达出来。而重复指熟能生巧，练习出真知。"

因此，他的教学法是个概括性概念，包括了材料选择(selection)，分级(gradation)，表述(presentation)和重复(repetition)等四部分主要内容。应该看到，麦基模式存在缺陷，他的模式没有涉及approach即根本的理论层面。《语言教学分析》中所列的多达20种的方法中，有一些属于安东尼所解释的技巧范畴，如简化教学法(the simplification method)和电影教学法(the film method)等，有一些则属于斯特恩界定的教学策略。

而后，理查兹又将method定义为"是一种语言教学哲学，它包含了一套为教授一种语言而标准化的程序或原理。它们都建立在某套有关语言性质和/或学习语言学习性质的理论前提之上。在语言教学中，发展教学法的基本途径有两条。一条通过教学大纲，即通过确定和组织语言内容;另一条通过一种有关学习过程和教学程度的理论。"杰克·理查兹(Jack Richards)和塞罗多·罗杰斯(Theodore Rodgers)对教学法的层次问题进行更系统、具体的论述。他们把安东尼的Approach. Method, Techniques重新命名为Approach, Design，Procedure。同时，他们把Method这个词定义为"is an umbrella term for the specification and interrelation of theory and practice."，是Approach, Design、Procedure的一个上位词。理查兹和罗杰斯提出的教学法(method)最为概括，它像一把伞，覆盖着理论(approach)，设计(design)，实施步骤(procedure)三个方面。它们之间的关系如下图1-2所示:

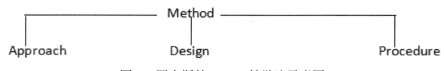

图1-2 罗杰斯的Method教学法示意图

Approach是指关于语言和语言学习本质的理论、假设和信念。它包括本族语语言理论，主要阐述语言熟练程度的本质和语言结构的基本单位;另外还阐述语言学习本质，包括对心理语言学和认知过程在学习过程中的作用，以及成功使用认知过程于语言学习的条件。Design是指将Approach的理论应用于课堂教学活动和教学内容的编制。教学设计包活以下七个方面的内容，即语言教学法的七大要素。（一）语言理论。（二）教学的一般(普通)和具体的目标。（三）大纲模式。大纲模式是选择和组织语言和主题内容的标准。（四）学习和教学活动的类型。它规定课堂的各种实践活动和任务。（五）学习者的角色。它包括学习者学习任务的类型;学习者对学习内容的控制程度;学习者学习过程中的分组形式;学习者对其他人学习的影响程度;学习者作为信息的加工者、行动者、问题解决者等观点的选择等。（六）教师的角色。包括教师的作用类型;教师对学习的影响程度;教师对学习内容的决定程度;教师和学习者之间的互动类型。（七）教学材料的作用。包括教材基础作用;教材形式如何(教科书或是视听教材);教材与其他语言输入的关系;教材对教师和学习者的假设等内容。Procedure是指从教学法和教学设计中派生出的实际操作方法和技巧。教学程序包括课堂技巧;教师教学过程中使用的设备、占有的空间、时间等资源;学习者和教师课堂中采用的策略等。本文认为该模式丰富了方法的内容，第一次将教学目的、大纲设置、师生角色和教材等包括在教学法系统内。理查兹(J.C.Richards)和罗杰斯(T.S.Rodgers)还对安东尼的教学法模式进行了批评，指出其存在缺点，如框架中缺少诸如教材、大纲、师生角色等因素，以及安东尼没有解释清楚method是如何体现approach和technique的关系等问题。

布朗(Brown,D)将外语教学法定义为一种理论性的立场和观念，和语言教学观以及二者在教学中的可应用性。

从以上的表述中，我们可以看出，无论是麦基、安东尼、理查兹和罗杰斯，包括语言观以及后来的布朗，虽然他们表述的Method一词不属于同一种内涵，但从教学法的层级关系的分析来看却是基本一致的。他们都试图将语言教学理论与教学实践联系起来，组成一种有效的教学体系或系统方法。实际上，杰克·理查兹和塞罗多·罗杰斯在他们的《后方法时代》一文中对Method的定义又似乎返回到安东尼定义的内涵上来。在该文中，他们是这样阐述的:

We have described an approach as a set of beliefs and principles that can be used as the basis for teaching a language. The following are examples of approaches: communicative language teaching; competency-based language teaching; content-based language teaching; cooperative learning; lexical approaches; multiple intelligences; the natural approach; neurolinguistic programming; task-bases language teaching; whole language.

A method, on the other hand, refers to a specific instructional design or system based on a particular theory of language and of language learning. It contains detailed specifications of content, roles of teachers and learners, and teaching procedures and techniques. It is relatively fixed in time and there is generally little scope for individual interpretation. Methods are learned through training. The following are examples of methods in this sense: audiolingualism; counseling–learning; situational language teaching; the silent way; suggestopedia; total physical response.

因此，本文采用的方法概念与安东尼的方法概念基本类同，即把"方法"定义为对语言、语言学习和语言教学的本质的集体智慧。外语教学法是处于外语教育理论的下一层理论逻辑的体系。

教案法结构体系分析

那么，外语教学法概念结构体系是如何建构而来的?通常某种理论结构体系的建构都是基于某一对象的总结概括，事先设计一种结构体系。好比一张房屋结构图，它也可以是根据一座建好的房屋描绘而成，也可能是为建造某一建筑而事先设计的。不难回答，教学法的结构体系不应该是事先为教学法设计的模子，而应该是发展到一定的阶段，出于研究或实践的需要总结而成的。因此，外语教学法结构体系应该是在已有教学法的基础上，并随教学法本身的演变而发展的体系。可以说，忠于教学法本身的基本特征的归纳才是使教学法具体化、实用化，增强其操作性和可理解性，减少模糊性、随意性、抽象性的基本态度和方法。任何完全脱离现存教学法本身特征的研究，无论具有多新奇的外表，多复杂的形态，都对教学法的研究没有任何帮助，只会给教学法披上一层层神秘的面纱，对外语教学的理论和实践毫无裨益，甚至适得其反。因此，结合前小节中的规范性定义，以及以各种外语教学法的原作为蓝本，我们可以对教学法结构体系概念做如下概括:发展比较成熟，内部机制较为完善的外语教学方法，应是一个由"道""术""谋"三大方面的成分——即由"外语教学的基本看法教学理论基础""施教程序"、方案总体设计组合而成的有机整体结构。由教学原理，教学程序和方案设计组合而成的有机整体结构规定了教学原理、程序、设计三方面的不可分割性以及相互的联系依赖关系。如表1-1:

表1-1 外语教案法内部机制基本成分表

第一层构架：教学原理
具体成分：
某一关于语言实质的理论或假说
某一关于语言学习实质的理论或假说
第二层构架：教学方案的设计
具体成分：
教学目标的确定
教学大纲的确定
教学活动类型的选择
学生角色功能的确定
教师角色功能的确定
教材角色功能的确定
第三层架构：课堂施教程序
具体成分：
教与学、学与学、学与教之间的相互作用
教师对时间、空间、教具的安排、处理
施教手法和学习技巧、与教学原则以及总体教学方案的一致性构成语言教学概念的多维模式

一直以来，各派教学法都从什么是语言，以及人们是如何学习语言的这两个基本问题出发，形成对外语教学的基本看法，"这种基本看法决定教学方法的设计，以及教学方法所要求的教学大纲和课堂活动。反过来，这些因素又会决定采用这种方法的人要遵循的程序——师生在课堂上应做什么，使用什么教材，一堂典型的课应是什么样子"。可见，外语教学方法就是由外语教学基本理论教学程序与教学设计构成。

教学法不仅仅是关于外语教学系统的、模糊的"原理"或"看法"，也不仅仅是为实现某一具体教学目标而采用的专项实施手段或方式。它应该对外语教学中"如何教"，以及"教什么"两个基本教学问题做出有效回答。因此，"从静态上看，外语教学法不仅应考虑指导教学的理论依据，而且要考虑实施教学的具体行为，还要考虑提供使教学原理与施教行为合为一体的联结键;从动态上看，如何根据施教过程中的信息反馈对既定方案做出相应调整，亦是外语教学法内部机制中不可缺少的组成部分"。

第二章

外语教学法

第一节　语法翻译法

中世纪欧洲的外语教学，主要是教希腊语和拉丁语，人们对外语教学方法的认识还很浅。一方面，可供外语教学吸取营养的基础学科还没有成长起来，处于萌芽阶段，现代意义上的心理学、语言学、教育学都只处于极为初步的发展阶段，在科学的道路上艰难地摸索。心理学还没有从哲学的母体中分离出来，靠经验主义提供源源不断的营养。语言学也没有脱离哲学的案臼，处于"传统语法阶段"。传统语法通常凭借逻辑判断对语言进行研究，其研究的重心从一开始就落在语言结构上。而这时对语言结构的重视也主要源于古希腊哲学家对语言的不同看法：一派认为语言是受自然支配的，是一种自然产物。它来自于外部原则，人类对语言无能为力。这种观点被称为"自然派"语言观;另一派认为语言是惯例支配，认为语言是约定俗成的，并随着人类的习惯发展起来的，人类可以改变它。这种观点被称为"惯例派"语言观。两派争论的焦点是一个词的意义与它的形式之间到底有没有内在联系。这种"自然派"语言观与"惯例派"语言观的论争持续了好几个世纪，从而使语言研究与哲学联系了起来，促进语法学的发展，并对外语教学法的变革和发展产生持久深远的影响。

一、以语言本位主义为指导的语法翻译法的形成

"惯例派"语言观的代表是亚里士多德，他认为"语言形成于惯例，因为名称没有天然产生之理"。他对名词、动词做了进一步论述，并提出了几种识别句子成分的标准。斯多噶派是亚里士多德的反对者。他们清楚地区分了语言的逻辑研究和语法研究，并运用精确的语法术语区分了五种词类:名词、动词、连词、冠词和关系代词。不管是"自然派"还是"惯例派"，他们都努力研究语言的结构，寻找语言的原始形式。他们的共同努力促成了《语法科学》的诞生，标志着语言研究传统语法阶段的到来。

斯拉克思的《语法科学》是西方第一部较完整的，最重要的语法书。它包括六部分内容:正确朗读解释文学，对术语和内容提供注释、发现词源，发现规律等，欣赏文学作品。很显然，"斯拉克思所说的语法学就是诗人和菜文家对语言基本用法的知识"。该著

作的基本理论和描写对后世的语言研究奠定了基础，而且对语言教学产生了巨大影响。可以说，之后直到现代语言学产生之前的几个世纪，语言研究和外语教学都一直按斯拉克思开辟的《语法科学》的道路前进。一方面，古罗马与希腊交往由来已久。公元前三世纪罗马帝国对希腊的征服反而成为希腊悠久文化的被征服者。罗马人对希腊人的优秀文化尤为佩服。在庞大的罗马帝国中，操不同语言的人相互交往频繁，"语言的学习与教授成了迫切问题。由于拉丁语与希腊语结构相近，因此开始用希腊语的理论与范畴直接来描写分析拉丁语"。可见，拉丁语语法与希腊语语法之间具有传承关系，而且对语法的研究首先起源于对语言教学的需要。外语教学从其产生之日起就打上了"语言"的烙印。

究其实质，当时的语言研究就是传统语法研究，而语法"是告诉我们如何正确地说话和写作的科学……这和艺术的任务，如把字母组成音节，把音节组成词，把词组成句子，避免同现语法错误和不规范现象"。而这种"避免出现语法错误和不规范现象"更多地是出于对外语教学的作用考虑。以阅读和欣赏文学作品的教学所需要的就是正确规范的规则系统。

科德曾经说过："如果不参照语言学，那么只研究语言教学本身是不会有系统性进展的。因为语言学关注的是语言整体，为具体的语言教学或语言交际提供科学的方法"。无论怎样，传统语言研究首先表现出的对语法的重视，以语法研究为本位，并辐射到外语教学中，也是一种必然。因此，最早出现的以"系统语法——翻译法"为基础编写的外语教学的教材中，无论是教师还是学生，他们在教授或学习过程中都以传统语法规则为中心。教师必须熟悉各种语法术语和规则来描述和解释语言，而学生也只能通过语法结构，如主、谓、宾、定、从、状、性、数、格等概念的掌握，获得一门外语的语法规则，从而达到阅读、翻译或更高水平地运用外语的能力。基于这种语言研究和语法观，人们在外语教学中引入的语法翻译法，其证据是：目的语主要通过一个规则系统来解释。这个规则系统蕴含于经典的文学作品的语篇中、句子中，并与学习者的母语的规则与意义相联系。语法规则的学习和翻译方式是达到理解目的语与母语规则和意义相联的基本原则。因此，母语作为教学语言，同时与目的语进行互译，在教学中起着不可替代之作用。

语法翻译法的基本原则：追求语法和翻译能力

语法翻译法是外语教学史上最古老的方法之一，也是外语教学中最重要和基本的方法，虽在西欧及美洲国家的外语教学中因为其本身的呆板、教条性，而被新兴的教学法所取代，但是它在外语教学领域的影响力却仍不可忽视，尤其在许多发展中国家，该方法还仍然是不少外语教师执教的法宝。为什么该法是那么多教师明知其弊端，却又非常迷恋的方法呢?下面我们来分析该方法的具体做法与主张。

语法翻译法经历了古典翻译法和近代翻译法两个发展时期。古典翻译法包括以德国语言学家奥兰多尔夫为代表的语法翻译法和法国外语教师雅克托和英国汗密尔顿(James Hamilton)为代表的词汇翻译法。奥兰多尔夫为代表的语法翻译法主张以教授语法作为外语教学的基础。因为人们认为学习语法有助于对另一门语言的理解，帮助翻译，也可以"磨砺智慧"，培养学生的逻辑思维能力。因此，语法翻译法始终贯彻语法是外语教学的基础这项教学原则，先学字母的发音和书写，接着开设语法课，然后进行阅读训练。熟记语法规则和例句，然后通过翻译巩固练习语法规则是该方法的基本特点。

雅克托和英国汗密尔顿为代表的词汇翻译法主张利用内容连贯的课文进行语义分析和翻译的方法教授外语。其特点是要求对通过母语与外语的对比，对课文语言材料进行细致的分析，达到对课文的理解。其教学步骤大致如下:(一)用母语介绍课文内容或者阅读课文的母语译文二至三遍。(二)教师逐句阅读课文，讲解每个词的意思、语法形式和句子结构，进行逐句直译，学生此时消极地听教师的讲解和朗读。(三)教师逐句重读课文，并作标准翻译。(四)教师朗读课文，每段读若干遍，先泛读，后领读。(五)通过对课文语法现象观察和分析归纳语法规则。(六)通过从母语译成外语的练习巩固课文。(七)阅读训练结束后，开始进行阅读原文著作的训练。

近代语法翻译法是在古典翻译法的基础上变化发展而成。它遵循以下基本原则:(一)教学以母语为教学中介，详细讲解复杂的语法规则，伴随大量孤立的，脱离语境的词汇;(二)分析并运用母语翻译课文;(三)教材结构以课文为主线，首先引入语法规则，然后是带有母语释义的外语单词表，常用的练习形式是目的语和母语之间的互译。课文的位置在一课书的前面:句子是语言教学的基本单位。(四)教学的主要内容是以语法为手段进行句子的双语互译。(五)阅读能力优先，整个教学的目的是培养学生的阅读能力，让学生掌握语法规则和背诵词汇达到可以阅读的水平，以理解欣赏古典文学作品。

从教学法的七个要素对语法翻译法进行分析，可以较清晰地看到该方法的利弊。(一)该方法将语法教学作为重中之重，就是将语言视为语法结构体系，所以对语法结构和单词的掌握就是对语言的学习。只注重书面语的教学，忽视口语教学。该方法的特点还突出表现在注重教授语法所规定的规范语言的同时，也照顾不规则的语言现象。(二)教学的目标是培养学生阅读外国文学作品的能力并通过外语学习促进学生智力因素的发展。(三)教学中使用母语为教学中介语，以讲授法为中心，强调学生背诵、翻译的方法学习。因此，在课堂教学中教师是中心，学生处于被动的接受者的地位。(四)教材是教师教学的主要依据，教师严格按照教材内容，依据简单的教学程序把语言知识教授给学生。讲解、背诵、翻译的巩固练习是课堂活动的主要形式。(五)词汇的选择依据课堂使用的教材，而不是以儿童的接受能力;句子是教学的基本单位。(六)语法的教学是演绎式的，即呈现和学习语法规则，然后通过大量练习巩固。语法教学力求系统地、有组织地进行。

语法翻译法的时代贡献和局限性

语法翻译法的时代贡献

语法翻译法经历了一个产生发展的过程，并对语言教学产生了持久的影响。它的出现不是偶然的，而是外语教学发展到一定阶段的一个必然结果。除了机械语言学理论的支持外，语法翻译法的产生和发展离不开欧洲当时对它的需要。总结起来，有以下几点原因可以阐明语法翻译法的存在的合理性和必要性。

第一，现代外语教学为了确立在正规教育系统中的地位，采用了地位稳固的古典语言(拉丁语)的教学方法——语法翻译法成为必然。因为在整个欧洲，现代语言教学要想在学校教育中获得真正的学术地位，必须采用拉丁语和希腊语的教学标准，其结果必然导致将教学的重心放在文学和复杂的语法规则上。

第二，语法翻译法是当时最适应外语自学者需要的教学法。它具有符合良好母语基础的学习者进一步学习外语的学习特点。在缺乏正规学校外语教学的年代，语法翻译法是外语自学的一种最有效、最容易的途径。以语法翻译法编写的教材比以往的任何教材都更能满足欧洲日益上升的外语自学者的要求。

第三，语法翻译法适应当时时代的需要，重视运用"语法"训练理性和磨炼学生的智慧，强调以发展学生的智力为教学目标。由于时代的局限性，不管这一目标是否能够达到，语法翻译法对外语对学生的智力发展的作用还是有一定的认识。语法教学自古以来被认为是训练学生思维，增长智慧的有效途径。因此语法翻译法有根基坚固的传统支持。

综上所述，语法翻译法首先是一种自学方法;其次它是现代外语教育在正规学校课程中争取地位的一种妥协性选择;其三，它是缺乏专业知识的外语教师容易掌握接纳的方法;

其四，从语法翻译法开始，外语教学有了规范的教学套路，可以用简单的模式达到教学和控制学生的教学目的。从其理论基础来看，语法翻译法受到当时机械语言学理论的影响。机械语言学家认为，一切语言起源于一种语言，语言和思维是统一的，由于人类有共同的思维规律，因而各种语言的语法也是共同的，各种语言的词汇所表达到概念、意义和词的搭配也是一样的，各种语言词汇的差别只是发音和书写形式的不同而已。于是，逐词直译、目的语与母语互译、讲解、背诵等就成为合情合理的方法了。这些使语法翻译法获得当时时代的青睐和社会客观发展的良好的条件。从其理论基础而言，机械语言学提供的理论基础为语法翻译法的产生准备了条件;从外在客观因素而言，外语学科为了在学校课程中与拉丁语平分秋色，必然要选择符合当时语言教育目标的教学法，因此，语法翻译法是时代的产物。

（二）语法翻译法的历史局限性

1.忽略语言教学规律的研究

语法翻译法在为创立外语教学法做出重要贡献的同时，也由于对当时外语教学认识的不足存在严重缺陷。首先，语法翻译法明显受到传统语法的影响，形式重于内容，具有最为明显的语言本位特征，是一种受到典型的"语言本位主义"语言观支配的教学法，即受到"语言是语法知识或语言形式"这一命题的支配。语言本位主义观的外语教学法的主要的特点表现为:外语学习就是一种知识的学习，即通过理解和背诵达到认识"外语"的内在规律和联系的目的。因此，该语言观指导下的教学尤其重视外语语言单位以及语法规则系统的掌握。在课堂教学中主要表现为大搞语法分析。例如，教师在课堂上总是将语法要点作为主要的教学内容，逐句地分析语法关系，以达到认识语法知识的能力。

从我们对语法翻译法的基本原则的分析可以看出，它是以语法为中心的教学，通过机械重复的反复练习到语法规则的掌握。其中阅读和写作也只是为了通过练习来巩固已经学会的语法规则的一种方式和手段，完全漠视听力、口语的作用，作为手段的语法变成最终目的。这样就无限夸大了语法的作用，从而忽视了语言其他方面的重要功能。另外，这种方法还过分依赖母语，在教学中大量使用母语作为教学语言削弱了外语的教学效果。

当然，将语法形式作为主要教学内容的教学法远不止语法翻译法。但是它是受语言形式教学支配的最典型方法，是语言本位主义的语言观的产物。"语言是语法知识"的命题导致的后果是"教非应所教，学非应所学"，造成语法翻译法与外语教学规律的背离。

2.背离人的发展和语言发展的规律

除了语法翻译法受到"语言本位主义"语言观的支配，违背了语言教学规律的缺憾以外，它还存在其他重大缺憾:其一，迎合自学者的方法与学校教育环境中教师采用的方法之间不应该也不可能等同;其二，符合拉丁语(一种古典语言，或者死语言)的学习方法与现代外国语的方法不能等同。尽管现代外语教学与古典语言教学之间存在一定的共性，如阅读能力的培养方面等，但是古典语言教学偏重教养目的而忽视语言的实用特征，乃至忽视外语教学的实用目的，违背了外语教学的客观规律;其三，单纯通过语法训练学生"思维"，发展"智慧"的学习目的与现代外语学习追求的交流、强化交际的实用目标背离。从语法翻译法的具体教学特征来看，教师在教学中拥有绝对权威地位，教学方法和程序简单，教学语言是教师熟悉的母语，外语教学完全变成了一种不具有挑战的、复杂的行为活动，按部就班地进行就可以完成的工作，从而使外语教学的师资水平大大降低。这些都有利于该教学法的广泛推广并对外语教学产生持久的影响。但是，它僵化的教学模式对于语言学习者却带来极大地痛苦。学习者自身具有极大自主性和创造性，但是他们丰富的想象力却沦为被动知识的接受容器和机械的语法练习执行者，阻碍了学生的语言发展乃至身心的整体发展。语法翻译法只注重理解、分析语法规则和形式，忽视语言所表达的具体意义内容，忽视学习者语言运用能力的培养，过分依赖母语和过分强调语法等缺点使语言教学机械、呆板，其效果自然非常低下。

综上所述，语法翻译法是古典语言学习方法的改造和继承。它以机械语言学关于语言的共同性、语言和思维的同一性理论出发阐述外语学习，这种理论即使不问其科学性，也不能不思考其对外语教学本身的有效性。同时，从人类有共同的思维规律，因而各种语言的语法也是共同的，学习语法可以锻炼人的"思维"，发展"智慧"的推论现在看来也是极其幼稚的假设和推断。无论从哪一方面看，该方法离现代外语教育和教学目的都相去甚远。看来，语法翻译法是外语教学法在探索科学学习外语的万里长征的第一步，其任重而道远。

第二节　直接法

语法翻译法掀开了现代外语教学法的第一页，但是由于它与外语教学本身的使命存在着严重的对立，以及难以解决外语教学中碰到的问题和满足学习外语的各种要求，许多学者于是另辟蹊径，直接法由此应运而生。

自然主义方法论与直接法的形成

直接法的产生并非偶然，而是有着深刻的社会要求和外语教学内在的因素，并且得到早先出现的序列法的良好基础作用的结果。

直接法的基础——顺序法兴起

法国语言学家古安(F .Gouin)来到汉堡，立志自学德语，虽然身处异国，古安没有采用通过与当地德国人交流来学习德语的有利条件，而是奉行流行的外语学习方式，选择背诵大量语法和词汇，以及翻译歌德、席勒等人著作的方法，矢志于在书房中获得一门新的语言。但结果却令他大失所望，每当他在公共场合开口使用在书斋中学习到的德语时，总是成为大家嘲笑的对象。古安外语学习的失败正是语法翻译法的失败体现。他灰心丧气地回到家后却发现三岁的侄子已经可以流利地使用法语了。他开始投入大量的实践观察侄子和其他孩子时如何学习语言的。经过长期的观察他得到这样的结论:语言学习实际上就是将感知事物转化为概念。儿童就是运用语言来表达概念的。语言是思考的工具，是世界万物呈现于人的体系。儿童是使用语言来观察世界、组织经验的。他们按照事物发展的顺序，以整句话为单位学习。这就是古安的发现，并由此创立了序列教学法:一种早期的直接教学法。

这种方法要求学习者直接地而不是通过翻译学习语言，概念性地理解学习相互有联系的整个句子，而不是学习和解释语法规则。序列法有以下几点主要原则:1. 动词是语言的中心，学好语言的关键在于动词的掌握;2. 句子是教学的基本单位，应该以整句而不以单词作为教学的单位。动词要在句子中学习;3. 幼儿在活动时对语言的使用既是使用语言的过程，又是学习语言的过程，应该对此原理加以充分运用。儿童的游戏活动是由一系列动作构成，它们按时间顺序连续发生，因此，儿童需要使用一系列内容上有联系的带有动词的句子；4.内容上有逻辑联系的语言材料比孤立的没有联系的语言材料易学。

古安是直接法的先驱，他的研究推进了直接法的发展。他试图应用儿童习得母语的方式，来改进当时的外语教学，希望由此找到一种语言自然习得的捷径。这是直接法倡导者们孜孜以求的动力和信念。蒙田描述了他受托于一位家庭教师成功地教会他拉丁语的故事，这位教师所采用的正是直接法，即在教学过程中直接采用目的语，而不翻译成母语或用母语解释通过观察或直接的行动就能获得的语言。德国学者弗兰克也持相同的观点。弗兰克指出，外语教学要遵循目的语的意义和形式的心理直接联系原则。从理论上证明语言教学中单语教学的可能。根据弗兰克的观点，语言教学最好通过在课堂中积极的应用目的语，教师鼓励学生在课堂上直接自主地使用学习的语言;课堂上不应使用解释性的程序对语法进行详尽的讲解，而通过学生学习归纳获得语法知识。

古安从幼儿学语的观察中总结而成的序列法主要是从心理学的角度提出的。嗣后，许多教学法专家开始从幼儿的语言发展规律和学习规律入手，希望把幼儿学语的成功经验嫁接于外语教学的思想为外语教学法的发展提供新的发展方向，即从儿童自然习得语言的过程出发，解释并寻找外语教学的捷径。这种思想和方法论(即自然主义方法论)是19世纪末20世纪初外语教学法的主导思想。

（二）自然主义方法论的产物

长期以来，外语教师和教学法专家们希望把外语教学建立在人习得语言的"自然过程"之上。实际上，这是当时的所有改革派教学法专家努力的共同目标。他们的教学法都可以称得上自然学派。直接法理论的依据是儿童习得母语的观察性描述。直接法专家们认为，与儿童自然习得母语的过程和结果相比，外语教学显得非常失败。因此，外语教学应该根据儿童习得母语的规律进行。教学法的研究也应该以总结儿童习得母语的自然规律为依据，并将它们运用于教学作为主要任务。这种对"自然"习得语言的兴趣和热情催生了直接法。它主张外语教学中要避免使用儿童习得语言过程中不采用的非自然的如有意识地学习语法、本族语与目的语的对译，以及大量的阅读等学习方式;而应该代之以儿童习得语言中的模仿、复述等自然方法代替。值得注意的是，那个时代对"自然"的迷恋主要来自教育哲学的影响，而非儿童心理学的影响。自然教育观首先起源于夸美纽斯的教育思想。而后在卢梭(J.J. Rousseau)发表的教育著作《爱弥尔》中得到进一步发展。它形成一股

强大的思想洪流影响着教育的方方面面。裴斯泰洛齐以及福禄贝尔两位伟大的教育家在各自的著作和躬身教学实践中处处贯彻自然教育思想。在形成"语言学习自然过程"的思想中，教育家们创立了一种意义深远的思想传统，它不但成为直接法的思想基础，也为当时的进步主义教育运动提供精神的食粮。

高度重视儿童时期的自然教育的思想最典型地反映在卢梭及其追随者的"自然教育"思想中。尤其像裴斯泰洛齐和福禄贝尔这样的追随者，他们运用的"自然"这个词有两层含义：一是真实地体验真实的世界；另一层意义是儿童通过与现实生活的矛盾冲突，释放自身的内在能力。教育者的任务就是引导儿童在现实世界中通过体验获得自我控制的能力，同时掌握独立生活的知识。把"自然"看作一个能量源，是一种浪漫主义。建立在这种观念之上的直接法因此充满了浪漫主义色彩。它似乎使我们相信，人拥有一种在婴孩时期表现得最有效的无与伦比的语言习得能力。如果我们还能在人的其他时期找到儿童时期习得语言的能量源，我们的外语学习也能像婴孩学习母语一样成功。

另外，现代实验心理学奠基人冯特关于语言学习的心理学理论指出，"语言心理中起主要作用的不是思维，而是感觉。因此，引入意识中的概念和表象所伴随的刺激应当尽可能有感觉的成分，而最强有力的感觉又是由音响表象所引起的。"直接法以"口语教学为基础"以及"模仿为主"的教学原则就是该理论影响的结果。

（三）社会发展的需要

随着时间的推移和时代的发展，社会对学生外语能力的要求也发生了剧变。西欧各国的资本主义都迅速发展，各国贸易和各种形式的交流越来越频繁，各国关系比以往任何阶段都更加密切。社会的发展要求更多的人学会外语，参与国际生活，它为外语教学提出了两项新的要求：第一，外语教学必须为大多数人开放，不再是少数精英和名门贵族的专利；第二，口语能力的培养是外语教学的主要目的，彻底摒弃语法翻译法以阅读能力和翻译能力作为培养目标的教学目的，在继续要求外语教学的教育教养目的的同时，强调外语教学的实用价值。

日益密切的贸易关系和交流的频繁使人们更加需要直接的交际技能，即实际的外语口语运用能力。因为口语是最重要、最常用和直接的交际能力。人们日益认识到，现代外语首先是一种有声的交际工具，直接用于社会交际实践。口语是书面文字的基础，口语既是教学的目的，又是教学的手段。然而语法翻译法既不能培养口语能力以满足社会对外语教学的需要，甚至否定口语作为教学手段的必要。它与现代外语教学规律背道而驰，误入歧途，不能适应新的社会需要。直按法就是教学法专家们在新的社会发展背景下试图对语沄翻译法的彻底改革。

二、以语言发展为重的直接法的特点与主张

结构主义语言学的兴起为外语教学法的发展开拓了新的空间，之后国际语音协会成立。两年后，国际语音协会从结构主义语言学的角度对语言单位进行了科学的分析和系统的分类，产生了标准国际音标，它为外语教学从书面语的教学转向口语教学铺平了道路。在改革外语教学、改善外语教学质量的问题上，国际语音协会提出了以下几条原则:(一)以口语作为外语教学的主要内容;(二)以归纳法作为语法教学的基本方法;(三)用所教的外语，而不是母语作为教学语言，建立联想途径;(四)强化语音练习，形式养成良好的语音习惯;(五)以对话和口语化的文字作为教学内容，使学生尽可能多的接受口语表达方式和习惯用语。

在上述一系列因素共同作用力的推动下，直接法很快成为当时最具影响力的教学法，具有以下特点:(一)以所教的外语作为教学语言。直接法认为，语法翻译法采用母语作为教学语言，利用翻译作为教学手段造成了语词和它们所代表的事物和意义之间的联系中断，使外语形式和客观表象之间成为间接的关系，这是造成外语教学失败的主要原因之一。因此，必须摒弃母语作为教学语言的做法，以便排除母语对掌握外语的干扰，使外语语词与意义之间建立直接的联系，使学生直接地从外语的使用过程中学会这门语言;(二)把与日常生活相关的语言和词汇作为教学内容。学以致用，学用结合是直接法的重要原则，直接法专家们主张从外语教学中筛选出最常用的单词和句式，帮助学生快速掌握一门外语、帕默、威斯特(West)等人作了大量的工作以提倡学生掌握一门外语中最基本、常用的内容;(三)严格按照由简及繁、循序渐进的师生问答形式进行口语交际能力的训练;班级人数立该较少，教程安排的强度大;(四)采用归纳法进行语法教学。直接法专家们认为，幼儿学习语言从来就不是从语法开始的，语法学习不是口语能力的必经之路，而是为了写作和阅读的正确性，因此外语教学应该先让学生掌握语言材料，然后在语言材料中总结出语法规则。这与语法翻译法主张的"演绎式"语法教学针锋相对;(五)采用口头介绍的方法呈现新的语言现象;(六)通过直观教具如图片、实物、示范表演的方式教具体词汇，通过联想和对比的方式教抽象词汇;(七)同时进行口语和听力教学，口语优先和听说并进的原则是根据幼

儿学语首先从听说开始，然后学习文字符号的规律提出的;(八)语音和语法要做到准确。语音的准确性关系到交际时的理解，文法的准确性确保表达和书写语言的正确。

反映在课堂教学中，这些原则体现为更加具体的程序性要求。尤其在贝利子语言学校中，直接法的教学原则遵循下列具体要求:不翻译，只演示;不解释，只行动;不讲演，只提问;不重复学生的错误，只纠正;不单独使用单词，只用句子;老师不多讲，学生多讲;不照本宣科，使用课堂教学提纲；不跑偏，严格遵循教学计划;不操之过急，与学生的进展保持一致;不使用过快语速，简化的节奏速度自然;保持正常语速，不放慢语速;不急躁，沉着耐心。

三、从语法翻译法到直接法："钟摆现象"剖析

语法翻译法与直接法形成了外语教学法历史上的"钟摆现象"的第一次摆动，直接法与语法翻译法之间的对立表现在以下几个方面。第一，直接法试图应用儿童习得母语的方式来改进外语教学。这是自然主义方法论的产物，即把儿童学习母语的规律运用于外语教学，寻找一种语言自然习得的捷径。自然主义方法论是推动直接法的产生、发展的动力和根本信念。直接法是第一次开始从人的语言发展规律中寻找外语学习的方法的创举。它超越了语法翻译法从机械语言学和比较语文学的角度提出教学理论的传统，转而从儿童母语发展规律寻找语言学习的答案。第二，直接法改变了语法翻译法用母语作为教学语言来教目的语的做法，采用目的语作为教学语言，并提出目的语的意义和形式之间存在直接的心理联系原则。从理论上证明外语教学中用目的语教学的可能。第三，从直接法的产生过程我们可以看出，直接法直接来源于各个教学法专家的对"成功的、快捷的"教学法的追求。他们通过观察、实验、推理、总结，最终形成了直接法理论体系，这样的过程有别于语法翻译法古典语言教学方法的简单传承与妥协的产生形式。因此，与语法翻译法比较起来，直接法产生的方式与关注的重心都发生了转变，最突出地表现在两个方面，一是从语法翻译法主张的语言之间的共同结构、语法中心转向儿童学习语言的规律，二是从文学著作中的书面语转向对口语的重视等。另外，由于直接法是欧洲外语改革运动的结果，是改革运动对语法翻译法彻底批判的产物，因此，直接法所表现出与语法翻译法截然不同的观点和做法，形成了外语教学法发展上的"钟摆运动"特征。

四、直接法的时代贡献与局限性

上一节我们在分析语法翻译法时明确指出，语法翻译法对外语教学本身的特点缺乏

认识，除了借用古典语言教学方法以便在学校课程中站稳脚跟外，它对外语教学的规律和语言发展规律的认识和理解是初浅的。把古典语言的教养目的作为外语教学的唯一目的，把语法的学习和翻译能力作为主要的教学方式和目的显然不符合语言发展和外语教学的规律。比较而言，直接法是外语教学法发展史上的一次伟大进步，本文认为，它甚至具有超过后来的口语法、情景法以及听说法取得的成就。

直接法的时代贡献

1. 创建了科学的现代外语教学目标体系

首先，直接法确立了正确的外语教学目标，提出翻译不能作为外语教学的目标，口语交际能力才是外语教学的目的。实际掌握外语的根本性标准是学生用外语进行口头或者书面的表达和理解思想时，外语词语的声音或者文字形象同这些形象所代表的语意、概念和判断等直接联系，无须"心译"。从这一点可以看出，直接法第一次反思并确定了外语教学应该达到的目标，即语言的实际运用能力，尤其是口语能力。翻译的目的和作为掌握外语的方法被彻底摈弃。外语教学法从此有了更明确的发展方向。因为正确的目标是指引行动的保证。以语言的实用目的作为教学目标与语法翻译法的"训练学生的思维"的目的比较起来，更加符合外语教学发展的要求和规律。同时，目的语作为课堂教学语言正式成为以后各种外语教学法遵循的基本原则。

2. 建立起以语言发展规律为基础的外语教学发展方向

其次，根据"幼儿学语"设计外语教学过程的做法开始将语言学习的中心转向学习者，尤其是学习者的语言发展规律问题。可以看出，在回答什么是最好的外语学习方法时，直接法首先从儿童母语发展的规律中寻找答案。它第一次将外语教学的目光投向了人的语言习得过程，即人的语言发展过程。尽管20世纪初人们对人的语言发展规律的探索处于萌芽阶段，但是，直接法已经开始从其中获取有益的启示，并运用于教学为外语教学法的发展指引了新的方向。这样，直接法运用直接联系原则，认为语言形式与客观表象之间的联系是直接的，因此教学方法也要使每一个外语词语同它所代表的事物和意义直接联系起来。所以，外语教学不应该外语形式和客观表象之间加入母语媒介，而应该直接运用目的语教学以达成意义与形式的有效结合。而且，直接法认为直接联系原则有利于培养学生的外语思维能力，使他们真正获得语言(尤其是口语)交际的能力。

3. 建构起新的外语教学体系

直接法在"幼儿学语"论的基础上派生了以下教学主要的教学原则。(1)直接联系原则，该原则是语法翻译法最有力的批判，否定了"翻译"和母语在课堂教学中的地位;(2)句本位原则。该原则根据幼儿学语的特点指出外语教学应该以句子为单位，反对孤立地教单词和语音规则等;(3)口语优先原则。幼儿就是先从口语学起，再学阅读和书写;(4)强调模仿，认为幼儿就是在模仿中学会语言的，因此外语教学应该模仿多练;(5)采用归纳的方式学习语法;(6)采用活语言材料进行教学。

不难发现，直接法是外语教学和外语教学法飞跃发展时代的代表。外语教学不再依循语法翻译法行事，而成为自觉的科学探求。"它有了理论依托，有了讲授策略、有了训练技巧，还有对于教育与教学双重目标的设计。它不再是单纯意义上的教学法，为求得教学效益、效率，它的实际运用也从单一角度出发，开始了多种教学元素的兼顾配合。"这种多种教学元素相互配合、相互协调的方案初步显现出教学法理论体系的完整形态，开创了语言教学理论研究的先河，为外语教学法发展上的里程碑，是现代外语教学历史上的重大理论创新之一。直接法无论从其内在的基本原则，还是其产生、发展而成的方法论而言，都为20世纪外语教学法的发展奠定了新基调。它第一次从外语教学的根本目标出发，探索并运用语言发展规律，寻找外语学习的有效途径上迈出了关键性的一步，极大地促进了外语教学的发展。正是直接法的创立，使外语教学法的地位更加稳固，其学科内在的科学之光照耀四方，成为引领外语教育改革和发展的先锋。

（二）直接法的局限性

但是，由于当时人们对语言发展的规律认识尚为肤浅，对外语教学目的的认识只是从人文性的教养目的转向口语交际的实用性目的，没有全面认识到外语教学的工具性目的和教养性目的之间的关系，以及它对人的发展的作用等问题未有深入地了解，在新的发展过程中，致使直接法最终也卷入无尽的困惑和难题之中。

1. 缺乏学校教学实践的条件

首先，直接法的成功与否依赖于外语教师自身的能力、素质和教学条件。虽然，直接法在许多私立学校的实践非常成功，贝利兹实验学校正是由于直接法的使用而享有极高的声誉，但是在公立学校中，直接法的效果由于受到教学时间投入量、班级规模、教师语言背景等的影响远不及私立学校成功。私立学校成功地实现直接法的首要原因是:私立学校一律聘请外语本族语的教师给学生上课，这些教师的外语的掌握程度远远高于非本族语的教师，因此在私立学习的外语教学中，学生获得的语言的输入量大和真实性远远高于公立学校，而公立学校缺乏那么多合格的师资，实施直接法就自然产生困难。其次，直接法要求小班化教学，这样能够具体照顾到大部分学生的学习情况，而公立学校班级规模偏大，不符合直接法的要求;其三，直接法要求教学时间投入量大，而大多数学校都不能满足要求。由此可见，在公立学校中广泛推行直接法是存在难度的，缺乏合格师资、教学时间投入不足、班级规模偏大等问题造成直接法推行不力，甚至遭到失败，被批评为外语教学的"业余主义"，制约了直接法的发展。

2. 直接法对儿童学习母语与学生学习外语之间的差异认识不足

直接法对儿童学习母语与学生学习外语之间的差异认识不足表现在:没有认识到在儿童自然习得语言的过程中，儿童有足够的时间接触母语，成人很多时候帮助儿童纠正语言习得过程中出现的错误。同时，儿童在成人的呵护下，以人性化的、个性化的方式学习也是他们快速习得语言的重要因素。这些支持性要素在学生的外语学习过程中不太可能实现，即使创造了与儿童学习母语相似的条件，学生在学校环境中的外语学习仍然没有可能像儿童一样快速学习语言。

3. 忽视了外语教学内在的规律性

直接法过分强调儿童自然学习母语与外语课堂教学之间的共性，从而歪曲、忽视了课堂外语教学的实际。一是直接法从来没有完全承认母语在学习外语中的作用;二是它以经验性的语言学习规律作为外语学习的理论基础，缺少科学的语言学和教育学理论支持。

因此，直接法只是朴素自然法提升的结果，还没有发展真正科学的、符合教学实践的方法。听说法以"科学的""有效的"的声势到来，成为20世纪接替直接法的最重要的方法之一。

第三节　听说法

直接法打破了语法翻译法建立的外语教学的神话，开辟了新的外语教学革命浪潮，但直接法本身的脆弱和问题反过来又激发出更多的探索，听说法就是这一背景下的重要成果。

听说法的形成：听说法的科学基础

（一）听说法的学科基础

1. 行为主义心理学为听说法提供了学习理论基础

注重对学习理论的探索是行为主义存在并且具有旺盛生命力的根本原因。从行为主义的前身机能主义开始，就把学习理论的研究作为它们的基本命题之一。例如，早在18世纪末，著名心理学家威廉·詹姆士(William James)就根据机能主义心理学观点提出"每一种获得的反应通常是一种嫁接于天生反应之上的并发物，或是天生反应的一种替代物，这种替代物是引起天生反应的同一对象倾向所诱发的。"在以这种方法解释学习时，詹姆士天才地把学习的发展预言为条件反射或联想转移。桑代克的联结主义学习理论在心理学和教育领域享有极高的声誉。根据大量的动物研究实验得出的实验结果，桑代克认为心理、学习时的情景与反应相互联结。其联结规律的寻找应该从研究行为入手。行为可被分解为最简单的元素:刺激——反应元素。根据这些观点，桑代克认为学习的基本方式是选择和联结学习。在其学习理论实验中，他首先为学习者提供一个问题情景。学习者必须达到一定的目标，才能获得奖励。在达到这个目标之前，学习者需要从许多可能的反应中选择出一个来，经过多次的选择反应而最终获得一种便捷的途径来达到目标。一次尝试的成功与否由达到目标花的时间长短决定。学习者达到目标所花的时间较短，表示学习者学会了如何做出正确的选择反应。

在继承机能主义心理学研究成果的基础上，行为主义的代表斯金纳再一次将前人的理论推向一个新的高潮，产生了新行为主义。并且，这一理论很快受到教育领域的极大欢迎。开始在教学实践中流行起来。斯金纳是一位富有创造力的学者，他不满足于古典行为主义的理论基础刺激——反应联结，认为在更多情况下，行为主体是通过自己的努力操作来获得某种知识信息的。这类行为的反应是不需要与已知的刺激相联系。基于这些认识，他将有机体的行为分为两类:一类是应答性行为，即由已知刺激引起的反应归类为应答性行为;第二类是操作性行为，即反应行为不是由已知刺激，而是自发性产生的。这一理论是新行为主义有别于古典行为主义的核心所在，也是行为主义理论的创新与发展。斯金纳还指出，人类行为大多属于操作性行为，只有少数为应答性行为。

斯金纳从行为主义出发研究学习，认为"学习过程是作用于学习者的刺激和学习者对它做出的反应之间的联结的形成过程。"但他认为反应性质不只受到刺激的制约，还受到一个中间环节的影响，这就是人的内心活动的中介作用。相比之下，斯金纳的理论由于建立了操作性条件反射的新概念，大大推动了早期的行为主义的理论。因为，巴甫洛夫的条件反射理论是建立在不需要有意强化的反应和刺激的基础上，而操作性条件反射是建立在效果律的基础上，强化就成为必要因素。

这样，行为主义将对动物实验的研究结果扩大到人类的日常生活，并将它应用于教学理论的研究。因为，操作性条件反射理论始终坚持认为"人类的行为是以存在于有机体之外的外部环境诸变量或诸因素为根据的。所以它始终主张着眼于外部变量，主张教育的价值就存在于着重发现控制外部环境以引起行为可操作的变量，而不必徒劳无功地过多去研究和计较那些不能从外部观察到的和不能直接操作的内部过程。"这一理论应用于学习，就突出了强化的意义。行为主义者认为，动物的学习行为是随着一个起强化作用刺激而发生的，人的一切行为几乎都是操作性强化的结果。人类的学习过程就是一个操作发生后，就会出现一个强化去增加这个操作的强度。可见，操作强化能提高行为的效率。但是，强化刺激并不和反应同时或先于反应发生，而是随着反应发生的。也就是说，有机体必须完成所期待的反应，然后给以强化刺激使反应更容易发生。在这一过程中，最重要的是刺激是随着反应后的那个刺激，而不是发生在反应之前的刺激。"如果一个操作发生后，接着呈现一个强化刺激，那么，这个操作的强度就增加。这个过程最重要的一点是强化要紧随着反应。"

行为主义运动试图为找到人类各种形式的学习规律，尤其是语言学习的规律。他们找到的语言学习规律归纳起来有以下几点:第一，试误及错误规律，即不断地实验和犯错误而学有所得;第二，习惯规律，即通过练习进行学习，不断操练形成习惯，达到自动化

的程度；第三，效果率规律，即当一个行为受到奖赏产生积极效应，或遭到惩罚产生消极效果而学有所得；第四，相似规律，即当某些情景与学习情景有相似之处时，人们便将学习过的东西重复并转移到这种学习情景中去。上述规律被听说法吸纳，成为支持听说法学习理论的主要原则。

2.结构主义语言学为听说法奠定了语言教学基础

听说法又叫作结构法、句型法，很显然，"结构""句型"这两个词都表现了该法的语言理论特点。早就有人根据结构主义语言学"语言是言语，不是文学"和"语言是结构模式体系"等理论提出以口语为中心，以句型的结构模式为纲的听说教学法。听说法的语言理论基础就是当时盛行的"结构主义语言学"。

这里指的结构主义特指美国的结构主义语言学理论。因为美国的语言学传统与欧洲传统虽有联系，又有很大的不同。听说法是土生土长的美国外语教学法。它的理论基础更是打上美国结构主义的烙印。传统语法在欧洲一直占有统治地位，但对美国的影响微乎其微。美国的语言学发展从一开始就走了一条与欧洲相反的道路。

在美国，最早对语言学发生兴趣的是人类学家。多种土著语言的迅速消失使一些人类学家意识到，应该立即行动把这些正在消亡的语言真实地记录下来。由于他们忙于记载和分析这些语言，无法顾及语言研究的其他方法。其中，结构主义语言学家弗兰斯.博厄斯(Franz Boas)认为，世界上不存在什么一般性语言理论。"人类语言千差万别，形式无穷无尽，不应该认为有些语言更合理些，有些语言不合理"。博厄斯由于受过自然科学的训练，主张摆脱一切欧洲传统的偏见，撇开任何对语言本质的假想，尊重经验事实，反对先验论断，指出过去的语言理论以所谓的普通语法为基础，实际上是以希腊，拉丁语法为基础。所以博厄斯指出，"研究每一种语言都要找出其功能单位和内在结构，不应该过早建立什么一般性的语言理论"。他出版的《美洲印第安语言手册》总结了描写语言学的框架和描写主义的研究方法。从此，美国语言学在科学描写的道路上迅速发展。

爱德华·萨丕尔(Edward Sapir)是博厄斯的高徒。《论语言》是他的重要专著。他认为"语言是人类特有的，非本能的交际方法，是表达思想、感情、愿望等主观意志的符号系统"。关于语言与思维的关系，他认为"语言是工具，思维是产品，没有语言、思维是不可能的……思维是独立的领域，只有语言才是通向思维的唯一道路""语言是声音符号，该符号可被机械或直观符号代替。语言是一种结构，是思维的框架。我们要研究的正是这种抽象的语言，而不是实际说出的话语。"

布龙菲尔德是美国语言学的集大成者，结构主义语言学的奠基人。"他在美国语言学的地位，犹如索绪尔在欧洲语言学界的地位。"他开创了一个语言学流派，引领美国三四十年代的语言学，创造了一个"布龙菲尔德的时代"。但是应该指出，布龙菲尔德并没有提出多少新的语言理论和研究语言的方法，只不过是在新语法学派和发展博厄斯、萨王尔以来的理论的基础上深化了结构主义语言学传统。但是，布龙菲尔德结合当时盛行的新行为主义心理学理论，用刺激反应论来解释语言的产生与理解过程，并应用于教学方法的设计与实验中，对语言学与语言教学都产生了重要的影响。

听说法就是在这些结构语言学的理论基础之上发展起来的。它是第一个系统运用语言学和心理学理论的教学法体系。在这些结构主义语言学家看来，语言是高度结构化的体系，但人们进行言语活动时只知道说什么，并没有意识到自己说话中的语言结构。这些语言结构一旦掌握到了自动化的程度，说话时可以不自觉地运用。因此，学习外语就应该达到不自觉地运用语言结构的程度，成为一种新习惯。这种习惯的养成需要反复的模仿、操练和实践。因此，听说法主张模仿、操练语言结构，达到能够不自觉地运用这些结构的程度。

（二）听说法的创立

美国结构主义语言学研究者对语言进行了踏踏实实的调查研究，在掌握实际语言材料的基础上，对语言进行了共时性的研究分析，在精细、准确地描写具体语言的实际特征获得了方法论上的成功。同时，他们也总结出语言的"分布"理论和区别性特征。促进了语言理论的充实和发展。这种方法曾试图摆脱"心灵主义"的左右，客观地、科学地描写语言的基本特征。这种分析方法一直影响着语言各个层面的描写，它所运用的程序广泛地被语音学所检验。这种对语言的直观描写，很自然地影响了结构主义语言学者们参与积极的语言教学工作。特别是由于教学的需要，他们把句子的研究提高到重要的地位，提出了基本句型以及句子的扩展、转换等概念，进一步充实了这一种理论的语言教学，为听说法解决了语言教学上的重要障碍。在这种教学中，被热情吹捧的行为主义学习理论也非常自然地吸纳进来强化得到广泛的应用。如语言结构中的操练:在教学中的应用替代练习(相同的结构，词组变化)确定句子的组成部分，并阐明主语+进行时+地点主语的结构。

He is sitting in the classroom.

刺激:Dancing

反应:He is dancing in the classroom.

从华生的《行为主义》一书的出版到斯金纳的《言语行为》《行为的实验分析》等一系列的代表行为主义的专著，首先就是一种反对主观以及内省心理学的心灵主义理论的哲学运动。他们试图通过可以观察的行为来分析人类所有的心理现象，并应用于人类的学习行为中。语言活动是这些行为之一。通过实验程序对人的语言活动进行观察和分析，排除"内在现象"，在刺激和反应之间建立密切的联系。行为主义以其对人的行为的客观观察，用"强化"概念启示人们，在刺激与反应之间增加一种可变化的中间环节，也就是赋予学习环境重要的作用，促进学习效果率。而结构主义方法试图以"客观地""准确地"描写具体语言的特征，以建立一种语言学习程序，为语言学习服务。美国结构语言学的分析中找到了与行为主义理论预设完全一致的方法论——结构主义描写的方法论。他们将行为主义发展成为将学习理论与当时流行的结构主义语言学派生的方法论相结合。正是这两种理论的相互吸收和相互欣赏，二者联姻产生了一种20世纪四五十年代看来完美的程序教学的普遍方法论。这种模式的协调性无与伦比，从三个方面的结合中获得了巨大的生命力:一种建立于规律、实验、循序渐进、习得到检查、动机、学习者与所学内容之间的关系的理论;一种建立于高度科学教学法标准基础上的学习理论;一种不接受内省以及心灵主义，为语言现象的客观方法辩护，并为材料提供更为客观分析的语言学;一门同样也适应于学习机械论的技术。这种学习有益于教学机器以及语言实验室的发展。语言实验室曾经使源于行为主义方法论的教学技术得到运用。这样，行为主义心理学与结构主义语言就形成了重要的姻亲关系，使听说法得以产生。由此，语言教学方向再次发生根本性的转变。

二、听说法的教学原则与特征分析

听说法是在行为主义心理学和结构主义语言学的基础上发展而成的一种教学法，它把听、说能力的训练放在首位，经过反复强化操练，最终达到自动化地运用所学语言的目的。

（一）听说法的教学原则

根据外语听说教学法的实践，可以把听说法倡导的基本教学原则总结如下:1.听说领先，读写跟上;2. 新的语言项目以对话的形式引入，学生在听说训练完后，才能看到所学对话的书面形式;3. 采用模仿、背诵词组和重复基本句型的方法学习;4. 语法教学采用归纳对比法对语法进行演绎性解释;5. 教学中及时纠正学生错误，强化正确形式;6. 口语技能以句型操练为主要内容，词汇教学融于句型教学之中，并应在限定的情景中进行;7. 重视语音教学，教学中要使用磁带、语言实验室、视听教具。

（二）听说法的教学目标与教学过程分析

由于听说法在教学原则上的标新立异，不把语法分析和阅读能力作为教学目标，而主张以口语能力的培养作为主要目标，因此与直接法相比，课堂教学程序上显得焕然一新，而且在具体施教方法、教材呈现形式、测试等方面也进行了改变。听说法把教学目标分为近期目标和远期目标。近期目标包括掌握语音、词汇、语法结构，并理解语言材料的准确含义。远期目标要求学生可以像外语本族语者一样熟练准确地使用外语。为了达到上述目标，听说法在课堂教学中调整为以下几条具体施教原则:1. 在学生入门阶段，教学重点放在口语技能上。随着学习的深入，逐渐将口语技能与其他各项技能联系起来;2. 口语技能是指在人际交往中，使用标准的发音、正确的语法概念、迅速做出反应的能力;3. 语音、词汇、语法和听力的教学目的，均在于发展学生的口语流利程度;4. 阅读与写作技能的教学必须在优先发展口语技能的前提下考虑。

听说法主张的教学程序大致可以分成三种。第一种程序将教学过程分成两个阶段:一是理解阶段，占课堂教学时间的15%;二是运用阶段，占课堂教学的85%。第二种把教学过程分成口授语言材料阶段、模仿阶段、最小对立体练习阶段、句型练习阶段、师生对话阶段、读写操练阶段。第三种是美国布朗大学教授瓦德尔根据听说法的原则以及他多年研究所提出的听说法五段学说。他的五段教学程序论，即认识、模仿、重复、交换、选择五个阶段。

听说法的课堂教学围绕着小段对话和句型操练展开。当小段对话的语言材料以听说的形式经过介绍、模仿、重复记忆后，语言材料中具有典型特点的句型被提炼出来，作为句型练习和各种机械操练的材料。可见，听说法最为鲜明的特征是句型的机械操练。

听说法强调听说领先，兼顾读写，重视听力口语技能的训练培养，重视语言的实际运用能力。句型操作体系克服了语法翻译法的烦琐和演绎推理，对外语初学者建立良好的语言习惯，培养正确的语感有着积极作用。但听说法过分重视语言形式，强调机械的控制性的练习，忽视语言的内容和意义。不利于发挥学生在学习中的主动性和创造性，不利于培养学生灵活运用语言知识进行交际的能力。

三、听说法的时代贡献与局限性

（一）听说法对外语教学的贡献

1. 以直接法为蓝本的科学调整特征

由于第二次世界大战期间美国需要大量适应战时的口译人员，美国一些致力于快速掌握外语口语的语言学家开始认知设计一种适应时代需要的教学法——听说法。战前，虽然直接法在欧洲得到普及，受到极大地重视，也取得了较好的教学效果，但是有限的教学条件和环境违反了直接法的发展。听说法继承了直接法的基本理论，认为语言首先是口头语言，有声音的话，口语是第一位的，而文字则是语言的表现形式，是第二位的；外语教学中应当以听说训练为主，读写为辅，从而继承发展了直接法。同时，听说法将教学过程归结为刺激—反应—强化的过程，认为人生下来脑子一片空白，语言的获得是通过外界的刺激反应而形成一系列的习惯。

听说法继承了直接法的基本特点，尤其强调句型结构的教学。它吸取结构主义语言学的理论成果，认为句子是语言的基本单位，是语言教学的基础，而句型是语言的基本模式，因此课堂教学要以句型操练为学习活动中心。听说法与直接法所不同的是，它开始应用语言学中语言对比分析研究的成果，教学内容的选择和编排以外语和母语的句子结构的对比为依据。但总体而言，听说法除了有强大的理论支持体系外，并没有超越直接法提出多少新东西来。

所以，听说法与直接法之间是密切联系的传承和整合发展关系。直接法提倡的"口语优先原则、句子是语言教学的基础、教学中强调模仿、目的语作为教学语言"等原则都表现在听说法中。听说法与直接法的传承关系显而易见。

2. 听说法的学科贡献

听说法在哪些方面有创新，促进了外语教学的发展呢？第一，结构主义语言学的发展进一步解释了口语优先的合理性。美国结构主义语言学家在对印第安人口头语言的分析和描写的过程中发现，操这种语言的人口头讲的话和这种语言传统语法不完全一致。描写语言学认为，口语是活语言，是应该学习的语言。学习口语就是学习这种语言的"当地人"说的话。而且，结构主义语言学反对普遍语法理论，认为每种语言是不同的。因此，要重视语言之间的差异性。该理论解释了口语教学的必要性和意义。第二，直接法从"幼儿学语"的观察中总结出儿童是通过模仿学习语言的，由此该教学法强调模仿多练的原则。听说法则运用行为主义心理学的科学实验的研究成果解释模仿、操练在教学中的合理性，找到了"模仿、操练"教学的实验依据。

（二）听说法的局限性

听说法应该称得上是当时最"科学"的教学法。它的理论基础是当时最"权威的"行为主义心理学和结构主义语言学;它的实施是在当红专家领导下的外语教学革命，而且得到国家政策和财政的大力支持。然而，这颗耀眼的流星划过天际后就衰落了。究其深层原因，有以下几点:

1.转换生成语法对听说法理论基础的颠覆

转换生成语法理论对听说法理论基础进行了彻底清算。乔姆斯基对听说法的结构主义语言学和行为主义心理学理论基础进行了全面批判，并提出语言不是一个习惯结构，而是一个生成转换结构;人脑中有一种先天的语言习得机制，学习者通过语言规则可以创生许多新语言;语言能力决定语言行为。乔指出，"在头脑中准备大量的句子，并不等于学会了一种语言。结构主义者通过强化练习使学生获得一系列固定的形式，并作为类推使用的基础是将语言行为是习惯的观点神秘化的做法。"结构语言学家极其欣赏将语言描写建立在对大量原始语言材料的分析基础上，将其理论建立在对话语、言语分析上。这种做法受到人们的指摘，认为他们缺少从偶然性和不含语法规则中区别出规则和语法的标准。结构主义者只关注语言的表层结构，而忽视了深层结构分析。结果造成外语教学中形式训练不当。仅仅建立在分析表层结构的形式操练不可能达到学习句法关系的目的，其教学过程也将失败。结构主义的核心信条即口语第一遭到质疑。教师和语言研究者应该首先放弃口语和书面语其中一方比另一方优越的看法。最后，结构主义过分强调不同语言的差异和个别性特征。这种观点也反映在"对比分析中"结构主义不是将语言理解成规则支配的关系的交流，而把语言仅仅看作习惯的集合体。因此，在外语教学中，它认同模仿、背诵、机械操练，将句子形式作为单独的，互不相干的成分进行练习。

2.政府不再给予财政支持

由于苏联人造卫星上天，美国朝野为之震惊，认为这是美国的科学文化教育落后致使这一领域落后于苏联，反应在外语教学方面，则认为原有的听说法是一种机械的操练，阻碍学生学习的主动性和积极性，不利于人的思维能力的发展，既不适应外语教学，也不利于人的发展。因此美国政府不再继续支持听说法的实施。

3. "还原主义"哲学观导致对学生整体能力认识不足

从其理论的基础和教学原则中我们很容易发现，听说法把语言看作是一种技能。既然是技能的教学，就可以用"训练"技能的方法进行。因此，听说法主张听说领先，兼顾读写，重视听力口语技能的训练。这是一种行为主义还原能力理论，也就是将语言能力设想成一系列孤立的行为，这些行为与一项项被细致分解的训练任务相联系，而训练的任务可以直接转变成技能。这种理论不关心任务之间的联系，以及任务之间有可能通过集合而发生的"转换"或"质的飞跃"，认为"整体就是部分之和"。因此，这种理论完全有悖于"整体大于部分的相加"的系统论观点。简单、明了是听说法的魅力所在，但其弱点也显而易见。在哲学观上，它是"还原主义"，忽视了学生基本素质的重要性，忽视在真实的世界中学生的语言表现的复杂性，以及智力操作中判断力所起的基本作用。

4. 陷于"结构"的泥潭不能自拔

听说法不但没有走出结构或形式教学的泥潭，反而将自索绪尔以来的关于"语言系统"即语言的"结构"或"形式"的研究主题推向极致，达到前所未有的程度。听说法的研究者们将语言的研究行为严格控制在形式的描写与分类上，意义范畴完全被摒弃了，语言学成了语言结构研究，反映在听说法中，即教学始终如一地坚持以"结构"教学为主体，背离了外语教学和语言发展的基本规律。

从以上原因看来，听说法遭遇失败不是偶然。

第四节　系列人文主义外语教学法

　　当代著名的外语教学法专家布朗(Brown, D.)和克斯·约翰逊(Keith Johnson)都把暗示教学法、自然法、社团语言教学法、沉默法、全身反应法归类为20世纪70年代精神设计者方法(designer methods of the spirited seventies)。这样归类不无道理。在美国，听说法受到乔氏理论的清算后，外语教学领域经历了一个困惑、混乱、不满的时期。听说法解体后，认知法又不能提出一个可供操作的有效方法。这时，一些教师和有兴趣于语言学习研究的心理学家和语言学家把注意力转移到心理学语言学，竖起人文主义大旗，重视调动学习者的主体性来提高教学质量，出现了称为情感—人文主义法(Affective-Humanistic Approach)的一个家族。纽南从语言理论、学习理论、教学目标、大纲、活动类型、师生角色、教材作用八个教学法要素出发，扼要地概述了这一家族的内容特征。

　　情感—人文主义系列教学法与美国的人本主义心理学有关。语言学与心理学的每一次重大进步都会对教学法产生巨大的推动力。它们交替地或共同地对教学提供持续不断的动力，促进教学法的发展。在前一小节的分析中提到，由于行为主义和结构主义结盟形成的听说法受到乔姆斯基转换生成理论的强烈反击。其中，听说法暴露出的机械教条性，在教学中体表现为对教学主体——学生主体性与创造性的遏制与异化，影响了外语教育教养的作用和功能，阻碍学生的全面发展，使学生主体性与创造性缺乏，也导致教学效果差强人意。

　　教育心理学在这一发展时期，似乎为外语教学法设计者提供了新的启示和方向。以学生的主体性发挥，情感和智力的和谐发展为目标，提高教学质量的一系列人文主义外语教学法应运而生。可见，情感—人文主义系列法是行为主义心理学与人文主义教育心理学斗争的反映。它们更多地从教学的主体——学生的主体性出发，考虑具体的课堂教学活动。因此，它们表现出共同的人文主义心理学特征。但是，它们在语言理论基础方面没有多少建树，有的甚至没有提出明确语言理论原则。正因为如此，它们中的任何一种教学法都没有成为具有持久影响力的方法。在当代各国的外语教学课堂中，它们主要充当具体教

学策略和教学技巧方面可供交替选择的具体方法。

第五节　认知主义外语教学法

虽然行为主义心理学和结构主义语言结合而成的听说法从其协调性和客观性都是相当完美的，但是由于它只重结构，不管意义而陷入困境，而且很快受到多方力量的置疑而举步维艰。另外，第二次世界大战后，随着各国经济的复苏和发展，不管是美苏之间的对抗，还是其他国家之间经济、文化的发展都需要诱导新的外语教学法的产生。在这种背景下，以认知主义心理学和乔姆斯基的转换生成语法为理论基础的认知法出现在外语教学的历史舞台

认知理论与认知法的形成

认知这个术语来自心理学。认知心理学家重视感知、理解、逻辑思维等智力活动在获得知识中的积极作用，试图把认知心理学的理论用于外语教学。它作为听说法的对立面出现。

（一）乔姆斯基的转换生成语法与语言学习"天赋观念论"

乔姆斯基(N.Chomsky)出版的第一部著作《句法结构》正式提出了转换生成语法理论。此后连续出版了《句法理论要略》《笛卡儿语言学》《语言和心理》，这些作品的出版问世，标志着转换生成语法理论的产生和发展。转换生成语法认为语言是受规则支配的体系，人具有天生的语言习得机制和语言能力。人类使用语言不是靠机械模仿和记忆，而是通过理解掌握语言规则，举一反三地创造性运用语言的过程，其语言理论之核心即语言的规则系统和儿童的语言习得机制。转换生成语法作为一种理论模式在许多方面与结构主义相对立。因此，建立在转换生成语法理论基础上的认知教学法是听说法相对立的产物。

乔姆斯基对结构主义理论作了全盘的否定，是对结构主义的最严厉的批判。乔姆斯基反对结构主义，认为语言是一种行为，是人类后天经过反复刺激—反应形成的习惯的产物，认为语言是人类先天所具有的能力，是人生下来大脑中就固有的能力，即主张语言学习"天赋观念论"。认知法在语言学习"天赋观念论"的基础上形成。

（二）认知理论与认知法的产生

瑞士著名心理学家皮亚杰伊是认知主义心理学代表。他认为对知识的掌握是一种智力活动，每一种智力活动都具有一定的认知结构。他提出的认知发生论强调人类活动相互作用的特性；他把人的活动看成是具有智慧的人调整个体与自然界的关系的行为，而不是简单的外界刺激与反应关系，因为人无论接受刺激还是对刺激做出反应都受到认知结构的支配。皮亚杰的认知理论从根本上动摇了行为主义的刺激—反应学习理论。

第一个提出认知法的是心理学家卡鲁尔。他认为外语的学习就是通过分析理解掌握语音、词汇、语法等语言结构。他的主张与听说法教学原则所不同的是，听说法主要通过模仿、反复操练形成习惯达到对结构的掌握，而卡鲁尔的认知法强调理解在教学语言结构中的作用，在理解的基础上进行操练，而不是机械性操练。

卡鲁尔提出的理解先于操练的认知法与奥苏贝尔的有意义学习理论如出一辙。奥苏贝尔在《教育心理学：一种认知观》一书中表述了有意义学习理论。他认为学生学习的内容是人类积累下来经过反复加工组织的以符号和语言表述出来的科学文化知识。为了找出有效的学习知识的方式，奥苏贝尔根据两种不同的标准把学生的学习分成两类。第一种分类将学习分为"发现学习"和"接受学习"。发现学习是学生通过自己再发现知识形成的步骤而获取知识，并发展探究性思维的一种学习方式；另一种是接受学习，即理解教师呈现的学习内容，并将这些内容组织到自己已有的认知结构中去，以便将来可以运用它或把它再现出来学习。

第二种分类将学习分为"机械学习"和"意义学习"。机械学习，即不加理解，反复背诵的学习，亦即对学习材料只进行机械识记，不理解学习内容的学习。有意义学习则需具备两个条件：一是学生要具有意义学习的性向，即把新知识与认知结构中原有的适当观念关联起来的意向；二是学习材料对学习具有潜在意义，即学习材料具有逻辑意义，并可以和学生认知结构中的有关观念联系。奥苏贝尔认为有意义学习比机械学习的功效大得多。在有意义学习中，学习者能够将有潜在意义的材料同自己的认知结构中已有的观念建立联系，与此同时，学习者把自己有效的知识作为理解接收和固定新知识的基础，学习材料被同化到学习者认知结构的相应部分中去，获取新的意义。这样，学习者既容易获得知识，而且习得的知识也更容易保持。有意义学习通过把新知识与学习者认知结构联系起来，克服了学习者在学习过程中信息加工和储存的机械性。

认知法在吸纳上述理论的基础上形成了与听说法针锋相对的观点和独特的教学原则。

二、认知法的教学原则与程序分析

认知法是指从学生的认知能力出发，重视学生对语言规则的理解和培养全面听说读写语言能力的一种外语教学法体系。它第一次出现是美国著名的心理学家卡鲁尔在《语法翻译法的现代形式》一文中被提出来的。

（一）认知法教学原则

认知法以认知心理、转换生成语法理论、有意义学习理论作为其理论基础，在批评总结以往教学法，尤其是听说法的基础上，形成了以下教学原则：

1. 在理解规则的基础上进行操练，强调有意义学习。认知法认为语言是受规则所支配的创造性活动，人类学习语言的过程，就是掌握规则的过程，借助规则可以听懂从来没有接触过的句子，说出从来没有学过的话。掌握规则的途径，一是发现规则;二是创造性的运用规则。发现规则是基础，但更重要的是培养学生创造性地运用规则的能力。所以，认知法在进行中重视语法规则的理解，在理解规则的基础上进行语言活动。

2. 以学习者为中心。认知法认为在教学中，学习者的内在因素起决定性作用，因此，教学要以学生为中心，最大限度地调动学生的积极性。学生积极性的调动需要把有意义的学习和操练摆在首位，通过认知，理解语言知识和规则学习。

3. 恰当地利用母语。各种语言的语法具有一定的普遍性和共同性，因此，在外语教学中，母语的渗透是不以人的主观意志为转移的。因此，应该有意识地、恰当地利用母语与外语进行对比分析，引导学生正确地进行语言信息的形式转移。

4. 全面发展听说读写四项技能。认知法追逐的外语教学目标是培养学生实际而全面地运用外语的能力。在学习口语的同时，学习书面语。同时，听说读写四种语言技能应该从开始学习外语起，就同时进行训练。

5. 对错误进行分析后加以纠正。认知法将语言的学习看作是按"假设—验证—纠正"的过程。在这个过程中，学生出现错误在所难免，教师要对学生的错误进行分析，了解学生产生错误的原因，有针对性地进行纠正，逐步培养学生正确运用语言的能力。

（二）认知法教学程序

认知法把外语教学程序分为三个阶段:语言理解阶段、培养语言能力阶段、语言运用阶段。

1. 理解阶段:认知法强调理解是言语活动的基础。理解指学生理解教师教授或者所学语言材料和语言规则的意义、构成和用法。任何语言的学习活动都应该建立在理解的基础上,如句型的操练、听说读写各项能力的培养等。理解是外语学习的第一个阶段。应该注意的是,语言规则的理解并非依赖教师的讲解,而是在教师指导下让学生发现语言规则。

2. 培养语言能力阶段:认知法认为外语的学习不仅需要语言知识、结构的掌握,还要学会正确使用语言的能力。外语语言能力的培养要通过有意识、有组织的练习获得。这个阶段既要检查学生对语言知识的理解情况,又要培养学生运用语言知识的能力。

3. 语言运用阶段:这个阶段的教学任务是培养学生运用语言知识,进行听说读写的能力,尤其重视学生的实际交际能力。这个阶段将前两个阶段学得的语言知识内容与实际运用能力结合起来,目的在于使学生听、说、读、写各个方面的能力都得到发展。

三、从听说法到认知法"钟摆现象"剖析

正如我们前面几节论述的那样,语法翻译法与直接法是当时最显著的一对对立体,形成外语教学方法时代的"钟摆现象"的第一次摆动。之后,认知法与听说法也形成了如同语法翻译法和直接法一样的对立,出现了方法时代"钟摆现象"的第二次摆动。

认知法是语法翻译法的现代形式。认知法继承了语法翻译法的一些基本原则,认为语言是受规则支配的系统,人们学习外语就是要学习这个规则系统,母语对外语的学习起到促进作用,要加以合理地运用。这些原则与听说法的"听说领先""排斥或者限制母语作为教学语言""有错必纠""反复实践,形成语言习惯"的原则形成截然不同的对立,如同钟摆运动一样,从听说法到认知法,它们的主张从一极向另一极。

究其实质,听说法由于受到结构主义语言学和行为主义心理学的影响,其教学原则的提出与当时"科学的"理论密切联系。然而,实践证明,听说法在教学中不但不能像人们所期望的那样,获得良好的教学效果,相反,以句型为中心的反复操练,鹦鹉学舌般的教学程序把人学习语言的行为与动物行为相提并论,否认人的智力和能动性在外语学习中的作用,造成教学效果不如人意。于是,乔姆斯基的转换生成语法、皮亚杰等人的认知理论成为语言学界倍受注目的学派。他们把学习语言的活动看成是一种规则支配的创造性活动,人的理解能力、认知能力在外语学习中起着不可忽视的作用。从这个意义上,认知法主张的"有意义学习"与听说法的"反复操练"相比,具有明显的进步。这是外语教学法

对人的智力、主动性和积极性的一种认识上的理性回归，是对听说法的反动。

可见，外语教学法在不断发展，追求科学的过程中由于受到语言学、教育学以及人的发展等多种理论和力量的影响形成了这种"钟摆运动"特征，其实质是外语教学方法时代在追寻"科学"的发展道路上面临各种新理论所作出的选择和改进，是一种在对原来教学法理论的否定的基础上的一种发展，一种否定之否定的上升过程。

认知法的时代贡献与局限性

（一）认知法的主要贡献

1.语法翻译法形式的再现

卡鲁尔的《语法翻译法的现代形式》宣告认知法开始迈向外语教学法历史舞台。仅仅从这部专著的名字，我们就可以看出认知法的中心内容。它用现代的理论解释掌握语法规则对外语教学的有效性和合理性，试图用新的方法进行语言系统知识的教学，从而培养听、说、读、写各个方面都发展完美的语言能力。它与语法翻译法所不同的是:认为语言活动是一种规则支配的创造性活动，只有在理解语言规则的基础上，有意义地学习外语，才能有效学习语言规则;外语的学习既要学习口语，又要学习书面语，同时重视听、说、读、写四项技能的培养;对于学生的错误，要首先进行分析，然后针对性地进行纠正，不是有错必纠。可见认知法的"现代性"就表现在"创造性的语言活动""有意义学习""四项技能的全面发展"以及"针对性地纠正错误"这几点。

究其实质，认知法是在承认语法翻译法的合理内核的条件下，运用现代心理学、教育学、语言学理论对其进行改造创生而成的新方法。它克服了语法翻译法的极端、片面性，摒弃了语法翻译法以机械、呆板的教学程序将语法知识强压给学习者的做法，从学习者的角度出发，强调学生的积极性与创造性，从主动的理解语言教学活动和有意义地学习语言知识入手，解放学生学习语言知识的活力，从而促进了学生语言能力的全面发展。

2.对学生的关注

认知法取得了一定的成功，其成功来源于对学习者的关注。首先，认知法充分地发挥学生智力的作用，重视理解，着力于学生的语言能力的整体发展和对语言发展规律的关注。其次，认知法直接继承乔姆斯基从语法知识的角度抽象地解释人的语言能力，认为语言能力就是语法规则在人身上的"内在化"体现，因而能制造出符合规则的正确词句。从语言使用者的大脑机制内部探究语言的工作机制，从而寻找适用于所有人类语言的普遍语法，并以形式主义的研究方法(逻辑符号记录语法)，理解和生成句子。这与韩礼德采用了他称为"生物体之间的研究视角，把语言看作一种社会，形成与听说法理论针锋相对的观点。这是从学习者内部的研究视角出发，突破听说法从简单的外在刺激因素对外语教学的影响，教学法的发展迈向新的里程碑。

3. 突出学生语言能力的创造性特征

认知法是听说法对立的产物。听说法认为语言是一套习惯，因此需要运用模仿、背诵、反复操练句型直到形成自动化的习惯为止，排斥母语教学等。认知法旗帜鲜明地反对听说法的这些做法，采用转换生成语法理论作为其理论的基础。转换生成语法最重要的特征是强调语言的生产或创造性特征："普通语言最为明显的特征是不依赖刺激并具有创新性，一些数量非常有限的语法规则可以产生无限多的句子。说话人不需要储存大量现成的句子在头脑中，他只需要根据有限的规则去理解和创造句子。"然而，语言的创造性特征在听说法中没有地位，反而把机械的行为主义刺激—反应理论作为其核心，导致学生在教学中主动性和积极性缺失，成为"鹦鹉学舌"般的人云亦云，漠视学生的主体性和语言发展的基本规律。

（二）认知法的主要局限性

1. 教学实践中过分关注语言"结构"

认知法的理论基础虽然宏大，但是在课堂教学中却表现平平。究其原因，乔姆斯基的语法转换理论仅仅代表了语言研究目标的一场革命。由于人们认识到结构的目标分类是残缺的，语言学家开始致力于发展可以解释而不仅仅是描写一种语言结构的多种可能性的系统。然而，转换生成理论与结构主义有一个根本性的相同点，它仍然是语言结构的研究。

正如结构主义语言学过分强调形式忽视了意义研究而受到批评，认知法也受到同样的批评。直接以乔氏理论为基础的认知法即以句法结构教学为中心，虽然强调的内容和目标改变了许多，但对句法结构的关注却如出一辙。因此，认知法和听说法一样关注的是语言结构的教学。这一点也许解释了乔姆斯基誉满全球的理论却对外语教学法的改进没有多少贡献的原因。它只能改进教学语法的策略，而不能创造外语教学的奇迹。

2. 理论基础尚不完善

由于认知法主要是建立在认知学习理论的基础之上，而这些理论基础尚处在形成和

初步的探索阶段，因此对于这些理论在外语教学实践中的作用仍然有待于摸索、发展和完善，不可能一夜之间就成熟起来。因此，在认知法理论基础尚不成熟的情况下，也就不可能希望它能创造多少奇迹。

正是这些原因，几乎在同时，外语教学和语言学两个领域都掀起了反对过分强调结构的做法，反对将语言只看作结构系统，而认为语言的交际、意义与语言的使用无论在语言教学还是在语言学研究中都应该占主要地位。在外语教学领域，这些反对的呼声和建议最终凝结成"交际法"。

第三章

后方法时代外语教学法

从语法翻译法到认知法，我们看到的是各种方法的不断更替。传统上人们把外语教学法的这种发展过程描述成钟摆运动，而马克华特将其看成"变化的风云和移动的沙丘"，布朗·米切尔(Brown Mitchell)将这一过程比作川流不息的河流。时至听说法，外语教学法的发展进入一个分水岭时期。有学者把交际法的产生看成外语教学法"后方法时代"的开端，如库马拉瓦迪为卢，也有学者提出以外语教育学替代"教学法"概念，如布朗。因此，研究外语教学法这种转变，特别是后方法时代的基本特征，对把握当代外语教学法的未来是非常必要的。

第一节　后方法时代外语教学法的基本特征

一、外语教学法的概念危机

一个多世纪以来，人们一直在建构一种理想的外语教学法，涌现出诸如语法翻译法、直接法、听说法、暗示教学法、默教法、全身反应法、自然途径、集体语言学习法等多种教学法。其中一些教学法在不同的历史时期获得过不同程度的承认和运用，对外语教学和外语教学法的发展做出相应的贡献。但是，一部分教学法从未对外语教学实践产生实际的效果。尤其在20世纪70至80年代，尽管各种各样的教学法层出不穷，然而似乎对外语教学影响却越来越小。这个现象说明什么问题呢？

本文认为，教学法概念此时被"狭义化"了。它带来的直接后果是教学法本身的开放性和发展功能减弱，同时其实用价值也随之缩小。从语法翻译法、听说法、直接法的深入分析，我们可以看出，20世纪上半叶的教学法发展是基于在对外语教学和学生语言发展的某些认识之上，可惜的是，这些认识依然处于初浅的观察和描述性运用阶段，对外语教学的规律和语言发展的整体性关注才刚刚开始。听说法是传统外语教学方法时代发展的顶峰，却是它将外语教学法引入了死胡同。这种现象标志着追随"语言学和心理学科学理论"的传统外语教学法发展模式的彻底破产。但是在风口浪尖上的语言学、心理学大师们仍然义无返顾地执着于创建新方法，他们依然相信，只要找到一种最佳教学法，一切外语教学问题就迎刃而解，因此他们尽力地试图用另外一种理论或方法来弥补原有方法的欠锟，由此先后提出了诸如沉默法、社团学习法、全身反应法、暗示法等各种教学法。但是，由于它们过于刻意修补原来方法的缺点，结果使他们越来越将外语教学法简单地套在他们认为最重要的某一个支点上，并竭尽全力地围绕这个点解释复杂的教学现象，结果只是拆了东墙补西墙，使他们越来越深地陷入对方"设计的陷阱"之中无法自拔，从而造成这一时期的教学法大多昙花一现，有的刚一露脸又很快在教学实践中销声匿迹了。当时也许是外语教学历史上最迷信"教学法"的时代。一方面，人们受到听说法的强大阵容的诱导，梦想在如此令人心动的心理学和语言学的科学园地里，一定可以栽培出外语教学法的灿烂花朵来;另一方面，听说法的失败并没有挫败人们对教学法的信心，相反，更激发人们的探索欲望，他们天真地认为，听说法的失败只是某些环节或者程序出了差错，只要寻找到出现问题的原因，就可以解决听说法中出现的问题了。于是，他们把目光盯在创设学习氛围上，于是有了暗示法;有了倡导合作学习的社团学习法;还出现了在行动中学习的全身反应法等教学法。可实践证明，这种修修补补所得的方法，即使号称是完美无缺，不仅难以走出听说法已有的泥潭，还因为迷恋每种具体技术而把外语教学法引向更窄、更深的"泥潭"之中的，无法解决当代外语教学中提出的更深更广的问题。随着时代对外语教学法提出的新要求下而使原有的方法更加回天无术。因此，"教学法迷信"终将破除。教学法的发展必须要回归其多元的、复杂的外语教学的本质，另辟蹊径，从而促进方法模式的根本转型，这决定了后方法时代的到来。

后方法时代的性质

（一）方法时代的缺憾

20世纪80年代以来，对教学法概念的声讨之声此起彼伏，一时间，反思外语教学法的声浪甚嚣尘上。先是斯特恩强烈地批判了"一百年来对'教学法'的痴迷"，痛斥对外语教学法长久的倾心，已最终证明是一种充满虚假而徒劳无益的努力。接着，布朗提出用一系列教学原理代替单独的教学法。此外，库马拉瓦迪为卢提出了"后方法"时代的概念，直接否定了传统方法对当代复杂外语教学现象的有效性。

从语法翻译法，到1880年古安的《外语教学的艺术》提出的"序列法"到20世纪初的直接法，40年代的听说法，60年代的认知法，70年代的人文主义系列法等教学法的更迭，不禁让人思考这样一个问题:为什么随着时间的推移，不仅原来的教学法退却了往日之辉煌，而且新的教学法也不再具有外语教学征途上的先锋意识?布朗对此作了总结，指出20

世纪外语教学法存在四点致命的缺点：

1. 方法太具规定性。它们往往在对某种环境或者情景没有准确确认之前就急于提出假设，因此，在具体的教学实践环境中其运用价值大打折扣。

2. 新教学法难以为继。一般而言，每一种教学方法在其最初阶段都独具特色，但到后期就与其他方法混淆不清。例如，在社团学习法的早期课堂里，学生们经历着新鲜的学习方式。他们围成小圈，以耳传耳进行翻译。几周后，他们的课堂又恢复成与其他教学法课堂没有多大的不同的状态。

3. 犯有以偏概全和科学主义的错误。人们常常认为，可以通过科学的经验或实验验证哪一种是最好的方法。但是，实践证明外语教学是一个复杂的过程，那些直觉性的、艺术性的教学风格、方式和技巧是不可能用实验的方法证实。

4. 方法上寄生的政治偏见和政治图谋。正如朋尼库克所言的那样，方法充满了"兴趣偏好"。最近一些关T-英语教学的权力与政治的作品表面，方法常常是某些"势力"的创生物，是"语言帝国主义"的工具，目的在于消减边缘地区和国家的力量。

另外，这些方法很多是外语教学专家或语言学专家们阐释的他们长期对语言教学问题的研究的思想和观点。这些思想和观点几乎是对复杂教学中的某一点或者某个方面的讨论，不能全面反应外语教学的整体发展要求。因此，作为代替其他外语教学法的整体教学模式的推广实施，就存在着重大的缺陷。但是，这些教学法却以专家的身份"自上而下"地强加于教师，不仅无视教师在教学中的自主性和创造性，使教师被动地遵循与专家的理想一致的教学模式。可见，这种教学法的缺陷是毫无疑义的，因此，终结方法时代的后方法到来。

（二）后方法时代的外语教学法走向

1. 时代转型特征

"方法的迷信"使教学法丧失了科学的潜力，影响了外语教学法的发展，但是也激发了更多的人探求新教学法的热情。在许多人继续盲目地朝拜、迷信"方法"之时，一些学者意识到僵化的"方法"概念已经给外语教学带来了严重后果，外语教学法应该朝着更理性完善的方向发展。代表着"固定教学程序的"方法概念将走向终结，"动态的、多元的、开放的、发展的"教学法概念萌生，这就是"后方法时代"的来临。"后方法时代"与"方法迷信时代之间"存在怎样的差别?本文认为，至少存在以下三个本质上的区别模式转型。第一，从方法迷信时代的教学法"科学研究"概念转向后方法时代的"理论哲学"概念;第二，从"静态的"方法程序到"动态的"方法建构;第三，从孤立的单一因素研究到多元的综合方法。

2. "理论哲学"成为教学法基础

首先，"后方法时代"的外语教学法遵循的是"理论哲学"教学概念，这种理论哲学是指外语教学建立在"一种哲学的思考，应然的或者价值上正确"的信念之上的判断，因此，后方法时代的外语教学法体系带有明显的解释性和发展性特征。例如，布朗提出的"原理路径"法就是从人的语言发展规律和语言教学基本理论出发，寻找适合教学对象和教学情景、可供选择的方法组合。这种组合是开放的、综合的、灵活的，可以根据不同的教学情景、学习对象、学习目的、学习时间和学习者差异等设计多样的学习任务和活动。这些活动一方面要符合学习者个体差异和教师的特点，另一方面要符合语言发展和语言教学的规律。而且，在布朗的《教学法的挽歌》一文中，他断言"个别教学法的整个概念已经不再是语言教学实践的中心问题，在语言教学的历程中，教学法已不再是里程碑，被认为更有价值的东西是语言教学的方针或主张与课堂教学实践之间的相互支持关系。"

3. 教学法创新将成趋势

后方法时代将走出传统的固定教学模式，并在新理论指导下呈现出更加灵活多样的发展。教学法不再仅由一种技术方法构成，而且是多元式的，是综合发挥作用的。如美国加利福尼亚San Jose州立大学教授库马拉瓦迪为卢著、耶鲁大学出版社2003年出版的《超越教学法:语言教学的宏观策略》一书指出现代语言教学处于后教学法时代。该书提供的教学法框架使教师能超越教学法思想的局限，培养起建构系统化、连贯的、相关的个人实践理论所必需的知识、技能、态度和自主能力。该书是一本有关后教学法时代的语言教学的书，它反映了20世纪外语教育的衰退期内人们对外语教学法的理性反思。后方法时代驱使人们超越有限的限制性教学法观点，重新思虑如今语言教学所处的后教学法时代带来的挑战与机遇。

传统的教学法思想由一套普遍性的理论原则和课堂实践组成，仅能为语言教学提供有限的限制性观点，由一套普通理论和课堂实践原则组成的教学法向开放性的后教学法时代的发展是大势所趋。

综上所述，后方法时代并不意味着"方法"概念的消失，抑或方法功能的消减。而

是教学法概念外延的拓展，是方法"狭义化"的反动。外语教学法作为外语教学研究的中心在过去、现在和未来都不会改变，因为它为外语教学提供教学实践的概述，使教师能适应各种教学法并广泛应用于教学中，而不是把它们作为适合于不同的教学语境的处方;它们能为教师提供基本的教学技巧，帮助他们发现自己的教学技能。所以，后方法时代是方法时代的推陈出新，是外语教学法经历自身成长中否定之否定后的更高的水平发展，是外语教学法极其重要的发展阶段，它的到来将会使外语教学法重新焕发生命的活力，带来新的繁荣。

第二节　交际外语教学法

交际法产生于欧洲共同体，它是一种以培养学生的交际能力为目的的教学法体系。交际法的代表人物有荷兰的范埃克，英国的语言学家威尔金斯，威多森等。

一、"交际能力"与交际法的形成

长期以来，语言学界围绕语言的"形式—功能"争论不休，对它们的研究几乎涵盖了语言学研究的所有内容，而这些争论必然又反映在与之相对应的教学法理论和实践上。交际法的流行反映出功能主义者在这场论战中取得胜利，他们认为语言的本质在于它是用于人类交际的一种工具，外语教学应体现这一本质;能用外语进行成功的交际，就说明外语教学是基本成功的。交际法对于语言本质的描述抓住了外语教学的关键所在，第一次为外语教学指明了方向，使外语教学摆脱了"见木不见林"的桎梏，走出了"强末忘本"的误区。同时，许多教学法专家如威尔金斯、坎德林、威多森、博拉姆弗特等设计了各自不同的教学模式，丰富了外语教学理论，促进了教学法的发展。

（一）交际法产生的语言学理论基础

1.海姆斯的交际能力理论

在语言学领域，首先针对乔姆斯基的转换生成语法理论提出强烈反对意见的是海姆斯。他撰写的《论言语能力》以清楚确凿的语言反驳了乔姆斯基提出的"语言能力"观点，并树立起自己的理论。他认为，乔姆斯基创立的生成语言学派把人类学习语言的能力看成是与生俱来的，每个人头脑都有一个语言的习得机制，人可以根据有限的语法规则创造无限的句子等，这种认识的正确性是极其有限的。因为，乔姆斯基只研究语言能力，而忽视了语言运用研究。而且，乔姆斯基研究的语言能力是指一种理想状态中的理想的说话人和听话人掌握的语言知识，这个理想的说话人、听话人具备完美的语言知识，并在一个完全均质的语言环境中运用语言。因为在乔姆斯基看来，语言运用是理想听话人、说话人不完全和退化的语言能力的反映，因此不作为语言学研究的主要内容。表现在外语教学法中，这种观点存在的问题关键在于必须在真实的语言运用能力和理想状态的语言能力之间做出选择。

正因为持这种观点，海姆斯在一次关于弱势儿童语言发展的大会上，强烈地反驳了乔姆斯基理念对现实状态的相关性。在海姆斯看来，乔姆斯基所谓的语言能力应称之为语法能力。一个人没有语法能力不行，但只有语法能力同样也是不够的，因此，他提出了"交际能力"的概念。"交际能力"具体包含以下四方面的能力与知识:（1）该语言是否或在某种程度上合乎形式——即合乎语法性;（2）该语言是否在某种程度上可运用——即可接受性;（3）该语言是否或在何种程度上符合运用的背景;（4）某项语言是否可以被完成、操作，包括哪些行为。海姆斯主张人们在运用语言时既要考虑其语法性，又要考虑可接受性，既考虑谈话的场合，也考虑谈话的方式等，这就是运用语言的交际能力。后来，坎纳尔和苏安(Swain)在海姆斯"交际能力"理论的基础上，将其中的4项原则进一步完善，提出了以下四种能力:（1）语法能力——具体地说，是支配语法和词汇的本领，即乔姆斯基的语言能力;（2）社会语言能力——指对进行交际的社会环境的理解力和敏感程度。这项能力具体反映在对交际对象之间的关系，对交际各方相互交流的信息，以及对各方相互交流的目的理解上;（3）上下文能力——即从整个语篇和各个部分之间相互关系的角度解释具体词、句、语义的能力;（4）策略能力——指语言交际者主动引起话题、结束讨论，或者坚持己见和修改论点、改变交际意向的能力。

2. 交际功能是语言的本质功能

我们可以同时在欧洲和美国寻找到交际法理论发展的轨迹。自从瑞士语言学家索绪尔(Ferdinand de Saussure)确立T现代语言学，将语言研究分成(langae)和(parole)以来，以后的语言学研究都在其确立的范畴下，把语言作为一个完整的系统去研究，但是有这样一个趋势:欧洲的多个语言学派更多地研究语言的功能与符号性;而美国的结构主义更重视语言的形式分析与客观描写;转换生成语法则主要从心理语言学的角度去解释语言。

首先，在欧洲"情景语境"和"意义是语境中的功能"首先得到波兰著名人类学家马林诺斯基(Malinowski)的重视。他认为必须建立一种语义学才能使语言研究深入下去。语义学理论是解释语言现象的基础，形式标准不能作为语法分析的基础，也不能为词汇分类的基础。同时，语义理论不仅要说明语法关系及其范畴，还要说明文化环境对语义情境的作用。另外，他指出，话语的意义就是当时当地正在发生的人的活动。人类典型的日常活动语言的意义直接来自这些活动，即他所说的"语言情境"。他认为一切书面语言或文学都不是思考的表达，其意义都取决于语言环境。

弗斯继承了弗斯林诺夫斯基(Malinowski)的"情境"理论，认为语言不仅仅是一套约定俗成的符号系统，而是社会过程，是人类生活的一种方式。"因为我们生活下去，就得学习下去，一步步学会各种语言形式作为社会生活的条件，语言是做事情的方式，一种行为方式，是迫使别人行动的方式，是一种生活方式。正因为语言是人类生活的一种方式和行为方式，语言沉浸在人类社会的交往活动之中，实际使用中的语言才应该是语言学研究的对象。他试图分析出语言中有意义的成分并建立语言因素与非语言因素之间面对的关系。也就是说，他希望从社会文化的视角去研究语言，理解语言的文化价值，帮助了解人的社会本质。因此，他从语言的意义入手进行研究，将马林诺夫斯基的语言环境概念的扩展，提出语言环境包括社会环境、文化、信仰、参与者的身份以及相互关系等。他认为语言环境使下列范畴之间呈现一定的关系:（1）参加者的相关特征，是哪些人有什么样的性格，有什么相关特征;（2）有关的事物和非语言性、非人格性的事件;（3）语言行为的效果。这里概述的技术的中心概念是语言环境，在一定意义上，语言环境涉及一个人全部经历和文化历史，在语言环境中，过去、现在和将来都融合在一起。

新弗斯学派的意念功能或功能语言学被交际法采纳，并以它编制了初级交际法教学大纲。

3. 韩礼德的意义潜能理论对交际法产生的影响

韩礼德更进一步研究了语言的社会功能，他的意义潜能理论是对交际法产生重大影响的另一个核心理论。意义潜势是语言能够做事情的行为潜势的实现，换句话说，意义潜势是指"能够通过语言做事情"，表现在语言上就是"能够表达意义"。意义潜能研究的是语言的深层形式，它不同于结构研究的语言的表层形式。韩礼德指出，系统并不比结构重要，但是不能将语言学研究局限于"语言"即结构上，因为运用语言进行有效的交际是人类区别于的物的根本特征。为了揭示语言意义产生的社会根源，系统功能语言学将语言的社会性放在最突出的位置。值得注意的是，韩礼德把"语言"看成是系统，是"语言行为潜势"，是"选择"，每一个系统就是语言行为中的一套供选择的可能性，即指在特定环境中一个人可以选用一组语言形式。因此，这种"语言潜势"为人共同使用语言进行交际提供了多种可能性，以及根据语言交际的需要进行语义系统的实际选择。换言之，在韩礼德看来，他们说的符号系统不应被看作一组符号，而被看作一套系统化的意义源泉，客观而全面地描写语言系统的构成和运作，研究人们为什么通过使用语言交换含义，是系统功能语言学家的任务。这种理论指导下的交际法改变了重视语言形式和语言结构的传统，而侧重于语言的社会交际功能，即通过语言做事情，表达意义的功能。交际法将语言视为是一个意义表达的系统，其基本单位不再是语言的语法和结构特征，而是语言的功能和交际意义。

（二）交际法产生的心理学理论基础

交际法的心理学理论是意念论。意念这个词属于心理学的范畴。思维是人的一种心理现象，作为人脑反映现实的思维活动形式，是人类共有的。人类的思维具有共同性和普遍性。操不同语言的各个民族有共同的意念范畴，特别是比具体意念抽象程度更高一级的意念范畴，而人的思维又可以分为有限的意念范畴，各个意念范畴又可以分为若干个意念项目，意念项目还可以分为细目，同一个意念项目，各个民族又用几乎完全不同的语言形式来表达。常用意念项目及其常用的语言表达形式，构成了某种具体语言的共同内核。因此，采用语言的功能进行教学就是运用这些共同的、有限的意念范畴以达到掌握一门语言的目的。

人们运用语言进行交际的过程有两个重要的方面:一是运用语言表达什么思想;二是怎样表达思想，即表达形式。由于人类的思维有共同的、普遍的意念范畴，所以常用意念项目就成为欧洲现代语言教学的共核，成为欧洲现代主要语言教学大纲的基础。由此，常用意念项目及其语言表达方式就成为现代语言教学的依据。交际法就在意念理论的基础上编写教学大纲。

二、交际法的教学原则与教学过程"交际化"分析

欧洲共同体的大部分国家如英国、法国、德国、意大利、西班牙等国对交际法进行

了积极的探索和实验，提出了系统的教学原则和教学程序。

（一）交际法教学原则分析

交际法教学可归纳为三个教学原则:交际性原则、任务原则和意义原则。交际性原则认为涉及真正交际行为的活动能促进语言学习;任务原则指使用语言来进行有意义的活动能促进语言学习;意义原则指对学习者有意义的语言能促进语言学习。按照这些原则，交际法让学生在真正的交际活动中参与有意义的活动，完成一定的学习任务以达到培养语言交际能力的目的。因此，交际法认为，外语教学活动必须涉及真实的交际内涵，通过有意义的教学内容和活动任务达到培养交际能力的目的。

交际法的教学原则具体表现为以下内容:1.将语言意义放在首位;2.语境化是教学的基本前提之一;3.语言学习目的是学会运用语言进行交际，而学习掌握外国语语言的最佳途径是用所学语言进行交际;4.语体变化是教材选编设计的中心概念，只要能够引起学生的情趣，语言功能、语义都可作为教学内容编排顺序的依据;5.使学生勇于投入创造性地使用语言的活动中，在不怕失误的体验中获得交际能力;6.以语境为尺度衡量语言使用的准确性;7.机械训练不作为主要教学手段;8.语音到达能被人听懂的水平;9.阅读和写作可以从初学开始:10.审慎使用母语。

（二）交际过程"交际化"分析

交际法把教学过程设计为三个步骤:接触、模拟范例和自由表达思想。接触指让学生接触多种多样的对话内容，这些对话应该在真实或者模拟真实的情景中进行。模拟范例练习是在情景中抽出语法结构让学生模仿练习。学生可以通过反复操练、问答对话等方式进行语法的操练。自由表达阶段是为学生提供一定的语言情景，让学生通过角色扮演、即兴表演等形式运用所学的语言自由表达思想的阶段。三个步骤即现在人们熟知的3P教学模式，即呈现、练习与产出三阶段模式。该教学过程模式是从传统的教学程序进化而来，是对传统教学过程模式的发展，例如在《功能—意念法:从理论到实践》一书中，菲诺契阿罗和博拉姆菲特提出的教学计划与听说法教学程序有很多相似的地方，它们都以对话作为信息输入的载体，随后进行语法结构的训练，然后在情景中进行练习，最后进入较为灵活的自由表达阶段。

总之，早期的交际法教学过程模式即传统的3P模式，它主要由语言的呈现、练习和产出(presentation-practice-production)三个阶段组成。根据交际法的上述特点，还可以把交际法的教学过程总结为两类活动:一类是语言交际活动前的预备性活动,包括对外语结构的练习和具有一定交际性质的练习;另一类是正式的语言交际性活动,包括功能性语言交际活动和社交性语言交流反馈活动。

交际法的时代贡献和局限性

（一）交际法的主要创新

交际法将语言看作是一个意义表达的系统,其基本单位不仅仅是它的语法和结构特征,而是语言中的功能和交际意义。语言的基本功能即人与人的交往和交流,其结构反映它的功能和交际用法。由于外语教学旨在培养学生的交际能力,培养学生在社会环境中恰当使用该语言的能力。所以,对语言功能的理解、交际中意义的传递、语言的使用就成了交际法强调的核心问题。交际外语教学法是外语教学法发展上的一次重大突破,它反映了人类在语言学研究领域的最新成果,与方法时代的所有的教学法相比,它体现了一种历史的进步,是人类对语言现象及其本质与特点研究的有力推进,以及对语言教学的本质和目标的认识进一步深化的体现。其进步性表现在以下几个方面:

1. 教学中语言交际含义精确化

根据语言发展的规律,交际法将语言交际的含义精确化。它详细地阐明了学生在外语学习中应该知道什么,他们运用所学的语言知识应该做什么,他们应该达到怎样的熟练程度等问题,并根据这些规定确定教学目标或编制教学大纲。这样一来,交际法对外语教学的指导就更准确地体现为:用确切的目标培养学生的交际的能力。交际教学任务包括语言知识和发展技巧两个方面,它关注的是同时获得语言知识和熟练的语言运用,即“语言”和“言语”能力,因此,它比以往的教学法更科学。

2. 走出了方法时代传统教学法的“泥潭”

交际法打破了方法时代狭隘的“方法”概念传统,它通过一系列指导理论原则解释并且贯彻于教学过程的教学大纲,如“功能—意念”大纲,重新组织目的语的展现,使目的语与将要进行的语言使用保持一致。这样以交际功能为呈现顺序的教学首先要求教材的编写者以学生的需求为基础。因此,它遵循教学中以学生为中心的原则,从学生的需求、兴趣出发进行教学。另一方面,交际法的语言呈现顺序是以语言的交际功能为基础的,打破了原来按整个语法体系呈现语言的方式,这是一种进步。另外,它试图将语义与语法,功能与语法联系起来,即把语法和事情如何说,什么时候说,什么地方说联系起来,力求

学以致用，学用结合。

3. 以外语教学规律为依据

遵循外语教学规律，力求教学过程交际化。把语言交际作为全部教学的出发点，把外语教学过程变成语言交际的过程。教学过程交际化使学习语言与运用语言结合起来，它内在地要求创设真实的或者模拟真实的社会情景以满足交际活动的需要。这些都是遵循现代外语教学规律的体现。

以学生为中心

强调以学生为中心，从学生的实际需要出发，以学习活动为中心设计教学，促进学生的全面发展。交际法强调根据学生的实际需要和实际状况出发进行教学，教师为学生的学习创造真实运用语言的机会，使他们在使用语言中获得一门语言。

（二）交际法的局限性

尽管交际法吸收了以往外语教学法研究的相关成果，开辟了外语教学法发展史上的新时代，但是它毕竟是新生事物，存在着种种不足。

1. 科学化体系的问题

交际法虽然标榜"科学化"，但是，如何科学系统地统计语言的功能项目，有哪些语言功能项目的标准，作为语言功能的范畴到底有多少，而外语教学又需要多少语言功能范畴，又怎样科学地安排它们的教学顺序。这些问题没有得到解决。

2. 教学过程交际化模式受到置疑

尽管交际法创造性地提出了教学过程交际化，但是其接触、模拟示范、自由表达的三段式教学过程模式的理论仍不足以让人信服。该模式隐含的假设是:三个分离的阶段具有内在的逻辑性。各个语言项目经过教师的讲解，然后在教师的控制下进行操练，学习者在第三阶段就可以自然地运用前两个阶段的知识了。但第二语言习得研究成果表明:语言学习不是线性的积累过程。我们不能够通过分离某一特定的语言项目呈现给学习者，期望该项目成为他们语言能力的一部分。关于句法问题的研究表明，学习者很难一步从零跨向对新语言形式的掌握，无论是在自然状态下还是在课堂环境中，学习者在语序、否定形式、疑问句、关系从句等方面都要经历一个固定的发展的阶段，在相对长时间里，学习者无法获得同目的语一样的运用能力。可见，交际法的三段式教学过程模式缺乏科学的依据，对语言具体形式的准确掌握并不能使学生学会并自动转化为语言使用能力。因此，早期的交际法教学过程模式带有明显的机械性、教条性特征。

3. 极其有限的语言输入量影响了交际法的实际教学效果

交际法以培养学生的"交际能力"为目标，通过把语言教学过程转变成言语交际的过程促进学生交际能力的获得。这就要求整个外语教学过程都是为学生创设交际机会和情景，真实地使用语言的过程。教学内容也应该来源于生活，与学生的生活密切相关，而且交际活动也要形式丰富多样，才能体现语言的多种交际功能。因此，丰富的语言输入量和输入形式成为实现交际法内在的需要。但是，由于交际法仍然在很大程度上依赖"功能—意念"大纲编写的教材，教材中囊括的功能材料一旦局限于教材，就变成固定的、静止的语言材料。它们既无法满足培养"交际能力"充足的教学内容，又禁锢了教学形式，造成教学形式僵化，教学效果差强人意。因此，语言输入量和输入形式是交际法的另一个缺陷。

4. 传统语法教学模式的顽固抵制

交际法提倡对语言结构的掌握不再作为目的，而是作为交际目的的一种手段，重视"交际能力"的培养。其教学重心不再以语法为纲，而是语言功能的表达和培养交际能力。教学重心的转变使语法教学出现了危机，语言功能与语言结构之间出现了难以协调的矛盾。虽然交际法抛弃了传统的语法教学模式，但是许多习惯于按结构大纲编写的教材进行教学的教师不能适应以"功能—意念"大纲编写的教材，在这种情况下，他们常常把"功能"型按"结构"的方式来教，结果出现穿"交际法"的新鞋，走语法操练的老路的现象。因此，语法操练的问题没有得到根本的解决。

另外，交际法仍然遵循教学内容"自由选择"的传统，内容选择的任意性、零乱、缺乏系统，造成传统的交际法始终沉溺于"语言形式"和"语言内容"争执中。本文将在"内容型教学法"一节中详细分析这个问题。

总而言之，交际法不仅改变了我们对语言的认识，而且改变了我们对外语教学主体的认识。为了摸清交际法对教学过程方方面面的潜在意义，我们还有许多艰难的道路要走。但是，交际法并非外语教学的最终答案，外语教学法的下一场"革命"已经开始酝酿。毫无疑问，新的教学法会在交际法已经引起变革的大背景下产生。它的许多理论和观点如语言结构是为语言功能服务的，语言知识是达到语言运用能力的手段，外语教学的目的在是培养交际能力等观点在未来的外语教学法的发展中仍然不会被遗弃，而是新兴教学

法生成另一种教学法的基础。

第三节　任务型外语教学法

任务型教学法是在20世纪80年代交际法被广泛采纳的历史背景下产生的。意念功能大纲成为当时普遍应用的标准大纲，而传统的3P程序则是相当流行的教学模式。任务型教学法正是在批判结构大纲、意念功能大纲以及3P程序教学模式的基础上创立起来的。其理论基础主要交际法教学理论，以及第二语言习得理论等。

一、任务型教学法的形成

（一）任务型教学法的兴起

任务型教学法认为，语言教学中一直存在语言形式和语言意义之间的矛盾、发展语言系统和发展语言交际能力之间的矛盾、课堂语言教学与自然习得语言之间的矛盾、提高语言流利性和准确性与任务复杂性之间的矛盾，而通过合理设计和成功完成任务可以使这些矛盾得到改善。

任务型教学法的研究开始于20世纪80年代。普拉布在印度南部的班加罗尔（Bangalore）进行的一项强交际法理论的实验，提出了把学习内容设计成各种课堂教学的交际任务，让学生通过任务进行学习的一系列观点。他将任务界定为让学生思考所给的大信息，并从中得出结论的一种活动，这种活动使学生对自己的思考过程进行调控。他把活动分成四种类型:规则中心活动、形式中心活动、目标中心活动和意义中心活动。意义中心活动是任务型教学最重视的活动，因为这种活动使学生在有意义的学习活动中潜意识地内化了语言系统。这与克拉申的自然习得理论不谋而合。

班加罗尔实验是任务型教学法的雏形。第一，在教学内容的选择上，该实验放弃了传统的结构大纲以及交际法采用的意念—功能大纲，而采用任务组成的程序大纲，为学习者提供在课堂上的交际任务。普拉布认为他的大纲说明的是"课堂上要做什么而不是要学习哪一部分内容的问题"。第二，普拉布识别了信息差、意见差、推理差三种类型的任务，使交际活动有了明显的目的性，并把学习者的注意力吸引到完成任务上。这里的任务具有意义第一性，与学生的生活相关，有交际的问题要解决等基本特点。第三，反对语言形式的讲解。语法教学借助任务，让学习者在完成任务的过程中领悟到语言规则。

随后，坎德林和布瑞恩从课程设计的角度出发改进了普拉布的早期理论，并在批判"综合大纲"的过程中提出了"过程大纲"理论。他们赋予课程设计者更艰巨的任务，即教学中要为学生提供可选择的活动和任务。此后朗和威利斯和斯干进一步研究了任务型教学法的实施模式，将任务型教学法发展成为一种较完善的方法理论体系。

（二）理论基础

1. 中介语理论

中介语是指第二语言和外语学习者在学习目的语的过程中产生的既不同于母语，又不同于目的语的一种语言。中介语理论认为，中介语是学习者在学习目的语的过程中出现的正常现象，是学习者的语言系统不断向目的语靠近的过程。在学习目的语的过程中，除了学习者的母语和目的语系统，还存在一个中介语系统。这个系统自身具有内在的结构和系统性，并遵循一定的规律不断地发展变化，与目的语靠近。

中介语的意义在于，它的理论导向实现了从"教学中心"的观点向"学习中心"的观点的根本转变，对外语教学法的发展具有划时代的意义。中介语的发展经历了三个发展阶段，即20世纪60年代的对比分析阶段，70年代中介语理论产生阶段和80年代的理论模式发展阶段。

对比分析以行为主义心理学为理论基础，研究目的语与母语之间的异同，并用于教学。其基本假设是：学习者学习语言的困难与目的语和母语之间的差异成正比，差异越大，困难也就越大。对比分析的弱点与行为主义心理学一样，都试图用简单的方法解决复杂的问题，忽视外语教学中学习者的主体性。

任务型教学法的代表普拉布、朗、威利斯等人从关注学习者学习过程出发，提出在课堂中要为学习者设计自然的语言使用的环境和产生互动的任务，让学习者在理解对方和表达自我的过程中验证假设、修正假设。也就是说，任务型教学法运用"做中学"原则，设计和组织任务，让学习者在理解对方和表达自己的过程中检验已有的假设，建立新假设，修正或者重组原有的中介语系统，进而促进语言习得。

2. 输入假说、互动假说、输出假说

任务型教学法认为，任务的作用在于为语言的输入和输出创造了条件。这对于语言

习得是必要的，因为输入和输出需要意义协商的参与，其结构促进语言习得。可见，任务型教学法受到输入假说、互动假说和输出假说的影响。

输入假说由克拉申提出。所谓输入，必须是一种可以理解的输入。就是说，为学习者提供可以理解的语言信息。输入假说重视的是输入的意义而不是输入的形式，也就是说，学习者可以不一定了解输入的形式，但不能不理解其意义。另外，克拉申认为，可以理解的输入应该稍微高于学习者的现有水平，并且要反复出现，若学习者现有的语言水平为 I，1 代表按自然顺序下次应该学会的语言形式，那么教学中应该提供的输入为 I + 1。只有提供丰富的可理解输入，语言的习得才有可能。

互动假说由朗 (Long) 1983 年提出。朗从第二语言习得理论出发，初步发展了任务型教学的模式——交互修正理论。他认为，可理解的语言输入能够产生语言习得，把语言输入变成可理解的输入最重要的途径就是交际双方在会话交互过程中不断相互协同，对可能出现的理解问题进行交互修正，在交互的过程中引起对语言形式的注意。其基本假设是:当交谈中沟通、理解发生困难时，交谈的双方必须依据对方理解与否的反馈，进行诸如重复、释义、改变语速等语言上的调整，也就是说要进行意义协商，调整的结构导致语言输入变得可以理解，从而促进习得。

互动假说为外语教学过程的意义协商、交互影响的重要性提供了理论依据。任务型教学法为了改变课堂信息流向的单向性，以任务的协商解决组织课堂，使教学成为师生、生生互动的过程。

苏安 (Swain) 对加拿大法语沉浸式教学的研究中发现，学校以英语为母语的学生的数学、科学等课程全部用法语教授，他们接受了大量的"可理解性输入"，但是他们并没有表现出与输入假说期望的教学效果。虽然学生的听力和阅读能力达到较高的水平，但是口语和写作方面的准确性却很差。苏安认为这是学生缺乏语言表达的练习所致，也就是说教学中缺少对输出能力的重视。苏安指出，可理解输入固然重要，但不是学生语言能力全面发展的必要条件，可理解输出是另一个重要的条件。可理解输出是指学习者在交际出现困难时，为了使自己的语言被理解而对自己的语言表达进行必要的修改，使其更准确、连贯的表达过程。我国学者魏永红把输出的作用总结成以下几点:（1）输出能引起学习者对语言问题的注意;（2）能够对目的语的结构以及语义进行假设检验;（3）具有元语言功能;（4）使目的语表达自动化。

社会建构主义理论认为，人的学习和发展是社会合作的活动。这种活动是无法被教会的。知识是由学习者个人自己建构的，而不是他人传递的。这种建构发生在与他人交往的环境中，是社会互动的结果。因此，社会建构主义强调学习者从个人自身经验背景出发，建构对客观事物的主观理解和意义，重视学习过程而反对现成知识的简单传授，强调人的学习与发展发生在与他人的交往和互动之中。教师是学习者最重要的互动对象，教师要将教学置于有意义的情景中，最理想的情景是所学的知识可以在其中得到运用。社会建构主义理论支持下的任务型语言教学使学习过程充满真实的个人意义，要求外语教师学会促进学生的全人发展、学习能力的发展、积极的情感因素和健康的人格发展。在这种场景下，互动有以下几种作用：（1）可以使学生在模拟真实的交际情景中进行语言活动；（2）可使学生增加语言输入和输出量。人们掌握语言不仅要靠大量的可理解性输入，还应该有可理解性输出。通过小组活动，学生的语言活动量极大增加；（3）可以使学生学会创造性地使用语言，把学过的词汇、语法结构、固定用法重新组合，表达以前没有表达过的内容。

任务型教学所追求的正是语言习得所需要的最理想状态，即大量的语言输入与输出，以及语言的真实使用，它可以极大地激发学生内在的学习动机。在语言的使用方面，采用各种任务，使学生有机会综合他们所学语言，在交流中学生可以把注意力集中在有意义的表达上，降低学习心理压力。在完成任务的过程中，学生可以调整自己的学习行为，逐渐产生自主学习的意识，通过完成任务，在真实或者模拟真实的情景中创造性地运用的语言知识和能力。

二、任务型教学法的基本原则与程序分析

任务型教学法是指"将任务置于教学法焦点的中心，它视学习过程为一系列直接与课程目标联系并为课程目标服务的任务，其目的超越了为语言而练习语言"，即一种将任务作为核心单位来计划、组织语言教学的途径。其基本原则和教学过程理论包括以下内容：

（一）任务型教学法的教学过程理论

威利斯(Willis)为任务型教学法提供了课堂具体的操作步骤。她提出了任务实施的五项原则：要接触有意义而且实用的语言；使用语言：任务促使学生运用语言；在任务环的某一点上要注意语言本身；不同时期要求不同程度地突出语言。同时，她把任务型教学过程严格区

分为任务前阶段、任务环阶段和语言焦点阶段。

任务前阶段包括介绍话题和任务。在这一阶段教师和学生一起探讨话题，着重介绍有用的词汇和短语，帮助学生理解任务指令和准备任务，学生可以在此期间熟悉以下其他人所做的类似的任务录音。这个阶段主要为学习者提供有意义的输入，帮助他们熟悉话题、认识新词和短语，其目的在于突出任务主题，激活相关背景知识，减少认知负担。

任务环阶段包括任务、计划和报告。学生以结对子或者小组活动的形式完成任务，教师不直接指导。学生以口语或者书面的形式在全班汇报他们怎样完成任务，他们决定了或发现了什么，最后通过小组向全班报告或者小组之间交换书面报告的形式比较任务的结果。这个阶段为学习者提供充分的语言表达机会，强调语言的流利性，交谈中语言的使用应该是自然发生的，不严格要求语言的准确性。

语言焦点阶段包括分析和操练。在这一阶段分析课文和录音中出现的语言特点和难点。在分析中或者分析后教师引导学生练习新的词汇、语法。在这一环节，她指出，在教学中明确语法系统是极其有价值的。这个阶段的目的在于帮助学生探索语言系统知识，观察语言特征并将它们系统化，清晰、明了地掌握这些语言规则。

另一位对任务型教学法的发展做出杰出贡献的是斯干，他提倡的语言学习认知法使任务型教学有了新的发展。首先，他认为第二语言和外语的习得过程与母语的习得过程不同。母语的习得过程为:词汇化—句法化—词汇化;而第二语言和外语习得更多是认知性的，学习者在交际活动中更趋向注意语言的意义，在信息处理系统环境下，学生的注意力是有限的，注意语言意义意味着在实际语言运用中更多地趋向于实例和记忆系统，内在的句法化就不会起作用，语言系统就得不到发展，所以语言教学应该创造机会使学生注意语言的形式，促进中介语系统的发展。另外，语言运用取决于规则系统和词汇化系统。语言运用的目标有三个:流利性、准确性和复杂性。语言的流利性与语言的意义相联系，而语言的准确性和复杂性与语言的形式相联系。因此，在交际的环境中，要分配一定的注意力给语法系统，从而使语言得到持续、平衡的发展。他还提出了任务前、任务中、任务后几个课堂教学阶段理论，但与威利斯(Willis)的观点大同小异。

（二）任务型教学法的教学原则与特点

纽南提出的任务型教学法有五条原则:1. 真实性原则;2. 形式—功能性原则；3. 任务相依性原则；4. 做中学原则；5. 脚手架原则:给学生足够的关注和支持，让他们学习感到成功和安全。

斯干总结归纳了任务型教学的理念和特点:1. 意义是第一位的;2. 学习者不是重复他人的话;3. 与真实生活中的活动有相似之处;4. 最重要是任务的完成;5. 评价任务是否完成主要看有没有结果。

从这些原则和特点来看，任务型教学法认为学习者能理解一项语法规则与他们是否能内化并运用这项规则并不是一回事，学习者实际上需要的不仅是有在不同情景以及不同语境中反复接触含有这项语法规则的机会，而且他们还需要在不同的情景之中使用这些固定的表达方式，从而逐渐发展自己的语言系统。这正是任务型语言教学追求的效果。因此，任务型教学的倡导者认为，掌握语言的最佳途径是让学生做事情，即完成各种任务。当学习者积极参与目的语进行尝试时，语言也被掌握了。学生注意力集中在语言所表达的意义上，努力用自己掌握的语言结构和词汇来表达自己的意思，交换信息。

总结起来，任务型教学追求的是给学生提供大量的、尽可能丰富的内容和广泛的输入，让学生明确自己的学习目标，并在交际的环境中，分配合理的注意力给语法系统，从而使语言得到持续、平衡的发展。

三、任务型教学法的贡献与局限性

（一）任务型教学法的主要贡献

1. 交际法的批判与继承

任务型教学法是对交际法批判式的继承与发展，表现在以下两方面的内容:

一是交际法采用功能—意念大纲来确定教学内容和目标，而任务型教学法以任务为核心单位计划、组织教学，采用任务大纲，以任务的完成为教学目标。任务型教学法认为外语学习的实质条件是真实的语言环境、大量的目的语输入和输出机会以及学习者之间的意义协商，而交际法缺乏大量的语言输入和输出的机会。

二是任务型教学法采用任务组织教学，为外语学习创造了必要的条件。"选择与生活相关的交际任务能够为学习者创造接近自然的语言学习环境，完成任务过程中学习者之间的互动、意义协商能够产生大量的语言输入、输出和验证假设的机会，这本身就能够甚至足以推动学习者语言能力的发展。"任务中的问题不是语言问题，但需要用语言来解决。学习者使用语言并不是为语言本身，而是利用语言的潜势达到独立的交际目的。所以问题的设计调和了两种教语言的途径:语言的(注重语言形式)和非语言学(注重意义)……使

两者的互相依赖成为必要。可见，任务型教学法与交际法教学的交际活动的任务化倾向完全不同。活动任务化是为了使活动更具有目的性，从而保证真实交际的产生，不停留于为语言而教语言。因此，交际法中的活动任务只是关照到了语言教学复杂过程中的某个阶段。但是在任务型教学法根据教学目标，把教学单元分成若干个目的明确的任务，其目的在于在整个教学过程中贯彻语言意义和内容重于语言结构教学，从而彻底改变交际法穿着"交际"的新鞋，走语法训练的老路。

2. 创造性地提出了形式—功能性原则

任务型教学法的重要创新在于提出了形式—功能原则。任务型教学法创造性地提出了形式—功能性原则:即让教师与学习者明确语言的形式与语言的功能之间的关系，因此任务的设计注重语言形式和功能的结合。"每一阶段任务的设计都具有一定的导入性，学生在学习语言形式的基础上通过系列任务的训练，了解语言的功能在交际中的真实运用。"而且，任务型教学法对语言结构的关注并非期望学生一次性地掌握课堂中出现的语言形式，而是为了让学生对语言结构知识引起相当的注意，形成一定的认识，逐渐整合到发展中的中介语系统中，最终形成语言能力。具体地讲，学生通过完成听、说、读、写任务，在对语言进行了积极的认知加工，感受了语言形式所承载的意义的基础上获得综合语言技能的发展。在教学实践中，教师依据该原则让学生结合特定的语境观察、分析、概括出语言的规则，从而改变了教师主要通过讲解、灌输教学语法的方式;也使学生更加明确自己的学习目标，并在交际的环境中，分配合理的注意力给语法系统，从而使语言得到持续、平衡的发展。

3. 力图遵循人的发展与语言教学发展规律

任务型教学法是人的发展与语言发展的一种尝试。首先，任务型教学法从人的发展角度设计教学任务。任务教学法以任务为分析单位来编制大纲、实施教学，通过任务使语言系统与语境联系起来，把教学的重心从形式转移到意义上来，它可以让学生在使用语言的过程中学会语言，又为学生创设了发现学习、探索学习的情景和条件，促进学生的认知能力、发展他们的智力，从而确立了学生在教学中的中心地位。学生通过组织语言、使用语言去寻求答案、解决问题、完成任务。语言系统知识的掌握已经不是教学的终极目的，而是发展学生交际能力、解决问题能力的手段。因此任务型教学法比早期的交际法更具有教育价值。其次，任务型教学法体现的沟通与合作、真实性、关注过程、重视学生主体性参与、学用结合等特点都表明，它是外语教学法又一次巨大的进步与创新。第三，从语言教学的角度来看，任务型教学法认为，学生在完成语言学习任务的过程可以产生大量的真实运用语言的机会，这些机会对培养学生应对真实生活中交际问题的能力至关重要。任务型教学法的五项原则反映了外语教学从关注如何教到关注如何学，从教师为中心转向学生为中心，从主张语言本身转向注重语言习得与运用的变革。任务型教学模式把语言运用的基本原理转化为具有实际意义的课堂教学方式。教师围绕特定的教学目的和语言项目，设计出各种教学活动，学生通过这些语言活动完成语言学习任务，最终达到学习语言和掌握语言的目的，充分体现了以学生为中心，注重学生的全面发展和合作学习教学理念，符合外语教学规律现代教学理念。

因此，任务型教学法试图通过互动的课堂语言活动丰富学生的语言实践。学生的积极参与任务的解决促使他们在意义的协商中学会交际的各项综合技能，从而为学生灵活运用交际策略和语用知识提供了机会，促进了学生的认知能力以及语言能力的共同发展。可以说，任务型教学法是语言教学规律和语言发展和人的发展的一种尝试。

（二）任务型教学法的困境

任何一个教学法流派都是得失同在，瑕瑜并存。各种外语教学法都存在着某种片面性，同时也存在某种合理性。外语教学正是在这种片面与全面、合理与不合理的张力中螺旋式地向前发展的。同样，任务教学法也存在着不足以及许多有待解决的问题。

1.语言形式处理方法缺乏依据

首先，任务教学法的理论依据主要是第二语言习得理论，强调语言学习的重点放在意义上。语言形式虽然也受到一定的关注，但处理语法的方法主要由教师根据主观经验做出判断，是随意而又缺乏系统的。

2.过分依赖自然环境和学生的"潜意识"

语言的习得需要有丰富的外部自然语言使用的环境，学习者有机会在自然环境中接收大量的语言输入、进行有目的的意义协商并得到真实的反馈，在这个过程中吸收和同化语言结构及运用规则，循环往复，不断修正和扩展，从而内化为语言的生成能力。但是，任务型外语教学要求主要依赖语言习得的自然环境和学生潜意识的习得是不现实的。

3.任务的选择、分类和排序存在问题

任务的选择、分类、分级与排序还存在不少的困难，更谈不上达成共识。部分学者

提出的分析框架一般程序繁复，非一般课堂教师所能操作。因此，要真正做到系统有序地以任务为中心来开展教学，还得在课程大纲研制、内容的选择、教材的编写的层次上下功夫。

任务型教学法是一种融合多种理论，将语言认知的发展规律与语言教学规律结合起来，促进学生语言发展的一种方法。它比我们前面提及到的任何一种教学法都复杂，其本身是一个多元的理论的联合体，容纳、吸取了多学科的理论，糅合了各种当代哲学、心理学、语言学等思想理论。可见，发展与进步是外语教学法的成长需要。

第四节　内容型教学法

事物总是遵循由简单向复杂的方向发展，百年教学法的历史越向后发展，新的教学法越表现出复杂、多元、多学科的特征。内容型教学法是目前欧洲广泛推行的一种极其复杂的外语教学法体系，它包含的内容丰富，形式多样。

一、内容型教学法的形成

（一）内容型教学法形成的理论基础

1. 论交际法内容的缺失

交际法从其产生之日起就以其强大的生命力辐射向外语教学法的方方面面，牢牢地控制着外语教学法的发展方向。交际法的产生有其社会文化背景。首先，它产生的根源和发展成为一个主要的教学流派得益于当时已经逐渐兴起的许多理论，如社会心理学、社会语言学、人类学等。其次，我们更应该注意到，它是在语言和交际日益主导人类主要活动的过程中产生。在这个过程中，哲学本身开始了"语言学转向"，从维特根斯坦到德里达，人的哲学变成了语言的哲学；从无线电到通信卫星到因特网的信息技术的发展，所有的一切都将交际推向舞台的中心。第三，英语发展成为一种国际语言，欧洲各国联合组成同一个经济共同体。这种趋势表明，语言与知识和权力密切相关。这种观点极大地促进了各国对外语教育的重视，交际能力的培养成为世界各国外语教学的根本目标。

但是，哪里有"交际"理论，哪里就有误解、分歧。关于交际教学法，我们已经有尽够的理论与原则，但是在教学中却仍然存在见木不见林的情况。我们就像那些为了看到电动汽车是如何开动起来的而把汽车拆得七零八落的孩子，最后被汽车散落的零件所包围的情形一样。同样，我们对交际的理论与特征如数家珍，但是对教学中实质的内容却知之甚少。在Brumfit列出的11种交际语言教学的原则中，交际的内容却如同一种透明体。列表中对教学实践原则详尽具体，但对交际的内容却几乎只字不提。当然，在交际法的各项原则中也补充了关于意念、功能甚至交际策略，但是所有这些都只关注交际的特征或者交际的媒介，而忽视交际的主体内容。

交际法对主体内容的忽视源于外语教学内容自由选择的(content-free)传统。在语法翻译法中，教学内容几乎是任意的。其教学中心是词汇或句法;听说法的中心自然是语言结构，通过替换词项以达到语言结构的掌握;20世纪六七十年代的视听法开始重视将教学语言与学生的生活联系起来，创设与学生生活有关的情景，但是该方法提出的创设的情景不具有整体系统性，其教学目标往往只包括有限的语言的功能和语法内容;即使在交际法教学中，内容似乎也是任意的，只对实现语言的意念功能内容进行选择，如问问题、记笔记、问路、接电话等。

在目前英国最新版的《现代外语课程标准》仍然表现出这种"自由内容"传统。该误程标准把主要技能、问题解决和职业技能作为关注的焦点，而对内容问题却笔墨不多。

但是，这种内容的自由选择的原则阻碍了外语教学以及外语教学法的发展。教师往往只能根据课程标准规定的主题如日常活动、个人和社会生活、周围的世界、工作的环境等选择内容，但是这样的内容选择仍然任意、零乱、不系统。这样一来，"懂得一门语言"似乎被理解为两个独立的系统——语言结构和语言内容。因此，尝试语言结构与学科内容的综合，建构内容型教学模式逐渐成为外语教学法发展的根本趋势。

2.交互理论——"心理中心"与"社会中心"

行为主义学习理论和认知主义(心灵主义)学习理论的发展突出表现为对语言意义与语言形式冲突的不同反应。归纳起来，认知主义与行为主义可以被称为"心理中心"，即它们都把人脑以及其对语言的加工过程作为研究的出发点，研究语言在人脑中的发展及其相关因素。而且它们都是通过对语言学习的结果进行研究的，因此研究的对象基本是从语言客体出发的。

另一条应对形式—意义冲突的方法是"社会中心"方法。单从这个术语而言，这种

方法可以看作"反语言学"的一种方法。它以语言在社会中的运作方式作为出发点，研究个体间的语言交互行为以及它们对个体语言发展造成的影响。这种"社会中心"的方法试图通过研究语言交互过程获得理解语言作为社会结构中的部分的潜在意义以及它如何塑造个体语言、影响个体的思维发展的信息。

维果斯基的交互理论是"社会中心"方法观的代表。维果斯基认为，语言是认知发展的主要媒介，个人通过语言参与社会活动，在运用语言的过程中确立与社会的关系，并认识世界，发展个人的思维能力。可见，他将语言看作个人推理的一种方式，他认为随着时间的推移，人学习语言发展思维的能力并不逐渐消逝，而是内化成为一种能力，并继续承担个人与社会之间的中介作用;在充分的外在社会条件下，学习语言的能力可以被引导出来。因此，他指出，语言与思维都是在社会情景中获得的，人的思维方式大部分源于外部的社会环境。如果外部环境对语言的发展起到支持性作用的话，那么语言能力就会得到发展。根据这种认识，维果斯基提出了著名的"最近发展区"理论。"最近发展区"理论与克拉申的可理解性输入中的"Ｉ+1"理论非常相似。所不同的是克拉申强调的重心在于语言本身，而维果斯基着重考虑语言学习引起的结果，即人的思想和思维在语言学习过程中发生的变化。换言之，语言学习者和他们在语言认知世界的交互活动中不但可以促成语言的发展，而且进一步发展人的思维。

从以上论述来看，虽然克拉申的理论持"心理中心"方法观，以人脑以及其对语言的加工过程作为研究的出发点，研究语言在人脑中的发展及其相关因素，而维果斯基持"社会中心"方法观，以语言在社会中的运作方式作为出发点，研究个体间的语言交互行为以及它们对个体语言造成的影响，试图通过研究语言交互过程获得理解语言作为社会结构中的一部分的潜在意义以及它如何塑造个体语言、影响个体的思维发展的规律，但是，他们却殊途同归，他们不同的研究视角得到一个相同的结论:意义是语言学习的重心。为了有效刺激"语言习得机制"，我们需要意义，而意义是人社会交互活动的动态过程，没有任何事物比"交际"更富有意义。因此，"内容"和"意义"成为当代外语教学法发展的另一种动力。

二、内容型教学法的基本原则和程序分析

内容型语言教学通过运用目的语教学的内容，把语言系统与内容整合起来进行教学。这种整合观是基于一种对语言教学的认识:只有同时给予二者相同的重视，而不是将二者分离开来，才能促进两方面的同时发展。而运用目的语教学学科内容可以较理想地达到整合这两个方面需要。因此，目前世界上许多国家都在尝试不同形式的内容型语言教学模式。在北美，内容型语言教学模式得到迅速的发展。许多研究组织对它展开的深入研究和实践对内容型教学法的发展提供源源不断的理论支持。从默汗(Mohan)发表的关于内容型语言教学的著作《语言与内容》以后，内容型语言教学已经在世界的多个国家较为广泛地采用，如美国、加拿大、荷兰、比利时、法国、德国、芬兰、英国等。在欧洲，倡导内容型教学的先驱是威多逊。他积极地将内容型教学概念引入双语教学，而后又将其引入特殊用途语言教学中。

（一）内容型教学法的特点

1. 内容与情景

通过学科内容的整合可以达到外语教学的目的，其中最重要的原因在于丰富的内容信息形成了支持语言发展和智力发展的情景。现代外语教学理论中，创设情景是交际理论的核心，因为交际离不开具体的环境，"学以致用"就是在学习当时或学生将来的某时、某地中使用。在任务型教学法中创设情景几乎成为所有现代外语教学的基本原则，因此，如何创设情景就成为建构成功的外语教学法的基本要素;而创设情景就离不开信息的输入，可以说，内容的输入与情景创设的有效性成正比，没有丰富的内容支持，情景的空洞和虚假是必然的，就无法调动学生学习的积极性、主动性，更难以激发他们的创造力和想象力。

那么，何谓情景?内容和情景之间的区别是什么?在回答这个问题之前，我们先设想一个内容支持的教学情景。一位教师在一节写作课上要求学生运用"广州和上海"的背景写一些关于"比较概念"的段落。在这节课上，这位教师可能首先会给学生简单讲述如何组织关于比较概念的段落或文章，如采用整段式比较或分点式比较。然后，他采用"脑风暴"的形式引导学生讲出两个城市的不同点和设计将要写作的段落的组织计划。在这节课上，这位教师主要运用了两个城市的情景来组织教学。

现在我们需要设想另一种内容教学。有一个为期一个月的内容综合型教学单元主要探讨内容是广州的城市问题，如犯罪问题、交通、经济、文化、环境问题等。在这个单元中，学生要阅读大量关于城市问题的文章。同时，他们要对一些关于城市问题进行独立的研究，并将研究结果总结成文章。所有与语言教学有关的内容如语法、词汇、写作等知识

的学习都以城市问题的内容为出发点去学习。

在第一个例子中，教师采用两个城市之间的不同之处作为情景，教会学生一个写作中的比较概念。在第二个例子中，一个月内所有的语言活动都围绕着广州城市问题的内容展开，这种含有丰富内容的教学环境极大地优化了学生学习语言的条件。首先，在一个主题单元中，语言系统不间断地循环往复。其次，学生有很多机会使用他们通过阅读、讨论、撰写报告中获得的新语言知识。

2.内容型语言教学法的特点

内容型语言教学指将学生尽可能地暴露于与他们直接相关或者他们感兴趣的内容之中。从这个简单的定义可知，与学生直接相关和他们感兴趣的内容不但包括学生日常生活中会共同面对的问题，而且也包括他们学习的其他科目的内容。事实上，学生学习的学科内容更应该部分地整合于外语教学，以促进学生的思维和语言能力的整体发展。那么，内容综合型外语教学具有哪些主要特征？

首先，内容综合型外语教学法主要的特点在于对"内容"的强调和利用。"内容"可以满足语言教学多方面的目的。一方面，它为外语课堂教学提供极其丰富的教学情景，教师可以利用这些内容呈现、解释语言的具体特征。另一方面，实验证明，富有挑战性的"内容"是语言习得成功的基础。无论是克拉申的"可理解性输入"理论，还是维果斯基的"最近发展区"理论，都强调综合的、富有挑战性的、略高于学习者当前语言水平的内容输入。因此，把内容输入之于特殊的地位是当前内容型语言教学普遍实践或实验的趋势。

其次，内容综合型语言教学的内容的选择不以教学课时为基本单位。通常一个内容单元都会超出单个课时。事实上，内容型语言教学的教学内容单元往往长达几周课时，甚至更长。再后面我们将看到，在某个教学阶段，采用持续性内容是内容型教学方法区别于那些运用一个教学情景呈现新语言的方法的根本特点之一。

（二）内容型语言教学法基本原则

1.教学决策建立在内容上

语言课程的设计者和教材的编写者在设计阶段面临的两个问题就是内容(包括哪些项目)的选择和排序(如何排列这些项目)。在传统的教学方法中，不少方法如语法翻译法、听说法，它们通常按照语法的难易程度编写，如一般现在时比其他时态更容易学习，在教材的编写和教学中自然处于优先学习的地位，以此原则编写的教材和教学把容易学习的内容放在初学阶段。然而，内容综合型语言教学颠覆了传统方法内容的选择和排序原则，彻底放弃以语言标准作为教学的出发点，而以内容作为统率语言选择和排序的基础。

2. 整合听说读写技能

以往的教学法常常以分离的、具体的技能课如语法课、写作课、听说课的形式教学。内容型教学方法试图整合听说读写四项基本技能的同时，也将语法和词汇教学包含于一个统一的教学过程之中。对语言交流的真实状态，以及语言的交互活动涉及多种技能的协同作用的认识派生了这项教学原则。同样，内容综合型语言教学也不同于那些课堂上主张先听说、后写作的教学顺序。它没有固定的、一成不变的技能教学顺序，相反，它可从任何一种技能出发。可以看出，这一原则是第一个原则的引申，是内容决定、影响教学项目的选择和顺序原则的具体表现。

3. 教学的每一个阶段都要求学生主动的、积极的参与

从交际法产生以来，课堂的中心从教师转向学生，"做中学"成为交际语言教学的基本原则之一。任务型教学是交际法发展的分支，它强调学生在任务中，进行探索性、发现性学习。同样，内容型教学也是交际法的分支，重视学生在做中、在参与学习过程中积极主动地学习。主张内容型教学的学者们认为，语言学习不仅仅产生于将学生暴露于教师的语言输入中，同时，学习者还可以在与同伴、同学的交往中获得大量的语言信息。因此，在课堂的交互学习、意义协商和信息收集，以及意义建构的过程中承担积极的社会角色。内容型语言教学中，学习者可以承担多种角色，如接受者、倾听者、计划者、协调者、评价者等。与学习者多重身份一样，教师也扮演多重角色。他们可以是学生的信息源、任务的组织者、学习活动的引导者、控制者和促进者、学生学习活动的评估者等。

4. 学习内容的选择与学生的兴趣、生活和学习目标相关

内容型语言教学内容的选择最终决定于学生和教学环境。教学内容通常与具体的教学和教育环境中的教学科目平行进行。因此，在中学阶段，外语教学的内容可以来自于学生在其他科目如科学、历史、社会科学中学习的内容。同样，在高等教育环境中，学生可以选修"毗邻"语言课。"毗邻课"是两个教师从两个角度教学同一内容，达到不同的教学目标的课型。在其他教学环境中，教学内容可以根据学生的职业需要和一般的兴趣特点选择。事实上，由于对于哪些内容是学生普遍感兴趣或者直接相关的很难确定，教材的编

写者、使用者都感到这一条原则很难把握。但是，由于每个内容单元的教学时间长，教师有大量的时间和机会把课程内容与学生的兴趣和他们已经具备的知识链接起来。因此，让学生相信所选内容的好处是内容型教学理论实现的重要基石。

5. 选择"真实的"课文和任务

内容型教学的核心成分是其真实性。它既要求课文内容的真实，又要求任务内容的真实。那么，何谓真实性?哈钦森(Hutchinson)和华特斯(Waters)将其定义为"不局限于教学目的的内容材料"。因此，一首歌谣、一个故事、一段卡通都可以作为真实的教学内容。这些真实的内容放置于外语教学课堂将改变它们原本的目的，从而服务于语言学习。同样，任务的真实性也是内容型教学的目标，任务必须与一定的文本情景联结，反映真实世界的实际状况。

6. 对语言结构进行直接学习

内容型教学将学生暴露于真实的语言输入中，目的在于让学生获得运用语言进行交际的能力。文本形式、教师通过课堂语言的输入和学生之间的结对子活动以及小组活动都是内容型教学的信息源。但是，内容型教学认为，仅仅可理解性输入不能导致成功的语言学习，对真实文本中出现的语言结构必须采取提高意识的直接方法进行学习。

（三）内容型语言教学模式

目前，内容型教学模式主要有以下三种模式:

1. "主题"模式

主题模式通过主题形式来组织教学。这些主题内容主要来自学生学习的其他科目，或者与他们的兴趣和生活密切相关的内容。如小学四年级可以学习关于"友谊"的主题，一个主题通常持续好几节课，甚至几周。主题教学是为了实现教学内容、教学方法的突破，解决外语教学中长期难以解决的矛盾，具有以下重要意义:(1)实现语言意义学习与形式学习的统一。主题教学模式强调对于语言所表达的意义的学习，但并不忽视对于语言形式的学习。学生通过主题的建构，学习有关社会生活的知识，通过细节环节，学习词、短语、句型和语法知识，从而把意义与形式有机结合起来;(2)实现教师引导与学生自主学习的统一。教师的职责在于创造学习的语境，引导与示范。教师把以主题为主的认知结构的建构、拓展和深化的任务交给学生，这样就在真正意义上培养了学生的自主性;(3)实现学生跨文化交际能力的全面发展。在以主题为中心的外语学习中，学生获得了丰富的有关社会、文化和交际方面的知识，在完成围绕主题、话题的交际任务中，提高听、读、写为基础的跨文化交际能力，可以培养学生的素质，发展个性，在自主性的学习中，使学生找到自我价值，实现自我的超越。外语教学以主题为线索，按主题—话题—细节步骤，使学生逐步建立较为完整的反映主观与客观世界及社会交际需求的知识系统。

2. "遮蔽"模式

遮蔽模式要求内容教师既要调整教学方式、方法，又要调节语言输入以满足学生学习外语的需要。布林顿和霍尔顿举例说明了这种模式，(目的语是英语)英语学习到一定程度的学生可以去上七年级的科学课，通过学习关于《宇宙的起源的大爆炸》理论，以提高英语运用能力。教授这种课程的教师都受过特殊的外语教学法培训，他们懂得如何根据学生的具体情况调整教学。在教学过程中，他们可能改变呈现方式，帮助学习理解学习内容，也可以花些时间在处理与语言相关的问题，如词汇、阅读技能等。这种模式力图将学生暴露于高水平的语言内容，教师并对语言问题进行直接的、明确的方式进行处理，为成功的语言学习打下坚实的基础。荷兰的外语教育和双语教育都广泛采用该模式。

3. "附加"模式

附加模式是语言教师和学科内容教师同步进行相同的内容教学，但是他们有不同的教学重点和教学目的。语言教师的教学重点在于语言知识，完成语言教学目标;而负责学科内容的教师重点在学科内容的理解上。例如，一个英语教师和一个心理学教师教学都以心理学内容进行教学。其中，英语教师将心理学材料作为英语语言课程的内容，他的教学目的是为了提高学生的英语使用能力;而心理学教师的教学目标是完成心理学学科内容的教学。因此，在英语教师的课上，学生的主要任务是通过对富有挑战性的内容的理解和吸收，从而较快地理解难度较大的内容，并在语言教师的指导下，快速学会语言。

这是三种主要的内容型教学模式，从以上对它们的分析和介绍中，不难体会到内容型语言教学的灵活性和多样性。纽南总结了三种模式的四点不同点，这几点尤其重要，它们是我们在采用或借鉴这些模式时必须慎重考虑的条件和因素。

第一，学生群体与实践环境的不同。首先要考虑到一种模式最适合于哪一类学生和哪种教学背景。"主题"模式是最具有普遍推广性的模式，它可以运用于不同程度和年龄层次的学生群体，也适用于不同的教学环境。但是，"遮蔽"模式与"附加"模式则缺少广泛的适用性。初高中阶段由于学生人数多，班级大，他们可以通过目的语学习其他科目

的情况下较多采用"遮蔽"模式;"附加"模式常常出现在同时学习目的语和学科内容的情景下，主要适用于大学阶段。第二，课堂焦点不同。课堂的焦点可以是语言形式，也可以是学科内容，也可同时兼顾。第三，内容选择不同。第四，教师之间的合作程度不同。从三种模式的分析中可以看出，"附加"模式的教学要求语言教师和学科内容教师之间的密切合作才能完成教学。他们要定期碰头，协商教学内容和目标，讨论他们将要给学生布置的作业类型等。

另外，在设计内容型语言教学时，必须考虑以下几个方面的内容:(1)学生所需的语言技能;(2)与语言技能相关的内容能力;(3)完成课堂内容所必需的认知技能。因此，内容型课堂应该确认相关课程内容、与其他学科内容教师进行协调、确认教学材料、设计课堂、评价教学等方面的问题。

三、内容型教学法的贡献与局限性

（一）内容型教学法的贡献

1.丰富的学科内容促进学生智力的发展

迄今为止，交际法是最重视外语教学中语言形式和内容的结合状况和密切关系的方法。这一点在前部分已经从各个角度讨论过。但是，由于交际法没有摆脱教学法由来已久的"内容自由"选择的传统，仍然将内容的选择以语言的功能或者意念形式加以规定，这样一来，语言本身既充当内容又是教学的中介，很容易造成课堂内的短期的循环现象:即教学的中心一段时间在内容上，一段时间在一些具体的语言结构上。但是，不同的内容要求不同的思维方式，不同的思维方式需要不同的教学内容。也就是说，不同的语言内容引起学习者不同认知过程，单一的、以结构为组织原则的教学不能满足学生学习时认知能力发展的需要。因此，多元的、丰富的学科内容成为语言教学的核心，成为发展学生认知能力的一种选择。

随着时代的发展，外语教学的目的越来越趋向于使语言教学成为人发展的重要因素，成为人思维能力、语言能力发展的条件。那些对沉浸式语言教学的研究表明，在外语/第二语言的学习中，学习者认知技能的发展和将学习者暴露于母语中同等重要，获得语言能力(语音、词汇、语法、语义、功能意义)和认知过程(理解、分析、应用、综合、评价)之间存在密不可分的关系。问题的关键是，不同的思考方式要求不同类型的语言内容。因此，通过激发学习者对丰富内容的接触，从而达到发展思维的同时也能促进语言能力的发展。

2. 提高学生的高级学习策略

学生的学习策略也会在思维的发展中得到提高。例如学习推导的策略是远比找出同源词难度更高的技能。翻译、重复、惯用语的使用等都是学习者在学习语言早期容易掌握的策略。但是，在内容缺乏的环境中，他们常常被禁锢于狭隘的语言结构知识情景中，很难发展如运用、监控、推导等高级策略。而这些高级策略才是成功学习一门语言的条件。

卡明斯曾经研究了语言情景和认知难度对语言学习的影响。他发现认知难度大的任务驱使学习者发展不同的思考方式，而且这些任务真正与情景密切联系。在真实的任务情景中，学生积极参与意义协商，在遇上不理解的信息时，学生会积极提供反馈。在这种情况下，大量的副语言特征和情景信息共同支持语言的发展。因此，语言得到的支持最大化。当情景和认知难度都降低或减少时，学生对语言意义的理解和成功解释信息的能力只能依靠对语言本身的知识，如通过分析句法结构、寻找同源词等。情景丰富的语言学习环境为学生提供大量的语言的、元语言的、超语言的材料，它们在学生进行信息加工的过程中意义重大。通常，母语就是在认知难度和语言情景丰富的环境中习得的。然而，我们的外语教学与母语学习的条件相反，常常处于认知难度和情景缺乏的环境和状态下进行。教学效果自然不然想象。

只有符合学生所需的真实内容，才能创设丰富的情景，提供大量的支持语言发展的材料，如语言的、元语言的、超语言的情景内容可以大大提高语言的感知和理解能力，从而加速语言的发展。同样，内容知识的丰富可以培养学生良好的学习策略。低级的策略如翻译、重复、背诵等不足以满足外语思维能力的发展的需要。高级的思维策略才是语言学习的成功条件。另外，对内容的敏感也会提高对语言背景图式知识，以及对语法、词汇等语言系统知识的认识。思维能力对这些知识进行处理的同时获得提高。如对数学问题的表达要求准确性，同那些表达艺术、宗教、道德等问题的语言表达比较起来，要求完全不同的思维习惯。外语教学必须以不同的内容满足人的多种思维能力发展的需要。内容的多样性在满足人的思维发展的同时也促进语言的发展。

可见，内容型教学法通过发展那些与语言结构相关的思维技能发展语言。因为内容与认知方式紧密联系，它要求一系列具体的概念、观点和语法规则去表达。外语教学法改革从内容入手，一方面可以增加认知难度，促进学生思维能力的发展。另一方面内容成为发展语言的条件，较大程度地符合外语教学从语言的发展走向人的发展的总体规律。

（二）内容型教学法的局限性

1. 缺乏实施内容型教学法的教材

目前，内容型教学法在欧美国家的实践还处于探索阶段，由内容型教学法包含的方法模式和内容体系相当庞杂，很难形成较为统一的教材。单从教学模式而言，内容型教学法就有主题模式、附加模式和遮蔽模式，每一种模式对教材、教学程序和教师的知识结构的要求都不同，要编写容纳多学科内容，符合不同学科内容的教学规律的教材具有明显的困难。即使教材编写的内容主要包括那些学科知识中对学生的智力发展起基础作用的内容似乎也是一种奢望，因为目前外语教学界还没有办法找到这些学科间的对人的智力发展起作用的共同部分。

2. 缺乏胜任内容型教学法的师资

内容型教学法对师资的要求发生了翻天覆地的变化。首先，不同的学科内容自然要求教师也具备相应的知识储备，但事实上，很少有教师可以达到这样的要求。其次，不同的教学模式对教师而言具有很大的挑战，他们不但需要具备良好的外语教学的知识和技能，还要和其他学科的教师协调、合作，才能完成教学任务，这需要他们改变一直以来把外语看成同其他学科一样是一门相互独立的学科的思维定式。很显然，内容型教学法对师资的要求远远大于其他方法。

3. 缺乏实施内容型教学法的环境

内容型教学法的实施需要良好的环境支持，如果学校各级管理部门不支持学科内容的全面融合，教师又因为其难度而排斥内容型教学法的实施，那么内容型教学法就没有发展的土壤。目前，在欧美大多数实践内容型教学法的国家，教育政策的支持都是该方法得以推广的基本保障，但在世界的许多其他国家，他们还没有制定相关的政策支持内容型教学法的实施，内容型教学法仍然缺少实践的环境。

总言之，丰富的学习内容是文化的载体，是语言发展的条件，也是人思维发展的重要组成部分，因此现代外语教学法要以丰富的学科内容为出发点。为了协调语言内容和意义之间长期存在的冲突，创设新型内容型教学模式不但可以促进人的整体发展，还彻底改变了以往各种教学法流派偏于语言，忽视内容的"两张皮"的做法，改变"为教语言而教学""为工具性目的而教学"的教学法定位，从而走向"为人的整体发展而教学"的转变。但是总体而言，内容型教学法还处于"青涩"阶段，它的实施需要大量懂得多种学科内容的师资、教育政策的支持，以及编写合格的教材，这些条件在目前各国都存在明显的不足，内容型外语教学法有待于进一步发展和深化。

第四章

本土英语教学法

第一节　本土英语教学法的形成和体系分析

一、基于本土视角的英语教学法分析

一种成熟的教学法通常建立在完备的理论之上。英语教学法需要理论的滋养。从语言教学的角度，语言的本质规律与语言学习理论等是英语教学法的主要理论依据;同时，我国的英语教学主要通过学校的课程实施，是在教育学范畴内开展的教学活动。从课程教学的角度，英语教学法需要突出英语学科的教育性，教学目标的设定、教学活动的安排、教学材料的遴选、师生作用的认识等都需要吻合教育学的原理。本章首先对英语教学法研究的理论依据从本土理论、语言学理论、心理学理论和教育学理论进行论述。然后，对相关概念如教学法与教学方法、外语教学法与二语教学法、英语教学法本土化与本土英语教学法作学理辨析。

（一）英语教学法研究的理论依据

1.本土理论

本土理论是一个国家在全球化、现代化过程中在处理传统与现代、本土与外来关系时提出来的一种理论观点和思维方式。很少有人专门提出本土理论，大多数是在论述文学、艺术、经济、心理、管理、教育、文化等相关问题时提出要重视和加强本土问题、本土理论研究。本土理论同时也是随着民族意识觉醒、文化自信增强、理论自觉上升而提出的理论学术思维方式和价值取向。本土理论涉及本质特性、学术取向、研究主题和研究方法。

关于本土理论的本质特征，有人从教育理论研究的角度做出分析，认为本土教育理论是"本土教育工作者(包括专业研究人员、教育行政部门和学习管理人员、中小学教学人员等)在本土环境中所从事的解决本土教育问题、推动本土教育独立自主和可持续发展的教育理论"。就是说，本土理论具有"本土人"(本国人)、"本土环境""本土问题"三大特征。有人从本质内涵的角度论述，认为本土理论应具有三个特性:一是本地的，即本土生长的;二是适应本地的，即适应我国情形的;三是本土特色的，即本国人自己通过研究和实践创造出来的(具有原创性)。因此,本土(理论)是本土原生的、扎根于本土的、也是为本土(事物发展)服务的。

关于研究主题,本土理论包括本土、本土化、本土意识、本土问题、本土话语、本二方法等。所谓"本土"或曰"本土的",即指本地土生土长的事物。一般具有三个特征:第一,本地的,即本土生长的而非外来的事物;第二,适应本土的,即与本地情形相符合的;第三,原创的,即由本地人创造的而外国没有的事物。所谓本土化或曰"本土化的"是与本土有关但又存在显著区别的范畴,它是指某种事物(思想、行为活动、制度、器物等)为适应输入地情形而做出改变以与当地事物结合而融进输入地土壤的过程及其结果,也是输入地为了适应外在情形的变化而将某种外来事物与本地事物结合变成本地事物的过程及其结果。因此,本土化是一种双向互动的过程与结果的统一。本土化也应具备三个条件:第一,适应本土实际情形的;第二,反映本地事物发展特点和规律的;第三,成为本地事物有机组成部分的。本土与本土化是事物发展的两种过程和两种情形。所谓本土意识,有人认为,实质上是指民族文化意识,即指人们在进行理论研究时会将本民族的文化特点作为参照物,在外国思想理论与本民族思想理论中寻找平衡点,从而发展本民族理论的一种民族主体意识。有人认为,本土意识是相对于全球意识或普遍意识而言的,指一种基于自身地域、历史、文化传统及其思维方式独特性的理性自觉,其核心是民族文化意识,内容包括原创意识、求真意识、自主意识、民族意识。

本土理论研究的是本土(国)问题,而非异土(国)问题。关于本土问题研究成果的表达形式是本土话语体系。譬如,有人在分析燕国关于本土心理学研究及其成果时指出,他通过挖掘我国古代心理学思想宝藏,构建出我国自己的(或曰本土的)心理学体系:人贵论、形神论、性习论、天人论、知行论、节欲论、唯物论的认识论传统等。这种表达就不同于西方心理学的表达形式而具有本土(国)的话语特色。再譬如,有学者在论述我国本土课程与教学论时指出,中国传统课程与教学论有着既不同于西方也不同于现代的话语表达方式即概念范畴,它们是"性""教""学""师""生""思""知""习""行",构成了特色鲜明的范畴论:性与习、教与学、课与程、学与思、知与行。由此而衍生形成的课程与教学理论体系可以通过下图直观体现。这些研究例证表明,中国心理学、中国课程教学论都是基于中国心理与课程教学问题,是为中国的心理与课程教学问题的解决服务的,并且已指导了中国几千年的心理与课程教学实践,反映了中国人对自己的心理与教育问题解

决的智慧。如图4-1所示:

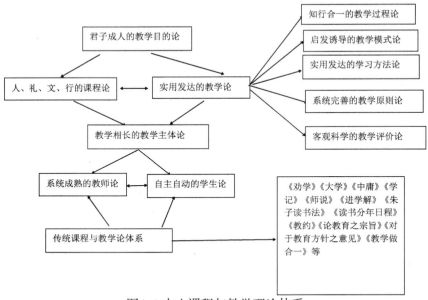

图4-1 本土课程与教学理论体系

关于本土理论的研究方法,基于当今开放多元的全球化背景,有人主张,一是应继承和创造性转化传统思想理论,二是要借鉴和创造性转化国外思想理论,三是应积极开展社会实践(实验)并对其经验进行理论概括与提升,四是应推进当代理论繁荣整体创新和原创性探索。有人提出,应着重致力于研究问题域的转换、开展"体验性"课程研究及学术规范与评价机制改革等方面,以作为提高研究本土意识的现实路径。还有人提出了"综合创建"的本土理论建构方略。

中国的外语教学虽然是外来的,但已深深扎根于中国文化与教育土壤,应当具有中国特色。如果能根据基于中国文化教育土壤探索出具有中国特色的外语教学法,则不仅是广大外语教育工作者的企求,更是广大外语学习者的期望。从这种意义上说,本土外语教学法的探索和建构就显得多么的迫切和必要。因此,如何在"本土"这个宏大背景下运用本土理论指导来进行外语教学法的理论研究与实践探索,就成为摆在广大外语教育工作者面前的一项重大课题。

2. 语言学理论

语言学理论是外语教学法的重要理论依据。20世纪外语教学法研究盛况空前,人们以语言学理论为基础,开展对外语教学法的理论研究和实践指导。语言学理论之所以能够成为外语教学法的理论来源与语言学研究的任务与目标密切相关。语言学主要从不同方面探讨语言的系统、构成、特征等,如理论语言学关注语言的本质,社会语言学关注不同社会环境下语言的特征和功能,而各种具体的语音学、语法学、词汇学则主要分论语言各个要素的规律和彼此间的关系。正是基于上述语言学各个层面的研究,人们不但可以依照对语言的理解开展针对性的实然教学,还可以以语言学理论为基础,对于外语教学进行应然性探究。历史上不同时期对语言学的不同看法与研究形成了不同的外语教学法,如以结构主义语言学理论为基础的听说法,以语境语言学理论为基础的情景法,以乔姆斯基的转换生成语法为纲的认知法,以及以建构主义语言学理论为基础的交际教学法等无不是在不同语言学理论影响下建立起来的。

外语教学法主要从语言的三个方面获取理论依据:一是语言的结构;二是语言的功能或运用;三是语言的习得或学得。

从语言的结构来看,结构主义语言学认为语言是一个完整的符号系统,具有分层次的形式结构。对这些形式结构的精确研究有助于外语的学习。同时,英汉对比不仅能肯定母语在外语教学中的地位,而且能够突出含有母语文化与目的语文化的跨文化理论对外语学习的影响,有利于汉语环境下外语学习者获得一种文化认同并进而培养英语思维的习惯。本土视角下的英语教学法部分的吸纳了结构主义和英汉对比理论的观点,强调从英语本身的结构层次来理解语言并以英汉两种语言的异同作为外语教学的一个参考指数,如十六字外语教学法强调以结构看待和进行外语教学,在教学中要辩证看待英汉语言的差异;英语三位一体教学法通过将英语按照结构分成大小"三位"分类进行教学。

从语言的功能或运用来看,韩礼德继承并发展了弗斯的语言学理论,着重探讨语言的意义和功能,认为一定程度上语言的功能决定语言的形式,语言的社会功能意义重于语言的先天结构意义。功能语言学理论强调语言的本质是意义,语言的本质功能是社会交际功能。本土视角下的英语教学法倡导语言教学关键在于对语言功能的教学,即教会学习者如何运用语言。这就汲取了功能语言学对语言功能与意义的观点,认为后天社会环境中对语言的学习能够在一定程度上弥补外语学习者由于本身对目的语结构知识缺乏带来的不足。这一观点同时也是对乔姆斯基的转换生成语法的批判吸收。转换生成语法强调语言的内部结构,而且这一结构具有生成性,无论是母语学习者还是外语学习者或二语学习者,他们的头脑中都有一个语言习得机制(LAD, language acquisition advice)和普遍语法

(UG，universal grammar)，这种语言的相似性和普遍性可以带来语言学习的便利。这一理论虽然较结构主义有一定的超越，但对于外语教学来说，转换生成语言学的观点值得商榷。本土视闭下的外语教学强调学习者作为外在的学习客体对语言功能的掌握是促进学习者学习的有效动机，而作为内在的学习主体，外语学习者不同于二语学习者，语言习得机制作用的发挥还需要功能主义语言学理论的支撑，只有内外结合方可激发学习者作为外在的客体与内在的主体对外语学习的理性与感性的双重认知，最终共同促进外语学习的向前发展，如外语立体化教学法的语言要素观包含了对功能主义理论和转换生成语言学理论的批评吸收。从语言学得还是习得的观点来看，本土视闭下的外语教学法提倡从语言的属性来看语言是学得还是习得。这主要是基于外语教学与二语教学的区别。本文认为，外语教学与二语教学在教学目的、教学环境、教学师资、教学材料以及母语作用等上都有着明显的差异。外语教学相较二语教学，既没有自然的语言习得环境，又缺少操作目的语语言的外籍师资，在教学材料上也受限于课堂课本的学习而只能主要围绕教学目标展开应试性的教学，因而教学目的也是以外在的考试机制为推手着重外语教学的工具性目的。相应，二语教学在教学环境、师资和教学材料等上具有一定的优势，更加侧重自然环境下的语言习得。这一特点提醒我们应该慎重选择二语习得理论作为外语教学的理论基础。二语习得理论主要是建立在对第二语言进行研究的基础上的一种理论。这一理论影响最大的当数克拉申的监控理论(Monitor Theory)。他把监控论归结为5项基本假说:语言习得与学习假说、自然顺序假说、监控假说、语言输入假说和情感过滤假说。克氏认为第二语言习得涉及两个不同的过程:习得过程和学得过程。所谓"习得"是指学习者通过与外界的交际实践，无意识地吸收到该种语言，并在无意识的情况下，流利、正确地使用该语言。而"学习"是指有意识地研究且以理智的方式来理解某种语言的过程。克拉申的监控假说认为，通过"习得"而掌握某种语言的人，能够轻松流利地使用该语言进行交流;而通过"学得"掌握某种语言的人，只能运用该语言的规则进行语言的监控。自然顺序假说认为第二语言的规则是按照可以预示的顺序习得的，某些规则的掌握往往要先于另一些规则，这种顺序具有普遍性，与课堂教学顺序无关。"输入假说"认为，学习者是通过对语言输入的理解而逐步习得第二语言的，其必备条件是"可理解的语言输入"(comprehensible input)。只有当学习者接触到的语言输入是"可理解的"，才能对第二语言习得产生积极作用。"情感过滤假说"试图解释为什么学习者的学习速度不同，最终达到的语言水平不同。学习者所接触的可理解输入的量以及他们的情感因素对语言习得同样产生重要影响。情感最终影响语言习得的效果。克拉申的二语习得理论在外语和二语教学界影响深远，但同样遭到了一些批评。其中一种观点就认为，外语与二语本身的差异带来的外语教学与二语教学的差异提醒人们应该谨慎运用克氏的习得理论。英语教学在我国属于外语教学，这一属性不可改变。因而，我国的外语教学法应更多强调外语的习得理论而非二语习得理论。外语学得论在教育学的范畴强调将外语作为一门学校课程从教学大纲、教学目的、教学内容、教学材料、教学师资等方面按照教学规律科学综合地安排教学活动。这一活动是有意识的，有计划的教学行为，因而是区别于自然语言环境下的二语习得观。

总之，从语言学的角度思考外语教学法的理论依据需要结合外语教学的特性和本土环境的特点进行，而不是拘泥于某一种语言学理论。

3. 心理学理论

外语教学法与学习心理学和心理语言学密切相关。学习心理学立足于学生的学习本质，从人的学习过程、思维方式、行为方式、生理机制、学习类型、认知理论、信息加工、记忆原理、学习策略、学习技巧、学习迁移等领域的研究，总结出一系列的学习理论和学说。这对英语教学活动有积极的促进作用。英语教学是师生双方以英语为教学内容开展的教学活动，对学生在英语学习过程中各种心理活动和个性心理因素的了解能有效帮助教师认识学生的个性特征和学习特点因材施教，提升教学。心理语言学是研究语言活动心理过程的学科，它涉及人类个体如何掌握和运用语言系统，如何在实际交往中使语言系统发挥作用，以及为了掌握和运用这个系统应具有什么知识和能力。学习心理学和心理语言学通过学习和语言两个维度对外语教学法起指导作用。多种学习心理学流派和心理语言学流派对不同外语教学法的形成与发展产生了重要的影响。行为主义心理学理论、认知主义心理学理论、建构主义心理学理论和人本主义心理学理论对外语教学法如听说法、认知法、交际教学法和人本主义系列教学法都有着直接的关联与促进作用。

本土视闭下的外语教学法主要以认知心理学的理论指导外语教学。从认知的角度，外语学习是一种内显的学习活动(内部认知心理过程)。这种内在的学习心理过程与学习者的心理过程紧密相关。认知心理学中的信息加工理论(information processing psychology)认为人脑如同一个信息加工系统，由感受器(receptor)、反应器(efector)、记忆器(memory)和处理器(或控制系统)(processor)四部分构成。首先，环境向感觉系统即感受器输入信息，感受器对信息进行转换;转换后的信息在进入长时记忆之前，要经过控制系统进行符号重构，辨别和比较;记忆系统贮存着可供提取的符号结构;最后，反应器对外界做出反应。同时，人头脑中已有的知识和知识结构对外显的学习行为和认识活动影响深刻，人只有将这些认知要素包括知觉、注意、记忆、心象(即表象)、思维等进行综合研究方可共同促进学习。

从认知心理学的角度理解语教学首先要对大脑如何习得外语进行探讨。一方面，外语学习的普遍规律和习得路径可以给外语教学提供一定的启发;另一方面，学习者的认知心理特点会带来外语学习的不同需求。因此，心理语言学和学习心理学是在相互作用中影响着外语教学的过程与结果。学习者的知觉、记忆、思维等心理活动和动机、兴趣、性格等情感因素都会对外语教学产生一定的影响。

中国传统心理学也包含了认知心理学尤其是学习心理学的内容。这些扎根于中国传统文化中的心理学思想更切合中国外语学习者的心理特点。传统心理学思想多涵盖在传统学习理论中。例如我国历代教育家十分重视学习的情志因素。情志因素包括志学、好学、乐学、勤学、恒学等内容。"志"是一种意向活动，涵纳学习动机、学习目的、学习理想，是激励个体积极主动学习的内在推动力。孔子一贯强调"志于学""志于道"。孟子提出"立志"说:"故闻伯夷之风者，顽夫廉，懦夫有立志。"墨翟主张:"志不强者智不达。"王夫之也说:"志立则学思从之，故才日益而聪明盛，成乎富有。"陆世仪说得更生动形象:"志是人道先锋。先锋勇，后军方能有进;志气饶，学问乃有成功。"这些思想明确强调对学生进行"言志"教育，把"立志"作为学习首要的和根本的前提。传统心理学中还有大量论述好学、乐学、恒学等的教育思想。孔子对自己的评价就是"好学":"十室之邑，必有忠信如丘者焉，不如丘之好学也。"《中庸》说:"好学近乎知。"元代教育家吴澄还论述了"好学"与"乐学"的关系。他说:"读书当知书之所以为书，知之必好，好之必乐。既乐，则专在我。苟至此，虽不读，可也。"孔子是最早提倡"乐学"教育的教育家。他认为学习，"知之者不如好之者，好之者不如乐之者。""学而时习之，不亦说乎!"提倡"发愤忘食、乐以忘忧，不知老之将至"的精神，特别赞扬颜回"一箪食、一瓢饮，在陋巷，人不堪其忧，回也不改其乐"的精神。传统心理学还强调思维、记忆等因素对学习的影响。孔子说:"学而不思则罔。""思"是对感知获得的知识分析整理与归纳概括，也是将表面认识深入化，以便开动脑筋，活化思维。因此，孟子说:"思则得之，不思则不得也。"荀子说:"思索以通之。""学必心解"(郑玄)，"学贵心悟"(张载)，"学贵得之心"(王阳明)。他们认为，只有"思"才能领悟、把握事物的意义和本质。关于记忆的理解与运用。孔子说，"日知其所无，月无亡(忘)其所能，可谓好学也已矣。"荀子不仅主张"入乎耳"，还要求"著乎心"，即通过思考记住感知所获得的知识。郑玄认为，"学必心解"，否则，"则亡之易。"他说："思而得之则深。"这些传统心理思想表明记忆是思维的基础，思维是记忆的条件。只有记忆与思维协同工作，在记忆基础上理解，在思维的参与下记忆，才能心与理合一，永远不忘。"这与西方心理学中的联结派和认知派只强调记忆或思维的一个方面相比，显得更为合理。

统言之，中国的英语教学法需要学习心理学和心理语言学理论的指导。这些理论既可以来源于西方心理学，也可以取自中国传统的心理学。只要这些理论是经由中国外语教师活学活用，依照中国教学情形进行了独特的理解运用，就依然可以归为中国英语教学法的内容。

4. 教育学理论

外语教学作为一种教育活动，离不开教育学理论的指导。相应地，作为从本土英语教学实践中形成又指导着本土英语教学实践的本土英语教学法也必然而且必须拥有教育学理论的指导。因此，对外语教学法的研究也必须以教育学理论为依据。外语教学法研究涉及的教育学理论主要有传统教学论思想、素质教育理论、教学主体理论等。

（1）传统教学论思想。传统教学论思想是指在中国历史的教育实践基础上形成，并经历代沿传下来的，在现实教育实践活动中，得以长久的普遍的受到社会认同的行之有效的符合教学活动规律的教学思想体系，包括"以学论教"的教学本质论、"君子""成人"的教学目的论、"仁""礼""文""行"结合的课程论、启发诱导的教学模式论、知行结合的教学过程论、循序渐进等教学原则论、发达实用的学习方法论、教学相长的教学主体论及系统成熟的教师论等，内容丰富，体系完整，实用性强，具有本土性、原创性和适切性等本土事物特征。

传统教学论思想对于今天中国的外语教学及其研究仍然具有很强的借鉴与指导价值。本文所选取的几种英语教学法都有传统教学论思想的指导。如英语三位一体教学法援用中国传统循序渐进教学思想，认为读书要按书本的逻辑体系和学习者的智能水平有系统、有步骤地进行。马承认为，英语教学的有序性包括两个"序":一个是将词汇、语法、阅读三要素按照最佳的顺序排列构成总的序列。另一个"序"是每个各要素内部的序。以语法这一要素为例,其在教与学上也是有序的。学生最先接触的应该是十大词类:名、代、动、形、副、介、连、冠、感、数。然后是这十大词类构成的五种简单的句型:主系表、主动、主动宾等。接下来是时态的教学。复杂的各种时态的教学也是有一定顺序的,一般现在时、现在进行时、将来时、完成时等,学生需要逐层理解和掌握。词汇、阅读等的教学均是如此,大序中包含有小序,先易后难,由浅入深。十六字外语教学法的创立者张思中特别注重从中国的传统教学思想和语文教学思想中汲取合理成分,将"复试教学"的传统教学思想及其做法引入英语教学,依据教学主体环境(学习者的身心特点和实际发展水平)以及具体的教学客体环境(学校的客观条件如师资力量、教学设备等)进行特色英语教学。他的教学策略观主要有"从无序到有序,分散难点、各个击破,输入量>输出量"等。

(2)素质教育思想。所谓素质教育,就是通过科学教育途径,充分发掘人的天赋条件,提高人的各种素质水平,并且使其得到全面、充分、和谐发展的教育。简而言之,素质教育就是全面提高与发展人的素质的教育。在教育教学过程中,素质教育主要体现在四个方面:一是强调学生全体发展。素质教育最根本的要求是要对每一个学生负责,为每一个学生的素质发展创造必要的起码条件,为每个学生提供公平的受教育机会。二是强调学生全面发展,人的发展是整体性的,学生的素质包括身体、心理、文化、道德、思想、劳动和审美等方面,只有各方面素质都发展的学生,才是全面发展的学生。三是强调学生主体发展。素质教育充分尊重学生在教育教学过程中的主体地位。素质教育的这种主体性要求是与人的主体性原则在当代社会实践活动中的确立分不开的。素质教育的主体性,从根本上说就是教师要尊重学生的自觉性、自主性和创造性,把学习的主动权交给学生。在教育教学过程中教师要善于激发和调动学生学习的积极性,要教会学生学习,要让学生有自主学习的时间和空间。每个学生都是能动的个体,他们不是被动地对外在环境和教育的影响做出消极反应而使主动地对外在环境和教育的影响做出积极反应。四是强调学生个性发展。由于受教育者先天的遗传因素有差别,加上其后天的身心发展与智能发展环境有差别,因而导致其兴趣爱好、个性特长自我意识等方面存在有差别。素质教育重视学生存在的这种差异,从每个学生的实际出发,重视每个学生素质的提高,使每个学生都得到发展,不轻易以简单的标准去划分优劣,鼓励每个学生都能在自己原有的基础上得到发展。

外语教学也应以素质教育理论为指导，应以促进学生的全面素质发展为目的。譬如，英语四位一体教学法认为，英语教学应渗透素质教育理念，在教学过程中重视英语基础知识、技能的训练。外语立体教学法的创立者张正东认为，外语教学只是达到学校教育目的的手段之一，外语教学法应在教育学范畴内发展，并按教育学的规范来指导外语教学。张正东认为，学校外语教学问题应该更多运用教育学和心理学的理论才能解决，如课本的教学法体系不适合具体教学环境时应按教育学原则处理;学习理论上的争执也得参照教育心理学的理论等。除了上述教育指导思想，外语立体化教学法中的学生主体性原则即是教育学理论的呈现，学校环境的论点也是对教育环境论的采用，而外语教育目标的设定、外语教学内容的安排、外语教学活动的设计无不包含了丰富的教育学思想。外语教学法离不开素质教育思想的指导。

（3）教育主体思想。从教育活动整体过程、教育认识和实践、教与学双边活动的不同方面以及教育价值生成角度看，教育主体不仅指学生也包括教师(即所谓"双主体");教师和学生不仅是教育活动的主体，而且也是教育的客体，同时又是各自活动("教"或"学")的主体和对方活动的客体。这种观点正确科学地揭示了教育活动过程中师生的主体地位、属性及其作用，是开展素质教育和创新教育应当确立的科学的教学主体观。

教学主体具有同时性、社会性、客观性、平等性、差异性等特征。同时性。在主体—行为—客体关系链中，师生双方教与学的行为是同时发出的，表明双方的主体地位也是同时获得的，具有同时性。师生的主体地位不会随时间的推移而发生"动态的"或"滑移位错式"的转化改变。社会性。在教育过程中，教育双方的主体地位是一种社会生成。当进入教育过程的双方按照社会要求，一方充任教师，另一方充任学生并发出相应的教与学行为时，他们各自就获得了这种社会角色所具有的主体地位，无论他们是否自觉意识到，也不管人们是否承认，其主体地位都是客观地存在着。客观性。教育活动是一种特殊的社会实践活动。按照马克思主义人是实践的主体的观点，教育必然有其逻辑的(也是实际的)行为主体，教育活动中现实的人即教师和学生就是主体。教育活动是人的活动，是为了人、促进人发展的活动。因此，人即教师和学生是教育的主体，教育活动就是由两个教育主体的教和学活动所构成。平等性。教师和学生都是作为主体的人主动参加到教育活动过程中，他们作为人的主体地位是平等的，没有高低贵贱之别。主体地位的平等性要求教师和学生在人格上相互尊重热爱，在教学上共同协商合作，民主参与，教学相长。认识到这一点，对于搞好师生关系，提高教学质量非常重要。差异性。这是由师生的年龄特征、知识能力以及身心发展水平和特点及教学活动的水平决定的。作为教师一方，身心发展已达到较高水平，行为已高度社会化，是学生人生发展的引导者。对知识，他闻道在先，是已知者或知之较多者;对教育教学活动，他术有专攻，懂得教育教学和学生身心发展规律，掌握了教育教学的方法技巧，是教育教学活动的设计者、组织者、指导者。作为学生一方，身心发展水平较低，行为正处于社会化过程中，表现出发展性和未完成性。对知识，他是未知者或知之不多;对教育教学活动，他是主动参与积极配合，水平较低。认识到差异性，对于充分发挥教师的主导作用和学生的主动作用极为重要。

教育主体理论要求教学做到以下几点。①充分发挥教学主体的积极作用。在教育过程中，主体性不仅仅表现为对内在生命价值的全面占有和自由创造，而且表现为对教学活动的主动参与和积极奉献。一方面，要求教师充分发挥积极性，高扬和展现其主体性得;另一方面，重视学生主体，高度提升其主体性。只有当他们的主体地位都同时得到肯定、主体性及其作用都同时得到最大限度地展示和发挥，才能取得最大效果，进入最佳境域。②促进学生的主体性和谐发展。教育的根本目的是促进学生素质的健康和谐发展。根据师生主体及主体性存在差异的特点，教师的主体及主体性主要是如何得到充分而最大限度发挥的问题，而学生的主体及主体性则不仅有如何发挥，更有如何培育生成的问题。一方面，教学应当突出学生的主体地位，增强学生的主体意识，发展学生的主体能力，培养和完善学生的教育主体性，使他们真正成为教育活动和自我发展的主体;另一方面，教学应当通过进一步培养学生的一般主体性(或曰社会主体性，包括社会主体意识、社会主体能力、社会主体人格)，使他们将来真正成为自主、能动并且创造性地参与社会生活、为人类发展做出贡献的人，同时又是具有丰富多样鲜活个性的人。这种人，也就是马克思主义全面发展意义上的人。③重视活动对生成学生主体性的价值。主体性是在教育活动中形成的，即活动生成，因此学生的活动是主体性教学非常重要的途径。

教育主体理论理应成为外语教学及其教学法研究的重要理论依据。譬如，外语立体教学法特别强调外语教学的主体观。张正东强调学生作为教学主体的主体性特质。他认为，外语教学既要激发学生的非智力因素，以此为立足点使她们愿意学习、乐于学习;又要从认知和知识的角度为他们引航导向，帮助他们掌握各种学习的方法并具有自我学习的能力，产生学生"愿学—能学—乐学"的连锁效应。在外语教学过程中，作为教学活动的另一主体教师起着关键性的作用。张正东专门在理论体系部分将"教师"列出，认为教师要发挥维系教学系统之"内稳态"的作用。教师发挥内稳态作用就是要平衡学生、教材和环境的交互作用，换句话说，就是在主体、客体、环境交互作用中平衡的工作。英语四位一体教学法提倡以学习为中心，强调教师主导、学生主体。包天仁不同意"过分强调以学习者为中心"，事实上，有了教师的"教"，才有学生的"学"；有了学习者学习的需求才有教师的教授，两者是不能对立起来的。他提出我们应该提倡以学生为主，学生是主体，教师是主导。总之，我们一定不能削弱教师的作用。

（4）教学模式思想。

最早对教学模式进行研究的是美国的乔伊斯和威尔，他们出版了《当代西方教学模式》一书，该书的问世拉开了教学模式研究的序幕。所谓教学模式，即是在一定的教育目标及教学理论指导下，依据学生的身心发展特点，对教学目标、教学内容、教学结构、教学手段方法、教学评价等因素进行设计和简约概括而形成的相对稳定的指导教学实践的教学行为系统。这个定义涉及几个要点：一是教学模式是一种相对稳定的教学行为系统，是对整个教学体系的反映，但另一方面随着教学理论，尤其是随着教学实践的发展，教学模式本身也不断地变革、修正和完善；二是教学模式既离不开特定的教育目标指导，又受特定的教学理论制约，要反映教学目标，正是由于依据的教育目标和教学理论不同，以及所完成的教育目标和教学内容不同，才产生出许多功能各异、风格不同的教学模式；三是教学模式的基本结构和具体的操作体系是以一种简约的语言、形象的符号来加以概括的；四是教学模式是教学理论见诸于教学实践的中介，是对教学实践活动全程的设计，是课程与教学设计的结果。

教学模式具有以下特点。①结构型。教学模式通常是由理论依据、教学目标、操作程序、实现条件、教学评价五个因素有规律地联系的结构体系。教学模式是一定的教学理论或教学思想的反映，是一定理论指导下的教学行为规范。不同的教育观往往提出不同的教学模式，比如概念获得模式和先行组织模式的理论依据是认知心理学的学习理论，而情境陶冶模式的理论依据则是人的有意识心理活动与无意识的心理活动、理智与情感活动在认知中的统一。任何教学模式都指向和完成一定的教学目标。在教学模式的结构中教学目标处于核心地位并对构成教学模式的其他因素起着制约作用。它决定着教学模式的操作程序和师生在教学活动中的组合关系，也是教学评价的标准和尺度。正是由于教学模式与教学目标的这种极强的内在统一性决定了不同教学模式的个性。不同教学模式是为完成一定的教学目标服务的。每一种教学模式都有其特定的逻辑步骤和操作程序。它规定了在教学活动中师生先做什么、后做什么、各步骤应当完成的任务。每一种教学模式都有其发挥效力的条件因素，如教师、学生、教学内容、教学手段、教学环境、教学时间等。不同教学模式所要完成的教学任务和达到的教学目的不同，使用的程序和条件也不同，当然其评价的方法和标准也有所不同。②整体性。教学模式是教学现实和教学理论构想的统一，所以它有一套完整的结构和一系列的运行要求，体现着理论上的自圆其说和过程上的有始有终。传统的教学论研究大都强调对教学进行分解式探讨，如对教学内容、教学方法、教学环境等进行孤立的个别研究。这种研究的优点是对教学的各主要环节有一个比较深入的认识，其局限是对教学活动各个要素之间的内在联系和动态转化缺乏整体的认识，而教学模式各组成要素之间不是杂乱的排放，而是有机地联系在一起组合成一个教学整体系统。也就是说，教学模式研究的是对教学活动各要素进行综合考虑，是对教学活动的完整反映。如暗示教学模式既有其独特的理论基础——暗示学，又有其独特的策略方法——放松练习、瑜伽调息、教材选编、情境创设、音乐转换等。③稳定性。教学模式是大量教学实践活动的理论概括，在一定程度上揭示了教学活动带有的普遍性规律。一般情况下任何一种教学模式都有相对稳定的操作程序，并不涉及具体的学科内容所提供的程序，对相似的教学活动起着普遍的指导参考作用，具有一定的稳定性。但是教学模式是依据一定的理论或教学思想提出来的，而一定的教学理论和教学思想又是一定社会的产物。因此教学模式总是与一定历史时期社会政治、经济、科学、文化、教育的水平联系受到教育方针和教育目的制约。因此这种稳定性又是相对的。即是说，相对于特定的教学目标和教学情景来讲，某种教学模式是有相对稳定的。④可操作性。教学模式都是由特定的比较稳固的操作程序和方法的策略体系所构成的，它把某种教学理论或实践活动方式中最核心部分用简化的形式反映出来，为人们提供了一个比抽象理论具体得多的教学行为框架，具体地规定了教师的教学行为，使得教师在课堂上有章可循，便于教师理解、把握和运用。作为教学理论与教学实践相结合的产物，教学模式比一般的教学理论更接近于教学实践，它是直接为解决特定的教学任务和目标服务的，具有极强的操作性。所以从实践上看，教学模式规定了教学过程中师生双方的活动，实施教学的一般步骤，它将教学方法、教学手段、教学组织形式、教学结构等要素整合起来融为一体，可以使教师明确应该先做什么，后做什么，应该怎么做等具体问题，把比较抽象的理论具体化为操作性策略、方法，教师可根据教学实践的需要选择运用。但随着教学目标和情景的改变，这种教学模式的适用性和有效性就降低。每种具体的教学模式都有自己的适用范围，从来就没有什么适用于任何时代任何教学情景的教学模式。⑤多样性。教学模式林林总总，千差万别，呈现出多样化、个别性等特点。但每种教学模式都有明确的主题，特定的目标，有序的进程和适用的范围，个性很强，特色鲜明。

可以说，每一个教学模式都是某种具体教学过程诸因素的独特综合。作为并非针对特定的教学内容教学、体现某种理论或思想又要在具体的教学过程中进行操作的教学模式，在运用的过程中必须考虑到学科的特点、教学的内容、现有的教学条件和师生的具体情况，进行细微的方法上的调整，以体现对学科特点的主动适应。

各种英语教学法体现着教学模式的本质特点，反映着教学模式的客观要求。因此，教学模式理论也成为各位英语教育家们研究和构建英语教学法的重要理论依据之一。

（二）相关概念辨析

教学法研究领域内几经流变仍然纷乱不止的局势给教学研究者和教学实践者带来了更多的疑惑与彷徨，而其中人们最难以把握的就是不同教学理论专家们对于研究主体如"教学法""教学方法"等词语的理解和释义存有不同的解读和侧重。那么，到底是由于这些专业术语本身存在词义界定的缺陷?还是由于研究者往往只是基于自己的需求限定了词义的范围?或者，对这些词义的不同解读本身就表明了教学法研究的纷繁复杂?作为以教学法为研究对象的研究人员首先就必须在众多法典中明晰并厘清各个专业术语的所指与被指，在永恒变幻的历史流变中把握理论的主线，使之成为适应外语教学发展的甘露之源。

1. 教学法与教学方法

教学法与教学方法内涵

①"教学法"的内涵

"教学法"一词在中国是几经易名的舶来词。从历代译者对这一术语的译名如"教学技艺""教授法""教学论""教法""教学法"等可见，教学法研究从一开始就无法避免概念混用的问题。简溯该词在西方教育领域的源流，"教学法"首先被理解为"教学技艺"，义同"教学论"。德国教育家沃尔夫冈·拉特克(Wolfgang.R)最先将这个由希腊文改易而来的新撰词诠释为"教学技艺"，主张从人的悟性、记忆与判断的本质来规整教学方法的理论依据和原则。随后，捷克教育家扬·阿姆斯·夸美纽斯的《大教学论》更是直接将"教学论"定义为"把一切事物教给一切人类的全部技艺"。英国学者费奇伊(Fitch, J.G)在《教学讲义》(Lectures on Teaching)中就说"我们可以把教的技艺(art of teaching)称为教学论(didactics)"。此后，一系列"如何有效教导"(how-to-do-good-in-struction)之类的书籍相继问世，教育学家们认为"方法既是应用的模式又是教育说理的关键因素"，显然，这一时期人们不但对"教学论"与"教学法"未作实质区分，对"教学法"含义的撷取既有抽象的教学论甚至教育学的含义(夸美纽斯的"大教学论"就有"教育学"之义)，又指向具体的教学技艺。其次，"教学法"一词的含义以"重教"的苏联教育学家们的解释为主导，"教法""教授法"替代了"教学论"。日本教育深受赫尔巴特(Herbart, J.F.)"五段教授法"之影响，如在《教育字汇》中就将德文"didaktik"、英文"didactics"译为"教授学"，认为"教授学，研究教授之法，及教材之配列处置等，而成一有系统之学也。"再次，受"重学"的英美教学理论的影响，"教授法"逐渐从"教学论"中分列出来并被"教学法"一词所取代。大教育家杜威(Dewey, J.)将其实用主义哲学思想运用于教学中，主张教学应该是基于儿童生活经验的体验。他的弟子克伯屈(Patrick)也倡导应"由学生自主决定学习目的和内容"。布鲁纳的"发现法"(Discovery Learning)强调教学应从本体的角度推动学习者本人积极探索学科的原理和规律。

正是经由上述教育家们的漫长求索，"教学法"从具体的"教学技艺"(art ofteaching)，"教学方法"，到重教的"教授法"(didactics)，再到教学并重的"教学法"(teaching and learning method)，无论是植根于德国的理性与思辨教育文化传统而衍生出的重抽象学科教学本质与规律的建构，还是源于英美经验与实用的教育文化土壤而滋发的重具体教学问题的解析的教学策略、教学模式等的设定，人们逐渐将"教学法"的含义进行汇聚与整合。

在中国，"教学法"一词的含义及在教育领域的运用同样经历了一个变化的过程。最初，"教学法"源于对"教授法"的改称。"教授法"用于教育学中则是从日本师范教育学科术语转译而来的。王国维译日本学者汤本无比古所著《教授学》一书时，这里的教授学类同教授法、教学论。此书被认为是最早引入中国的"教授法"教材。清政府颁布的《奏定学堂章程》规定各级师范学堂需增设"教育史、教授法等教育学课程"。此处的"教授法"即指关涉教学的一般原理，也就是后来的"教学论"之意。当时从日本引入的一些书目均采用"教授法"一词，如《教授法沿革史》《小学教授法》《统合新教授法》《大教授法》等。随后，德国赫尔巴特的教育学思想潮涌入华，他的四段教授法及其弟子莱茵五段教授法尤其对中国学校各科教学产生了不可磨灭的影响。这一时期"教授法"一词依然活跃在教育教学领域。但是，自陶行知先生在南京高师的一次校务会议上提出应将高师所有"教授法"课程改为"教学法"起，"教授法"一词在整个教育学领域就逐渐淡出舞台，教学话语体系也随之由"教授法"转向"教学论"，"教学法"则成为"教学论"的一个下位概念。尤其在民国中后期，为进一步向西迈进并汲取"德先生"和"赛先生"之精髓，教育界亦开始向英美等国所倡导的"重学"的教学法思想靠近，杜威、孟禄、克雷顿、巴顿、麦柯尔、克伯屈等大教育家先后来华进行教学思想传播。各种教学法如自学辅导法、蒙台梭利教学法、莫礼逊单元教学法、文纳特卡制教学法等在中国以教学实验的形式也隆重登场并得到全面发展。至此，"教授法"形上而成"教学论"，形下即为"教学法"，不但课程设置中采用了"教学"一词，而且在教育法规、教育著作、教育刊物及教师的日常教育用语中，"教学"也完全取代了"教授"，成为表达教学概念的唯一词语。

"教学法"一词在中西方的衍变历程不仅显示出这一研究主体本身的复杂性与重要性，而且也使得教学法研究的场地因此而兼容涵纳了不同的声音和观点。表面来看，这种海纳百川的气势似乎正是学术繁荣的显露，但深层次考量，对研究术语的相异解读更多会给研究者和学习者带来理解上的差异和运用上的混淆，不利于这一学科整体的科学发展。同样，"教学法"术语表陈的纷繁错综也给我国学者对此的相关研究带来了标尺不一、因循难就的迷惘与疑惑。进一步查阅相关论著与期刊，作者发现，关于教学法的著作少之又少。而且在一般教学论领域内人们很少独辟章节对教学法进行系统论述，而是多以"教学方法"为名对其定义、特性、分类与选择标准进行了简析。但是，细阅对"教学方法"的具体陈述，人们却又或者从系统论的角度对教学法的理论与实践进行了介绍，或者仅仅关涉到了课堂具体教学方法的含义和运用。此外，在为数不多的以"教学法"为名对此进行的界定又主要指向教学法理论的探讨。也就是说，人们对教学法概念的界定出现三种倾向。第一种认为教学法就是具体的课堂教学方法，"方式说""措施说""手段说""办法说""活动说"就属于这种类型;第二种认为教学法就是教学法理论，认为教学法就是"关于教学本质的一套相互关联的假设";第三种认为教学法是一套体系，它不止要讨论具体的课堂教学方法还要探析教学理论在课堂中的实际运用，因此，教学法是一套涵盖理论基础和操作程序的逻辑体系，包括教学理念、教学设计和程序以及具体的教学方法与技巧等。在本研究专题里，文章指向的是从教学法理论与实践体系角度探讨我国本土英语教学法的建构，教学法不单是某一种具体的教学方法，一方面，它指向教学理论的法则，是关于教学的一般原理和方法的学科;另一方面，这些教学理论和观点又指导着特定教学程序的设定、教学技巧的运用等。教学法研究的范围很广，教学的任务、内容、原则、方法和组织形式等都可涵盖其下，成为其研究的主题。因此，本文将"教学法"理解为"一套涵盖理论基础和操作程序的逻辑体系，包括教学理念、教学设计和程序以及具体的教学方法与技巧等。"

②"教学方法"的内涵

从上述对"教学法"一词的溯源过程可知，人们一开始就并未对"教学法""教学方法"，甚至"教学论"作严格的约定和区分。"教学技艺""教授法""教式""教法""学法""教学论"一度在教学研究的历史舞台上既可指向多维度意义下的"教学法"，又可指向具体的"教学方法"。人们对这些术语的选择往往依据研究所需而非从词义本身的实质与特性着手。基于这一背景，人们不仅对异彩纷呈的术语表陈存有困惑，而且显然影响到了基于不同层次的研究的比较和解读。因此，笔者认为，为了研究的严谨与科学出发，我们首先就应对词义本身做明确界定，然后根据研究语境做特殊约定与说明。

具体到对"教学方法"一词的考析，人们不仅对何时正式使用"教学方法"一词众说纷纭，而且对"教学方法"的含义也是莫衷一是。统而论之，人们对教学方法有如下几种解释。第一种界定认为"方法"是"为了调查或者探索真理所做的系统化的安排或者程序。"这一语境中的"教学方法"就具有了"形上"的哲学意味，更是一种基于方法论的视角而进行的解释，当与"教学"结合就成了"教学方法(论)"，如肖礼全就首先对其所著《英语教学方法论》界定为是方法论层次的研究。在此基础上，肖礼全从宏观、中观和微观三个层次再对教学方法进行了具体约定。他认为，英语教学方法可以分为三个层面:宏观层、中观层和微观层。英语教学方法中的宏观层是指有关英语教学系统的理论、观点、主张和操作程序。英语教学方法的中观层是指英语教学中的某些规律性的、固定的"套路"，是一种较为复杂的、分为若干步骤的、系统的技巧和做法。英于教学方法中的微观层是指具体的教学技能技巧。这一层面上，"方法"一词不是英语教学的专用术语，而是日常用语，意为"解决某一具体问题的某一具体做法"，可以成为"技能"或"技巧"，例如语法教学中的演绎法和归纳法、语音教学中的跟读法等，笔者认为以"教学方法"一词统摄整个教学法体系，再从宏观、中观和微观层面进行探讨，倘若界定严格，且在全书中逐一进行标示和约定也未尝不可，但要全书标示显然并非易事，且容易造成混淆和理解上的偏差。第二种对"教学方法"一词的界定主要从"方法"指向"对定理的陈述、组织形式加以辨析所采取的逻辑方式"这一含义出发。延伸到教学领域，"教学方法"就是指有关教学的系统理论和主张，或关于教学方法的原理。肖礼全宏观层面对教学方法的解读就是此种含义。第三种对"教学方法"的界定主要基于"方法"指向"为达到某种目标而采取的方式和程序等"含义。此种意义下，"教学方法"就指向具体的教学行为和教学活动，是指师生双方为达到某一教学目的而采用的各种具体的方法如教师为传授知识采用的讲授法、演示法，学生为掌握学习内容而在有或没有老师指导下都可以采纳的自主学习法、讨论法等。事实上，第二种和第三种界定在实际的研究中总是同时出现的。教师在课堂中采取某一种方法都是基于一定的教学原理和观点，只是这一行为具有追求即时性的目的，是基于特定教学目的而对方法的灵活采用，因而使得教学方法的"理性"被隐藏，而"实用性"则外显可见。

由于"方法"词义的变化带来了人们对"教学方法"在教学研究领域的不同解读。教学情形千变万化，研究目的各有不同，只有对"教学方法"从词义与构成上进行梳理，我们才能知晓和选择我们所需的特殊含义，对研究术语进行严谨规约，从而更加明确研究主体和研究的目的。上述对"教学方法"词义的简析正是基于这一目的。本文强调从宏观的教学法体系下对我国的本土英语教学法进行系统研究，而在每一种教学法里又将专论基于不同理论基础的教学方法的运用。因此，本研究采用对"教学方法"的狭义约定，"教学方法"（teaching and learning method）是"教学法"的下位概念，特指"师生为了完成一定的教学任务，在共同活动中所采用的教学方式、途径和手段的综合。"

教学法与教学方法的关系

"教学法"与"教学方法"在释义上的丰富性带来了二者关系的多变。由对两个术语的内涵分析可知，整体来说，教学法与教学方法是两个既相联系又相区别的概念。二者虽有一定的连点但并非完全等同。教学法是教学方法的上位概念，教学法包含教学方法；教学方法是教学法的组成部分。教学法不是单个的或几种教学方法的简单相加，而是基于一定教育思想和教学理论的教学活动的整体。教学活动不仅包括理念形态的教学思想和教学设计，还包括实践形态的教学过程的实施、教学方法的运用等，因而教学方法只是教学活动的一个方面，而教学法则可指向整个教学活动。教学法包含了教师的教法和学生的学法，但并不只是教法与学法的简单相加。过去，人们多强调教师的教而严重忽略了学生的学;历经数次教学改革，人们逐渐认识到研究学生的学对学习者可能更有益。但是，教学法体系是一个动态的过程，我们不应该将其一分为二，理所当然的将教学法视作是教法与学法之和。一方面，一般而言，教法与学法实则往往择重的是对具体的教的方法与学的方法的探析，而对系统研究教法与学法的理论相对不足;另一方面，作为处于恒变与动态发展中的教学法来说，当人们对此进行研究时，往往是同时对教法与学法研究的融合，即，教法研究已经辩证地包含了学法，反之亦是。此外，教学法也不仅仅只是教学原理与教学方法的简单相加。教学法作为一个包含理论与实践的综合体系，有两条主要研究路径，其一是从教学活动中的现象和问题出发，探索如何系统教授和学习这一学科的教学内容，并力图揭示这一学科教学的一般原理和方法;其二则是从教学论中已有的教学理论或提出的理论预设出发，探索如何将这一理论有效运用于教学实践活动中，如何设计教学程序，如何采取一些基于这一理念的教学方法和技巧来充实验证这一理论。概言之，教学法包含了对教学原理、教学设计和程序、教学过程和实施、教学方法和技巧等的综合研究，是一个完整的逻辑体系，不单是教学原理和教学方法两种元素的相加。

从辩证的角度看教学法与教学方法的关系，我们才能理性的审视二者在教学法研究中的角色定位，才能找到教学法研究的落脚点，并以此为基础，推动教学法研究的进程。由此，我们认为教学法研究并不过时，强调超越方法的"后方法"研究不是不研究教学法，而是以"后方法"为研究视域，在传统教学法研究主要基于"自上而下"的从理论到实践的单一研究行径中解放出来，重新认识作为教学主体的教师"教、研、学"的多重作用，倡导教师从自身教学行动与对他人教学活动的观测中反思并凝练教学实践中包含的教学法原理，建构立于自身教学实践的"自下而上"的教学哲学。应该说，这一视角可以成为未来教学法研究的一种趋势，教师不应该仅仅是教书匠，还应是研究者，是教学法的倡导和运用者，而且对此的相关研究近年来亦呈有增无减之态。但这一研究趋势目前并不适合我国近3亿人学英语的大国外语教学研究，或者说我国数千万知识素养与教学水平相差迥异的外语教师还不太可能在短时期内迅速提升自己的理论研究水平，成为教学研究型的

"转换型知识分子"。另一方面，我国有着迥异于西方国家的文化语境，以汉语为母语的大一统的国情文化特点相较西方国家主要以拉丁语文化为渊脉的文化情境使得我国的英语只能作为外语来教，西方则多将英语视作第二语言教学。这就要求我们应该立足本国的语言理论和文化脉络，不能仅对国外的教学法研究成果取而用之，更应躬身本国实际，建立适合中国的外语教学法体系。事实上，自引进各派教学法起，我国许多研究人员和教学者就注意到了这一差异，并在长期的理论研究与实践教学中对此做了一定程度的探索。他们或从理论假设出发，经由多年教学实验，论证了某一种教学法的可行与有效;或立足自己多年的教学实践，积极探索提升教学水平的方法与技巧，由此上升到理论的高度，提出了自己的教学法体系。因此，这些研究都是中国外语教学法研究的代表，我们应该从中找寻出符合我国外语教学的精华与元素，在现代教学理论的指导下，努力建构中国的本土的外语教学法体系。

2.外语教学法与二语教学法

（1）外语与二语

外语(foreign language)指在母语或本族语国家里学习的一种以非本族语为目的语的语言。二语即第二语言(second language)，有广义狭义之分。广义的二语指在第一语言之外学习的不同的目的语，可以包括官方语、通用语和外国语等。狭义的二语则指在目的语国家的语言环境中习得并使用的非本族语。外语常常相对母语或本族语而言，而二语(第二语言)则是与一语(第一语言)对称的概念。通过从学习顺序、熟练程度和学习方式等方面比较，斯特恩(Stern.H.H)认为，一语是幼儿时期在本族语文化环境中习得的一种强语言和主语言;二语是在习得一语后在二语国家或地区所在地的语境中经由自然习得或课堂学得方式完成的一种次语言或副语言;而外语则是在母语国，主要在学校教学环境中经由老师的教授与学习者的学习而学得的一种他国的语言。对学习者来说，这是一种弱语言。卡西尔在论述外语学习与母语学习的差异时着重从儿童习得母语与成人学得外语的角度强调了不同于母语学习的外语学习过程。他说，"我们在学习一门外语时，仍然会经历与儿童学习语言类似的过程"。但另一方面，"在意识生活的较晚和较高级的状态中，我们决不可能重复那最初指引我们进入人类言语世界的过程。在那个全新的、敏捷的和有柔韧性的早期孩童阶段中，这个过程有着截然不同的意义。"因此，"看似矛盾的地方在于，学习外语的真正困难不在于学习新的语言，而更多地在于如何忘掉旧的语言"。相对而言，二语学

习者由于处于二语"原文化"的氛围中，具有了与母语同质的文化语境而更有利于语言学习。这说明外语教学与二语教学应该区别对待，二者有着不一样的特点。

本研究采用狭义的二语的含义，认为外语与二语主要在文化语境与学习环境上存有差异。我国的英语教学属于外语教学，因此，对英语教学法进行研究也应置其于外语教学法的范畴。但是，由于中国的英语教学长期来跟风欧美，对欧美的教学法及教学原理多为全盘式吸纳，少有从中国自身场域出发，建立自己的教学法体系。而欧美等国由于文化脉络多从拉丁语文化流出，且拉丁语文化与欧美本国的语言如英语、法语、德语等是同宗文化下的支系，这使得在这些国家学习另一种语言时就具备了自然习得的文化环境，教学理论由此多可相互借鉴使用之。人们对除本国语言以外的语言学习统称为第二语言学习。第二语言教学理论也就顺其自然成为这些语言教学的理论基础和指导。但是，中国属汉藏文化，语言归于汉藏语系，这一文化脉群下的英语或法语学习就缺乏天然的文化近亲条件，不能归于第二语言教学。也就是说，以英语作为外语的教学与以英语作为二语的教学虽然同为探讨以英语为目的语的教学，但母语文化语境的差异与教学环境的改变使得同为英语的两种语言教学具有了不同的特点。英语教学法在不同的环境中也就具备了不同的特性。

（2）外语教学与二语教学

①外语教学及其特质

与母语教学不同，"外语教学是基于跨文化互动视域的两种以上语言和文化融合的教育实践活动"。与二语教学相异，外语教学又主要是基于学校课堂的课程的学习。外语教学具有一些显性的特质。

首先，学习环境上，外语教学没有自然的目的语语言环境。这意味着学习者除了人为的创设情境，不可能在一种充盈着自然的目的语语流的生活学习环境中自由撷取学习语料进行外语学习，而只能凭借学校教育，在课堂教学中，或顶多在一种虚拟的语言情境中像其他科目的学习一样，遵从教育学的原则和理念，从教学目的、教学设计、教学方法等角度优化教学，达到有效教学的目的。

其次，教学师资上，外语教学缺乏或来自目的语国家或通晓目的语教学的师资。语言教学有着其他学科没有的独特性。外语如英语既是学习的对象和内容，又是教师的课堂用语。这要求外语教师一方面必须像其他科目的教师如数学教师、物理教师等一样具备作为一般教师所要求的教学素养和教学胜任力;另一方面，外语教师必须能够从语言的构成、语言的运用和语言的文化各个方面都相对精通并能给语言学习者提供典范作用。但显然，我国培养的外语教师多为外语学习者，即便有从书本学得外语文化的经历也难以如以外语为母语或一语的语言学习者一般在外语文化中得到熏染并自由习得语言与文化。因此，并不是所有能精通这门语言的人都可以胜任外语教师一职。这也正是为什么很多来自目的语国家的外籍教师并不能很好胜任外语教学工作的原因之一了。对外语教师的特殊要求使得这一学科在师资上难如人意。

此外，母语影响上，外语教学深受母语国文化、母语语言和作为母语的汉语教学的影响，这种影响主要是母语对外语学习的干扰，即负迁移，包括语法形式和语用功能等方面。作为母语的汉语在我国已有几千年的历史，但汉语与外语如英语分属截然不同的语系，在读音、构词、成句等方面都差异巨大，使得在汉语语境中学习外语负迁移不断，在一定程度上干扰了外语的教学。外语学习不仅不能像二语一样有天然语言文化的熏润，而且还要被母语文化所干扰，因为外语学习只能在一种人为的课堂情境或者虚拟的文化语境中进行。

最后，外语教学在教学目的和目的走向上也存有不同。以英语为例。在中国，英语教学受社会需求及教学改革所限，不同时期教学目的走向也不同。最初开设京师同文馆、自强学堂等主要目的是效仿西学、借法自强，教学目的很明确，是实用性的;壬寅学制使外语成为学堂里一门正式的课程，教学目的走向素质型;新中国成立后几次初高中课程标准都兼顾到了外语教学的工具功能和教养作用;随后，随着西方外语教学研究的兴盛，我国的外语教学再次兴起西学之风，"交际教学""学以致用"的教学理念占据上风，教学目的具有明显的实用性;之后，我国又大力推行素质教育，作为主要科目的外语自然位列其中，兼顾素养性目的和实用性目的;进入新世纪，两次新课改再次将外语教学改革推向高潮，"从做中学""提高语言综合运用能力"的倡导使得外语教学的工具性目的再次得到确认和强化。

②二语教学及其特质

狭义的二语教学指学习者到非本族语国家(目的语国家)学习目的语的活动，如中国学习者在美国学习他们的母语——英语。广义的二语教学对环境没有绝对限定，认为第一语言教学之后的所有语言的教学都可归属二语教学。这一释义在西方许多国家类似狭义的二语教学情形。以英国为例。由于希腊文化与罗马帝国的入侵，拉丁语与法语以一种强势的

姿态在英国生根发芽，学习者不仅学得了这两种语言的结构与规则，还自然获得了这两种语言所承载的文化。加之拉丁语、法语和英语同属印欧语系，在文化上有同族同源之便。因而虽表面看拉丁语和法语是两种外语的学习，实则已经具备了文化习得的语境，即便只是广义的二语教学也已有了狭义二语教学的意义。

上述两种情形下的二语教学在教学目的、教学环境、教学方式、教学师资及教学效果等方面具有一些共同的特点。

教学目的上，二语学习者不只包括在目的语国家学校正式学习的学生，还含有前往目的语国家的移民或经常居住、工作在目的语国家的商务人士和工作人员，他们往往带有非常明确的学习目的——融入目的语国家生活并为我所用。这是一种典型的实用型的教学目的。

从教学环境来说，二语教学在一定程度上已经具备母语教学的条件。这也是区别于外语教学的最大特点。二语教学与母语教学在几乎同样的语言文化环境中进行。这就使得学习者可以受益于语言文化的熏染，在无形中获得更加天然的学习资源，学习更多倾向一种浸染式的方式。学习者除了可以从正规的课堂教学中学得二语知识，还可在生活环境中自由习得各种二语文化和生活用语，这两种方式的结合更有利于学习者全面自然的获得一种语言。此外，狭义定义下二语的"心理活动过程与母语相近，存在下意识的心理活动过程，也存在有意识的心理活动过程。然而外语却是在非目的语国家的语言环境中学得的，听、说、读、写都是一种有意识的心理活动过程。"这说明二语在文化语境和学习心理过程方面更接近于母语，母语对二语学习通常具有正迁移效应。

教学师资上，二语教学师资力量相对外语教学而言非常雄厚。学习者不仅可以从课堂中经由专业的二语教师学得各种二语基础知识，生活中交往的以二语为母语的本国人士也为二语学习者提供了最自然的学习素材和资源，使得学习者能够在有意识与无意识的双重语境中学得和习得目的语，教学效果也就自然更好于外语教学。

③外语教学与二语教学的混用

作为除开母语教学外的两种最重要的最普遍的语言教学形式，外语教学和二语教学具有一些相对共通的特点，如二者都是在一种双语环境中进行的语言教学；在掌握的时间顺序上次于第一语言；熟练程度一般不如第一语言；习得方式一般主要是学校教育、家庭教育或自学。同时，外语教学与二语教学由于处于文化迥异的不同语境中具有截然不同的语言理论和学习路径。两种语言教学目标的设定应基于不同学习者的学习动机，而教学内容的选择、教学活动的安排、教学技巧的运用都更应结合两种语言的特点进行。外语教师与二语教师只有明确两种语言的差异才能有的放矢，采取不同的教学方法达到好的教学效果。

虽然外语教学与二语教学存有诸多差异，我们发现在语言教学研究领域，人们对两种语言的运用却并非泾渭分明。对二者概念的模糊认知更导致了外语教学与二语教学在理论上的混同，使得处于教学场域中的教师往往不得其旨，教学充满窘相与疑惑。袁春艳从世界外语研究重心的屡次变化与二语教学概念在西方世界的泛化两个方面解析了形成外语与二语混用的原因。20世纪以来，语文学与纯文学、教育学、心理学、理论语言学及二语习得理论分别在历史的不同时期对外语教学的理论基础起着主导和决定性的作用，外语教学始终附着于这些理论的变化中却少了自己的血液和精气。此外，由于欧美很多国家在文化上同源，他们往往习惯使用泛化的第二语言的含义，研究往往以这些国家的学习者为对象进行，忽略了对其他相异文化语境如中东国家、亚洲国家等学习者的探讨。显然，在这一研究背景下得出的语言理论并不一定适合所有文化环境下的学习者。本文认为，外语学科领域内研究重心的转变不能决定和更改外语教学与二语教学存有差异的本质;欧美等国语言研究专家们基于广义下的二语理论也并不能适合所有其他国家狭义下的二语教学和外语教学。

二、本土英语教学法的形成路径分析

（一）反思批判

一种教学法的产生往往有着独特的社会背景和现实需求。人们只有在熟知教学历史和审视现实教学不足的基础上，方可催衍出有针对性、能改进现行教学的教学法。本土英语教学法的产生首先就是建立在对我国长期以来的英语教学的反思基础之上的。自清末民国开展外语教学以来，我国的外语教学经过了多次教学改革和教法探索，各个阶段呈现出不一样的特质和成效，一定程度上满足了教育的基本需求。但遗憾的是，一百五十余年的外语教学在教学法的研究上却一直滞后于外语教学本身和中国外语教育的客观发展和要求，而本土英语教学法的建立更是不成体系、难究其妙。人们普遍将外语教学视作是应试教育的产物，在教学上主要以考试为导向，在教学法的运用和研究上又主要以借鉴和移植外来外语教学法为主导。这就带来了我国外语教学法本土因素的极度缺乏和中国特色教学法的难以建立。同时，本土的外语教师们都身处独特的教学环境中，这种独特的教学环境既有各个地区教学改革侧重的差异，又有教学师资和教材运用的差异，还有学习者群体的差异。一些对外语教学有着深刻认知，对教学法的运用有持续审视的教学者尤其关注到了现行某些畸形外语教育的严重危害，也看到了基于外来教学法进行本土教学的不足与缺陷，更看到了建构一种真正根植于中国本土的文化教育土壤里的、真正适合我国跨文化外语教学实际的本土外语教学法的必要性和紧迫性。下面结合四种主要的英语教学法的形成来看本土英语教学法形成路径的第一步——反思批判。

十六字外语教学法首先针对当时的外语教学进行了反思与批判。当时，张思中在华东师范大学一附中任教。这一时期，我国基础教育阶段的课程与教学正进入新中国成立后的第一个自主探索时期。外语教学相对其他学科的教学更为复杂和混乱。由于与苏联关系的恶化，我国的外语教学正逐渐由俄语教学转向英语教学，俄语教学只在1/3的学校得以开展。因此，很多学校的俄语教学基本以从苏联引进的自觉对比法为指导。对此，张思中认为俄语教学在我国历史悠久，而之所以出现"教学者费力，学习者厌学"的现象主要在于人们长期以来对苏联自觉对比法的盲目借用，以及对我国特有的文化教育特点的忽视。后来，张思中将俄语教学改革的做法运用到英语教学上。通过对俄语、英语和汉语三种语言进行比较，通过对我国独特的外语教情和学情进行深入分析，张思中认为，一方面，外来外语教学法对我国的英语教学的影响根深蒂固;另一方面，英语教学法研究在国外的潮涌更增加了我国多种外来外语教学法的混乱和盲目借用现象。张思中对这些脱离我国教学土壤和教学实际的做法进行了专门性的探析。他成立了"张思中外语教学法研究所"，以研究中国外语教学为旨向，对我国当时的外语教学做了深入地反思与批判。

外语立体化教学法也建立在对英语教学的反思与批判上。与十六字外语教学法主要指向现行外语教学实际的反思与批判不同，外语立体化教学法的创建者张正东老师主要是基于他自身特殊的外语学习和教授经历以及后来对外语教学法理论的专门性审视与反思。首先，张正东早年曾在学校学习英语和俄语两种语言。据他在《英语教育自选集》的回忆，当时以直接法为指导编写的张士一和文幼章的英文教材以及《纳氏文法》和林语堂的英文文法书都对他影响很大，而教师们主要基于机械式模仿的直接法和背诵式学习利弊皆具。老师们教条式采用直接法僵硬教学带来了张正东英语学习的受挫，他第一次英文期末考试就不及格。另一方面，对一些文法书籍和经典课文的背诵却也为他后续的学习打下良妇的基础，而且英语学习期间他还阅读了一些中英版的小说如《悲惨世界》等，这让他体会到了融情感因素与文学作品一起给外语学习带来的好处。张正东还曾学习俄语，由于当时教学质量参差不齐，俄语老师的古板与教材的乏味迫使张正东只能借用中学英语学习的经历，自己千方百计找各种有俄语原文和汉语译文的教辅材料补充课堂学习的不足。尤其是当时他所工作的西南师范学院请了许多苏联籍教师，张正东与这些老师生活在一栋楼，这给他提供了绝佳的在生活中进行俄语学习的机会。后来，张正东在英语教学中就将这些感受和经历带进课堂。他反思自己的学习经历，认为无论英语还是俄语的学习都需要有必不可少的基础知识如词汇、语法等的积累。而原版书籍以及可能的与目的语国家的人一起学习生活更是外语学习的实践之所。他还从自己运用中国歌曲编创俄语语法歌的俄语教学经历受到启发，认为外语学习一定要立于中国国情。只有使用吻合我国教学特点的方法方可将外语学习自然融入脑海，从而事半功倍。这些因素也成为他要专事外语教学法研究的重要动因。改革开放以后，张正东所在西南师范学院不仅需要专业的英语教学法研究人才，还需要能将课堂教学与师范生实际实习结合起来的教学者。张正东开始了对外语教学法的专门性研究。长期的研究和实地教学，加上在带学生实习过程中逐渐了解到的基础阶段我国英语教学的现状，张正东逐渐萌发了自创一种中国特色的英语教学法的念头。其次，张正东教授还对国内外外语教学法的理论研究进行了深入反思与批判。张正东指出国外外语教学法的形成与发展有他们独特的背景和需求，反映了当时语言学、心理学等理论研究的成果，但这些成果不一定完全适合我们的外语教学。我国的外语教学法研究不能照搬照用，我们不但必须了解母语与目的语背后的文化基因的差异，还必须慎重考虑英语作为二语与作为外语的区别。这些源于对语言、文化、学习者、环境等层面的反思为立体化教学法的形成起到了启示作用。

英语三位一体教学法首先源自马承老师在普通中学教学过程中的教学反思。早年，马承老师曾有过在最好的重点中学和条件最差的中学任教的不同经历。对英语教学的热爱使他迫切的希望能用好的成绩证明自己无论在什么学校都能干出一番成绩。但是即便采取了认真备课、夯实理论、用心教学、耗时补课等措施，马老师的教学成效却不如意。后来，通过听课、学习等手段，马老师对当时的外语教学有了自己的思索。正是基于不断的反思与批判，英语三位一体教学法逐步成型。

英语四位一体教学法的建立也是源自包天仁老师在中学的英语教学经历及对当时以

考试为取向的英语教学的反思。包天仁毕业后被分配到吉林通化县第七中学(一所乡镇中学)担任英语教师。在教学条件简陋、学生基础很差的情形下，包老师勤奋进取，费尽心力，加班加点的备课、授课、补课，甚至连假期和过年都要将学生请到家里补课。但是，遗憾的是，包老师这种殚精竭虑的教学不但没有收到很大的教学效果，还招致了其他任课教师、学生及家长的埋怨。显然，包老师最初阶段的英语教学没有达到他预期的目的，到底问题出在哪里?包老师开始严肃的反思自己过去几年的教学。当时的中国刚刚从文化大革命的摧残中走出来，英语教学百废待兴，人们争先恐后想赶上恢复高考的班车，因此，两年制的高中英语教学基本就以高考复习为主。包天仁老师也不例外，在教学中进行"三抢"教学，即抢进度多上课、抢时间要求学生多背书进行题海战术。如此下来，一部分学习者(初中学过英语的学习者，以及有学习能力的学习者)在这种应试集训下，分数相对有提高，但还有一部分学习者(这部分学习者很多在初中都没有学过英语，没有进行过系统基础学习)却根本赶不上进度，"两极分化"现象十分严重。无疑，问题就出在"题海战术"上。当时特殊的教学大环境不可改变，考试还是要考，分数还是要提高，因此，最主要的应该是改变为考试准备的学习方式和方法。于是，找到一种更有效、更快乐、更系统的英语复习方法便成为包老师创发一种新的教学方法的开端探索。一种基于新课学习和内容复习的整体教学思路逐渐在包老师心中形成。

综上所述，我国本土的英语教学法并非一蹴而就。虽然每一种教学法都是针对自身的教学或研究而展开，但反思与批判我国整体的外语教学和具体的课堂教学是他们共同的特点。对外语教学法理论与实践的反思是后续理性思考的基础。

（二）理性思考

理性思考是教学法形成路径上的必要一环。理性思考意指教学法研究者在对周遭的教学现象与实况进行反思与批判后开始尝试从理性的角度思考开创一种新的教学法的可能，并着手对这一种新的教学法从理论基础与实验模式上作初步的假设建构。这是从感性的教学认知走向理性的教学研究的必经之路。本土英语教学法的形成之路同样包含了教学法首创者们的理性思考。

十六字外语教学法的首创者张思中老师对教学现状从理性的角度进行了思考。他认为，同为语言教学，作为母语的汉语与作为外语的英语在语言内部结构和外部表达上并非截然不同，我们不应该只聚焦于两种语言差异的比较而忘却母语对外语学习的积极影响。

同时，作为一种外语教学，其工具性与实用性一直是现实教学的呼唤。这就要求我们在外语教学中有活用各种生活语言材料的能力。张思中还特别对外语教学的主体——学习者做了一番考察与分析。他认为基础阶段的外语教学指向的是在身心上都正渐趋发展与完善的青少年。学生们对于一种外语的学习同比其他科目的学习有不同的体验和感受。如果不了解学习者的心理特点，外语教学将无从谈起。正是在上述对教学法的初步理性思考下，张思中在教学中大胆创新，根据学生的潜力和需求，借用我国传统复式教学方式和"祁建华速成识字法"，采取集中识词、原版补充、翻译练习等方法开始尝试建构一种真正源自中国本土教学实践的教学法。其中，"祁建华速成识字法"体现了我国传统语文教学思想的精华，该法依照由简到繁、由易到难的顺序将2000多个汉字进行集中教授并通过多种多样的方法学以致用，帮助学习者又快又好的记住单词，建立词库，形成汉语学习的基础。张思中也开始思考外语中的词汇学习能否做集中处理?而如何将枯燥单调的语言词汇学习变成一件快乐的事情同样至关重要。张思中思索从学习者本身出发，认为学习主体身心的愉悦是外语教学的诱因。张思中逐渐从语言学、心理学和我国传统教学思想等方面进行了理性思考并开始尝试建构自己的教学法体系。

外语立体化教学法是四种具体的本土英语教学法中理论色彩最为浓厚的一种。通过不断研读比较国内外各种心理学、语言学、教育学专著，到各地中学蹲点听课等方式，张正东意识到中国的外语教学法研究如果按照苏联和西方的概念来研究，"只能和外国人打堆，最多做一名宣传者或助手，做得再好，也只能拿着天马的尾巴在上空飘荡;而按当时国内基于普通教育学理念的'教材教法'概念研究外语教学法，只能跟在中学教师后面跑。"因此，他决定把教学法研究的立脚点放在中国外语教育上，把发展方向定在普通外语教学法上。具体到一种教学法理论体系的建立上，张正东综合了他对教学环境、外语学得本质、中外文化差异、影响教育成效的经济发展以及对教学起内稳态作用的教师等的看法和观点，开始尝试建构一种以"立体化"为特点的外语教学法理论框架。

英语三位一体教学法也凝聚了马承老师对教学法研究的理性思考。通过对从教几年的英语教学及时反思，通过对同行老师的课进行观摩学习，基础阶段英语教学现状进行整体思考，目的必须从实际的课堂教学着手，马承老师意识到要教好英语达成高效学习必须改善教和学的方法与技巧。这种方法和技巧应该主要建立在学科和学生两个层面。从学科的角度，英语教学与汉语有着不一样的发音系统和表音符号，英语教学应该从对两者的异同着手，以语音学习为敲门砖，首先解决"开口"的问题。解决了"开口"的问题，学习者就可以自行学习和巩固，而不至于对英语教师有严重依赖。这一点长期以来一直是初级阶段英语教学中的一大难题。从学生的层面，面对一门全新的课程，学习者往往充满恐慌心理。因此，帮助学习者克服这种心理，拥有良好的心理状态便特别重要。马承从这一点出发，开始尝试研发能够适合学习者身心特点并且能促其开口学英语的技巧和方法。"字母、音素、音标三位一体教学法""词汇、语法、阅读三位一体教学法"的基本的理论框架逐渐构成。

英语四位一体教学法最初源自包天仁老师想要着力改造当时高考英语成绩低迷的现状。他理出了四点高中英语教学的理念和举措：针对式教学、衔接性教学、规律性教学和阶段性教学。针对性教学着眼英语高考的特殊性；衔接性教学应对初高中学习和平时学习与考试复习；规律性教学则指英语教学不能因为高考而废弃语言教学的规律；阶段性教学强调英语教学应该按照学习者的身心特点和语言知识的难度系数进行阶段侧重，循序渐进。包老师开始勾画他的"寻宝图"。他把金字塔的平面图分成四块，代表高考英语复习教学的四个阶段，自下而上，最底端的一块用于复习知识，打好基础；第二块用于专项题型技能训练，把知识上升为技能；第三块用于综合训练，查漏补缺，提高综合运用能力；最后过渡到模拟训练阶段，即精选、精做模拟题，搞好考前热身。四个阶段循序渐进。基于英语教学的理性构想，包老师在接下来的几届英语教学中都获得成效。在之后的高考中，"他教的学生高考英语平均分、单科最高分、考年外语院校的人数位居全省第一。他教的那个班共57名学生，考入重点外语院校的人数占全省的十分之一，英语单科最高分99分(当时满分是100分)，全班平均分达到92.5分。"因此，他对教学法的理性思索就从实际复习教学开始。但是，基于英语考试的教学并不表示英语学习只能为考试服务，只能充当考试的工具。高考英语复习教学并不一定要与平时的英语教学分割开来，高考英语复习教学也不能违背英语学习循序渐进的规律，高考英语复习教学同样要遵守语言发展的阶段特征和学生学习的阶段特征。包天仁还对英语作为一种外语在中国的学习进行了思索。他认为中国的英语教学是外语教学而非二语教学，中国的英语教学必须在中国自己的文化土壤上才能生根发芽。这些从英语学习的阶段性、侧重性、针对性等角度展开的英语教学法的初步构想就为英语四位一体教学法奠定了基础。

整体来说，上述四种本土英语教学法在形成过程中都体现了首创者们对英语教学的反思批判和理性思考等特点。对英语教学的理性探索是在教学实践中开发出来的，最终以服务本国教学为目的的一种探索。本土英语教学法的形成需要我国外语教师在长期的教学实践中反思与行动，需要他们以教学实践者和教学研究者的身份对自身和周遭的英语教学进行理性思索，需要中国本土的教学土壤的滋养。

（三）实验探索

本土英语教学法需要教学实验的支撑。一种教学法的形成非朝夕可以达成。进行教学实验是形成一种教学法的重要构成部分和必经步骤。一种教学法无论是源自对教学实践的提炼，还是在教学理论思索下的教学设想，都必须要经过实验的历练，方能知晓该法是否适合现实的课堂教学，是否能够推广延伸至其他学校的课堂与场域。本土英语教学法作为在本国情境内对外来科目教学法的探索，尤其需要长期有效的教学实验的开展与确立。

四种本土英语教学法的形成都经历了教学法实验的考验。

张思中的十六字外语教学法的具体实验探索涵盖了接近25年的个体实验、局部推广阶段与20世纪80年代中期至今的群体实验、发展、充实、完善与大面积推广阶段。20世纪60年代初期，张思中以自己所教的班级为实验对象，开启了十六字外语教学法的第一轮实验。在这一轮实验中，张思中以词汇学习为突破口，通过循环记忆法、卡片记忆法为基础对词汇采取当堂教授当堂测试的做法，鼓励学习者集中识词;对于语法教学，张思中采用语法讲座的形式进行，要求学习者"一查、二猜、三议、四问"，不圈于语法的机械背诵与形式限制，而是集中掌握精髓，在广泛阅读中消化语法知识;广泛阅读不仅有与课文相关的主题阅读，更有国外的原版各科教材阅读。这一轮实验得到了前所未有的成功。参与实验的许多学生都进入清华大学、南开大学、复旦大学、上海交通大学、华东师范大学等名校。华东师范大学俄语系李振雷教授带队实习时发现了张老师的改革试验并撰文在《人民教育》上加以介绍。第二轮实验开始于文化大革命后。张思中仍然以各种记忆法为引导，带领学生首先集中时间识记词汇。课堂教学结束后，张思中鼓励学生成立外语翻译课外小组和跨学科兴趣小组等来拓展学生的外语水平，并保持外语学习的热情。正是这种大胆的实验探索，他所教的班级不仅曾全班合作翻译出18万字的《亚洲民间故事》，而且还有许多学生单独完成了小说如《表》等。而针对不同学习者的进度差异问题，张思中又开启了同班快慢两层次教学的探索，这就是后来的同堂复试教学。这一轮的教学实验成效更为显著。由他所教的三界届学生高考连续三年获得全国第一。在大连举行的"第二次

全国外语教改工作会议"上，教育部中学司副司长卓晴君宣布推广张思中的外语教学法。之后，张思中外语教学法进入群体实验、发展、充实、完善与大面积推广阶段，并得到吴棠、邵瑞珍、应云天等教授的理论指导;教育部教育司、中央教科所并先后开设了"张思中外语教学法全国培训班"，成立了"上海张思中教学法研究所"。张思中承担了全国教育科学规划"七五"到"十五"的课题，子课题更是遍布全国100多个教改基地。这一系列的教学改革举措不仅改观了"费时低效"的"哑巴英语"现状，学生英语成绩有了提高，还培养了一批特级和优秀的英语教师;不仅带动了全国31个省市、自治区各级各类英语教学，还将教学影响拓展到东南亚和台湾嘉义部分地区。

张正东的外语立体化教学法实验论得到运用推广。与其他本土英语教学法的实验探索不同，张正东在外语立体化教学法实验中不是直接进入课堂进行教学实验的实验班级的教师，而是作为整个教学法实验组的策划者和研究者全面主导指挥该法的实验开展。外语立体化教学法实验以张正东所提出的"立体化"教学理念为指导，在教学目标的设定、教学内容的安排、教学活动的设计、教学方法的运用等层面落实立体化教学法的构想。外语立体化教学法开始在四川开江中学开展了从初一到高三的第一轮教学实验(该研究项目被列入国家教育部直属师范大学基础教育改革与发展研究项目)。实验在中学英语特级教师王恩群的主持下进行了11个学期。经四川省教育科学研究所组织了由国家大学英语四、六级考试委员、重庆大学教授韩其顺和西南师范大学教育科学研究所所长曾欣然教授任组长的同行专家进行了评审验收。实验成果陆续先后在《外国语文》《课程·教材·教法》上发表。后续几轮实验在四川、湖南、广西等多个省市的不同学校顺利开展。这些实验不但有由张正东从整体上设计的"英语立体化教学法"实验计划的指导，也包括了各个实验学校在总模式指导下依照本校具体情况设定的不同模式，如"听力训练引路、优先发展听说能力"的模式、"拼读入门、阅读主导"的模式等。这些教学实验都获得了预期的成效，实验结果由各个基地的负责人进行了总结，研究报告、学术论文、课题开展成为实验的成果形式。

开展教学法实验是英语三位一体教学法的重要组成部分。通过讲座、教材培训、教学法学习、广播节目录制等形式，马承将教学法的实验计划进行了宣讲与指导。全国多个省市自治区先后开展教学实验并取得可喜的成绩，如哈尔滨35中学、平顶山矿务局十矿学校、山东龙口市中学、贵州铜仁实验基地、海南琼山市灵山中学等都在学生的学习成绩、教师的教学水平上得到改善。此外，英语三位一体教学法实验的开展还通过开办社会培训机构和民办培训学校得到进一步的拓展和完善。英语三位一体教学法不但对基础阶段的学习者有效，还为成人学习英语开辟了新的道路。马老师先后在夜大、首都职工大学、北京科学技术交流站、职称培训中心等多个社会教学机构进行针对成人的英语改进教学活动时发现，"字母、音素、音标三位一体教学法"对学习基础比较差，英语学习已经基本荒废的成年人一样非常适合。为了进一步验证此法，马老师一方面在他所任教的北京教育学院玄武分院在英语教学法课程教学中进行宣讲。一方面，马老师在东城外国语学院、西城教育分院、房山县、大兴县、昌平县等进行了英语三位一体教学法的巡讲和传授。北京大学出版社和北京师范学院(现改为首都师范大学)联合举办的"全国马承效率英语函授班"。

"马承效率英语"被光明日报、经济日报、中国教育报、北京日报、北京晚报、首都信息报等多家媒体争先宣传，马承英语从北京郊区一所偏远的中学开始走向全国。此后，马承又研发出了"词汇、语法、阅读三位一体教学法"(被称为大三位一体教学法)，并开始出版配套的录像带和录音带。一些英语教学法专家如龚亚夫、胡春洞、张志远等都纷纷撰文支持并宣传马承老师的英语教学法。马老师将教学科研课题与全国巡讲结合起来，他的英语三位一体教学法开始惠及更多的英语教师和英语学习者。他走遍了中国20多个省市自治区，得到培训的教师多达10万余人。"马承三位一体教学法"实验基地达上千个之多。马老师深感教法在教学中的有效贯彻还需要教材作为中介。因此马老师召集"简笔画情景教学法"创立者李世站、沈阳东陵区英语教研员罗梦云、山东胜利油田英语教研员张从晓等7位老师进行教材编写。两年后，《小学英语识字读本》正式出版，并在黑龙江北大荒9个农管局、山东胜利油田、沈阳东陵区等5个地区进行实验。

包天仁老师的英语四位一体教学法则自20世纪70年代末到90年代末完成了从个人走向群体，从地方走向全国的教学法形塑之路，该法已在全国实验达16轮，不仅参与了我国历次英语课程与教学改革，还对我国的英语教学尤其是基础教育阶段的英语教学有举足轻重的作用与影响。包天仁调入吉林师范学院英语系从事的是英语教学和研究工作，而他对"英语四位一体教学法"的实验探索也走向深化。包天仁运用辩证唯物哲学观和方法论，对中国传统知识型教学观精髓进行了合理吸收，对英语作为一种外语的语言理论和语言学习理论，以及学习者的学习心理学进行了综合探讨，他以四位一体为一个体系结构，在20世纪80年代末期建构了"四位一体，中考英语复习教学方法阶段训练"金字塔(即小"四位一体"教学模式)。以四位一体教学模式为指导，包天仁老师开展了局部的实验求证和对教学模式的修改与完善。1990年，包天仁老师创办《英语辅导报》，用"四位一体"思想指导办报，验证和指导基础外语教学。随后，在90年代初期，包老师又提出了"英语四位一体课堂教学方法"金字塔。90年代中期，"英语四位一体平时复习方法"金字塔创立。"英语四位一体教学法"开始应用到了各地中、高考英语复习中，在吉林地区各级学校的中、高考的英语教学实验同时展开，从实践中积累了丰富的经验。英语四位一体教学法有着独特的实验探索模式。通过《英语辅导报》(1990年创办)、《英语通》(1999年创办，原名《英语考试向导》)等英语学习刊物包天仁将英语"四位一体"的教学思想进行宣传和运用，帮助各地学校的老师们能灵活运用该法的中心教学理念，帮助学习者达成课堂内外英语学习的自然衔接。另一条进行教学法实验探索的途径是全国性实验项目开展和各种级别的教学竞赛如知识竞赛、演讲比赛等的举行。

四种英语教学法的实验探索历程清楚地表明教学法的最终确立必须有长期的、适合我国教学实际的教学法实验的开展。只有经由与现实教学结合起来的教学实验，一种教学法方可走向成熟，达致理论的高度。

（四）理论总结

教学法只有经由理论总结才能形塑而至法的高度。理论总结就是要对经过多次多轮实验验证后的教学法框架或构想在理论上进行提炼，在体系上进行建构。一些对教学法的实验探索可能只是从改善某项课堂教学技巧着手，也可能只是对一些初步的还并不成熟的教学理念经由教学模式或教学过程进行试探性的操作与验证。在教学实验过程中或在完成教学实验后，教学法的建构就逐渐走向明晰。这些教学法的框架或构想包含了创立者对教学的理论观点，对教学模式的设计和对教学技巧的独特创造与运用等。作为本土的英语教学法，由于植根于本土的文化土壤，这些教学实验是面向本土的具体的学习群体，教学目的主要是要着力改善和提升相对滞后的与教学需求不相适应的教学，而且这些教学实验都是本土的教师在自身教学实践或理论探索演进过程中的行为，是一种具象的研究，如何对这些教学实验进行理论总结更具要义。

相对而言，除张正东在教学法理论上有长期的思考与研究外，其余三位教学法的创立者在教学法理论上还需要加强。但这不表明这三种教学法就没有理论。一方面，一种教学法理论的完善需要逐步发展，三种教学法在经过反思批判、理论思索与实验验证后，一些教学理念已经由课堂教学方法的改进、教学策略的实施、教学材料的运用等得到升华，并通过创立者与使用者以书籍或论文等形式进行总结;另一方面，作为对这些教学法的研究者，我们还可以依照这些教学法的语料进一步进行提炼。

十六字外语教学法在经过数轮实验后，对该法所包含的理论观点进行了总结。首先，张思中持外语教学系统论的观点。他认为，教学是一个系统，由相互联系的几个子系统构成。外语教学是一个语言系统，包括拼音、词汇、语法和书写四个子系统。只有系统地安排拼音、词汇、语法与书写等语言知识和技能的教学，才能达成学科教学与语言教学的双重目的。从语言教学内容出发，张思中从词汇和语法教学着手，通过对集中学习语法和词汇的实验探索，提炼出"适当集中"的语言教学理论。他还通过在实验教学中开展阅读外语民间故事和简易原著、翻译教辅书籍等活动，确定了另一条外语教学原则——"阅读原著"。其次，从教学主体学习者出发，张思中通过在教学实验中分析总结了外语学习者的心理特点，认为每个学生都有着不同的外语学习"潜能"。依照这种潜能，班级外语教学就可以相应的开展快慢班的同堂复试教学。同堂复试教学是在找准了学习者的心理特点后，以激发他们的心理优势为前提，以各种语言教学诀窍为保障，同时以能熟练驾驭快慢两种程度的学习者课堂的教师为中轴的一种教学尝试。面对庞杂的语言系统，在语言教学中，师生应呈现一种对所要达到的目标渴求成功并收获成功体验的良好心理状态。这就是十六字外语教学法提出的"心理优势论"。按照张思中的理解，"心理优势"是一个大概念，包括信心、信仰、信念和主体人的行为。这一理论系统的涵盖了学习者情感因素的各个方面，强调情感与认知相结合，尤其倡导树立一种积极的情感态度来指导学习者的学习行为。进而，张思中将"突破难点、扬长避短、排除干扰、满足学生需求、让学生看到成就"等归为心理优势系统的五个要素，用以培养和训练学生的心理品质。此外，从学习方法的角度，张思中对集中识词进行了进一步的思考，他发现集中教授和学习的语言知识点只有通过多轮重复和有意义、有技巧的识记和理解方可成为学习者语言库中的"宝藏"，活取活用。这一发现就让他提出了另一条十六字外语教学法的重要原则——反复循环。上述对实验教学的理论总结从一定程度涵盖语言学、教育学、心理学等理论观，还体现了中国本土的传统教学思想的运用。

对外语立体化教学法所进行的理论总结不但是对张正东所提出的教学法理论假说的验证，更是在实验探索后对该法在理论上的再次确认与升华。外语立体化教学法的理论核心观点是"立体化教学"。教学实验验证了他对外语教学应包含的各种因素的设想。张正东不是只从现有的教学现象出发，而是从语言学习所蕴含的国与国之间文化基因的传承与交流来看待外语教学，从一个学科所处的社会经济与教育环境角度来对待外语教学，从外语教学中师生关系的特殊角色变化来思考外语教学。张正东从"学生、目的语、教学环境、经济发展与跨国文化"等五个角度立体综合建构教学法理论体系。从这些因素出发，外语教学心理观、外语学得论、五要素论、系统论、教师内稳态理论等就成为该法的主要论点。例如，从心理学的角度，张正东十分推崇中国传统心理学。他认为国外虽然有行为主义心理学、认知主义心理学、人本主义心理学等作为各种外语教学法流派的理论基础，但研究中国的外语教学其实更应该从中国传统的心理学那里汲取养料。这些扎根于中国传统文化中的心理学思想更切合中国外语学习者的心理特点。我国历代教育家十分重视学习的情志因素。情志因素包括志学、好学、乐学、勤学、恒学等内容。"志"是一种意向活动，涵纳学习动机、学习目的、学习理想，是激励个体积极主动学习的内在推动力。张正东认为在外语教学中，情感有两大功能：一为动因—动力功能，如从学生需要出发激发学习内在动机，借助情感功能帮助学生排除心理障碍。二为信号功能，形成的情感会随同语言、身势、副语言等成为输入输出语言的社会含义的信号，从而使语言交际和理解更加确切。显然，情感的动因—动力功能主要源自学习者的情志与好学。外语立体化教学法的教育学理论。张正东认为，外语教学只是达到学校教育目的的手段之一，外语教学法应在教育学范畴内发展，并按教育学的规范来指导外语教学。张正东认为外语教学法的内容国外很多专家多从语言学立论，但学校的外语教学问题应该更多运用教育学和教育心理学的理论才能解决，如课本的教学法体系不适合具体教学环境时应按教育学原则处理；学习理论上的争执也得参照教育心理学的理论等。除了上述的教育指导思想，外语立体化教学法中的学生主体性原则即是教育学理论的呈现，学校环境的论点也是对教育环境论的采用，而外语教育目标的设定、外语教学内容的安排、外语教学活动的设计无不包含了丰富的教育思想。外语教学法与教育学是密不可分的。外语立体化教学法正是在教育学的范畴内展开，遵循教育学的规律而建构的一种本土的外语教学法。

英语三位一体教学法也在教学实验过程中和教学实验后进行了教学法的理论总结。英语三位一体教学法的理论总结主要从学生心理发展角度和语言高效学习角度进行。"效率英语""直呼式韵律英语教学法""字母、因素、音标小三位一体教学法"和"词汇、语法、阅读大三位一体教学法"等包含了这一教学法的理论观。英语三位一体教学法最强调的是心理学理论，尤其是儿童心理学理论在教学上的运用。马承认为，英语教学一定要依据学习者的身心特点进行。初级英语学习者身心发展是有规律的从一个阶段过渡到另一个阶段，过渡的前后顺序、各个阶段的基本心理特征、每一个阶段相应的基本年龄，处于不同条件下的儿童大体一致。但发展的速度和进程，每一阶段所能达到的发展水平和相应的年龄幅度，则随儿童所处的家庭环境和教育条件有所不同。只有确定好了学习者心理发展的年龄特征，才能有效安排学习内容、择取相应学习方法。此外，马承还从发展心理学和认知心理学的角度看待英语教学。他认为模仿于初级英语学习者而言具有重要意义。初级学习者通常从"复印式模仿"逐渐发展为反映个性的"创造性模仿"。因此，对于初级学习者，我们应该抓住这一特点，在从"复印式模仿"过渡为"创造性模仿"的过程中，运用各种教学策略，调动学习者的其他心理元素如兴趣、注意、动机、记忆等，引导学习者能够逐渐完成对输入信息的储备、编码、解码并最终输出信息，成为有个性的具备学习能力的人。心理学理论对语音教学具有特殊意义，对词汇、阅读和语法教学同样非常重要。初、高中英语学习者正处于身心发展迅猛时期，他们往往兴趣广泛、思维活跃、接受新事物能力强但也容易犯"猴子摘玉米式"的错误，不能集中注意力，用心做好一件事情。针对这一特点，英语三位一体教学法提出"易学、乐学、速学、会学和智学"的"五学"教学目标，将学习者的心理发展特点和认知发展特点结合起来，"情""智"双管齐下，获得了良好的教学效果。其中，马承老师特别强调有效记忆对英语学习的影响。他认为"探索记忆规律是英语教学法研究的重要课题"。以记忆的三阶段理论和德国心理学家H.艾宾浩斯的遗忘曲线规律为基础，结合上述学习者身心发展特点和英语语言学习特点，马承认为"建立单词编码系统是一种从根本上解决单词记忆难这一问题的途径。"正是有了这一理论，英语三位一体教学法在轻松解决了单词的读音和意义识记问题后，就能够研究所记单词的共同特征和内在联系，真正建立一个词汇学习的编码体系。

英语四位一体教学法的理论总结则建立在以多轮教学实验为基础，以各种教育教学和教育科研课题为依托的系统论述与总结中。包天仁创立的英语四位一体教学法从研发"英语四位一体高考复习教学方法"起步，历经"英语四位一体中、高考复习教学方法""英语四位一体复习教学方法""英语四位一体教学法"几个阶段。按照包天仁自己的说法，对这一教学法的探索"一开始定位的只是一个具体的复习的technique(教学技巧)，后来扩展成为一个method(教学方法体系)，再扩展到整个外语教学的各个阶段，定位是approach(教学路子)，是一个大的教学法。"这意味着，英语四位一体教学法不但是一个对实践教学所需的探索到寻求理论支撑并逐渐理论实践化的过程，更是一个在教学法的理论研究上一直处于动态发展而与时俱进的过程。因此，英语四位一体教学法在理论总结上也呈现出动态发展的特点。英语四位一体教学法的理论总结主要包括外语学得观、输入型教学观、外语教学心理观和外语教育观。外语学得观强调外语在中国主要在学校以一门课程的形式进行学习，外语是学得的;输入型教学观是在对教学实验与对当时的中国英语教学现状进行分析得出的。虽然很多人倡导输出型教学，但包天仁认为输入型教学更适合中国基础阶段的英语教学实际。以"双基"为目标的英语教学应该加强对学习者基础知识和基本技能的教学。在心理学观上，英语四位一体教学包含了认知心理学的观点。包天仁以认知图式理论和信息加工理论来看待英语学习的过程。英语四位一体教学法非常重视内在的思维能力和自主学习能力的开发"。包教授认为，我们"必须通过记忆，通过学习规则，通过操练，通过不断的复习，通过知识的掌握以及知识的使用来获得语言能力。"英语四位一体教学法还凸显了对情感因素的关注。包天仁教授认为，成功的英语学习者除了智力因素外，非智力因素也是不容忽视的重要内容。学习者的情感、态度、自信心和学习意识等对英语学习有积极影响。情感具有信号功能和调节功能，对英语教学的信息交流，对英语学习的认识过程，对英语学习者的"动力系统"有促进和障碍作用。英语四位一体教学法提倡教师应提升自我，博学多艺，并帮助学习者明确学习目的，创设愉悦氛围和环境，理解并尊重学生个体情感，促使他们收获成功体验。英语四位一体教学法还蕴含了丰富的教育学思想。从教育学的角度看，包天仁提倡英语教学应渗透素质教育的理念。英语四位一体教学法从如下两个方面突出了素质教育的理念:一是在教学过程中重视英语基础知识、技能的训练;二是提倡以学习为中心，强调教师主导、学生主体观。

综上所述，我国要形成本土的英语教学法，需要在理论上进行及时的总结，这是构成教学法的关键步骤。通过对四种英语教学法的理论进行总结，我们发现本土英语教学法正是以本土理论为导向，以在语言学、心理学和教育学等上的观点为理论基础而进行的探索。虽然每一种教学法在理论观上都有所侧重，提出了不同的观点，但都有涵盖了一些共同的特点，本文下一章将对这些特征进行分析，此处不赘述。

（五）实践检验

任何一种教学法都具有发展的特征。产生于特殊背景下的每一种教学法能否在不同时期尤其是新时期以来的教学环境下符合教学发展规律，适应现代教学需求，就需要以实践的形式对他们进行检验与审视。

十六字外语教学法从上海中学起步，逐步在全国多地多校得到推广运用。这主要是归于该教学法在实践教学中能够适应各地教师的教学，满足学习者的学习需求，并在教育部门获得认可，从而基本达到了实践检验的标准。这些实践检验可以通过主持课题、教改实验、教材编著等方面体现。十六字外语教学法承担了全国教育科学规划"七五"到"十五"的课题，子课题更是遍布全国100多个教改基地；该法还以教研培训、教学巡讲、实验参与等方式培养了一批特级和优秀的英语教师；教学实验影响到全国31个省市、自治区各级各类英语教学，还拓展到东南亚和台湾嘉义部分地区。此外，以张思中外语教学法理念为核心的《张思中英语教程》出版，张思中外语教学法逐步走向成熟和完善。

外语立体化教学法遵循的一条"由上而下"的形成路径。张正东作为主要从事外语教学理论研究的专家，通过对国外外语教学法流派如语言学派、心理学派、经验学派的研究并分析中国外语教学，认为当时的中国外语教学法忽略了一个重要因素即"学校外语教学的环境"。在对外语教学进行了深入的理论研究后，他提出了"外语教学应是由目的语、学生、环境三维以及以经济发展为顶和跨国文化为底而构成的立体"的理论假说。因此，这一教学法在实验阶段就开始了实践的检验。这些检验既有来自西南地区十多个市县中学进行了几轮的关于外语立体化教学法的教学实验，也有来自全国其他地方如湖南湘潭的英语立体化教学法"听读训练引路、优先发展听说能力"实验、四川梁平县农村中学"拼读入门，阅读主导"教改实验、湖南的"优化输入、分层输出"教学实验等。这些实验都从不同侧面证实了外语立体化教学法的实践性。

马承英语三位一体教学法从20世纪60年代初到90年代中期，在近三十年的时间里，历经"反思教学—探索求变—立法创新—推广惠生"的漫漫上下求索之路，经受住了多年教学实践的检验。通过对全国多所学校进行实验教学，论证了该法是适合我国本土外语教学的实际的。同时，以该法为基础编著的系列教材如《小学英语》通过了教育部教材审定委员会的审查，成为九年制义务教育全日制教材之一。英语四位一体教学法的形成过程可分为三个阶段：20世纪70年代末期到80年代中期为个人教学反思、尝试建构、体验改变阶段;80年代中后期到90年代中期为教法初成、个体实验、局部运用阶段;90年代中后期至今是体系成形、群体实验、全国推广阶段。在教学法形成的每一个阶段都经过了教师实践教学的检验与考核。截至2013年底,英语四位一体教学法已完成16轮全国性的教学法实验,全国有30个省(市、自治区)的数万名教师参加了实验教学研究,每轮实验都取得了较满意的效果,直接受益的师生多达数百万人。我国外语教育专家王才仁教授称之为"我国基础外语教学改革中的一道靓丽的风景线"。

由上述可知,四种英语教学法都在全国各地建立了多个实验教学基地,对教学法开展了长期的实践教学。整体来看,四种英语教学法得到了各个部门和各地学校的支持,成千上万的师生受惠于这种立于我国本土文化情境下而成长起来的教学法,本土英语教学法通过了多年的实践的检阅。四种英语教学法虽然在形成的动因与关注的重点有所变化,但他们经过长期的实验与理论探索,最终却均是指向改善与提高中国的英语教学水平,为形成本国的英语教学特色并探寻教学规律而努力。即是说,本土英语教学法的形成路径殊途同归,他们不仅是扎根本土的、服务本土的,更是为着本土的、朝向本土的。扎根本土、服务本土就是要以本国的文化为土壤,以本国的教学思想为主轴,以教学法的视角切入中国英语教学的场域,为中国的英语教学服务;为着本土的、朝向本土的就是要以建立中国自己的英语教学体系为目标,从教学法的角度探索中国的英语教学特点和发展规律。

总之,本土英语教学法的形成路径反映了本土的英语教学法的形成和发展离不开本土的原生文化之壤,离不开本土的教学思想精华,离不开本土的教师创研之力,离不开长期的教学实验支撑。也可以说,本土英语教学法的形成需要理论的支撑与实践的践行,需要科研的引领与实验的探索。

三、本土英语教学法的理论体系分析

在外语教学界,人们对教学法理论的探讨多是从语言学和心理学的角度进行。但事实上,外语教学既是一种语言教学,更是一门学科课程。外语教学法的理论体系不应只有语言学和心理学的指导,更应有教育学的理论指导。同时,两种语言的文化差异也促使我们应该从文化学的视角研究外语教学法理论。本节尝试基于教学论的视角,以语言学、心理学、文化学等为指导,从教学本质、教学目的、教学内容和教学过程等方面对本土英语教学法的理论体系作一分析。

需要指出的是,本土英语教学法的理论体系虽然不像形成路径那样直接在中国英语教学的土壤里生成，但每一种教学法的创立者和研究人员都是中国本土的英语教师，他们在长年的英语教学理论与实践研究中针对中国的英语为外语的教学进行了持续探索。虽然这些教学法不是完全采用中国本土的或者他们自创的教学理论，但他们对于外来的教学理论不是拿来式的套用，而是结合了中国的传统教学思想与教学实际，不仅有对异域教学理论的改造与批判，更有基于教学现场的创造性运用，是一种经过了对中外理论的本土化过程后，在对教学理论探索的自我演进过程中的新生。

（一）外语学得：英语教学本直观

关于外语是学得还是习得一直是英语教学理论界的一大争议之点。持外语习得论的观点以克拉申为代表，认为成人是通过两条截然不同的途径逐步习得第二语言能力的。第一条途径是"语言习得"，这一过程类似于儿童母语能力发展的过程，是一种无意识地、自然而然地学习第二语言的过程。也就是说，在学习过程中，学习者通常意识不到自己在习得语言，而只在自然交际中不知不觉地学会了第二语言。第二条途径是"语言学习"，即通过听教师讲解语言现象和语法规则，并辅之以有意识的练习、记忆等活动，达到对所学语言的了解和对其语法概念的"掌握"。习得的结果是潜意识的语言能力;而学习的结果是对语言结构有意识的掌握。克拉申认为，只有语言习得才能直接地促进第二语言能力的发展，才是人们运用语言时的生产机制;而对语言结构有意的了解作为"学习"的结果，只能在语言运用中起监测作用，而不能视为语言能力本身的一部分。克拉申的这一习得理论在近30年来一直是外语教学界视为经典的指导性理论，许多国家在制定外语教学政策时都以这一理论为准绳。但是，值得注意的是，这一理论主要基于第二语言教学，首先并非是以外语教学为研究对象。

本土英语教学法持"学得"的外语教学本质观。外语教学不同于第二语言教学，不具备习得的环境，外语教学实际上要教学生学习外语的方法，而不能靠学生在一个不具备习得环境的情景下自然习得一门外语。此外，按照母语的习得过程来理解外语学习，也会造成外语教学路子、模式的单一化，而外语教学情况千变万化，学习一门外语的方法与途径也多种多样，单靠一种习得模式自然适应不了学习者的多种外语学习需求，其结果势必是削足适履，适得其反。总言之，我国的英语教学是外语教学，英语教学法是以外语学得论而非二语习得理论为主要基础。外语学得论首先强调在中国的英语教学是外语教学。外语教学需要的是关于外语语言的理论和观点。其次，外语学得论尤其提出了在中国独特的大一统文化情境下，本土的英语教学主要以学得论为主要理论基础，在教学类型、教学方式和教学内容等上不同于二语教学。

四种英语教学法在教学本质上正是以"外语学得观"为主要论点。张思中认为在中国环境下学习的英语应该是外语而非二语，尤其在学校环境下教学外语必须以外语语言学理论指导外语教学，而不是二语习得理论指导。从语言学的角度，英语是一个有结构的体系，这种结构具有层次性和规律性，只有依照结构的特点科学安排教学才能事半功倍。但是，语言的结构性并不代表语言学习应该循规蹈矩的逐一进行。在基于特定的外语教学目的并了解学习者特点的情况下，应该用建构主义的语言观对原有的语言结构做一定程度的解构和建构。同时，英语与汉语在语言生成、语言结构、语言文化上的相异性决定了英语学习应该以跨文化语言学理论为基础，从英汉对比的角度进行英语教学。在上述外语学得本质观和相应的语言观指导下，十六字外语教学法将语音、口语、词汇、语法和课文按照知识点的难易和学生的实际英语水平以及学习时间进行集中教学，并在选取多种多样的中英名著、名人传记、历史故事、诗歌谜语、笑话幽默、信函请柬等体裁和题材作为《张思中英语教材》的内容，不仅体现了外语学得的原理，还达成了输入目标语文化与输出母语文化的跨文化双重目的。

张正东认为外语教学不同于第二语言教学，人们如果一味强调二者作为语言的共性，忽视各自的特性，忽视各国迥异的教学传统和文化背景会造成"水土不服"，从而不能针对性开展外语教学，教学效果自然要打"折扣"。外语立体化教学法对外语学得与习得有自己的观点。一方面，他认为"学生学习外语主要应是学得，习得只起辅助作用"。因为外语教学不同于第二语言教学，不具备习得的环境，外语教学实际上要教学生学习外语的方法，而不能靠学生在一个不具备习得环境的情景下自然习得一门外语。习得论的观点还容易导致师生对先天定数和察赋的仰仗，过分依赖人人皆有的所谓"语言习得机制"进行外语的学习，从而削弱积极学习的动力和妨碍探究科学有效的学习方法。此外，按照母语的习得过程来理解外语学习，就会造成外语教学路子、模式的单一化，而外语教学情况千变万化，学习一门外语的方法与途径也多种多样，单靠一种习得模式自然适应不了学习者的多种外语学习需求，其结果势必是削足适履，适得其反。因此，只有建立外语学得的观点才能跳出按掌握母语过程去设计外语教学的旧框架，起到事半功倍的效果。区别学得与习得应是研究外语教学法的学习论基础。但是，另一方面，"外语立体化教学法认为外语是学得，并不否认语言习得装置可能参加学得工作。"语言习得理论主要源自对母语习得的研究。当代关于母语习得理论主要有三种:以斯金纳(Skinner)为代表的"刺激反应论"(stimulus-response theory)，以乔姆斯基(Chomsky)和米勒(Miller)为代表的"内在论"(innate theory)，以道格拉斯(H.Douglas)、布朗(Brown)为代表的"相互作用论"(interaction theory)。研究者认为母语、第二语言和外语都为大脑当中的一个特殊区域所管辖，有共同之处。因此，上述三种理论能帮助我们认识语言学习的本质，同样适合于第二语言和外语的学习。外语立体化教学法虽然对这一观点并不完全认同，但认为母语习得论中的刺激反应论与一般学习论中的"联结论"紧密相关，相互作用论则是内在论和刺激反应论的综合，同样含有一般学习论的观点。而内在论与一般学习论中的"认知论"存有类似观点，而且内在论关于内化语言规则取得语言能力已经得到很多研究者研究的支撑，在外语教学实践中已经有所运用。综合而言，外语学习虽然在环境层面和作用机制层面决定了应该是学得起主要作用而非习得，但是将外语学习放置在一般学习的范畴而论，习得的作用还是客观存在的。只有将学得的主要功效与习得的辅助作用相结合才能收到最好的外语学习的效果，这就是张正东提出的"外语学得—习得论"。

包天仁指出"英语教学作为一种学校中的语言科目教学，在中国环境下是作为外语的教学而不是其他种类的如第二语言的教学"，它是在作为母语的汉语与英语分属不同的语系和文化圈环境下的教学，是一种正规的学校教学，它有正规的课程、大纲、合格的教师、相当的课时、有教材、有测试，是学习者已经处于语言学习成熟期后的教学。因此，英语只能是作为外语的教学类型，英语在中国为"学得"而非"习得"。

外语学得论构成了本土英语教学法在语言观和学习观上的独特观点，是对英语教学本质的体现。这一观点是与本土的文化环境和教学传统相匹配的，是基于个体学习者的语言学习特点而形成的。

（二）以人为本：英语教学主体观

"以人为本"是一种基于人本主义思想的教学主体观，是我们在教学实践中应该遵循的原则。本土英语教学法在教学主体上突出了"以人为本"的特征。首先，四种教学法都体现了"因材施教"的教学理念。

十六字外语教学法实行差异教学和复试教学，主要目的就在于要按照学生的不同特质针对性教学，以便因材施教，最大化激发学习者潜能。这一教学法还以"心理优势论"

来引导和实施基于情感与认知相融合的外语教学。"心理优势"包括信心、信仰、信念和主体人的行为。这一理论系统的涵盖了学习者情感因素的各个方面，尤其倡导树立一种积极的情感态度来指导主体人即学习者的学习行为。"突破难点、扬长避短、排除干扰、满足学生需求、让学生看到成就"等被归为心理优势系统的五个要素，用以培养和训练学生的心理品质。

外语立体化教学法认为"外语教学的客体是自然科学知识、文化道德准则和活动能力等，而认识、掌握这些教学客体的教学主体就是学生"。作为教学主体的学生是有着独特品性与情感的个体，是需要整体发展，需要学会学习，需要运用内部习得机制和学习方法开发认知功能的思想主体。学生作为教学的主体，应该在外语学习中凸显自己作为"主体"的特质。这种主体性特质应内外兼备。也就是说，外语教学既要激发学生的非智力因素，以此为立足点使她们愿意学习、乐于学习;又要从认知和知识的角度为他们引航导向，帮助他们掌握各种学习的方法并具有自我学习的能力，产生学生"愿学—能学—乐学"的连锁效应。张正东用一首歌谣概括了学生这一要素在外语教学中应做到的方面，即:"心里宽松、错而后通。自学为本，互学相从。讲究方法，扬长最重。听懂开路，归纳多用。读背说写，随意变动。"外语立体化教学法对教师的作用也有独特论述。张正东对教师维系内稳态的作用进行了充分的肯定和强调。外语立体化教学法借用坎农提出的"内稳态"的概念来理解教师在整个教学系统内所起的平衡学生、教材、环境等的交互作用。外语教学中，学生应是主动的创造者，而不是被控制的接受者，教师主要为学生创造一种合适的教育环境。

英语三位一体教学法"以人为本"的教学主体观主要体现在以心理学和教育学的观点认识和对待学生。马承认为"以人为本"应是我们进行外语教学的出发点和目标。英语教学围绕人开展，而基础阶段的英语教学对象的人具有特定的身心发展规律和心理特点，英语教学一定要依据这些特点进行。同时，初级英语学习者身心发展是有规律的从一个阶段过渡到另一个阶段，过渡的前后顺序、各个阶段的基本心理特征、每一个阶段相应的基本年龄，处于不同条件下的儿童大体一致。但发展的速度和进程，每一阶段所能达到的发展水平和相应的年龄幅度，则随儿童所处的家庭环境和教育条件有所不同。只有确定好了学习者心理发展的年龄特征，才能有效安排学习内容、择取相应学习方法。此外，马承还从发展心理学和认知心理学的角度看待英语教学。他认为模仿于初级英语学习者而言具有重要意义。初级学习者通常从"复印式模仿"逐渐发展为反映个性的"创造性模仿"。因此，对于初级学习者，我们应该抓住这一特点，在从"复印式模仿"过渡为"创造性模仿"的过程中，运用各种教学策略，调动学习者的其他心理元素如兴趣、注意、动机、记忆等，引导学习者能够逐渐完成对输入信息的储备、编码、解码并最终输出信息，成为有个性的具备学习能力的人。英语四位一体教学法以学习者的身心特点为英语教学的切入点，不仅针对不同阶段的学习需求巧妙设计教学方法，还以系统论和要素论为理论基础，创设了各个阶段的立体教学图式，从而分合贯之，因材施教。

其次，本土英语教学法还特别注重情感因素和思维能力对教学的影响。四种教学法都强调"乐学"和"智学"对英语学习的重要性。张思中的十六字外语教学法为促使学习者能"乐学""智学"，不仅用创设的"心理优势论"给学习者树立信心、体验成功，还研发了一系列帮助学习者巧学智学的学习方法，如教师引导学习者找顺序按规律学习、依照学习兴趣设立小小翻译家的活动等；张正东的外语立体化教学法将学生列为五要素中的核心要素，认为英语学习应"以激发非智力因素为立足点""消除学习外语的心理障碍"，并"掌握学习不同语种的自学能力""研究学习方法"。他所著《外语教学技巧新论》就是对教师如何引导学习者"智学"的一种探索；马承的英语三位一体教学法倡导"巧攀成大道，乐学泛中流"。他深究规律、创设新法，不仅有阶段性的小三位一体和大三位一体教学法，更有针对每个阶段的学习诀窍，他用一首诗总结了巧学之妙："哭学无方理不清，汉语注音法不灵。直呼开辟新思路，省时高效。掐头方法真奇妙，去尾高招一点通。对比拼音由繁化简，组合记忆道理明。词汇语法亦难记，阅读一体浑身轻。三位一体操作易，外语学习亦轻松"。这就形象地凸显了三位一体教学法对"乐学"与"智学"卓有成效的探索；包天仁的英语四位一体教学法尤其关注情感因素对学习者的影响。学习者的情感、态度、自信心和学习意识等对英语学习有积极影响。情感具有信号功能和调节功能，对英语教学的信息交流，对英语学习的认识过程，对英语学习者的"动力系统"有促进和障碍作用。英语四位一体教学法提倡教师应提升自我，博学多艺，并帮助学习者明确学习目的，创设愉悦氛围和环境，理解并尊重学生个体情感，促使他们收获成功体验。

"以人文本"的教学主体观成为本土英语教学法理论体系中的重要一环。本土英语教学法需要更多对"以人为本"理念的探索，拓展本土英语教学法在师生地位和角色方面的研究。

（三）工具与素养合一：英语教学目的观

教学目的是人们研究一种教学法的逻辑起点。外语的跨文化语言本质与外语学习的实际需求带来了外语教学工具性目的与素养性目的的设定。而作为学校教育课程的外语教学还具有教育性目的。我国外语教学在不同历史阶段有不同的教学目的。以几次外语教学史上的英语课程标准为例。民国时期，作为当时外语课程标准起草人之一的张士一就提出，"中等学校外语教学目的有三个：一是使学生得到一种职业上应用的才能；二是使学生得到一种研究高深学问的工具；三是引起学生对于西洋文学的兴趣。"这就体现了当时外语教学显性的工具性目的。新中国成立后，教育部颁发新中国第一个英语教学大纲，指出英语教学目的在于"教会学生能借助词典的帮助，阅读并了解简易的英语读物和通俗文章，教给学生掌握将来进一步学习英语、利用英语所不可缺少的一些知识、技能和技巧。"这一时期我国的外语教学依然侧重对语言工具性目的的设定。新时期改革开放，尤其是本世纪以来我国加大了外语教学改革的力度，外语课程标准的制定成为教学改革的先声，决定了外语教学的走向。《义务教育英语课程标准》就指出基础教育阶段英语课程的任务是：激发和培养学生学习英语的兴趣，使学生树立自信心，养成良好的学习习惯和形成有效的学习策略，发展自主学习的能力和合作精神；使学生掌握一定的英语基础知识和听、说、读、写技能，形成一定的综合语言运用能力；培养学生的观察、记忆、思维、想象能力和创新精神；帮助学生了解世界和中西方文化的差异，拓展视野，培养爱国主义精神，形成健康的人生观，为他们的终身学习和发展打下良好的基础。这一标准对英语教学的工具性目的和人文性目的进行了综合，是对外语教学目的最为全面的一次论述。

本土英语教学法提出了"工具与素养合一"的教学目的观。我们可以通过对四种英语教学法在教学目的上的共同认识来进行探析。首先，四种教学法均认为作为外语的英语教学在中国教育背景下具有双重目的。作为学校的科目，基础阶段的英语教学目的在于打好"双基"，实现"工具"功能，为后续阶段的学习和文化交流奠定基础；而作为一门语言，英语教学已包含着对学习者语言智识与文化素养的促进和提高，是作为人文学科的语言教学本体的目的。但四种教学法所提出的"工具性"目的与新课改所倡导的任务型教学法所倡导的"培养学习者的交际能力的教学目的有所不同。他们认为基础阶段的学习者最核心的任务是基础知识的传授和交际意识的培养，而不太容易获得实际的跨文化交际能力。只有在对语言结构与语言功能有了基本的掌握后，跨文化交际能力才成为可能。而这一能力往往就成为高一阶段的英语学习的目的。因此，十六字外语教学法提出了"一门外语基础过关""传播母语与目的语科学文化"的双重目的;外语立体化教学法提出了以语言运用的工具性目的和语言锤炼的远效性目的为基础的多维目的;英语三位一体教学法提出了基于不同学习需求的阶段性目的;英语四位一体教学法提出了重素质教育与基础知识的外语学习目的。这些教学法虽然在教学目的的侧重上有所差异，但他们对外语教学的工具性目的与素养性目的有着基本一致的看法。

具体来看四种教学法的教学目的如何体现"工具与素养合一"的目的观。

十六字外语教学法教学目的具有双重性。张思中明确提出，外语教学的最终目的是既要让学习者能够用英语了解和掌握英语国家的文化科学知识与生活习俗，又要能够用英语传播和介绍我国文化知识与传统习俗。达到这一长远目的的前提是要让学习者有扎实的语言基础和广泛的阅读面。因此，基础阶段的外语教学要让学习者"一门外语基础过关"，掌握"百篇、千句、万词"，学有余力的学习者甚至还可以第一外语为经验学习第二外语。

外语立体化教学法的教学目的首先源自张正东对中国外语教学目的的反思。他认为中国的外语教学与西方外语教学在目的语与母语的关系、目的语与母语文化渊源上都不同。因此，在教学目的上，中国的外语教学与西方外语教学历来也有不同走向。西方最早以拉丁语为目的语，旨在以素养教育为目的，后来日益实用化和工具化;我国近代外语教学肇始于洋务运动，首要目的在于发展经济的实用性，后来逐渐意识到素养性目的的并存。在此认识下，外语立体化教学法基于我国改革开放以来外语教学不但要为个体学习者的素养目的与高一阶段的学习服务，还要为整体社会环境所需的经济发展和国际交流做准备，提出了外语教学的工具性、远效性、开放性和国防性等多维性的教学目的。外语教学的工具性目的是实用教学观的体现，也是将外语学习视为高阶段学习基础的所需;外语教学的远效性目的着眼长远，指出了外语学习不只是一门普通的课程，从长远来看也可成为修生治学、提高个体和社会素养的远效目的;外语教学的开放性目的是指外语学习本身具有开放与包容的特点，其在每个阶段的具体目的具有发展与动态的特点;外语教学的国防性则将外语学习与国家安全、国家利益联系起来，这在高阶段的外语学习中更有表现性。此外，依据外语教学的跨文化的本质特征，中西方文化起源与发展脉络的相异与当下经济社会发展所需的国际化要求使得外语教学要在两种文化中传播语言知识，吸收各种文化精

华。因此，我国的外语教学就有"传播与吸收相结合，融入性与工具性相结合，素质培养与运用训练相结合"的特点。这一多维性的教学目的与外语立体化教学法的五要素立体结构是紧密联系在一起的。教学目的体现了立体结构的特点。

英语四位一体教学法明确提出在中国的英语学习是外语学习，英语教学应该是"以质量为取向"，最终指向"以素养为目的"。这一特点包含了英语教学的两个层面。一方面，英语四位一体教学法是在中国的应试教育大行其道的背景下发展起来的。英语高考刚刚进入轨道时，以考试为目的的英语教学遍及中国大江南北。包天仁教授为解决大量师生为备战高考而沉浸于"题海战术"的烦恼，结合自己的教学实践研发出了"高考英语复习四位一体教学法"。这一时期的教学法还处于对英语考试的特殊教学方法的研究上，不能称为一种教学法，但这一方法呈现出的以英语语言本质规律和中国英语考试规律为基础，以科学利用"学""考"时间和减少学习者无效学习任务为指向的做法使包天仁的教学实践取得了很大的成效。越来越多的老师积极采用了这一教学方法进行复习教学。后来，包天仁对复习教学方法进行了完善与拓展，体系结构覆盖到了整个英语教学，"以考试为目的"的教学也转向"以质量为目的"。"以质量为目的"不再只是侧重于考试的结果与中高考录取率，而是开始倡导基于素质教育理念的英语学习的短期工具性指向目的与长远素养性指向目的。英语四位一体教学法认为英语作为一门外语，主要在学校场域进行，由于缺乏目的语的语境，英语学习不是主要以在目的语国家生活工作为目标。因此，英语学习的工具性目的呈显性特征表现在学校教学的各个方面。但是，我们不能忽视英语教学是一种语言教学，自最早的拉丁语教学开始，人们就对语言学习所带来的在思维、文化和智识等功能非常注重。英语教学不应只关注到作为课程的学习目的，还要考虑语言本体的学习功效。基于上述认识，英语四位一体教学法在教学目的的设定上就具有发展的特点，体现了工具与素养合一的目的观。

（四）语文并行、精泛结合：英语教学内容观

外语学得的教学本质观、工具与素养合一的教学目的观一定程度上决定了外语教学内容的安排。外语学得的本质特征要求我们在实施外语教学的过程中应突出对外语学习的学得性研究，以课堂有效教学为核心探索外语学习的学得方法，在教学材料上则要以"精泛结合"为原则，对输入与输出性学习和资料系统运用;工具与素养合一的教学目的还要求我们的外语教学应该突出"语文并行"的特点。外语教学不止是针对语言本身知识的获

取，还要对涉及关于这一语言的文化特性进行提炼。语言与文化是外语课程内容安排的两大基点。总之，"语文并行"强调教学内容应该主要指向语言和文化。语言的学习是英语教学的根本和基础。英语教学应该着重加强对语音、词汇、语法、阅读等语言基础知识的学习，也需要对听、说、读、写的基本技能进行系统教学。语言是文化的载体，文化是语言的体现。通过对一种语言所蕴含的文化进行学习不但可以更深层次的获悉这一语言的内涵与意蕴，更能对语言背后的文化风情有深刻理解。"精泛结合"是指课程内容的安排有主有次，集中时间和精力来精学英语语言共核知识与技能，并通过大量课外阅读材料进行泛读泛学，对课内精学内容进行合理补充，共同构成精泛结合的课程内容。

四种英语教学法在教学内容上正是对上述观点的呈现。

十六字外语教学法明确提出基础阶段的英语教学内容主要是对语音、词汇、语法、阅读和表达五种语言知识和四种语言技能听、说、读、写的学习。这种以"双基"为主的教学内容观体现了语文并行和精泛结合的特点。该法的"集中教学"以基础知识为对象，"阅读原著"着重引导学习者在课外对泛读性的语言材料进行趣味性和智慧性阅读，不但在无形中获取了大量目的语语言的文化信息，更是对课内精学内容的重要补充。十六字外语教学法针对应试教学体系中对双基内容的强调与侧重，灵活的将这些内容通过不同的呈现方式，不同的教法创新和不同的材料补充，这在弥补内容单一的同时，又拓展了外语教学的跨文化性。张思中明确提出，外语教学内容的"基础性"特征是不同水平学习者的共同的最低量的、不可或缺的基础性内容，是"目标语语言知识、语言能力的基础，包含目标语文化与母语文化的基础，以及运用目标语进行思维的基础能力"。这表明十六字外语教学法对教学内容的安排并非只是对基础知识与基本技能的学习，还包括了文化素养、交际能力的养成。

外语立体化教学法结合外语教学的属性和我国基础教育英语课程标准首先提出"我国英语教学的内容是语言与文化"。具体而言，英语教学的内容包括语言技能、语言知识等语言内容和情感态度、学习策略、文化意识等人文教育内容。这就基本与两个课程标准所发布的教学内容一致。该法在教学内容上持"语文并行"的观点。在教学内容的选取上，该法提出了"取法经典、学用结合、形式先行"的原则。"取法经典"就是要注意对蕴含文化知识的经典文本充分吸收到课程内容里去。"学用结合"强调课程内容的安排，体现教学内容的实用和交际特点。"形式先行"是对课内精学内容的指导。语言虽主要以交际为目的，但对于学习者来说，代表语言准确性的形式学习如各种语法规则和句型结构等是语言知识学习的基底和根本，不可忽视。在语料即英语教学所用的语言材料的选择上，张正东提出应注意处理好真实语言与文学语言的矛盾。早期的英语教学多以经典的文学作品为选材进行教材和语料的设计，文学语言的"规范性"与"准确性"是能将其作为核心语料的主要优势。后来，随着人们对英语学习实用性与工具目的的需求以及倡导"学用合一""学以致用"教育改革的影响，英语教学的语料便逐渐转化为去真实的生活中寻找，以"真实性"为选取语料的首要原则。事实上，作为基础教育只是成才教育的预备阶段，外语教学主要为后续的学习奠定基础。规范、标准的语言是基本的教学用语和语料来源。真实语料的寻求可以带来外语教学与时代的紧步相趋，表象看更加吻合生活情景和实用目的，但语言变化万千，每天新词涌现，而且将其作为语料选进教材有时更容易导致教材内容的不稳定，学习者还需要增加很大的词汇量才能跟上变化的语料的步伐。这就给需要有规律、有稳定教材的外语教学带来了冲突，不能让学生更好的掌握外语这一课程的核心认知词汇和基本结构。

英语三位一体教学法在教学内容上为突出语文性与精泛性，尤其展现了语言材料的趣味性特点。该法认为，基础阶段的英语学习必须吻合该阶段学生的心理和生理特点。语言材料的趣味性可以带来学习的愉悦，让学习者在良好的心理状态中接受语言与文化的双重熏陶。以教材《小学英语》为例，从开发孩子们的智力和学习英语的潜能为出发点，教材运用迁移规律安排教学内容，用已知学习未知，用游戏与歌曲贯穿整个语言知识与技能的学习。教材每课书都有一首与语音、词汇或话题相关的歌曲，如字母名称音歌、重读闭音节歌、长音音标歌等。教材编排体现了学、玩、唱的统一，真正做到了形式与内容的完美统一，避免了语法等学习的枯燥和以往小学英语学习只图形式没有内容的尴尬。因此，英语三位一体教学法的教学内容同样是以精泛结合为指导原则的。

英语四位一体教学法主要面向基础阶段的英语学习者，教学内容以帮助学习者建构英语学习基本结构，为下一阶段英语学习奠定基石而设定。因此，英语四位一体教学法在教学内容上强调对基础阶段的基本语言知识和基本语言技能的安排。英语四位一体教学法在教学内容上还体现出阶段性学习特点，按照语音、词汇、语法和语篇四位进行阶段侧重、循序渐进的学习。这种重基础的语言教学内容观在教学材料的选取上遵循精泛结合的特点。教学内容的"精"体现在英语四位一体教学法在内容安排上以金字塔模式为指导，每个阶段都有集中教学的主体内容;教学内容的"泛"则体现在每个阶段在进行集中教学时都相应的泛读材料作为补充。

　　未来本土英语教学法在教学内容上应该坚持这一观点，将语言基础知识的学习和语言文化的学习作为课程的两翼，将精选的教材资料和泛读性的阅读材料结合运用到教学中。

　　（五）知性结合:英语教学过程观

　　教学过程是对教学本质所作的进一步的客观性研究。张楚廷教授认为，教学过程包含着认识与实践的矛盾运动，我们应从教学的实际出发，依据教学的客观特性，运用哲学科学和心理科学共同理解和认识教学过程的本质。对教学过程的客观认识是构成教学法理论体系的重要部分。本土英语教学法不但很好的吸收了我国自古代就盛行的"知行结合""学问思辨行"等教学过程的理念，还通过自身的教学实践和英语教学的特性对"知行结合"的过程论有适切性的认知和深化。

　　十六字外语教学法强调教学相长，教学过程不但应有教师的教，还要看得见学生的学。因此，该法要求教师的教应是"因材施教"，学生的学应该"学思结合"。"因材施教"体现在教学过程上就需要教师能对教学目的、教材和教学方法等拿捏准确，依照学生的情形予以不同的施教方案，为学习者最大限度地开发学习潜能，获取学习成效而奠定基础;"学思结合"要求学习者能够根据所学内容进行深度思考和拓展学习。十六字外语教学法不但在课堂教学中通过"适当集中、反复循环"等方式要求学习者能及时掌握各种语言知识，还在课堂外通过阅读原著、成立跨学科兴趣小组、进行翻译活动等方式延伸教学，做到了真正理念与实践的融合，是"知行结合"的体现。

　　外语立体化教学法不但有宏观的教学体系安排，还有微观的课堂教学过程指导。依照该法的理论观点，教学过程应"着眼整体、逐渐准确、自主学习，人人有得"。这一理念可以通过"自学为主、听读先行、精泛倒置、知集技循、整体多变、用中渐准"等原则化实。这正是"知行结合"的一种体现。为了达到这一要求，外语立体化教学法设计了操作总模式图表和课堂教学模式图表，教师们可以各取所需，灵活安排不同课型的教学过程。

　　英语三位一体教学法和英语四位一体教学法也包含了"知行结合"的教学过程论。英语三位一体教学法善于将学习者心理和语言学习发展特点结合起来开展教学。该法强调科学的认识语言和学习者，将"易学、智学、乐学"等思想带进教学过程中。英语四位一体教学法不但有丰富的语言教学观，还注重将这些观点灵活运用到课堂教学中去。该法认为中国的英语教学是一种学得，输入型教学是主要方式，在课堂上，教师应科学施教，以"循序渐进、阶段侧重"等为指导通过精讲精练、温故知新方式全面掌握学习内容。

课堂是实现教学理念的重要场所，教学过程是对教学理念的一种检阅。每一种具体的教学法都会有其独特的教学设计和教学过程的安排。通过分析上述四种英语教学法的教学过程，我们发现"知行结合"无疑是他们的共同观点。这一过程观不是对我国传统教学思想的简单重复，而是在本土英语教学实践活动中将理念落实，将过程进行客观描述的结果。

总之，本土英语教学法的理论体系不是对外来外语教学法理论的照抄搬借，也不是固守陈论或仅仅依照本土的理论套用之。本土英语教学法的理论体系不仅体现了构成一种外语语言教学法应具备的语言学理论和学习理论，还突出了本土文化情境下的本土教学思想与心理学思想的指导效用，更综合了语言哲学、本土哲学和教学哲学等哲学思想的共性。因而，本土英语教学法的理论体系是系统的，开放的，也是发展的。这一体系的建立相较国外主要基于语言学理论和心理学理论进行教学法理论研究的传统更科学、更全面，也更能适应我国本土的外语教学。

第二节　本土英语教学法的特征与评价

一种教学法之所以能自成一派、卓立于世，除了有完整的理论体系和操作模式，往往还具有一些能够区别于其他教学法的根本特征。现代教学法就通常具有一些基本的特征，如以发展学生的智能为出发点、以调动学生学习的积极性和充分发挥教师主导作用相结合为基本特征、注重对学生学习方法的研究、重视学生的情感对学习的影响、对待传统教学方法适当保留并加以改造。这些特征同样在四种本土英语教学法上有所体现。此外，通过对我国近代以来本土视角的英语教学法进行历时研究与系统分析，尤其是对我国几种本土的英语教学法进行提炼与整合，我国本土的英语教学虽然研究成果还不够丰硕，但整体来看仍在理论、实践与历史地位等上对我国的外语教学有一定影响。本章分别对本土英语教学法的特征和影响进行分析。

一、本土英语教学法的特征

每一种英语教学法虽然在具体的教学目的、教学观点、教学技巧等上有自己的个性特征，但从本土的视角来看，这些教学法基本诞生于相同的教育改革发展大背景下，有着几乎相同的教育诉求，是在中国特殊文化语境下的语言类课程教学法的探索，在语言的体系认识、方法的创新运用、本土环境的认知等方面有共同点。综合起来，这些共同特征可概括为:本土原创;体系完备;目的明确;理论支撑。

（一）本土原创

本土原创是本土英语教学法的第一大特征。本土原创不但意味着本土英语教学法是在我国本土的教学土壤里由本土英语教师首创而成，还意味着本土英语教学法的理论源起或操作实践等都传承和吸纳了我国本土千百年来优秀的教学思想与精华。

首先，本土英语教学法由本土英语教师在长期的教学实践与理论探索中首创而成。本文所论四种本土英语教学法虽然在形成的时间上有早有晚，形成路线各不相同，形成基础有同有异，但都是形成于我国改革开放以后，在数次教学改革的大背景下，经过了创立者的长期摸索而形成的，因而是我国代表性的几种英语教学法。"十六字外语教学法"是由特级教师张思中在近三十年的外语教学实践和改革基础上，将传统教学思想和心理学原理与英语教学理论相融合，通过"教学实验—课题验证—教法成形—试验推广"的循环过程探索出来的一种"自下而上"的本土的英语教学法。外语立体化教学法的创立者张正东综合国内外关于外语教学的理论与实践研究，以我国大一统的文化为前提，以教育学原理和语言学科理论为基础，结合我国基础阶段的外语教学现状与目标，建构出了"由上而下"的独特的外语教学法体系。英语三位一体教学法以有效提高中小学英语学习者基本语言技能和基础语言知识的学习为切入点，通过一系列的教学新法如"直呼式韵律英语""字母、音素、音标三位一体教学法"和"词汇、语法、阅读三位一体教学法"，从教学实践走向教学理论的提升，最终形成自己的教学法。英语四位一体教学法也有自己独特的研发背景。我国中高考英语教学的现实需求、英语学科教学的本质目的促使包天仁反思自己的教学并依照中国国情开展教学，经过十多轮教学实验的验证，逐步完善了自己的教学法体系。这些教学法一开始就打上了"本土"的烙印，是中国教师的原创性研究与探索。本土英语教学法的形成需要我国本土的外语教师在长期的教学实践中反思与探索，以教学实践者和教学研究者的身份对英语教学法的采用理性思索。

其次，本土英语教学法还体现了对传统教学精粹的吸纳继承。现代教学法的发展并非空中之阁，而是在数代人持恒秉承先辈们所积累的教育思想精华之下不断实践探索、充实完善的过程。因此，无论现代教学法走向何方，其对传统教学思想根基性作用的传承不可忽视。联合国科教文组织发布的《学会生存》就提出"人类要发展，一方面要面向未来，另外一方面就是要回到人类的源头，向我们的先辈吸取智慧"。我国以大一统的中华文化卓立于世界之林，在教育教学上亦有独特的思想和传统。张传隧教授从本土课程与教学论的视角探讨了中国传统教学的主要内容。他认为中国传统的课程与教学论体系主要基于儒家教学思想，以孔、孟、荀为源，以董、韩、朱、陆、王(夫之)等为流，以王国维、蔡元培、黄炎培、陶行知、陈鹤琴等为变。传统课程与教学体系主要以"性""教""学""师""生""思""知""习""行"等为概念范畴，涵盖了"君子成人"的教学目的论、"教学相长"的教学主体论、"启发诱导"的教学模式论、"知行结合"的教学过程论、系统完善的教学原则论、发达实用的学习方法论以及知能结合的教学评价论等。中国传统教学中所蕴含的"经典背诵、反复操练、因材施教"等思想更是在各科教学中得到持续使用和完善发展。外语教学虽然在教学历史上远不及传统科目如语文、算术、政治、历史等悠久。但依然在教学的各个层面受到传统教学思想的影响。自外语课成为一门正式的学校课程开始，置于中华文化情境下的教师们就开始了对如何将传统教学精粹吸收进外语课堂教学中的探究。梳理外语教学史，几乎可以发现每一种来自异域的外语教学法或是自创的教学流派在引入到课堂后都在一定程度上受到上述传统教学思想的影响。如传统教学中的"诵读""操练""启发""致用"的思想分别在外语语法翻译法、听说法、认知法和交际法中得到了借鉴与合理利用。

本文所论四种英语教学法无论是在教学法的体系结构，还是在教学方法的具体运用上也都吸纳了传统教学思想的精华。从体系结构来看，四种教学法对传统教学中"君子成人"或"德才兼备"的教学目的论、"教学相长"的教学主体论、"知行结合"的教学过程论、系统完善的教学原则论、发达实用的学习方法论等都有批判吸收。孔子提出了以"君子"为核心的基本教学目的和以"成人"为目标的最高教学目的。荀子后来也提出"全粹之成人"的教育目标观。外语教学虽以语言为核心开展教学，但作为一门课程，同样内含了"育人""成人"的教学目的。四种本土英语教学法虽形成于新时期改革开放以来的教育改革大背景之中，是为适应新课改，最终为应对跨文化国际交流夯基而建，但孕育与滋养这四种教学法成长的依然是蕴藏着独特而又智慧的传统教学思想。四种教学法强调"素养性"教学目的和为后阶段学习奠基的"双基性"教学目的即是对"成人"思想的一种继承与发展。同时，传统教学名著，如《学记》《教学做合一》《师说》《朱子读书日程》《中庸》等分别从教学、课程、师生关系、学习方法及教育哲学等方面提出了"知行结合、广求博览、熟读精思、笃志勤学、学思结合"等教学思想。四种本土英语教学法在教学原则的确立、教学过程的安排、学习方法的运用等上正是借鉴了上述传统教学思想的精华。十六字外语教学法的"适当集中、反复循环"教学原则，外语立体化教学法推崇的"大量输入、不求甚解、运用沟通、逐渐准确"的学习方法、英语三位一体教学法的"以生为本""母语迁移"的教学理念、英语四位一体教学法的"循序渐进、阶段侧重"的教学原则无不包含了传统教学思想的因子，是对传统教学精华的科学利用。

（二）体系完备

从最初张士一、林语堂对英语教学理论作原创性的尝试研究到新时期以来我国部分英语教学研究者逐步建立自己的教学法流派，本土英语教学法经历了一个启蒙、发端与发展的过程。这一过程既有对具体的课堂教学模式、教学技巧与方法等的形下的探究，也有对抽象的教学法理论形上的探讨。通过分析几种英语教学法的形成路径、理论体系与操作模式，本土英语教学法的体系结构就基本建立起来。

教学法体系的完备性尤其表现在理论与实践的统一。一种教学法往往在其理论观点与实践操作上具有一体化的特性。操作体系应与理论体系一以贯之。从理论的体现来看，聚焦上述所论四种英语教学法的操作体系，我们可以发现，他们整体上都是在系统观指导下的模式建构，每个操作模式尤其是教学原则的确立和教学步骤的安排都能以联系、发展的辩证唯物主义哲学观和平衡、和谐的传统教学思想观进行模式设计和操作。而每个教学法操作体系中的各个要素之间又都是相互紧扣且联系的一体，都在一定程度展现了其在理论上所倡导的语言观、学习观、教育观等。以四种教学法操作体系的特点为例。十六字外语教学法的操作体系具有"先集中，后循环"的特点。这源于该法"适当集中、反复循环、阅读原著、因材施教"的教学原则。这些原则同时又是源自该法在外语教学、英语学习方法等上的理论观点。比如，该法以辩证观和比较观看待外语教学中语言的输入与输

出、知识点的难易处理以及英汉语言素材的综合使用。这一理论表现在操作模式上，十六字外语教学法就采用了课内集中教学重点难点、课外辅以原著阅读和小组活动，实现了教学理论与实践的统一。

外语立体化教学法有"重输入，优输出"的操作特点。这体现了该法倡导的"自学为主、听读先行、精泛倒置、知集技循、整体多变、用中渐准"十六字教学原则。这一原则的建立同样与其理论体系是一脉相承的。"知集技循""整体多变""用中渐准"这些原则是外语立体化教学法理论体系中所倡导的语言整体教学论、语言动态发展论的体现；"听读先行"和"精泛倒置"是对这一教学法所提倡的英语学得—习得论和英语输入理论的运用；"自学为主"则是对学生主体观和人本主义理论的吸收。

英语三位一体教学法的操作特点是"循多位、导智学"。这建立在"整体统筹、多位综合、智力教学、效率当先"的原则之上。这一原则分别凸显了整体语言教学观、认知心理学理论和学习方法论的观点。包天仁老师的英语四位一体教学法的操作体系则有"分阶段，固双基"的特点。这同样有"循序渐进、阶段侧重、精讲精练、五技并举"的教学原则为指导。这一原则对英语教学尤其是在我国特殊教学环境里有重要意义。这些原则体现的是包天仁所倡导的语言的教学应由浅入深、由易到难，而各个阶段又应有所侧重，同时教学不一定要精讲多练，而是在有限的课时里精讲精练。语言学习中听说读写译不是彼此孤立的技能，而是互相联系的整体，五种技能尤其是翻译不能忽视。这些观点正是对系统语言观、认知心理学、素质教育观的综合运用。上述教学法都包含了一些共同的教学原则，如整体统筹、循序渐进、阶段侧重、精讲精练等。

除了在操作模式与教学原则上与各自教学法的理论体系相应而生，四种本土英语教学法的操作模式还具有一些彰显本土性格的共同特征，如四种教学法的操作模式都是对我国新时期以来实行"双基"教学和"素质教育"的应用；四种教学法的操作模式都包含了对传统教学思想中记忆、背诵等经典方法的运用；四种教学法的操作模式都提倡采用输入性教学模式，认为我国的教学实情并不适合以输出为主的英语运用型教学，交际教学法和任务型教学法应该谨慎运用；四种教学法的操作模式都体现了效率教学的重要性。我国的学校教学时间有限，只有培养学习者的自主学习能力和教会学习者一些有效学习策略方可促进英语学习效率的提高，为后续阶段的学习打下扎实的基础。总之，本土英语教学法体系相对完备的特点从整体来看满足理论指导操作，操作反映理论的一体化要求。

（三）理论支撑

本土英语教学法不但有本土理论、哲学理论、语言学理论、心理学理论和教育学理论等作为理论基础，还在形成发展中建立了自己的理论体系。这一体系包含了其在哲学、语言学、心理学与教育学等上的独特论点。

四种教学法都运用了系统论的哲学观点来看待英语教学。张思中的十六字外语教学法提出语言的内部结构具有系统性，外语教学应系统的安排音标、词汇、语法与书写等语言知识和技能的教学，以达成学科教学与语言教学的双重目的。语言作为一个整体，其系统性特点还应落实到教材与教法中，即课程、教材、教法应在一个体系内进行考察。张正东的外语立体化教学法认为衍生于中华文化大背景下的中国外语教学是一个迥异于国外文化情境的客观存在的整体，外语教学实际上是一个由学生、目的语(英语)、教学环境(教师、母语、教学条件等)为三维，以经济发展为底，以跨国文化为顶的立体化系统。从这一视角出发就可以将学生、教师、教材、教法等作为一个整体对待和研究。英语三位一体教学法将中国的英语教学根据学生的身心特点和学习需求分成几个子系统进行教学。这一教学法包括"直呼式韵律英语教学法""字母、音素、音标三位一体教学法"和"词汇、语法、阅读三位一体教学法"，每个结构都是一个独立的三位一体，但三个结构又紧密相关，是外语教学不可缺少的因素，整合起来就是一个完整的大系统。包天仁老师的英语四位一体教学法经过了长达20多年的形成、发展与完善，从一个高考复习教学方法的建立到对整个英语教学进行客观研究无不体现了系统论的基础性作用。英语四位一体教学法包含了很多个金字塔图，这些图式的内容涉及理论架构、复习教学、课堂教学模式、学习策略等很多方面，但都有一个共同的特点，即都运用了金字塔的结构体系，由下而上，循序渐进。本土英语教学法的发展需要哲学理论的支撑与指导。系统论因含纳了一般哲学、教学哲学、语言哲学和本土哲学思想而成为了本土英语教学法的重要理论基础。建构本土英语教学法理论体系，我们应该进一步深化对系统论的认识，使其更好地为本土英语教学服务。

四种英语教学法都在语言与语言教学理论上提出了自己的观点。十六字外语教学法从语言的结构、英汉两种语言的同异确定英语学习的目的，安排恰当的教学内容;外语立体化教学法以外语要素观和外语学得。习得观指导外语教学;英语三位一体教学法提出"外语教学的系统论(System theory of teaching English)从整体出发来研究系统整体和组成系统整体各要素的相互关系，能够从本质上说明其结构、功能和动态，从而实现外语教学的整体优化。"英语四位一体教学法用外语学得观与外语输入教学观指导课堂教学。

本土英语教学法不但有哲学观和语言及语言教学理论作基础，还有学习心理学理论和教育学理论为指导。十六字外语教学法的"心理优势论"、外语立体化教学法基于中国传统"情志"与"记忆"学习思想的心理观、英语三位一体教学法基于儿童身心特点的"五学"(易学、乐学、速学、会学和智学)学习心理观、英语四位一体教学法认知心理观都体现了本土英语教学法有心理学理论的支撑。此外，四种英语教学法在教学目的的设定、教学内容的安排、教学材料的选用、教学方法的采纳等上都体现了教育学的观点。

（四）方法多元

本土英语教学法具有方法多元的特征。方法的多元性表现在两个方面:一是本土英语教学法在形成发展过程中对多种研究方法的综合运用;一是本土英语教学法在具体的课堂教学中对多样教学方法的灵活使用。

教学法的发端发展是一个长期的过程。在这一过程中，创立者们需要运用各种方法从不同层面进行教学法实践与理论的体系建构。通常来说，研究一种教学法可以采用包括反思、假设、实验、总结等为一体的定性与定量方法进行系统研究。本土英语教学法之所以能自成一派，成为打上"本土"标签的教学法正是采用了科学的研究方法。从本土英语教学法的形成路径可知，四种本土英语教学法都基本经过了反思批判、理性思考、实验探索、理论总结和实践检验的过程。这些过程就包含了对各种研究方法的采纳。十六字外语教学法由特级教师张思中在反思当时我国外语教学实状和自身教学实践的基础上，通过采用教学实验、数据统计、理论思辨等方法完成了教学法的建构;外语立体化教学法是张正东老师在全面反思不同外语教学法理论与我国外语教学情况的前提下，首先通过提出外语立体化教学的理论假设，然后以课题与实验相结合的方式，系统地总结了外语立体化教学法的教学观、教学模式和教学技巧，从而得以在多个学校推广使用，这一过程也包含了对思辨法、行为研究法、比较研究法等的运用;英语三位一体教学法在"反思教学—探索求变—立法创新—推广惠生"的形成之路上以课堂观察法、理论思辨法、实验法等保障了该法的发展;英语四位一体教学法也涵盖了对系列科学的研究方法如行动研究法、实验研究法等的采用。

本土英语教学法还在具体的教学中采用了多样的教学方法。十六字外语教学法有一整套具有创新性质的教学方法与策略。张思中以"继承、吸收、创新、坚持"的教育方法观为指导，研发出了独具特色的教学三大策略(从无序到有序策略、分散难点与各个击破策略、增加输入数量与提高输出质量的策略)与十大教育艺术方法(导向法、循环法、军训法、形象法、观察法、分析法、联想法、筛选法、演绎法、辩证法)。正是这些策略与方法在教学各个阶段与教学过程中的活用活现，使得这一教学法能够别具一格，不同他法。张思中认为语言知识的传授应首先基于对语言知识的科学认识与梳理。语言技能的练习也并非一定要奔着运用与交际的方向而去。基础阶段的外语教学应体现基础性，即具备扎实的基础知识，为后阶段的语言运用蓄势。在这一认识前提下，十六字外语教学法首先对教学内容尤其是语音教学、词汇教学和语法教学做了找序与理序的功课。然后，采用分散难点和各个击破等策略进行外语知识的学习与巩固。此外，十大教育艺术观也体现了十六字外语教学法在方法体系上的创新。这些方法有的源自张思中个人学习经历(如军训法)，有的是受他科教学思想的启发(如导向法)，有的则是针对外语教学的特点而专门设计出来的(如循环法和筛选法等)。

外语立体化教学法对课堂教学中具体的教学方法与技巧有专门的论述和探讨，以指导使用该法的老师能依情所需、依境为用。外语立体化教学法指出教学方法多种多样，在外语教学中教师要学会"翻新"和"创新"两种手段进行方法的灵活运用。无论翻新过去的经典的方法，还是创新自己的独特的方法在选取与创造时都要从方法的六大共性出发：工具性、变体性、针对性、行为性、可控性、规范性。这六点共性正是"教学有法，法无定法"的写照。每一种具体的教学方法在不同的教学流派中可以有不同的运用，甚至进行改造与翻新。翻新是推陈出新，对一些具体的方法如经典的比较与类推、归纳与演绎、分析与综合等可翻新利用，包括翻方式之新、翻组合之新、翻功能之新、翻范围之新、翻生成之新、翻由教到学之新、翻激发兴趣之新、翻设备利用之新、翻扬长避短之新。这十大翻新之法是外语立体化教学法对方法的独特研究，对教师创造性使用具体方法很有价值。此外，外语立体化教学法还创新了一系列教学技巧，如裁缝、滚雪球、反自、发酵等五种。

英语三位一体教学法源自马承老师的教学实践，最先思考的即是如何让学习者能够在有趣的教学活动中喜欢英语，高效获得英语知识和基本的交际能力。通过不断摸索与实践，马承老师建立了"效率英语"学习体系，构建了一系列的科学性和趣味性兼具的学习

方法和学习策略。针对语音学习的掐头法、去尾法和对比法，词汇学习的编码法、记忆法等，语法学习的集中法、循环法等，练习与复习所强调的统筹英语学习、迁移性英语学习、跳跃性学习和程序性学习都成为马承效率英语的特色性学习方法。这些方法均是建立在一定的心理学和学习论的理论基础之上，是基于不同阶段学习者身心特点按照英语语言学习规律而建立的。这些方法不仅是效率的体现，更是使英语易于学习，乐于学习的关键。

二、本土英语教学法的评价

本土英语教学法有别于移植而入的外来外语教学法，亦非仅对外来外语教学法的本土化改造，而是在教学法的理论体系、操作体系与教学技巧等方面均有中国本土教师的独特观点。这些教学法以中国本土理论为基础、以中国英语教学实践为基地、以中国本土学习者为对象而创建。从本土视角开展英语教学法研究，对中国的英语教学有重要的研究价值。下面分别从四种英语教学法的理论贡献、实践影响与历史地位三个角度论述本土英语教学法的价值。

（一）本土英语教学法的理论价值

本土英语教学法在理论上具有一些自己的观点。这些观点或理念虽然并非完全依照中国本土已有的理论，也非全由教学法研建者自创，但也不是对外来教学理论的直接取用和移植改造，而是从本国教学实际出发，在浸润于中华大一统文化中提炼并扬弃部分传统教学思想精华，对他国教学理论进行本土化运用后，化异域与传统教学思想为自身教学法理论因子，在对外语教学理论进行探索的自我演进过程中的新生。

1.四种本土英语教学法的理论价值

具体来看，四种本土英语教学法都提出了一些独特的理论观点。

张思中十六字外语教学法提出了"阅读原著""学得结合"的语言学习观。这一理论观点如今已被广泛使用，得到普通认同，但这一观点也有颇具新颖性和争议性的时期。大量外语教学法如听说法、情景教学法等正在中国的外语课堂风光无限，结构主义语言学理论大行其道，人们认为外语作为一门语言应该以其结构为核心，通过正式的课堂学习，精要掌握一套语言的核心词汇、句子结构，而对以阅读原著方式习得外语并不十分热衷。张思中认为语言丰富多彩，语源多种多样，语料也应在外语学习过程中不断得到充实和完善，仅靠外语教材和有限的课外辅导资料对外语学习是完全不够的。此外，一般认为基础阶段的外语教学主要是基础知识和技能的掌握学习。张思中进一步深化了这一认识。他认为基础阶段的学习者正处于认知和记忆水平的上升阶段，潜力无限。依此特点，外语学习不应只提供有限的课本、止步于知识教学。基础阶段的外语学习者完全有能力阅读更多的外语原版资料和书籍，从而促进外语被更自然的获得。基于上述认识，异于当时以学得方式学英语的做法，张思中提出了以阅读原著的习得方式促进外语学习的语言学得—习得结合观。心理学上，张思中的"心理优势论"明确将学习者的非认知因素纳入英语教学法的范畴。十六字外语教学法一开始就关注到了英语学习的主体——学习者，并以学习者的心理因素为突破口，主要教学方法的设计均是基于对学习者心理因素的理性认识和研究而进行的。张思中认为只有具备对所要达到的目标渴求成功并收获成功体验的良好心理状态，从学习者的信心、信仰和信念出发，突破难点、扬长避短、排除干扰、满足学生需求、让学生看到成就，外语教学方能奠定能学好、能成功的基础。这一心理学观点在十六字外语教学法的理论体系中占有很重要的位置。此外，十六字外语教学法在外语教学上还提出了"复式教学"与"集中教学"的观点。张思中以"教育差距观"为基础，依据中国特殊的课堂教学实况和语言教学的特点分别提出了"复式教学"与"集中教学"的观点。"复式教学"古已有之，但张思中首次将这一教学方式引入外语课堂。十六字外语教学法对复式教学的时机选择、课堂形式与课型、准备、基本原则、注意事项和教师可能承受的负担问题等都有专门论述，突破了外语单式教学的限制，丰富了外语教学的形式。"集中教学"也是一个有别于常规外语教学的方式。普通外语教学一般采用的是分散难点，由浅入深的学习，但十六字外语教学法打破这一局限，提出在合适条件下，可集中传授学习词汇、语法等语言知识。

张正东的外语立体化教学法强调中华文化衍生下的外语教学法理论在教学观点、教学目的、教学原则、教学内容、教学过程、教学技巧等方面不同于西方的外语教学法理论。外语立体化教学法的理论包含了"立体化外语教学观""学得—习得论"和"教学技巧新论(理论化)"等。"立体化外语教学观"以三维立体结构图将外语教学最核心的几个要素(学生、目的语、环境、经济发展、跨文化)涵纳进来，将外语教学的整体概念建立在系统论、要素论和结构论的理论基础之上，以通俗易懂的立体图形解析外语教学，具有中国外语教学的本土特性。外语立体化教学法还对教学技巧有一套独特的论点。张正东所著《外语教学技巧新论》将教学法中技巧层次的理论与经验从原理、概念、原则、操作等方

面进行了研究，对教学法研究者和外语一线教师都具有理论指导和实践运用价值。

马承的英语三位一体教学法在理论上也有独到做法。马承以"三位一体"作为其开创的本土英语教学法的名称。"三"是"多"的意思，"位"代表"元素、部分"，"一体"源自其对中国"天人合一"概念的认识。"三位一体"既代表一种英语教学理念，包含了对立统一的矛盾论、语言认知论和整体结构论的理论视点;又是一个英语教学框架，将小、初、高三个阶段的英语教学用不同的三位一体结构和框架展示出来。大三位一体中包含了小三位一体，小三位一体中又包含了英语教学的各个具体的元素。因此，"三位一体教学观"成为该法显著的理论基础和特点。这一教学法还以"效率英语观"突出。"效率教学"的理念古已有之，但马承将这一概念在20世纪80年代引入中国的学校外语教学和社会外语培训课堂则具有了不同的意义与作用。马承的"效率英语观"认为"英语学习的效率思维应该一方面着重外在的学习活动，另一方面不忽视内在的心理活动，内外结合，不断进行应变调整"。英语三位一体教学法以"效率英语"为核心，将学习者的认知特点和非认知特点结合起来，将英语学习看作是智力活动与情感活动的交融，通过开发各种情智一体的教学技巧与策略，使学习者活学、乐学、易学、速学英语，从而将英语学习各个阶段需要掌握的元素逐一得到落实，最大化了学习机会和最优化学习成效。

包天仁的英语四位一体教学法在教学观上也有特色。"四位一体"具有丰富的内涵，"四"与"一"代表"分"与"合"、"局部"与"整体"，"位"在知识体系中指要素，在教法中指程序、阶段或过程，"四位"可以指一个个小的整体，"一体"指大的整体，是"合而为一"、由不同到大同，成为一个统一体，即中国哲学"天人合一"的思想。包天仁用"四位一体"思想概述了他的教学法理念，无论是英语教学的阶段还是英语知识的构成都符合"四位一体"的思想。由此，包天仁以"四位一体"教学法思想为基础，用金字塔图式整合了英语教法中的理论基础、教学模式、教学方法、教学过程等，体现了该法"合而为一"的理念。

上述四种英语教学法都提出了一些特色鲜明的理论观点。这些观点从教学现场出发，针对中国外语教学的实情，以一个更为广泛的视角如教育学、文化学、哲学等结合来看英语教学法理论的形成，具有积极意义。

2. 本土英语教学法的整体理论价值

整体来看本土英语教学法的理论贡献。首先，本土英语教学法是我国外语教学研究者集体智慧的生产，能够促动研究者本土意识和创新意识的发展。通过对本土英语教学法的历史源起和几种英语教学法的案例分析可知，正是经过了数代外语研究人士的不懈奋斗，我国的外语教学法体系才有可能产生并最终形成本土英语教学法。英语虽然是外来的课程，但对其进行教学法的研究离不开本土的文化情境和语言情境，离不开对本土的教学理论以及与教学相关的理论的研究与挖掘。中国本土可以滋养和生发出不同于他国外语教学法的新的教学法，即本土英语教学法。本土英语教学法不是指一定要针对在本土的土壤生出的课程，作为具有媒介性和传播性的语言学科，英语的全球性使得其不可能只局限于使用一并引入的英语教学法开展教学。中国情境下的本土英语教学法是在对中国本土的教学理论进行重拾与扬弃，对外来教学理论进行改造与创新，对中国的教学实情进行权衡与考量后，由中国本土的英语教学或研究人员研创出来的教学法的体系。它不只是中国特色的外语教学法，也不只是对外来教学法的不同程度的改造与本土化，而是从中国外语教学发生的实际场域出发，以研究提高和改善中国的外语学习者的学习成效，以本土理论为基础，综合语言学习、心理学、文化学、哲学等学科理论而成的由中国人自己研发的外语教学法。这就是本土英语教学法的内涵。

其次，对本土英语教学法进行建构能补充和完善我国的英语教学理论研究，为我国本土英语教学体系的最终确立打下坚实的基础。作为英语教学大国，作为拥有数亿人的学习者和数百万的英语教学者的英语教学研究在世界外语教学中都具有重要的位置和意义。以本土为视角的英语教学法研究是世界外语教学研究的重要组成部分，丰富了全球范围内的外语教学研究。我们不但可以向内推动中国本土英语教学的发展，还可以向外传扬本土的英语教学法思想和观点，这种互生互利的研究将是本土英语教学法研究的发展趋势。

此外，本土英语教学法理论的形成与"后方法时代"所倡导的教学理论形成观存有相似之处。后方法时代倡导基于教师实践产生教学哲学，以宏观策略和微观策略替代教学方法和技巧，将教师变身为教学者、反思者和研究者为一体的研究型知识分子，从而引领教学法研究走向课堂的实效和理论的自然生成。这一研究趋势与本土英语教学法研究在一定程度具有相似的导向。分析本文几种主要的英语教学法，其创者无一不是集一线教学者、反思教师和研究者于一体。他们围绕教学这一核心要素，或"自下而上"从实际教学出发，或"自上而下"对教学提出大胆假设，在对教学理论的研讨中逐渐形成各自的教学法理论。教师的这一身份不再导致教学与研究的硬性分离，而是对现代教学理念下研究型

教师和教师型研究者的倡导。由此，教师实践哲学产生教学观，教师本身的教学理论素养和理论认识又可以指导教学实践，两条路径共同完成对教学法理论的归整。

（二）本土英语教学法的实践影响

1. 本土英语教学法指导下的教材编写及其运用

本土英语教学法在理论上有自己的特色，推动了中国的乃至世界的外语教学研究，在实践影响层面则尤其突出了这一教学法对课程教材编写、教学实验开展、教学实效提升、教学师资培训等方面的影响和价值。

首先，本土英语教学法影响了基础阶段的英语教材的编写。教材是体现教学法理念的载体，是最核心的教学内容。四种英语教学法通过编写系列英语教材和教辅资料将各自的教学主张与理论观点落实到了教材的层面。

张思中的十六字外语教学法以"适当集中、反复循环、阅读原著、因材施教"为总的指导原则，以达成"一门外语基础过关"为基本的教学目的，在分析了主要基于国外教学理念的"舶来品"式英语教材的不适应病症后，编写了一套针对我国学校课堂集体教学的"以语言文字并重，通过文字教学语言，培养学生的外语能力为目标"的中小学英语教程。以十六字外语教学法为指导的系列英语教材教辅包括《张思中英语教程》(1—4册)、《张思中儿童英语》《小学/初中/高中英语强化读本》《少儿潮中英语口语入门》《初级/中级英语循环教学语法》《阅读与识词》等15种教学图书。以《张思中英语教程》为例。在"适当集中"原则指导下，教材对语音、词汇和语法做了几种方式的集中处理，如第一册语法学习采用超前集中之法，把所有规律的、重要的、常见的语法提前集中在每个单元之后，用演绎法分别讲解:第二、三册则进行随机方式主要以归纳方法讲授各种语法现象;第四册则是对语法的综合集中教学。"反复循环"是对以集中方式学习词汇、语法等后的强化和巩固。教材在对课文材料的展示和课文之后的操练都以主题形式集中循环语言知识，将词汇、课文、方法统一在一个有机的整体内。"因材施教"体现在教材内容的趣味性和适切性上。针对不同阶段的学习者的兴趣和需求，《张思中英语教程》多以图文并茂的形式，选取学习者所处阶段喜闻乐见而又意蕴丰富的中外文化的语料进行编写，具有"百科教程、中外并举、说古论今"的特性。

马承的英语三位一体教学法和包天仁的英语四位一体教学法也编写了基于各自教学法理念的系列教材和教辅出版物。由马承及其教学法研究所成员编写的教材包括幼儿英语、小学英语、初中英语、高中英语和成人英语等，数量近80种。这一教学法尤其对小学英语教材的编写起到了一定的指导作用。九年制义务教育全日制小学英语教材《小学英语》历时6年，先后3次修改，并在黑龙江垦区、山东、河南等地区试用后通过教育部审查，自2000年起正式列入《普通中小学教学用书目录》。王劲松在《光明日报》(2011年教育周刊第647期)撰文总结了胡春洞教授对《小学英语》五个特点的访谈:教材、教法、学法三位一体，教材完整的落实了英语三位一体教学法的理念，教材与字母、因素、音标并列和并行的词汇、语法、阅读三位一体;教材编排体例结构与功能结合;基于学生心理，采用"听说读写唱画玩演"八字教学方法激发学习者兴趣，使他们乐学英语;注重阅读能力的培养;与初中英语教学自然衔接。

包天仁的英语四位一体教学法与张正东的外语立体化教学法在教材或教辅编写上也有各自的观点。《英语辅导报》《英语通》《实验通讯》和《基础英语教改论坛》等都在一定程度上体现了英语四位一体教学法的理念。此外，张正东对外语教材的编写有独特的认识。他认为教材编写应从"原则要求、材料选择、编写技巧和评选使用"四个方面进行。外语教材既要遵循一些教科书共有的基本原则，如科学性原则、可接受原则、系统性原则、联系实际原则、自觉性原则等，又要遵循语言教学的一般原则，如题材的情境原则、语言知识与言语活动相契合的原则等，还要遵循基于外语特点的特定原则，如基于具体教学目标、基于言语训练、基于知识训练的具体要求等。选材的进行更要依照所选教学法理论，为突出所选教学法理念而采撷。选材后就是实际的编写过程。根据所选教学法的观点，以语言知识为经，分阶段分配并配置相应的主题、情境和语体。总之，外语立体化教学法虽然没有自己的教材，但正是以现行课改教材为研究对象，而更加凸显了这一教学法对教材编写与实际运用的审视与辨析作用，从而更切合实际为当下英语教学服务。

2. 本土英语教学法指导下的教学实验与教学改革

外语教学法研究形上以追寻外语语言学习的本质规律为杆，时常以教学理论之态成为指导英语教学的规典;形下则以实现外语教学的最大成效为标，经常以教学实验和教学改革为媒介印证教学法研究的理论和操作模式能否达至教学课堂。为了完善教学法的理论，也为了验证教学法的实效，本土的英语教学法需要开展大量的教学法实验。这些教学法实验一般具有如下几个特点:一是多以课题为依托，以教学法理论为基础，立项有依据，实验有指导;二是实验范围广，教学法的实验可以涉及全国部分省份和城市的各个学

校;三是参与人数多，从教育部门各个层级的领导，到一线教学的老师和学生，参与教学法实验的人数众多;四是教学法实验紧扣课改，针对不同时期的课改有不同的实验要求。

张思中的十六字外语教学法最早就是源于对所教班级进行的教学改革。在教学法形成后，张思中和他的团队在全国许多学校开展了大量的教学法实验。这些实验以"八五"教育部重点规划课题"一门外语基础过关"和"九五"教育部重点规划课题"大面积提高中学外语教学质量的实验研究"等为基础，将十六字外语教学法的精髓与理念化实到具体的课堂教学改革中。教学法的实验工作遍及全国29个省(市、自治区)，教师参与多达上万人，学生逾百万。这些实验都通过了教学法专家组的验收和考察。教学法专家应云天、胡春洞、吴棠、邵瑞珍等都对这一教学法的实验成果撰文肯定。

张正东提出的外语立体化教学法理论构想被国家教委批准为直属师范大学基础教育改革与发展研究项目，并在西南地区的四川开江中学由英语特级教师王恩群主持进行第一轮初一至高三的教学实验。通过教学实验的开展，外语立体化教学法在理论观点、操作体系和运用技巧等上面都有了完善与改良。同时，张正东主要负责主编了《英语教学的现状与改革——全国中学英语教学调查西南研究报告》。全国中学英语教学调查由原国家教委直接主持，历时近一年半初步完成，涉及全国15个省市，100多所学校，5万多初、高中生，是改革开放以来我国进行的规模最大的一次英语教学调查，意义深远。西南地区的英语调查研究主要就是西南大学(原西南师范大学)的张正东教授负责进行的。通过对所调查的学校学生进行统一测试(主要针对初三和高三的学生进行水平测试、听力测试和词汇量)、封闭性问卷调查和座谈等形式，张正东得到了宝贵的一手调查资料并进行了科学细致的数据分析，由此得出了西南地区英语教学研究报告。这一次调研经历使得张正东的外语立体化教学法研究更有针对性，更突出以中国英语学习现状为背景，以改善和提高中国英语教学为现实目的。显然，对西南地区进行的英语教学调查受到了张正东外语立体化教学法的影响。随后，张正东又主要对西南地区的十多个市县中学进行了几轮关于外语立体化教学法的教学实验，结果都表明通过使用外语立体化教学法，50%以上的初三学生就能达到高中英语毕业会考的要求，而且学生在德智体等方面都有发展。张正东作为这些教学法实验的总负责人，不仅指导各级教师深入开展实验教学，而且还专门制订了"外语立体法实验计划"，使各地实验逐步规范化并帮助实验者了解外语立体化教学法的基本观点、教学模式及操作框架。这一计划对实验的目的、变量、阶段、内容、模式、数据保存和文章撰写等都有详细介绍与安排。在外语立体化教学法理念和实验计划的指导下，很多教师都参与到了实验中来。四川开江中学的"英语立体化教学法实验"、湖南湘潭的英语立体化教学法"听读训练引路、优先发展听说能力"实验、四川梁平县农村中学"拼读入门，阅读主导"教改实验、湖南的"优化输入、分层输出"教学实验等都从不同侧面证实了外语立体化教学法的实践影响和价值。之后，张正东又以外语立体化教学法为基础，对全国范围内的义务教育实行以来的首届初中毕业生英语教学现状进行了调查并将成果编纂成书出版。教育部基础教育司再次对高中英语教学进行了规模最大的一次英语教学调查。张正东虽年逾七旬，仍坚持参加并负责主持了这一次涉及全国31个省市自治区，历时三年的英语教学调查。调查同样取得了丰硕的成果，张正东主编了《英语教学的现状与发展——全国高中英语教学调查研究》，结果对我国新世纪开启的新课改无疑具有建设性的参考价值。正是通过屡次全国性英语教学调查与研究，张正东将外语立体化教学法的理念与思想渗透进了日常的英语教学中，同时也丰富和完善了立体化教学法的体系与操作。因此，外语立体化教学法对中国英语教学实践与改革的影响和价值是具有意义的。

马承的英语三位一体教学法首先建立在对实践英语教学的改革之上。在这一教学法成形并逐步成熟完善后，马承又用该法进行了大量的教学实验，并切实推进和改进了中国基础阶段的英语教学。马承英语三位一体教学法通过讲学、教学实验和教材编写等方式在全国得以推广。马承英语三位一体教学法还在1991年起通过录制的30集电视教学片向全国和亚洲地区播放。英语三位一体教学法又率先在培训行业发声，不但编写了大量培训教材，并在全国建立多个培训基地，进行大量的教学实验。之后，马承英语培训学校突破1000家，英语三位一体教学法在中国遍地开花，硕果累累。马承老师将新课标的理念结合进他的教学法实验推广中，培训学校不但能够在教学法理念和教学的实践模式操作上得到马承老师的亲授和指导，而且还可以与时俱进，在教学改革上能够基于时代需求创新教学。

包天仁老师的英语四位一体教学法目前是我国影响较大、发展较快的一种英语教学法。这一教学法不但有专门的教学法研究所，还开设了专门的英语"四位一体"教育教学网。包天仁还组织全国外语教育、教学专家和各省市优秀教研员成立了全国基础教育实验中心外语教育研究中心。这一研究中心工作的开展主要基于英语四位一体教学法理论与实践研究的成果。

3. 本土英语教学法指导下的师资培训

除了编写英语教材、开展教法实验、推行教学改革，本土英语教学法还对我国的英语教学师资有突出贡献。本土的英语教学法无论是在教学法的理论部分还是在进行实践教学中都包含了对教师角色的定位和对教学师资培养的侧重。概括起来，本土的教学法都从如下几个方面对教学师资的培养做出了贡献。

首先，本土英语教学法在理论部分对教师的地位与作用有专门论述，而且有些教学法还多次举行了全国性的教学法学术研讨会，为英语教师提供科研与实践的平台，提升他们的学术研讨力和开展课题的能力。张思中的十六字外语教学法系统地论述了教师教学过程中可以采用的教学策略与教学方法。他提出了"导向法、循环法、军训法、形象法、观察法、分析法、联想法、筛选法、演绎法、辩证法"等十大艺术教学思想，为教师合理采用各类教学方法，推行十六字外语教学法奠定了基础。张正东将教师纳为外语立体化教学法要素中的核心，认为中国的外语教学基于独特的国情，为保持各要素的平衡，教师起着关键性的作用，他们是教学系统的"内稳态"。只有教师发挥内稳态的作用，在系统中起到平衡学生、教材和环境的交互作用，外语教学才能顺稳发展，促进教学向前。英语三位一体教学法和英语四位一体教学法都曾以"效率英语"闻名，二者都强调以教师为突破口，只有巧教活教方能带动学习者，充分挖掘学习者的学习潜能，真正做到教学合一、师生共进。英语四位一体教学法认为"以学生为中心"并不否认教师的主导作用。有了教师的"教"，才有学生的"学";有了学习者学习的需求，才有教师的教授，两者是不能对立起来的。四种英语教学法在省市得到推广和运用后，还以举行教学法研讨会、开展课题立项、纂写学术论文等方式帮助教师不但要成为课堂教学的能手，更要成为教学的反思者和科研的践行者。

其次，本土英语教学法在实践推广过程中大都采用了全国讲学、授课培训的方式，并建立了多所培训学校或基地，鼓励英语教学人员开办英语教学实验学校和培训机构，以此传播理念、惠泽更多学习者。四种英语教学法的创始人都在不同的阶段对各自的教学法主张和操作等在全国进行巡讲和培训。他的身影遍布全国100多个培训基地，培养出了一大批全国特级和优秀的外语教师。张正东擅长从教学法理论角度对各级英语教师进行教学培训和辅导。他所开设的外语教学法的课程以及编纂的外语教学法教材，不仅使得为从事外语教师一职的大学生们能够系统获取教学法的知识，而且还对正在一线进行外语教学的老师们有直接的指导和启发作用。马承老师与张思中老师也都曾在多个学校对外语教师进行培训。总之，本土的英语教学法将教师作为一个重要的研究要素，推动了教师的专业发展。

（三）本土英语教学法的历史地位

1. 本土英语教学法在中国外语教学法中的地位

从历史的角度来看，对本土英语教学法进行系统研究在教学法研究史上具有积极的意义，对中国外语教学的发展也有潜移默化的影响。

首先，本土的英语教学法呈现了中国本土英语教学的主要特点。这些教学法不同于外来的外语教学法和对外来外语教学法的本土化改造，但又与他们有着内在的联系，共同构成了外语教学法的全景图，是对外语教学法的客观表述与呈现。

其次，本土的英语教学法对其他的英语教学法亦有潜在的影响。各种曾叱咤外语教学界的外语教学法如语法翻译法、听说法、交际法、任务型教学法在传入中国后或多或少都带有了本土英语教学法的某些印记。这些印记不止是对外来外语教学法的本土化改造，而是中国原生的本土教学因子在中国外语教学中的自然体现。

2. 本土英语教学法在世界外语教学法中的地位

本土英语教学法研究的最终目的是要推动英语教学的发展，促进英语教学水平的提高。本文基于本土视角而展开的英语教学法研究是对外语教学法研究的充实与完善。此外，本土英语教学法对他国或其他地区的外语教学法都产生了一定影响。如张思中的十六字外语教学法、马承的四位一体教学法都在20世纪90年代就被制作成教学光盘和广播电视节目，在亚洲一些国家如泰国等传播;包天仁的四位一体教学法在国内主要通过教学实验开展，在国外则通过一些学术会议进行了传播。这些教学法的研究成果对其他国家的外语教学有着一定的借鉴价值。人们不仅可以我国的英语教学法为语料，开展中外教学法的对比研究，更能以此为视角，挖掘出更多本土教学法的研究点，从而真正落实"全球视野、本土行动"的教育主旨。

3. 本土英语教学法在教学论中的地位

教学法是教学论的研究重点。教学法研究历来是教学论研究中的重点领域，也是国内外教学改革实践和实验最多的永恒课题。教学法的研究是连接教学理论与教学实践的纽带和桥梁，教学法研究在一定程度上反映着教学论的变化发展和研究动态。而教学法作为

教学论的重要组成部分，又要遵循教学论的规律和制约。不同的教学理论对教学法有不同影响。所以，影响教学论发展的背景因素如科技的发展、人文主义的兴起、研究方法的革新同样会给教学法带来不同程度的作用。

本土英语教学法作为教学法的组成部分，是对我国主要作为学科的英语的教学法的研究。英语学科教学论是教学论的一个分支，它在我国的形成、发展都要受到普通教学论的指导和制约。同时，英语教学论的发展又会促进普通教学论的发展壮大。二者紧密联系。作为一门课程，英语学科长期以来一直是我国学校的核心科目。即便在新世纪课程改革的浪潮中，部分人士对英语教学在我国的作用产生论争，也并不影响英语教学的重要性。因为作为21世纪最为重要的语种之一，英语在国际理解和跨文化交流中的重要作用并没有被降低。对英语课程所作的课时调整或考核变化并不妨碍英语在我国学校教育中的地位。

英语教学是一项非常复杂的教学活动，涵纳教学目的、教学内容、教学过程、教学方法、教学环境等各种要素，而英语教学法正是针对英语教学活动进行理论与实践的系统研究，它是推动英语教育改革的内在驱动力。因此，以本土的英语教学为对象的教学法研究不但能丰富英语教学理论研究的内容，还能为我国的教学实践提供贴切的具有中国风格的教学法理论指导。

总之，中国的本土英语教学法研究不是对外来外语教学法的改造，也不是与外来外语教学法完全隔绝。本土的英语教学法研究需要将教学专家或教师在教学实践中集教书匠、反思者、教研员于一体。本土英语教学法是对建构有中国特色的外语教学体系的不懈探索。本土英语教学法的研究对教学法、教学论都有着积极的研究价值和意义。

第三节　本土英语教学法未来发展的思考

长期以来，相较其他学科的教学，外语教学一直是各界关注的焦点。上至国家领导人，下至学生家长、用人单位等都对外语教学表现出了极大的热情与期许。有人甚至评价中国的外语教学已经变成全社会的公共话题，外语教学的成效因而广受热议。这当然与我国制定的外语教育政策极其相关，也与世界经济政治以及教育改革等的发展相连。但是，在外语教学被如此重视和关注的背景下，外语教学却并没有为对她有着热烈期许的人们呈现出特别成功的教学样态和实效。教育部门评价外语教学"费时低效"，教师承认外语教学"无法找到成就感和职业幸福感"，学生犀利批判外语学习"索然寡味"。近年来，国家对各门课程开启了新世纪改革之旅。如何定位外语教学?如何促进和提高外语教学的效率?这些问题成为外语课程改革的关键。从课程文本(教材、教辅资料、电子书本等)的设计与编写到课堂教学的建构与评价，人们逐渐领悟到文本课程的成功不一定带来课堂教学的有效。外语教师是承接文本与教学的最佳桥梁与媒介，只有经由教师之手，外语课堂方可有望走向符合各方需求的教学境地。而能够帮助教师们引领外语教学的手段首要便是对教学法的选用与掌控。然而，历经"方法时代"对完美教学法的漫长探索与追寻，"后方法时代"对教学方法的重力批判与重构，中国的外语教学法研究虽在以"引进、移植、借鉴、继承、改造、创生"等为关键词趋步向前，成果渐丰。然而，通过对基于本土视角的英语教学法的探究历程和实践基础进行探索，对我国本土的英语教学法进行学理分析，我们发现本土英语教学法的建构之路并非平顺，本土英语教学法在建构中存有需要解决的诸多问题，需要在未来的发展中进行进一步的思索与探究。本章从实验研究、理论提升、队伍建设和环境营造方面对本土英语教学法未来的发展提出几点思考。

加强实验研究

（一）英语教学法研究中实验开展不够

基于学科的视角对学校各门课程进行实验教学一直是验证一种教学法理论的最好方法。在普通教学实验开展的三个高潮背景下，外语学科内开展的教学实验屡见不鲜。自新中国成立以来，我国外语界对国外的各种外语教学法进行了积极引入和移植。这些教学法通过部分研究专家和学者，以著作译介、论文刊登、讲座宣传等方式将教学法的操作模式与运用前景都做了热情推荐。国家层面的相关机构如教育部、基础教育司等委托部分外语学科领域的专家进行调研，对国外的一些外语教学法又进行了仔细考察与参考。在课程改革的需求下，教育部、外语教育家便组成了教学法实验开展的首层组织。北京、上海、杭州、南京等多地各级学校都对直接法、认知法、听说法、交际法开展了轰轰烈烈的实验。但是，以国外的外语教学法为基础的教学实验显然并不能完全满足和符合我国的外语教学情形。几个阶段的外语实验中，外语专家都置于实验开展的核心地位，而从事一线课堂教学的教师却一直没有能纳入改革的领层。外语教育专家成了实验领导者，而外语教师则成了实验参与者。对外语教师主体地位的忽视带来的就是一线教师对这些名目繁多的教学实验开展的兴趣的渐失，学习者更是对眼花缭乱的各种教学实验无所适从。从最初的强调阅读与语法的基础知识体系的建构到逐渐侧重以听说为基础的语言交际能力的运用，看似吻合语言理论发展与社会需求的教学法实验反而导致了多数学习者不但没有打好语言学习的基础，还没有学到基本的语言的交际与运用。外语教学法实验的层叠迷乱了教者和学者的眼睛。这或许也就是导致长期以来外语教学产生了"费时低效"现象的原因之一了。因此，仅对异域他国的外语教学法进行移植或者部分的改造，将外语教师与学生置于教学法实验的被领导的位置，都不能带来真正的教学法实验的蓬勃与兴盛。教学法实验的主体应是手握教鞭的教师，而非手捧书本的专家。专家、教师、学习者以及相关的教辅机构人员的合力参与才能带来教学法实验的合理进行。

新课改以来，我国开始侧重教师在课程改革中的主体地位。教师成为课程改革的主力军进入改革的核心视野。但是，教师的专业发展能力和教师教育素养又成为教学法实验开展的拦路虎。以四种英语教学法为例。

张思中的十六字外语教学法自进入全国推广阶段起，张思中就开始在全国宣讲和指导各地教学法实验的开展。他也培养出了一大批外语特级教师和优秀教者。张思中不仅是这一教学法的领头人，更是参与这一教学法实验的各位教师的导师。但是，由于教学改革的风涌，国际教育发展趋势的改变，十六字外语教学法在全国的普及遭遇质疑。十六字外语教学法在初期和中期都主要以各地公立中小学为实验基地，教学法实验的开展也得到了各级教育部门和一线教师的热情拥护和好评，但在进入21世纪后，新课改所倡导的任务型教学法理念和新的教学法实验的竞争，使得十六字外语教学法逐渐在实验的广度与普及度上遭遇了难题，一些原本采用这一教学法的学校改换成新的教学法。十六字外语教学法的实验开展也只好逐渐由公立学校走向一些社会培训机构和私立中小学。显然，十六字外语教学法难现当年风气，教师们对这一教学法实验的热情逐渐失去。

其他三种本土的英语教学法实验同样经历了类似的尴尬历程。张正东的外语立体化教学法源自张正东对外语教学法理论的构想和假设。他依托高级教师王恩群对这一教学法在实践学校的可行与否进行了实验。之后，这一教学法的实验在一段时期也曾遍及四川、云南、重庆、湖南、山东等多个省市的各级学校。但自张正东先生在2009年离世后，这一教学法就出现了后继乏人，教学实验难以维系的艰难境地。虽然在西南大学外语学院文旭院长和李力教授的坚持下，这一教学法一直在做着一些探究，但气势已然不再当年，教学法实验的开展也就淡淡然之。马承所创立的英语三位一体教学法在加世纪末期也曾在中国的大江南北掀起阵阵热潮。马承将在普通中学和社会培训机构等形成的三位一体教学法进行了实验推广，他的足迹遍布中国多个省市，他的教学法实验不仅在公立学校开展，还带动了中国最早的民办外语学校实验的兴盛。进入新课改后，这一教学法的实验重心已经主要转到民办培训机构与学校，影响稍显不足。包天仁的英语四位一体教学法创造了在中国本土进行教学法实验的多种纪录。自1997年起进行全国性的教学法实验，英语三位一体教学法一直坚持通过课题开展、会议研讨等方式将教学实验继续推进深化。这一教学法在北京专设有四位一体教学法研究所，包天仁也培植了一大批从这一教学法的实验与运用中成长起来的教师担当推广该法的主力军。但是，新课改进入第二轮后，四位一体教学法的一些理念和运用模式也遭到了一部分专家学者的质疑，加上其他多种教学法实验的兴起，一线教师们逐步走向更多元化的教学法实验的选择与运用，单一采用一种教学法进行教学的情形已经逐步改变。

总之，无论是对国外引入的教学法实验的推广，还是对本土的几种英语教学法实验的热情，随着国家教育改革趋势的改变与新世纪人才需求的多样化，加上新课改对外语教学的重新定位，外语教学法实验的热潮已然翻阅，人们对单一的一种教学法实验的开展逐渐淡薄。

（二）加强本土英语教学法的实验研究

在本土英语教学法的未来发展中，我们需要从如下两个方面加强实验研究。一是批

判性借鉴与学习中外教学法实验经验;二是建设性运用与吸纳科学与人文研究方法。

1. 批判性借鉴与学习中外教学法实验经验

教学法实验是一种变革性和验证性的实践活动，具有先导性、实验性和创新性等特点。通过对我国改革开放30多年来的教育实践进行梳理研究，郝志军、田慧生认为，教学实验至少具有两大功能:一是认识功能，即验证、丰富、深化理论认识，发现真理，寻找规律;二是发展功能，即通过合理、有效的实验措施，提高教育质量，促进学生发展，锻炼师资队伍，推进教育改革，服务教育决策等。教学实验的蓬勃兴盛不仅能推动理论与实践的双向结合，建立教育理论研究者、教育实验主体参与者、教育实验管理者三体融合的"教研学共同体"联盟，形成我国教育科研的生力军，更能自上而下的促进教学大纲的完善、各级教材的开发。

课堂教学模式与方式的革新，为培育和建构我国特有的教育体系提供先声性的建议与范例。而作为教学实验的核心组成部分，教学法实验的开展不仅能有效的检阅一种教学法理论或一种教学法设想的可行与否，更能架起理论与实践的桥梁，使课程借由教学法走向教学的田野和场域、使教学改革具备了开展的根基和底气，是指引教学前进的动力，是使教学皆具"形上"与"形下"气质的保障。

追寻中外教学实验的发展轨迹，我们不难发现，教学法实验有着坚实的理论基础和严谨规范的实验惯例，这为我国教学实验工作的开展提供了可贵的经验和范式。比如，近现代以来，无论是德国的赫尔巴特五段教授法实验、日本的单级教学实验、美国的自学辅导法实验、克伯屈创设的设计教学法实验，以及受杜威实用主义思想影响而设的道尔顿制、文纳特卡制教学法实验等，无一例外均可在我国的教学实践场域发现他们的踪影。尤其受杜威实用主义教育思潮的影响，民国时期的教育实验兴盛繁茂。在陶行知、陈鹤琴等知名教育大家的带领下，我国的教育实验研究开启了第一波兴发热潮。陶行知先生对教学法实验研究非常看重。他认为，"故欲教育之刷新，非实行实验方法不为功。盖能实验，则能自树立;能自树立，则能发古人所未发，明今人所未明。"进入20世纪中后期，教学法研究虽然不再受到追捧，但以教育改革为背景的教学实验却并未停止他的脚步。相反，为顺应新时期社会变革、科技需求与全球资源共享的发展特点，各国的教学实验再次在各种具体的教育行动纲领中起航。作为改革先导的教学法实验又一次成为人们关注的焦点。布卢姆的掌握学习策略实验、赞科夫的发展教学实验、巴班斯基的最优化教学实验、卢扎诸夫的暗示教学实验等不但在源起国得以大力开展，还被引介到其他国家的教学改革中。我国也曾积极的对这些教学实验进行移植式引入、临摹与改造，如基于自学辅导法的黎世法的"六课型单元教学法"实验、以掌握学习策略为模型的顾怜沉的数学教改实验、以国外情境教学理论为指导的李吉林语文情境教学法实验等。21世纪以来，我国的教育教学改革进入新的发展阶段，以"多元聚焦"为特征的教学观成为教学实验的中点，人们不再单一围绕一种教学理论而开展实验教学，而是在求真求善的教学价值取向与科学人文精神并重的理念下，倡导新型的大课堂教学变革。以活动、生命、动态生成、交往对话、自主等为关键词的新型教学实验同台盛放，使得我国的教育教学改革进入到了一个前所未有的多元与开放时期，总体上以人为核心的教育在后现代哲学与教学观的指导下凸显出来，丰富和惠泽了我国的教育发展。因此，从一定程度来说，对于我国长期以"大"而"化"为特征，以演讲式、启发式、自习式等为主要教学手段，相对缺乏教学实验和实证性分析的教学历史来说，国外严谨而较完善的教学实验传统无疑是我国现代教学改革亟须予以学习和借鉴的。

我国的外语教学与教学实验的发展休戚相关。因此，加强外语教学法的实验研究首先就要批判性借鉴与学习中外教学法实验经验，这对建立符合我国教学实际的外语教学法实验框架或体系具有基础性和前提性作用。一方面，外语是一种舶来品，外语教学也就天然对源起国的教学实验动态更容易接受与领会。这些主要来自源起国的教学实验既有宽泛意义上的教育教学实验，也有专门的外语课程教学实验。上述所论教学实验是一种宽泛意义视角下的实验研究。这些实验研究不但为外语教学在我国的发展提供了可兹借鉴的教学法实践操作形态，而且促动了我国教学界包括教育主管部门、教学研究人员和课堂教学教师等对外语学科的多视角、多元化研究趋向，带动了我国一大批外语教学法研究人士对教学实验的重视与关注，形成了外语教学实验的良好研究风向。也正是有了国外各科教学实验在中国的引入与发展，我国的外语教学从一开始便能建立在一个相对科学与理性的教学法实验基础之上，使得我国的外语教学少走了很多盲目求索与盲人摸象式的弯路与险径。因此，外语教学实验一直在各学科教学实验的浪潮立于前列，外语学科对于国外的最先教学实验成果的吸收也就更为全面和合理。

除了对一般意义下的教学实验经验进行学习与借鉴，国外对于外语学科的教学法实验更对我国的外语教学实验的开展有直接的指导和运用价值。国外关于外语教学法的实验研究一直方兴未艾。从19世纪末期的外语教学改革运动起，外语教学法实验一直成为外语教学研究的核心阵地。听说法、直接法、认知法、全身反应法、社团法、自然主义教学法等，这些教学法的形成都经过了各国首创者严谨而已规范的教学实验洗礼，保障了这些教学法的最后成形与推广。20世纪80年代起，一种提倡以教师为研究主导，以研究学生的学习为主题，以教学策略为路径，以开放创新为理念的外语教学实验在美国、英国、澳大利亚、加拿大等兴起。这一特征体系下的外语教学实验在各国呈现出不同的发展形态，从而产生了交际型教学法、任务型教学法、以内容为依托的语言教学法和一系列基于学习心理的人本主义教学法。这些教学法先后在我国得以移植再实验和改造再发展。移植与改造一度成为我国外语教学实验的先锋因素，人们对外语教学实验的热情主要建立在依照国外各种教学法实验为蓝图的基础之上，认为只要能在实验的方法论、操作过程和实验环境等上吻合国外先进教学实验的图像，我国的外语教学法实验也能自然形成与适应。从一定程度来说，国外这些教学法实验确实对我国的外语教学实验起到了"排头兵"和"领头羊"的作用。但是，无论是对于宽泛意义下的一般教学实验还是针对专门性的外语教学法实验，人们在引入与实验的过程中都需首先思考两个问题。首先，教学实验源起特殊的教学需求。我们在引入这些教学实验时着重的应是对其合理与精华部分的吸纳与理解，而非全盘式的拿来与取用。其次，教学场景的不一样会带来教学实验效果的差异。"依样画葫芦"式的教学实验并不能取得原来教学实验存有的教学效果。更加需要注意的是，教学实验的环境还体现在语言文化完全不同源的另一国度，国情、教情与学情千差万别，研究主体也处于不同层次当中，我们只有以批判式和鉴别式的理性姿态来对待成群涌入的各式教学法，立足我国固有的思辨、逻辑与实用为指向的教学探索精神，以反思、行动与探究的理念着眼我国的教学需求，科学合理的规划和开展教学实验，并顺应社会不断前进变化的步伐，在实验中不断调整教学实验的步子，不断修正和完善教学实验的内容，方可获得教学实验的良性发展，真正推动外语教学的本真追求。

因此，我国长期以来的在对待外语教学法的传入与运用上所采取的"取用为上"的态度需要反思，我们需要对我国的教学法实验历史与经验进行批判性的继承与扬弃，对西方外语教学法实验研究做鉴别性和批判性的学习与引进。

本土英语教学法的实验研究尤需加强。我国对于本土的英语教学法进行实验研究还十分不够。现有的以本论文所论为主的四种本土英语教学法虽然都经过了长期的实验求证，有些教学法目前仍在实验发展中，但是，整体而言，我国本土的英语教学法实验还处于非常初级的发展水平。针对目前本土英语教学法实验研究的实验理论存在吸收与指导不足、实验价值存在功利化趋向、实验管理存在山头式作风、实验实效存在虚夸式倾向的问题，我国未来本土英语教学法的实验研究尤其需要从西方悠久的教学实验传统和相对完备的教学实验体系中寻求力量，对其中合理部分进行学习与引进，从而为推动本土英语教学法实验的深层次发展提供借鉴。

2. 建设性运用与吸纳科学与人文研究方法

教学实验最先源自对自然科学主义中精确与科学精神的倡导，而实验发展心理学则更直接的指导和影响了教学实验的开启与发展。外语教学法的实验研究除受到各种与语言学习相关的各派心理学、语言学理论、二语习得理论影响外，同样受到了自然科学主义与实证主义的影响。通过实验的方式进行教学法研究使人们将教学引向了科学化和实证化的路途。虽然科学主义视域下的规范式教育研究对推进教育实验的客观化、精确化、精密化起到了积极作用。但是，这种以规范为首要元素，忽视能动主体的人的作用的倾向又有把复杂的教育现象机械化、简单化及割裂事实与价值的偏向。正如王策三所说，"教育实验有自己的发展史，有自己的'格'和'标准'。它和自然科学实验之间的区别，不是程度、等级的区别，而是性质的区别。"教学实验更应重视和强调其人文主义的特质。教学实验是关于人的实验，是关于灵动的动态的教学的实践活动，她更加具有人文性和为人性的特点。因此，教学实验不应只是基于科学的规范的可量化的科学研究，还应学习其"探索真理的求真精神、尊重事实的求实精神、自我扬弃的批判精神和超越理论的创造精神"，这就是科学精神。这种精神对实验研究才更具有指导和倡导的价值。另一方面，教学特有的人文性促使人们在教学实验中不仅要关注实验主体的人文性，还要着重关注教学的艺术性追求。教学实验不仅需要人们创新性的进行教学开发，更要有一种人文的情怀，汲取人文社会科学中的睿智、高远、豁达、关爱等精神，真正将教学实验变为技术化与艺术化的有机结合。教学实验应该包含科学与人文精神的融合，应该在科学与人文的双重引领下，建设性运用与吸纳科学人文思想精髓，形成科学与实用皆具的新教学实验方法论。

我国的本土英语教学法实验研究是一部分英语教学研究专家和一线英语教师在对自己的教学实践进行反思的过程中应和教育发展需求而逐步摸索形成的结果。这种特殊情形下产生的英语教学法研究由于缺乏外来教学法的直接指导，也难以对本国的教学实验进行合理借鉴，对科学的实验研究范式和人文的实验研究追求有着双重需求。首先，四种本土英语教学法实验的倡导者和组织者对科学化的研究范式与实验研究中所需的"求实证伪"的科学精神需要系统学习掌握。四种本土英语教学法虽然都是在教学实践和教学实验的基础中建立起来的，都有一个系统的严谨的实验周期和实验程序，但相对规范的国外教学实验和国内一些大型的颇具影响的教学实验来说，本土英语教学法实验研究的科学性还需要大大加强。解析四种本土英语教学法的实验实况，我们发现，四位教学法的建立者除张正东教授受过比较系统的大学教育和实验研究训练，其他三位老师并没有受过全面的实验研究训练。这四种本土英语教学法的实验成长过程同时也就是四位老师自己学习实验和实验研究的过程。在这四种本土英语教学法在多个地区得以推广运用后，最先面临的问题也就是如何科学有效的将这些教学法的精华和实验复制和传授给新的实行教学法实验的老师与学校。在这一过程中，许多的优秀教师涌现，也有更多的不知如何实验的新手涌现，推广这些教学法不仅需要有教学成效的保障，更需要有对这些教学实验人员科学实验的指导与培训。这一问题的凸显就提示我们在今后的本土教学法实验中，需要对如何进行科学的规范的教学法实验研究作系统的部署和安排，需要更多的具有专业的科学实验知识的研究人员的加入。其次，我国的本土英语教学法实验具有独特的中国气质与风骨，最能体现外语学科具有的双语人文特质。但是，本土英语教学法研究在致力体现这一人文精神并力图使其贯穿于教学实验中的追求并未很好体现。以应试教育为导向的社会教育大背景阻碍了人们对教育艺术的更进一步的探求。这不但体现在本土英语教学法的实验研究在一定程度上还没有充分研究和展现人的因素在教学中的能动表现，还表现在人们在教学法实验中重于对教学技巧和教学方法的运用却相对忽视了教学人文艺术的追求。未来的本土英语教学法研究应该培养更多具有专业的科学实验素养的研究人员，更应更多关注进行教学法实验的师生的人文素质的养成。实验研究需要更多的融合科学与人文因子的研究方法。本土英语教学法实验研究要借鉴质的研究的合理内核，特别要与当下流行的教育活动研究和教育叙事研究形成对话、共融、共长的良性机制。当下，在解释学、现象学、批判理论与人文思潮的影响下，一种自下而上的强调研究者与行动者相结合的行动研究和叙事研究已然兴起，人们希冀用理性与感性的结合研究来加快对充满变数与无限可能的教学探索的脚步。这一趋向应该逐步体现和落实到本土英语教学法的实验研究中去。在多元化教育样态的今天，本土英语教学法实验的生命活力只有顺应社会教育发展变革的脚步，并及时捕捉和运用皆具科学与人文特质的各种研究方法，方可在教学研究中继续成长的脚步，迈向更加稳健的将来。

（二）重视理论提升

1.本土英语教学法研究中理论探索匮乏

理论探索缺乏的是本土英语教学法在建构中存在的最需着力推进解决的问题之一。成熟而又系统的理论观对教学法的形成与完善至关重要。

自外语成为学校一门正式的课程，虽然不管是理论专家还是课堂教师都对教学法进行了孜孜不倦的寻求与探索，但是作为外语教学研究的一部分，外语教学法一直只是以提高课堂教学成效为直接目标而吸引着教学研究人员的关注。将外语教学法进行理论建构与形上的探索并不是大部分外语教学人员热衷的研究项目。他们或者将外语的语言学理论研究代替外语教学法理论研究，或者从心理学的视角探讨基于学习者身心特点和语言学习特点的外语教学。因此，外语教学界对教学法的理论研究就主要建立在语言学和心理学理论的基础之上。结构主义语言学理论、转换生成语言学理论和形式语言学理论成为主宰外语教学法理论的三大语言学理论支柱;行为主义心理学理论、认知主义心理学理论和建构主义心理学理论为外语教学法基于心理学视角的阐释起到了奠基作用。这就导致了长期以来人们更多将外语学科的教学法研究置于语言学和心理学的范畴，而对外语作为一门课程应遵循和探索的教育学理论以及作为一门外语应关注的跨文化理论研究却遭到忽视。此外，在外语界，外语教学法的理论研究整体上被忽视。人们对作为外来学科的外语教学法研究并没有给予足够的关切，认为外语是外来物种，外语教学法自然也可从外域引进，对外来外语教学法的适应与改造即可满足本国教学需求。因此，人们惯于对国外各色教学法如直接法、听说法、社团法、沉默法、自然法、全身反应法、交际法和任务型教学法等采用打包式的引进模式，鲜有人从本国的教学理论研究传统出发，建立具有中国特色的外语教学法理论。

具体以本文所叙四种英语教学法流派为例，我们亦可发现现有的这几种教学法也存在着理论研究相对匮乏的问题。在四种英语教学法的研创者中，只有张正东作为专业理论研究者，对英语教学法理论有非常系统的认识和研究，其他三种教学法的创立者均为一线英语教师，理论功底并不深厚，教学法的创设主要基于各自的英语教学实践和改革探索，是自下而上的构成模式。另一方面，本土英语教学法的理论体系中主要借用了中国传统的

教学理论和语文教学理论的思想，少部分理论也包含了对国外教学理论的吸收与运用，但原生性理论比较缺乏。总之，人们一方面追求本国特色的外语教学理论的建立，一方面又忽视对外语教学理论起推动作用的外语教学法理论的探究，现存本土英语教学法理论研究的匮乏正说明了教学法理论研究在以后本土外语教学法研究中应予以足够的关注。本土外语教学法理论是建构本土外语教学法体系的核心部分。

（三）重视本土英语教学法的理论研究

1. 重视教学理论的指导和研究

学校外语课的教学与人类对外语的学习并不等同。张正东认为，这两种学习都是外语学习，前者还要应用后者的规律与方法，但后者并不等于前者。人类学习外语主要以工具性目的求之，不受年龄、地点等的限制；而学校外语教学主要以完成特定的教育目的进行，在帮助学生学习外语的同时，还需要同时进行德智体美劳的教育，促进学生身心的全面健康发展。从这一意义上来说，本文所侧重的就是对学校外语教学法的研究和探讨，因此，我们更应首先从教学论的角度重视和加强外语教学法的理论研究。

外语教学法从诞生起，就具有了理论的特征。当这一特质作用于学校场域具体的外语教学时，他的指导实践的功能就凸显出来。外语教学法理论也不是一成不变的条缕框架，人们在不同时代与不同时镜下对外语教学法的探寻总是要结合这个时代最新最相贴切的理论与之匹配，从而反作用于教学法理论的引申与发展，也就是说，外语教学法的教学理论特质促使自己的理论向前发展，从而引发思考、深化认识，甚至形成新的教学法理论。无论是为指导实践的理论品质，还是为深化新理论的理论品质，外语教学法理论特性的发挥都离不开教学这个主体，离不开教育的情境。这意味着外语教学法要考虑其理论与实践体系是否满足了教学活动的规律与原则、是否吻合了教学大纲与教材的编写、是否顺应了教学环境的发展与需求等。反之，外语教学法的教育特性也就说明教学论的一般原理、方法也是可以适应于外语教学法的。

加强教学理论对外语教学法的指导有着深远的意义和价值。教学理论既是一门理论科学，也是一门应用科学；它既要研究教学的现象、问题，揭示教学的一般规律，也要研究利用和遵循规律解决教学实际问题的方法策略和技术。显然，外语教学法正是旨在以实际的外语教学活动为着眼点，以教学的一般规律为主要依据，通过一系列教学方法、教学技巧的运用与开发，力求达成并提高其作为一门学校学科教学的目的。外语教学法尤其重在对外语教学问题的探讨，重在对外语教学方法的运用。作为对一门学科的研究，外语教学法需要同时有一般教学理论和外语学科教学理论的双重滋养。这些理论包括了各种基于不同教育理念的国内外各种教学理论和学科教学理论在教学目的、教学过程、教学内容、教学原则等上的集中探讨。一般教学理论往往是基于哲学、教育学、心理学、社会学等理论下对教学的方方面面所做的规律性探索。一般教学理论往往以具体学科为基础来进行研究，逐渐便有了基于具体学科的学科教学理论的滋生与发展。外语教学理论正是在一般教学理论的指导下逐渐形塑而成。有了一般教学理论的滋养，外语教学理论就可以沐浴到教育学科内最前沿和最经典的理论之光，而外语学科的特点又催生了包含国内外各种外语教学理论的丰富与多元。在此前提下，外语教学法就有了深厚的理论根基，外语教学法的理论研究就有了更宽广的选择和视角。本土英语教学法肇始于我国自己的外语教学研究过程，具有本土的典型特征。对本土英语教学法进行理论探索尤其需要一般教学理论和外语教学理论的涵养。只有在一般教学理论的框架下来思考本土英语教学法，其理论根基才可奠定;只有在外语教学理论的指导下来思考本土英语教学法，其理论的建构才有了本学科的特质和符合语言教学规律的特点。总之，本土英语教学法的理论研究必须建立在对一般教学理论和外语教学理论的客观涵纳下，必须遵从一般教学理论和外语教学理论的规律。

加强对外语教学法的理论研究还要以符合教学发展的规律为前提。张楚廷先生认为，教学规律是客观性软教学要素。这种客观性的软教学要素经由广大教师及其他相关人员的主观能动性探索、研究，最终达成教学活动主客观的统一，共同书写教育诗篇的美好。由此，他将教学规律分成特质性规律、因果性规律和结构性规律三种。因果性规律强调内外条件的相依性、师生影响的双向性、教学与发展的协调性、要素关联的普遍性等。特质性规律主要具有教学内容的时代性、知识传授的简约性、所学知识的间接性、学生发展的多样性、教师活动的本体性五个特点。结构性规律包括要素关系的多型性、两分性、层次性和符合性。

那么，本土英语教学法发展至今，是否符合上述教学规律呢?从特质性规律角度来看，本文所论四种主要的本土英语教学法在知识传授、学生发展、教师活动等上基本体现了这一规律。在教学内容的时代性上，几种教学法不但在教学设计环节对教学内容有系统全盘思考，而且还依照各自的教学观点进行了相应的教材教辅资料的编写。但教学内容的时代性具有动态发展的特性。在对这几种本土英语教学法的教学书籍和内容进行梳理时，笔者发现这些教学法在内容的选择与运用上都有一定程度的滞后。张思中十六字外语教学法兴于20世纪80年代中期，当该法在全国得以推广后，张思中教学法研究所又编写了系列教材。但这些教材的部分内容依然采用的是张思中最初进行教学改革时所运用的语料，这显然与90年代所倡导的素质教育和21世纪以来力行的新课程改革存在距离。这也就导致了部分实验学校在使用张思中所编写的教材后无法跟上课改的步伐，从而不得不终止实验的尴尬局面。马承的三位一体教学法也编写了从小学到高中系列英语教材，这些教材体现了该法的特质但也忽视了教学内容的选取要依照国家制定的教学大纲的要求，导致教材的滞纳购用。因此，未来的本土英语教学法的发展需要将教学内容的时代性这一规律严格采用，方可跟上教学发展的步伐。从因果性规律和结构性规律的视角，本土英语教学法在教学要素关联的普遍性、要素关系的多型性、两分性、层次性等上的研究仍需加力。外语教学涉及诸多中要素。这些要素存有多种关联。本土英语教学法侧重以我国本土的英语教师为对象，以我国大一统文化背景下的课堂教学为场域、以改善教学效果并提升教师教学力为主要目的。这一研究视域需要处理师生要素的关联、教学活动与发展水平的关联、教学观点与教学模式及具体教学技巧各层次间的关联，只有以因果性规律和结构性规律为指导，对本土英语教学法各要素的把握才能权衡适宜、合理取舍。本土英语教学法需要处理繁多的教学要素之间的关系，更要对源自实践教学的各种因子建立框架和结构体系。多种要素和多种关系的存在要求未来的本土英语教学法能够有上述规律的指导，能够从教学要素的特性和关联入手进行更深层次的理论探究。

2. 重视心理学理论的指导和研究

教学法的研究一刻也不能离开心理学理论的指导。因为教学法的重要目的之一便是要予教学法针对的重要主体——学生以更好的更有效的教学，予教学法中的主要实施者——教师以更专业更理性的教学依据。心理学以人的心理为研究对象，而教学活动，从根本上说，在于促进学习者个体和群体身心发展特别是心理的发展。因此，心理学与教学活动有着天然的联系。心理学发展至今，产生了多种对教学极具影响的理论流派。其中，认知心理学、发展心理学和多元智力理论等尤其对现代的教学法具有指导作用。这些心理学理论不仅为教学法的发展提供了科学的论据，还拓展了教学法的发展空间，使得教学法能够在不同的时代呈现不同的风格。

本土英语教学法的心理学基础是建立在对我国本土的心理学思想和对国外部分心理

学理论的合理吸收基础之上的。这些理论主要围绕语言学习者的认知、情感、发展三个维度展开。张思中十六字外语教学法不仅对我国传统的记忆心理学有传承运用，还系统的提出了自己的心理学理论——心理优势论。张正东认为研究中国的英语教学更应从中国传统的心理学汲取养料，因为这些扎根于中国传统文化中的心理学思想更切合中国外语学习者的心理特点。在比较了中外心理学理论在记忆与思维等上的差异后他认为，传统心理思想表明记忆是思维的基础，思维是记忆的条件。只有记忆与思维协同工作，在记忆基础上理解，在思维的参与下记忆，才能"心与理一，永远不忘"。这与西方心理学中的联结派和认知派只强调记忆或思维的一个方面相比，显得更为合理。因此，他以中国传统的"立志、好学、恒学"等情志学习心理思想为基础，形成了立体化外语教学法独特的"心里宽松、错而后通"的心理观。马承的英语三位一体教学法同时吸纳了我国传统的记忆学习思想和艾宾浩斯的遗忘规律理论。英语三位一体教学法还着重对儿童发展心理进行了研究，将发展心理学和学习心理学结合在一起建立"易学、乐学、速学、会学和智学"的"五学"教学目标。包天仁的英语四位一体教学法从学习的阶段性特点出发，以中国传统的记忆思想和情志观为基础，以国外的认知图式理论和信息加工理论来看待英语学习的过程，形成了这一教学法的心理观。

虽然上述四种本土英语教学法都合理吸纳了国内外心理学理论中适应我国英语教学实情的成分，但我们也应注意到，我国传统的心理学思想具有时代的局限性，传统心理学思想更适应于当时以思辨和演绎式教学为主导的传统教学情境里。另一方面，国外的心理学发展迅速，研究成果丰硕，但是外来心理学主要是对他国学习者的学习心理研究，是对更一般意义下的学习心理的探讨。在对以外语为课程的学习心理的研究上，我们还应辨析其合理性和适应性，尤其是二语与外语的学习者在学习心理上也存有区别。国外语言心理学的发展主要建立在其一语与二语都有共同文化基因的环境下，而我国的外语学习与国外的二语学习存有文化的差异，因此，语言心理学理论在运用到我国的外语教学上时也应慎重待之，不可笼统纳入。总之，在以后的本土英语教学法建构中，教学法理论研究者仍应以更开放的姿态，对以研究学生发展心理和语言学习心理的最新理论进行理解运用。本土英语教学法是在对我国自己的学生的英语教学的实践上的针对性研究，相较外来的教学法，本土英语教学法对学生的发展和学生学习英语的过程更有研究的基础和经验。在对发展心理学、学习心理学、语言心理学的理论进行吸收的过程中，我们还应以"适合"为准

则，对不符合我国学生英语学习的心理理论予以剔除。本土英语教学法并不是只能建立在我国自己的心理学理论之上。对外来心理学理论的合理吸纳不但不会改变本土的特点，还会让本土的英语教学法更能在教育资源全球化的今天满足融合型全球性英语学习目的。

第五章

国际外语教学法

第一节　美国外语教学实践与外语教学法发展研究

美国是移民国家，语言教育受到国家的重视;美国具有崇尚实用主义的传统，在经济和政治影响下经历了对语言教育从放任到认同、重视的历程:美国20世纪后逐渐发展成为大国，其语言政策和外语教学法的变化常常给世界的外语教学带来极大的影响。因此，为了更好地理解教学法发展的整体特征，分析美国的外语教学实践与教学法的发展变化，对了解当前外语教学法的发展、把握国际语言学和教育学等相关领域对外语教学及教学法发展的影响，以及一个国家外语教学法的发展过程，是非常有意义的。

一、阅读法：外语教学本质的异化

（一）科尔曼报告与阅读法

1.科尔曼(Coleman)报告的产生

从1914到1933年间，美国高中学习外语学生的人数比率从64.5%下降至28.7%。1924年，由政府出资，美国教育协会和现代语言协会组织了一次现代外语研究。这项研究涉及外语教学的方方面面，如语言测试、语言阅读研究、分级、使用频率、习惯用语、词汇、教师培训、教学方法等。其中最有影响力的是1929年撰写的《美国现代外语教学报告》，又称为"科尔曼报告"。该报告的目的是为处理不断变化的中等教育课程中外语教学直接面对的问题，其中，主要从教学法的角度阐述课程改革。通过报告，科尔曼提出一种现代外语教学法——阅读法，该法致力于培养学生的阅读能力，以及被动接受语法知识的能力。阅读法认为由于学生在高中以及大学只有两年有限的时间学习外语，因此外语的教学目的应该放在可以达到的阅读技能上。科尔曼报告是20世纪上半叶对美国的外语教学影响最大的一份文件，它从实用和现实的原则出发，提出了改变美国外语教学和教学法的方向。

2.科尔曼报告与阅读法的产生及其内容

科尔曼在《美国现代语言教学报告》中重新评估了有限的大学两年的外语学习结果的基础上，提出了影响美国外语教育加多年之久的阅读法。该报告指出，外语教学涉及的因素远比人们所意识到的要纷繁复杂得多，尚未有任何一种方法能够圆满应对;直接法提出的旨在发展学生外语会话技能的教学目标在现有教育条件下，如课时有限、教师水平不足、实用价值有限、学校动机不强等情况下很难实现。因此，较为合理的教学目标应该是:以简短的课文为载体，通过循序渐进的词汇和语法结构的教学，使学生具备外语阅读的能力。这个目标通过重新组合现代外语课程内容，强调阅读技能的教学。

报告从外语教育面临的多方挑战出发，就教学目标而言，提出了与《中等教育基本原则》完全不同的目标，将技能发展放置于最优先位置。教学目标要么满足直接的目的，要么达到最终目的。直接目标是指课堂教学要达到的直接目的，包括听、说、读、写四项技能。另一方面，终极目标指成功的外语学习所能获得的潜在好处，它与"基本原则"的目的相联系，例如，目标A:轻松、愉快地阅读的能力;目标B:与他国本族语人交流的能力;目标C:文学和学术欣赏能力的发展;目标L:清晰了解语言的历史与本质;目标I:增强理解他国人民的理想、价值标准、文化传统的能力;目标K:充分认识个人与社会关系的能力;目标M:培养坚持不懈地努力学习的习惯;目标P:通过与别国人的交往、接触，培养良好的社会适应能力。科尔曼指出，这些终极目标很难达到。

该报告在这些目标的基础上，探讨了初中和高中阶段在非常有限的学习时间内所能达成的具体目标。它指出到了9年级，只有34%的学生能够继续学习外语，而且，社会上只有少量的职业需要外语教学，但是以往的外语教学法连仅仅满足社会工作中的最低需要的阅读技能都未达到，鉴于此，该报告建议将两年学习时间集中在最有用的技能即阅读能力的培养上。在这些结论的基础上，该报告总结了阅读法的主要特征:

(1)尽早进行语音练习，默读中运用正确的语音。

(2)进行专门语法教学便于阅读。

(3)限制现代外语语音的口头使用，测试阅读理解。

(4)鼓励将目的语翻译成英文，而不用目的语进行解释。

(5)阅读中涉及的词汇和习惯用语应该根据现代语言研究报告列出的顺序。

(6)词汇经过严格分级处理。

该教学法对美国此后20年的外语教育的影响常被描述为"语言孤立主义"。它反对当时普通教育改革中那些现代外语支持者认为外语具有广泛的实用价值的许多理念，始终认为外语教学应该是有限的、被动阅读技能的发展。事实证明，这种教学法与当时进步主义教育改革的理念是极不谐调、背道而驰的一种分化。因此，这一时期的外语教学重蹈覆辙，回到"智力训练"和"为大学做准备"的老路上去了，是美国外语教学严重倒退的直接原因。

（二）阅读法与"普通语言"课程导致外语教学本质异化

1. 阅读法导致美国外语教育严重滑坡

可以说阅读法是美国外语教学土生土长的一种方法，是科尔曼报告的直接产物，并对尔后美国20多年的外语教学产生了不可忽视的影响。Coleman报告的要义是:迄今为止，没有任何一种教学方法可以让学生获得令人满意的表达能力，尤其在有限的教学时间内。与其如此，不如制定切实可行的、与学生现实密切相关的教学目标更为明智。因此该报告倡导的目标和方法最终成为闻名一时的阅读法。

阅读法从其产生、应用、改进与消亡速度都远远超过之前的直接法。科尔曼报告出台不到一年，许多教学法研究者开始撰文为其鼓吹。20世纪30年代关于阅读法的论文大量地在发表在《现代语言》等专业权威期刊上，可见阅读法在当时的地位和受到的礼遇。

但是，阅读法的基本原则是只重视语法、语音，并进行专门的阅读练习，完全忽视现代外语的口头使用:阅读法鼓励将目的语翻译成英文，而不用目的语进行解释等做法完全放弃了学会一门外语所应达到的各种技能，只为了让学生在较短的时间内获得单一的阅读技能而忽视甚至不认同外语教学的其他作用与功能的做法导致美国外语教学严重滑坡。事实上，阅读法以"阅读"为重点，只能培养"信息接受型"的外语能力，这是回到传统教学形态的老路上的做法。这种语法、语音知识传递型教学培养不了学生的表达能力，也严重忽略了外语教学的教养性，最终严重阻碍了外语教学的发展。事实也证明，美国的外语教学在阅读法为主导的时代远远地落后于其他发达国家的外语教学。

2. "普通语言"课程加速了美国外语教学的衰落

这一期间，美国外语教学作为大学入学考试的主要科目而受到重视，但是只有少数即将升入大学的学生在这种教学中受益，对于那些不能升入大学，又不进入某种专业职业学校的学生而言，他们就不能从学习外语中得到任何好处，他们需要的是一种"普通形式"的外语学习。于是，在生活中，外语科目被人们看作与普通教育无关的学习，主张减少或改变外语课程的教学。这种倾向早在1940年美国青年中等学校课程特别委员会发表的《高等中学应该教什么》的报告中就有清晰的表述。这份报告提出有关中等教育"生活适应"的需要，它包括对传统学术科目发展过程的历史总结，课程建设以及对传统学科的批评等内容。它提出的改革主题是:改革不但要融入新课程，而且应该重新审查传统科目，并对其做出批判。其中，对传统外语学科的清查被摆在最醒目的位置上。

普通中等教育由新课程和传统的普通学习课程组成，它们特指那些可以满足所有学生的需要，把他们培养成为"智慧的公民"的课程，但是它们也主要是指高级中学前两年或为大学作准备的初步介绍性知识或学科。这些"普通学习科目"与当时称为"特殊教育"的科目不同，它们是满足高级阶段的学术兴趣，以及某种具体的职业做准备的学科。外语教学与普通教育之间存在冲突。外语教师对他们所教的课程提出种种辩护，声称任何一个年青人只有学习外国语言才能对语言结构产生清晰的认识，才能够认识一种陌生文字。有的专家认为，如果这些理由仍然被接受，外语教学将继续消耗它们过去在课程中占有的时间，这样就很难引入那些服务于普通教育意义的课程。作为一个解决方案，美国设置了"普通语言"科目，希望它们既能达到语言学习的目的，又不必耗费传统的外语学科占用的那么多时间。

普通外语课程第一次出现在美国高级中学时就代替了大部分传统外语科目。这些"普通语言"外语课程通常用英语来教，包括外语基础知识以及文学知识等。支持"普通外语课程"的另一份报告《自由社会的普通教育》来自哈佛大学，该报告建议将外语课程从中等学校的核心课程中撤离出来，只有那些具有天赋的学生可以学习它们，而代之以外国文学译著的普通课程。这一时期，"普通语言课程"在中等学校普遍实行，他们采用探索式课程的形式，给广大学生介绍一种或多种外语文化知识以及语言基础知识。这种课程形式至今仍然存在。

可见，生活适应改革运动中的"普通外语课程"似乎仍将外语纳入中学核心课程中，但是它们大部分运用英语作为教学语言，不以外语技能的获得和使用为目标，实际上加速了外语教学的衰落。

正是认识到了阅读法的严重缺陷，以及生活适应改革运动中"普通外语课程"对外语教学产生的影响，贝托西(Bertocci)指出:"阅读法确实存在策略性的缺点:它更吸引语言学习能力差的学生;它没有取得声称的教学效果;它导致教师放弃传统的外语价值。"面对欧洲兴起的战事，贝托西建议重新寻找新的教学法以培养学生的口语表达能力。他认为，口语能力至少可以使学生想象性在课堂上参与到他民族的生活中去，了解和融入他国的文

化是和平和文明发展的必要条件。随着国际形势的变化，第二次世界大战的到来，阅读法从此结束了它在美国外语教学舞台的生涯。面对国家的安危，美国外语教学和学法迎来了崭新的未来。

二、美国外语教学的复兴与听说法时代

（一）外语教育随着第二次世界大战升级

当第二次世界大战的阴云笼罩美国上空时，美国意识到国家的教育系统完全无法培养出能够战胜需要的外语人才。第一次世界大战逐渐改变了美国对外语教育的态度。美国作为第二次世界大战中一个重要的参战国，为了取得战争胜利，许多青年应征入伍。进步主义教育运动"做中学"的思想使这一代入伍的年轻人没有学到系统的文化知识;同时，进步主义对美国外语教育的异化，以及阅读法对外语教学造成的严重后果在战争中表现为严重缺乏能够实际运用外语的人才。

美国政府尤其美国国防部开始认识到外语能力对于战争和国家安全所起的重要作用。战争中需要的是具有实际语言能力的人，而阅读法和语法翻译法对于迅速培养实际的语言交际能力无能为力，因此寻找新的外语教学法成为现实的迫切需要。由于外语教学法的制定素来与语言学具有密切联系，于是，美国寄希望于那些对结构主义语言学兴趣浓厚的语言学大师，希望他们能够设计出最科学、有效的教学方法。

在珍珠港事件爆发前两个月，美国海军在哈佛和加利福尼亚大学制订了日语强化计划。同年，陆军和空军开始实施西班牙语和葡萄牙语联合口语培训项目，以及其他几个语言计划在战争期间也开展起来。为军事需要补充人才，这些语言计划有一个共同的目标，即听力和口语技能的培养。其目的是为了迅速克服科尔曼创立的阅读法对国家的外语教学造成的严重后果，培养大量能听懂、会说的具有实际交际能力的外语人才。与传统的教学法相比，第二次世界大战时的语言培训计划为学员提供大量的听力和口语机会，以最大的强度和最快的速度进行教学。

虽然这种教学法直至战争结束以后，才开始形成系统的方法体系影响美国各级学校的外语教学，但是第二次世界大战促使美国提升外语学科地位，外语教学的作用和目的的认识也发生了根本性改变。外语学科重新被认为具有很高的价值，应该坚持外语的核心学科地位。另外，夏普(Tharp)在一份政府建议中指出，国际交际应该成为"生活适应"教育的一部分，而外语教学可以达此目的。因此，美国的外语教学在第二次世界大战期间开始受到前所未有的重视，外语教学法的发展也遇上了好时机。听说法就是在这种背景下蓬勃发展起来。

（二）《国防教育法》与听说法的关系分析

1.《国防教育法》为外语教学的发展奠定了基础

苏联人造卫星的上天，令美国人震惊万分，各界人士认为美国科技落后于苏联的主要原因在于教育的落后，强烈要求对美国的学校教育从技术和为了国防而进行改革。在美国教育普遍受到指责的背景下，美国联邦政府通过了《国防教育法》。其中心内容就是要"加强国防并鼓励和援助教育方案的扩充和改进，以满足国家的迫切需要。"由联邦政府增拨大量教育经费以提高教育质量，培养第一流的科技人才。其中一个重要的内容就是资助加强公立中小学的课程改革。《国防教育法》的第一篇"总则"就明确宣告："国家的安全需要最充分地开发男女青年的脑力资源和技术技能……要求提供更多且更适当地教育机会。"该法令的主要内容有如下几点:(1)加强"新三艺"(即自然科学、数学和现代外语)以及其他重要科目的教学。更新这些学科的教学内容和教学方法，人力资助学校实验室、视听室、计算机房等;(2)加强职业教育;(3)加强天才教育;(4)增拨教育经费。3年间，美国联邦政府每年拨款8亿多美元资助各级学校教育。

《国防教育法》是美国第二次世界大战以后颁布的一个最重要的法令之一。它使得美国教育从"生活适应"转向重视"新三艺"教育。在《国防教育法》的影响卜，美国外语教育取得了长足进展。美国教育科学院在伍兹霍尔召开了由35位科学家和心理学家参加的会议，这是美国课程现代化改革总动员的会议，着重讨论如何适应美、苏科技竞争形势而促进中小学数学、外语等学科的课程改革。其中，会议指出应在小学开设外国语，提高各科教学内容的要求等。

现代语言协会在美国教育专员的协助下对美国外语教学的状况进行了一次全面的调研，并出版了其结果性报告《国家利益与外语》。该报告将国家的安全与外语教学联系起来，报告中提出的多项建议最终包含在《国防教育法》中。

2.《国防教育法》促进了听说法的发展

"陆军法"即听说法的前身始，其目标是在36周内迅速提高学员的听力、口语以及文化技能。战争期间，该方法取得的成功得到新闻界和学术界的一致认同和好评，并在各种报纸、期刊、杂志争相宣传、鼓吹，名声大噪。在《国防教育法》的支持下，在陆军法

基础上发展而成的新型教学法正式进入各级公立学校教育系统。

"陆军法"主张在初级阶段直接教学员听力和口语，主张阅读和写作技能的发展晚于语言语法形式的学习，以及坚持不直接教语法形式，语法结构呈现在语言自然使用的对话练习中等教学原则。可见，这种方法重视第一语言学习规律，强调语言主动使用，减少语法教学、重视培养日常语言的实际运用能力。

美国的各种力量汇集在一起，推动了陆军法的广泛传播，并逐渐形成了著名的听说法。听说法在美国盛行20余年，成为影响美国20世纪外语教学发展的最重要的教学法。它的推广与普及主要有三方面的原因:一是结构主义语言学和行为主义心理学为新方法提供了科学的理论基础;二是科学技术的进步使标准化的语音实验室进入学校外语教学，为听说法提供了实践的条件;三是《国防教育法》为外语教学法改革的实施提供了资金的保证，大量的教材、语言实验室、视听设备、教师职前与在职培训等都依赖充足的资金支持。

综上所述，听说法的大力发展，《国防教育法》投入的大量资金，学术课程改革的深入开展极大地刺激了美国外语教育的发展。

（三）听说法在美国的作用与衰落

美国现代语言协会秘书长威廉·里雷·派克(William Riley Parker)在米德克格学院开学典礼的发言中将外语教育喻为"语言铁幕"，并强调只有通过改革才能使外语教育达到广泛的教育意义，他还认为外语教育对学生成年后的作用与其他学科的作用是一样的。他指出，"外语教师们单靠自己的努力是无法揭开美国语言序幕的，他们只能通过改进教学法促进外语教学的发展，但是他们起不了根本的决定性作用，只有那些真正决定美国教育的人认识到外语教育必须改革，并发起行动，外语教学才会有起色。"Parker给我们传递了这样一个信息:教学法的改进可以提高外语教学的效率，促进外语教学发展，但是却不能从根本上改变外语教学，只有教育的整体改革才能带来外语教学的根本改变。

尽管听说法在当时发展迅速，但是人们对它的不满与日俱增。总结起来，听说法存在以下几个重大缺陷:第一，听说法倡导者宣称它是一种外语学习最快速、有效的方法体系，但实践证明这种教学法在学校不能激发学生的学习动机，而且挫伤学生的积极性。因此，学校环境中的教学实践不得不减轻教学强度，以适应学校教学环境。第二，许多教师希望在重视口语训练的同时也照顾写作和阅读能力的培养，但是听说法教材不能支持教师的这一想法，相反，由于缺少教材的支持，教师在试图关注阅读和写作能力培养的时候却违背了听说法快速学会语言的宗旨。第三，听说法的一些极端做法，如读前阶段不准看课本，不准使用英语，过分强调重复练习等做法导致学生学习风格单一，学习兴趣缺乏。第四，听说法程序呆板、单一，不能融合其他教学法的合理之处导致教学效果不如人意。第五，文化教学的内容过分重视日常话题，即"通俗文化"内容，而忽视了那些经典文学作品的教学。

听说法在小学阶段的教学效果与人们的预期落差最大。美国开始重视小学外语教学，其理论是越早开设外语对学生发展越有利。因此，联邦政府通过《国防教育法》为小学一至八年级的早期外语教学投资了成千上万美元。现代语言协会对小学阶段的外语教学进行了一次全面的调研表明:听说法对小学的外语教学无效。问题的关键不在于小学学生是否应该学习外语，而是该方法的呈现方式不适应小学学生语言发展和全面发展的现实。

由于上述种种原因，听说法遭到多方的置疑。随着政府对其支持力度的减少，国家经济的停滞，新的教学法如认知法、交际法等出现，外语学习人数锐减等因素导致听说法逐渐退出了美国外语教学的舞台。

可见，听说法在美国的产生、发展与衰退与本国的教育政策、教育目标、教学方法三者息息相关。它们之间具有共生的互动关系，共同发展。由于教育政策的改变，教学目标和教学方法也随之发展变化。从听说法与《国防教育法》，以及引起的外语教学改革之间的关系看来，听说法的推广和取得的成绩除了它在语言学、心理学以及应用语言学、教育学等领域吸取科学的理论成果使其具有较合理的理论基础外，教育政策的支持，外语教学改革运动的推波助澜是听说法迅速在美国盛极一时的直接原因。可见，外语教学法的发展与教育政策、教学改革密切相关，是教学法产生、发展、改革的保证，也是某种外语教学法消亡的重要因素。

教学法的过渡:新焦点在"水平"

"语言水平标准"产生的背景

1. 各种社会因素促使美国外语教学进行改革

由于听说法在美国的外语教学实践中效果的不理想，加上越南战争、种族冲突、政治谋杀等事件导致人民对社会和政府不满，民众对教育普遍感到失望，也对外语教育更加丧失信心。学习外语的中学学生人数从总人数本来就很低的26%降低到23%，约有40万学

生退出了外语课程的学习。这意味着有1500个班级流失，3000名外语教师下岗。

尽管人们对教育和外语教学感到失望，但是，外语教师和教育行政人员仍然竭尽全力使外语教学内容与学生和家长们的生活需要"相关"，以提高外语教学的效率。教师们开始认识到创设支持性的课堂环境的重要性，他们反对听说法呆板、苛刻的课堂教学程序，鼓励学生创造性地运用学习的外语知识，畅所欲言地表达自己的思想，不要拘泥于语言形式的操练和背记。此时，美国的外语教学开始从听说法的"形式操练"转向"语言交际"。

2. "语言水平标准"是"语言技能水平"的发展

语言学、社会学、心理学的发展为外语教学对语言的本质和学习过程带来新的理论，促进了外语教学法的发展。这一时期，美国的外语教学法以发展学生的交际能力为目的，外语学习的目标从语言结构知识或词汇的学习转向在交际环境中正确运用语言的能力。这种转向被称为"交际的"或者"水平的"转向。

交际概念起源于欧洲，但是"水平"概念是美国外语教学法发展过程中出现的概念。"语言水平"概念最早是指政府外语培训目标和测试的标准。第二次世界大战期间，美国联邦政府培训学校的培训计划主要重视学员外语实用技能的培养，并创设了一种口语水平测试程序，用于评估学生获得的外语技能水平。语言技能主要通过"水平"程度来测定。"语言技能水平"是指在要求完成某项任务的过程中能够充分运用某种语言完成这项任务的功能性技能。例如在目的语国家或者双语环境交互翻译的语言能力。出于种种原因，美国的外语教学开始重新将政府的语言培训模式作为蓝本加以推广。因此，原来用于测试的"语言技能水平"的意义从一种评估类型转变成指有效交际能力的外语教学标准或指标，并且被广泛地运用于外语教学实践，发起来"语言水平"运动。语言水平运动强调发展学生的听力和口语能力的培训，它对美国20世纪70年代公立学校的外语教学产生了巨大的影响。

3. 《智慧产生力量:美国能力批判》支持"语言水平"运动

对外语教学的"水平"取向起着推波助澜的作用。经济压力和不断增加的国家贸易赤字再一次把外语学习推向前沿，美国政府成立了一个总统委员会，专门致力于研究外语和国际研究。该委员会提出的《智慧产生力量:美国能力批判》报告指出:美国外语教学由于完全无法培养学生的实际运用能力而臭名昭著，这正是为什么我们不能充分认识国际事物的原因。对于国家而言，这是极其危险的。我们学校培养出来的大部分学生知识面狭窄，见识短浅。他们采用狭隘的自我中心的方法认识国际事物，他们的头脑中充满令人惊讶的错误思想和信息。

虽然这份报告不像苏联的人造卫星上天那样令美国人震惊，但是它却给美国的外语教学和教学法都带来了实实在在的影响。美国重新定位了外语教学的目的，试图就外语教学应该达到的目标以及如何达成目标，并做出评价达成一致意见。另外，这份报告使教育界、政府部门以及公众对国家对外语教学和国际研究的需求有了深入清晰的了解。外语教师协会开始通过培训教学和测试功能性语言技能的方法提高外语教师的教学水平。

在重新定位外语教学目标和培训教师的同时，美国制定了评估语言水平标准、教材和课程组织的统一标准。早期的测试程序由卡鲁尔(Carroll)编制而成，它与政府语言培训学校的测试程序相似，用于测试外语专业的学生达到的语言水平程度。

美国外语教师理事会在美国教育部国际研究中心的资金支持下制定了不同语言水平能力的细则。这些语言技能水平细则，又称为《美国教学协会关于外语能力标准的暂行规定(ACTFL Provisional Proficiency Guidelines)》

其他各界人士对外语教学也给予了极大的关注和努力，如以卡鲁尔为代表的理论研究者为"水平取向"的外语教学提供帮助;政府和公众对外语在国际商业竞争中的重要性有了清楚的认识，他们开始积极支持"语言水平"标准的实践。

（二）语言水平运动

1.语言水平

美国在波士顿举行过外语教学委员会优先性会议(ACTFL Priorities Conference)，会议最终讨论达成了一种外语教学的组织原则，即语言水平原则。语言水平原则指通过两种途径:一是在语言能力的不同阶段上知道一门语言意味着什么这一问题取得统一的意见;二是在每一阶段上个人用语言能够具体做到哪些典型的事情这一问题达成一致意见。该原则使语言水平能力成为一个通用的尺度，用以评估外语教学的结果，同样也用于决定外语教学方法的选择以及对其进行评价。因此，语言水平不但是评价学生学习结果的标也是选择、设计教学法的标准。语言水平也使"我们对个人偏爱的诸多教学途径进行修以弥补我们可以鉴别的任何薄弱。这样的通用尺度也允许我们对学习者做出比较现实的准正许诺，许诺他们能在一系列给定的情景内发展其语言能力类型。"

关于什么决定语言水平的问题，黑格斯(Higgs)和克理福特得出的结论是个人的语言水平不决定于他是否能够交际，而是取决于交际内容和交际内容的完美程度。交际内容指包括话题或语境(信息内容)，以及在语境中实现的代语言功能等;交际的完美程度包括语言上的精确和准确，以及表达的内容在文化上是否真实。因此，功能、语境和准确性三者共同成为评价语言水平的标准。这三项标准也成为美国联邦政府机构间商定语言定义的核心。

2. 为发展语言"水平"而教

美国外语教学界将水平概念作为组织外语教学的原则来接受和推广。美国外语协会开始注意研究以学生运用语言的能力为目标的外语教学，并提出了五个关于教学法优先性的假设：

假设一，教师必须向学生提供机会，创设他们可能在将来会遇到的目的语文化的语境，供他们练习语言的使用。

假设二，教师应该给学生提供机会，以练习实现将来目的语文化语境中与他人交往时必须运用的语言功能(传统教学环境把学生只作为"反应者"，而以语言水平为方向的教学要求把学生引入精心设计的功能任务之中)。

假设三，以水平为方向的教学法从一开始就关注发展语言的准确性。以水平为方向的教学法从教学的开始就鼓励学生用所学的语言创造并表达自己的意思，语言的种种失误是在所难免的，但是，教师应该帮助学生形成正确使用语言的能力。以"水平"为目标的教学法可以在以下几个方面有所作为:(1)教师提供大量可理解性的语言输入;(2)教师鼓励学生在其语言能力的最近水平限度内和稍稍超越此限度表达自己的意思;(3)教师在教学中不断提供正确的反馈。这样的教学方法可以在水平的各个阶段和学生之间产生较多的可理解性输入。

假设四，以水平为方向的教学既满足认知需求，也满足学生情感到要求。这一阶段的许多教学法的共同特征都是更加强调语言学习的情感因素，如暗示法、咨询法、自然法、沉默法等，它们在减轻学生的压力和紧张方面都提出了独到的见解。

假设五，以水平为方向的教学法促进对文化的理解，并为学生协调地生活在目的语的社区作准备。以水平为方向的教学法的任务等级中要优先使用种种教学技术和手段，把文化知识纳入课堂教学，强调整体认识和提高跨文化的理解能力。

这一时期，美国就是运用这些被认为"管用的"假设来评价教学法的优越性，并作为选择、修改、发展教学法的标准。事实上，美国外语界已经把"语言水平"作为组织外语教学的原则。正如斯垂施姆所说，"我们不得不学会和管用的假设打交道，而不去相信那些所谓的'唯一信得过'的教学法，我们正在离开教学法绝对论统治的时期。尽管'水平'可能形成新的统一，但我们无须促成一个新的绝对主义;相反，水平可带来一个新的自由天地，为我们提供组织语言教学的方式，所以，我们许多外语教学的'路子'可以在今后几年内取得一种重新振奋的活力，达到复苏的目的"。

3.语言水平运动的意义

从上述语言水平运动中，我们可以看到美国对改变自己外语教学水平落后状况的决心，以及在教学和教学法方面所做出的新成就。本文认为，以水平为方向的教学至少有以下几方面的进步:第一，以标准为基础的教学法将课程标准所设立的语言能力目标细化为许多具体的语言行为目标，即学习者可以用所学的语言做什么事情。制定这种详细的目标和评价的方法，有助于教材的编写者参考目标编写教材;有助于教师确定教学目标，明确学生应该具备怎样的语言能力:有助于教学评估，使评价内容更明确、具体;有助于学生提高学业水平。正如Nunan, D.所说:"给学习者清晰的目标具有教学上的许多优点。首先，它帮助学习者将注意力集中在教学出现的任务上，提高学习者的积极性、增加学习的动机。有关研究表明，具有清晰目标的学习项目比隐性目标的学习项目更能提高学生的学业水平。"

以"水平"为焦点的教学法意味着从学生应该学什么到学生应该做什么的转变。过去，人们关注的是学生应该学什么，而现在关注的是学生能运用所学的知识做什么。这种转变标志着对学生能力培养的重视。学生只掌握外语知识是不够的，更重要的是学生必须学会使用它们达到交际目的。与以往的教学法相比，美国以行为表现水平为基础的外语教学更注重学生学习的过程和学生的进步，不再局限于学习的结果;行为表现水平为教师提供的信息不仅仅是学生学习的进步，还有如何根据学生取得的成绩调整教学，以便帮助学生达到应有的语言能力水平。美国外语教学实践证明，以行为表现水平为方向在指导教学的同时也达到了指导学生明确学习目标的目的，更有利于达到教学目的。

4.新标准新方法:促进学生的整体发展

《21世纪外语学习标准》:外语教学改革的风向标

①《标准》的理论假设

美国19%年出台的《21世纪外语学习标准》(下文简称《标准》被誉为指导美国21世纪外语教育改革的"灯塔"和"指导方针"。那么，它的理论基础是什么呢?《标准》的作者们在该书第一章"原理陈述"中就开宗明义地指出，他们制订《标准》所依据的基本原理是基于以下三个方面的理论假设:

第一，关于语言和文化的假设。凡掌握一种以上语言和文化的人具备以下各项能力:能在各种环境中与其他文化的人进行交际;能够超越本民族习俗的局限性去观察问题;对本民族语言和文化的洞察力;深刻地认识自我、认识其他文化及与其他文化的关系;可以直接获取其他文化和其他学科的知识;能够充分参与全球性交往和市场活动。

第二，关于语言和文化学习者的假设。所有的学生在语言和文化学习中都能获得成功，他们应做到以下各点:必须有机会学习学校教学计划所规定的语言文化课程;培养和保持一种以上的语言能力并从中获得益处;在不同的环境中通过不同的途径学习语言和文化;以各自不同的进度获得语言和文化技能。

第三，关于语言和文化教育的假设。语言和文化教育是学校核心课程的一部分，它应该达到下列要求:成为样板课程，融合有效策略、评估程序和技术手段于一体;在国家、州和地区各个不同的层面上，反映循序渐进的学习目标;培养和提高基本的交际能力和较高层次上的思维能力。

本文认为，《标准》假设第一条认可外语教育使人具备认识自我、发展自我、超越民族局限性、获取知识和信息、参与全球交往活动的能力，是21世纪公民所应该具备的基本语言素养。而第二条假设是追求"重视学生的共同基础，构建学生共同的发展平台"这一目标。美国《标准》要求外语成为样板课程，融有效策略、评估程序和技术手段于一体;循序渐进的学习目标;培养和提高基本的交际能力和较高层次上的思维能力。因此，这个标准在内容方面更加凸显外语教育本身发展的规律性特点。

②《标准》的内容

《21世纪外语学习标准》包括以下五点内容:第一，交际能力(Communication）。要求学生的外语交际能力应达到能参与对话、提供和获得信息、表达感觉和情感、交流思想。能听懂和翻译各种话题的书面和口头语言;能与听众和读者就广泛的话题交流信息、观念和思想。第二，文化沟通(Cultures)。即能获得和了解目的语文化的知识，如了解该文化的实际与所反映的观念之间的关系，理解该文化的表现形式与所表达的观念之间的关系。第三，相关知识(Connections)。外语学习应与其他学科相联系以获得相关信息，学生能通过外国语言及其文化获得信息，并通过现有信息找出明显的观点。第四，比较能力(comparisons)。开发学生对所学语言和文化本质的洞察力，通过比较所学语言与本国语言达到能理解语言的本质，通过比较目的语文化和本国文化达到能理解文化的概念。第五，社区活动(Communities)。学生能用外语参与国内外的多文化社区活动。学生在校内外均能使用外语，把学习外语当作乐趣和充实自我的手段，使学生成为终身的外语学习者。如果把这些目标说得再具体一些，那就是:运用外语交际;体验多元文化;结合其他学科;比较语言文化特性;应用于国内外多元社区。它具体包括七个方面的内容:语言和文化知识、交际策略、学习策略、其他学科知识、思维能力和现代科技。

根据上述内容可以看出，《21世纪外语学习标准》是美国外语教学改革的风向标。《标准》中的5C课程标准反映了美国外语教学以学生的外语应用能力为核心，并且超越以往的意念——功能大纲模式，提出了整体的、交流的、发展的语言学习原则。《标准》将外语学习的十一个标准归类为五个目标区域，学生任何一方面外语能力的发展都内在地引起其他方面能力的共同发展，这使美国的外语教学克服了长期以孤立的"还原主义"技能观来训练听、说、读、写的做法产生的弊端，从而考虑以完整的语篇和语言使用的社会文化作为学生外语能力发展的重心，体现了该《标准》时代的进步性。

（三）新标准新方法

1.《标准》在交际法的基础上产生

交际法对《21世纪外语学习标准》的内容的影响是显而易见的。早在1980年，Candlin和Breen提出的设计和应用交际课程的原则与国家外语课程标准惊人地一致。根据Candlin和Breen的原则，交际课程首先选择一组交际能力作为学生最后需要达到的目标;而对于《外语学习标准》，学生个人的全部外语能力都包含在十一个标准之中。Candlin和Breen还讨论了教师在交际课堂活动中起着交际活动的促进者的作用，他们既是课堂教学资源的提供者又是交际的活动组织者，教师通常作为一个独立的个体参与课堂交际活动;而在国家课程标准中，我们也可以找到相同的理念。另外，国家课程标准也重视学生的情感因素，例如标准要求学生在学习外语的过程中产生新经验，发展自己认识他人、理解其他文化的新观念等内容体现了学生中心原则。总之，国家标准是建立在交际法的教学理论

基础之上形成的。

2.《标准》对外语教学法的规定性特点

《标准》是当代美国外语教学的导航灯，它规定了外语教学的方方面面，也影响着美国外语教学法发展。表现在以下几方面：

（1）培养学生外语交际能力是外语课程的核心目标

美国外语教师理事拉斐特称《外语学习标准》是"改革的催化剂"。该标准的宗旨是：美国必须教育学生从语言和文化上武装起来，以便能够在21世纪多元化的国际社会上进行成功的交流。当务之急就是要保证美国未来所有学生的语言潜能都得到充分开发，除英语外至少能熟练运用一种外国语。

（2）强调培养学生的多元文化意识，增强国际理解意识

文化意识是学生外语素质的根本保证，缺乏正确的文化观和文化理解能力就不能形成进行成功跨文化交际的能力。因此，《标准》明确提出文化意识的培养是外语教育的目标之一。

（3）强调通过活动的开展而不是知识的讲授来培养学生运用外语的基本能力

虽然美国并没有把这一点明确于总目标中，但标准对教学具有内在的规定性，在具体目标的每一项几乎都涵盖了这一共同特点。例如美国《标准》设计的"抽样进展指标"（Sample Progress Indicators），4年级学生应该达到的标准指标如下：给予学生简单指令，以便使学生参与符合他们年龄特征的班级活动和文化活动；学生提问或者回答与主题相关的问题如，家庭、学校活动、祝贺等；学生相互进行关于对人或者实物的描述如，玩具、着装、饮食文化等；学生相互交流如问候、请假，以及运用正确的手势和口语进行课堂交际的活动。可以看出，美国《标准》在具体的教学中都支持以交际能力为目标的交互式教学活动，引导学生开展形式多样的运用语言的活动。

（4）赋予"人本"清晰、丰富的内容

"人本"思想是当前美国外语课程改革中体现出来的一大趋势。它要求外语教学要以学生为中心，在课程实施中培养学生学习与生活的基本能力。《标准》重视学生语言技能、语言知识、情感态度、学习策略和文化意识等五个方面的综合能力。无论从情感态度、学习策略还是文化意识各个目标来看，都赋予了"人本"清晰、丰富的内涵。而且美国《标准》将课程目标与个体交际能力、比较能力、社区活动、文化沟通等目标结合起

来，尤其重视学生文化意识的培养，开始对外国语言和文化持肯定态度。对"人本"做出了既符合本国社会背景，又顺应国际意识的解释。从五个标准可看出:标准一和标准三是针对外语掌握程度，要求学生高中毕业时外语达到流利水平。其他三个标准主要是针对文化的。如标准二，文化要求能了解所学语言的文化;标准四，比较能力要求有能比较各种文化的能力;标准五，社区要求有能用外语参与国内外文化社团活动的能力等。

（5）提倡外语课程与其他课程融合

《标准》中的第三个标准强调学生通过外语学习强化和深化其他学科知识的学习。这不仅要求外语教材编写能融合其他学科的知识，同时也意味着学生的外语必须达到能理解和熟练表达其他学科知识的程度。

（6）科学的目标分级方式

美国《21世纪外语学习标准》和《标准》修订版都围绕交际、文化、联系、比较、社区等五个领域，对美国中小学外语教学提出了十一条标准。每条标准又分别对四、八和十二年级的外语教学提出了进展指标(Sample Progress Indicators)，成为美国中小学外语教学大纲的制定和课堂教学实践的依据。

《外语学习标准》贯彻和落实的过程就是要培养学生对其他民族的世界观、独特的生活方式和行为规范的尊重意识，了解世界以及为整个人类所共有的问题提出的解决办法。可见，美国外语教育的目的和外语教学法发展的根本目标是把学生培养成为具有健全的文化意识和国际意识的美国公民，这是国家发展提出的客观要求。

第二节　欧洲外语教学实践与外语教学法发展研究

一、语法翻译法与早期欧洲外语教学

（一）20世纪前欧洲外语教学状况

众所周知，20世纪以前欧洲最早的外语教学是古希腊语教学。罗马帝国征服希腊之后，拉丁语随即代替希腊语成为社会的主流语言，是教育、商务和政府的通用语言，在政治、文化、宗教、哲学等领域占有绝对的统治地位。一时，对拉丁语的学习和掌握不但

具有许多实际用途，而且还是身份地位的象征，因此，文人、学者、官员趋之若鹜。不过当时的外语教学远不能和现当代相当普及的外语教学相提并论。因为当时学习外语的人数很少。

法语、意大利语、英语开始受到重视后，而且随着各国民族意识的增强和社会发展的需要，逐渐成为欧洲大陆口笔语交际的主要媒体。但是，拉丁语在教育中的地位并没有动摇，相反，它还作为学校教育的一门重要的必修课存在，其作用是通过学习古典名著和分析语法，训练学生的心智，提高他们的人文素养。

欧洲主要资本主义国家的政治、经济、文化都取得了长足进展，铁路、电报等交通和通信工具的出现大大刺激了各国相互交流的发展。社会的发展也促使欧洲的教育进行改革。其中，普鲁士和法国的教育和外语教学改革最引人注目。

普鲁士顺应时代的潮流取缔了传统教育的腐朽政权，首先建立了欧洲最先进的教育体制。法国随后也开始了现代教育体制的改革。法国和普鲁士都建立起了为不同社会经济地位的儿童提供不同层次的教育系统，其中，高级公立中学和古典中学为培养未来的高素质精英人才提供高标准、高要求的古典语言课程。虽然拉丁语在这些学校课程中的地位仍旧稳固，但是科学课程和现代外语课程的地位在这一期间得到明显的提升。大多数公立中学和古典中学正式将外语课程纳入到课程设置中并根据严格的教育原则进行教学，即通过文学的学习，进行严格的语法训练。在德国，法语是主要外语;在法国，德语也同样是重要的外语。英语被认为太容易学，不能够与拉丁语语法一样起到磨砺学习者的智慧的作用，因此不作为两国的外语必修课程。

当时几乎所有的外语教学法专家都出自法国和德国如古恩、雅克托(除了Prendergast以外)，或者在欧洲大陆进行外语教学实践多年的汗密尔顿(Hamilton)等人。法国和德国教育的发展和外语教学的发展紧密联系和两国当时在欧洲的中心地位有关。两国相互竞争必然需要相互了解，对对方语言的学习无疑是达到相互了解的必然途径。这也是当时英语没有作为他们主要的外语课程的另一个原因。

（二）语法翻译法:欧洲外语教学法发展的必经阶段

教师们开始根据一定的教学原则为学习者编写教材。其目的是为了让外语学习更快速、有效。第一位在教材的编写方面做出成就的是一位德国的法语教师梅丁杰，他把语法分成许多步骤，每一步骤附有一个较短的生词表，生词表按照循序渐进的原则排列，语法学习是通过句子反复练习，每个句子要翻译成本族语或者翻译成目的语。这就是最初的教学法改革的主要做法，随后逐渐发展成第一个外语教学的方法体系——语法翻译法。

欧洲当时所有现代语言的教材都是以语法翻译法作为教材编写模式。弗兰兹。安和H.GOllendorf是当时最著名的外语教学法专家，他们编写的教材在现在看来尽管乏味、机械，但是在当时却非常受欢迎。因为他们比以往的任何教材都更能满足欧洲日益上升的外语自学者的要求。事实上，语法翻译法教学原则在今天的一些自学教材中仍然采用。随着语法翻译法在学校外语教学的推广，它越来越被一些教师和教材编写者滥用，他们给课堂塞满冗长的累赘的规则、大篇幅的词汇、一些意义荒唐的句子等。公立学校的考试制度助长了语法翻译法的滥用势头，考试中充满了语篇翻译的题目，教师为了应付考试而使学生不堪重负。为了应付考试，教材编写得越来越详尽，特殊例外的表达方式越来越多，学生需要背诵记忆的内容越来越多，而教学的内容也越来越不切实际了。可见，语法的"完备性"是语法翻译法的一个主要特点。

由于古典语言的教学目的不是为了培养学生实际的语言运用能力，而是为了训练学生的思维，磨砺学生的智慧。这种教学目的观对外语教师的影响很大。他们常常把适应于古典语言的教学方法和目的当作现代外语教学的普遍规律，而且当时真正合格的师资很少，多数外语教师是没有经过专业培训的游走于各国操目的语的外国人。照本宣科是这些没有专业知识的教师的最好选择。他们根据书本详尽地解释语法和意义独立的句子，进行从本族语到目的语的反复翻译，强调规则的背诵、词汇的记忆等都成为这些教师最便利的策略。另外，当时学校教育盛行性别歧视，认为语言是适合女孩子学习的课程，因此不予以高度重视，也不积极进行改革。在整个欧洲，现代语言教学要想在学校教育中获得真正的学术地位，必须采用拉丁语和希腊语教学的标准，其结果必然导致将教学的重心放在文学和复杂的语法规则上。可见，为了确立在正规教育系统中的地位，现代外语教学采用地位稳固的古典语言的教学方法就成为必然选择。

当然，并非所有的外语教学人员都甘心照本宣科，采用枯燥而没有效率的教学法。在缺乏语言学、教育学、心理学理论指导的情况下，许多的教学法专家根据自己对教学的理解和研究，结合实际教学经验，开始对传统的语法翻译法进行自觉的改造，于是出现了汗密尔顿Hamilton的线性翻译(interlinear translation)、雅克托的语篇记忆法(memorization of texts)和普琳德格斯特(Prendergast)的操练代表性例句等语法翻译法的变体。

语法翻译法是当时世纪外语教学的最富盛名的教学法。尽管这个名称是改革运动派的杜撰，但却把该教学法的两个基本特点总结了出来:学习者通过背诵学习语法规则，其余的时间用于翻译相互独立的句子。虽然语法翻译法存在许多的缺点，而它却是有史以来第一种为了使外语学习更加容易而研究总结出来的方法体系。可见，外语教学法从产生之日起，其历史使命就是为了更有效地、科学地学习外语。那么，语法翻译法为什么会成为当时最有影响力的教学法?总结起来，它有以下优点符合当时世纪欧洲外语教学的现实性需要。

第一，语法翻译法是时代的必然选择。为了确立在正规教育系统中的地位，现代外语教学采用地位稳固的古典语言(拉丁语)的教学方法成为必然。因为在整个欧洲，现代语言教学要想在学校教育中获得真正的学术地位，必须采用拉丁语和希腊语教学的标准，其结果必然导致将教学的重心放在文学和复杂的语法规则上。

第二，从语法翻译法是当时最适应学习者需要的教学法。它符合具有良好母语基础的学习者进一步学习外语的学习特点，因此在缺乏正规学校外语教学的年代，语法翻译法是外语自学的一种最有效、最容易的途径。以语法翻译法编写的教材比以往的任何教材都更能满足欧洲日益上升的外语自学者的要求。

第三，语法翻译法适应当时时代的需要，以训练学生的逻辑思维，发展学生的智力为教学目标。因此它造就了这一时代外语学习者语法功底扎实，书面阅读和写作翻译能力强，而口语交际能力弱的特点。

可见，语法翻译法既能够满足学习者自学的需要，能够在学校古典语言教学一统天下的局势下找到自己适当的生存发展空间。另外，它还能够被大多数缺乏语言教学专业知识的教师接受。种种理由说明，语法翻译法是外语教学与教学法发展的产物，它既为现代外语教学开辟了道路，又为自学者指明学习的方向，富有特殊的时代气息。

二、两次大战之间欧洲外语教学法的发展

（一）直接法信心的动摇

1. 对直接法理论根基的质疑

帕默(Palmer)·霍恩比以及其他应用语言学者认真研究外语教学的系统原则，他们认为直接法缺少应用语言学的理论和实践基础。由于直接法缺少运用语言学知识，教学内容无章可循，身处直接法的学习者常常被无序的话语弄得困惑不堪，即使在自然语境中学习，他们仍然会碰到许多困难，为了处理这些困难，学习者连在情景中学习语言的好处都丢掉了。因此，外语教学法专家们为了克服这个困难，努力寻求语言教学的选择、排序、陈述的系统原则。这是对直接法从理论上进行颠覆的开端。

2.欧洲各国不再支持直接法的实施

在法国，虽然直接法是战前最有影响力的自然主义方法之一，但是法国突然颁布行政命令终止直接法在学校的实施，而开始根据亨利·德拉克罗克斯(Henri Delacroix,1925)的理念重新设计外语教学方法。亨利德拉克罗克斯教学原则有:(1)每当我们学习一种外语，我们就在大脑皮层建立一种新的、自动的言语中心;(2)在学习的初级阶段要交替使用本族语和外语，中级阶段引入翻译教学;(3)课文语义化的方式教新内容;(4)在用外语进行解释时要避免词汇的翻译;(5)必须确信学生完全理解他们阅读的内容;(6)课堂教学可以采用母语:(7)文学在高级阶段要占重要位置，同时重视文化的学习研究。这些原则主宰了法国这一时期的外语课堂。

在德国，反对改革运动的力度没有法国那么强烈，但是追随改革运动的步伐开始显得缓慢，踌躇不前。德国的大多数教师开始将传统的教学法和改革方法结合起来，选择他们认为较为合适的折中方法。德国外语教学界在这一时期没有出现重要的领头人物，折中主义教学主要是个人信念以及地方立法对直接法的反应，没有多少创新。在两次大战期间，对外语教学法的改进和创新做出最大贡献的是英国的外语教学法专家帕默(Harold E.Palmer)。后面将详述他的思想和论著。

德国纳粹统治时期，德国教育被纳粹垄断，第一次世界大战以及冷战引起欧洲大陆的分离等原因使欧洲学者在这一时期做出的努力被湮没，许多学者流入美国。

欧洲大陆其他国家的外语教学实际情况与德国的教学相似，如比利时、荷兰和德国的状况大同小异。但是值得一提的是丹麦的教学法专家弗拉格斯泰德却颇有建树。他是一位来自哥本哈根的外语教师。他的教学法理论完全否认叶斯柏森的观点，强烈主张将外语翻译成学生的本族语。他谴责词汇学习中排斥母语的教条主义。他认为口语和阅读教学应该协调进行。他主张采用能够引起学生兴趣的长篇连载作品以及通俗读物作为阅读材料。另外，他不相信所谓的"沉默期"，但他明确要求对不同于母语的语法结构应该解释清楚无误，与母语语法形式一致的结构，可以潜在地学习。他的理论给我们多少带来一些新鲜的空气。在第二次世界大战期间，由于纳粹的审批制度和禁令，欧洲大陆外语教学专业期

刊关于外语教学法的讨论不断变少，后来趋于停顿。

（二）帕默外语教学法研究探析

1. 运用"意念—功能法"理念的第一人

帕默是第一个尝试运用"意念—功能法"理念的人。他把日常生活句子通过语言的功能组织起来，如询问信息，允许、命令等。这种方法与当时在外语教材中仍然占有主要市场的语法翻译法那些相互独立、零散、意义荒谬的句子组织方法比较起来，无疑是很大的进步。但是它缺少情境与上下文，文章内容也不相互联系，这是帕默方法的倒退或不足之处。情境以及上下文的缺少，就意味着没有考虑话语的参与者、参与者的社会心理角色，背景等因素。在交际中，上下文起着非常关键的作用。语言如何起作用或者执行某种功能主要取决于背景因素。例如：

A:What's the time?

B: 10:15

接下来应该至少有三种表达的可能：

A: Thanks!

A :Well done!

A: You are lying!

第一种表示A是为了询问信息;第二种是一节教学表达时间的课;第三种表示一种控诉或指责。但是只有在第一种情况下，我们才可以说语言完成了"询问信息"的功能。

可见，虽然他是运用"意念—功能"理念的第一人，但由于他对语言的功能认识还很浅薄，其理论也就表现出致命的缺点。

2. 教学理论的语言学基础

帕默坚持要从外语教学的实际需要出发选择语言学理论。他常常问自己这样的问题："语言学可以给课堂教学中教师遇到的问题提供哪些实际解决方案?"为了寻找答案，他与当时各国的许多语言学者保持通信往来，甚至与他们面谈。他以一位日本政府的外语教学语言顾问的身份，专程从日本赶去参加了日内瓦第二届国界语言学家学会。这次大会之后，帕默开始为外语教学理论寻找语言学理论基础的艰辛历程。他的著作得到索绪尔理论的支持。帕默外语教学理论的语言学基础是他认为语言具有系统和行为两个方面，系统是指符号或者信号的一个组织系统，而行为是指社会行为的方式。对于语言使用者来说，语言系统就像饥饿的人手指的一本烹调手册，一个人感到饥饿才是问题的关键，而不是烹调书。外语学习者要么从前者着手，要么选择后者，或者同时进行。也就是说，外语学习者要么从语言系统入手，要么直接从语言的使用着手，或者二者兼备，同时进行。

3. 外语教学法观点

帕默的外语教学法主要有以下观点:(1)帕默坚持认为，外语教师必须同时精通学习者的本族语和所教的目的语。他的这一主张和斯威特不谋而合。(2)关于教学中是否使用母语的问题，帕默认为，母语是可以适当使用的，但只能用于词汇意义的解释上。(3)以语言的使用作为外语教学的起点。他认为，以语言的使用为起点的教学法可以使口语能力快速掌握，对于儿童尤其如此。这一起点的选择决定教学法的方向。当然，成人的学习与儿童方式会不同，但成人的学习可以像儿童一样充满精神。因此在实际的教学环境中，他主张一种混合的教学法，即根据学习者的目的、年龄、许可的学习时间，至少应该重视其中的两个因素选择教学方法。(4)帕默不赞同阅读教学先于或者独立于口语教学的假设。在帕默看来，学习者必须反复以高强度的听力教学作为起跑线。这样做的重要目的在于在学习者的头脑中建立语音和语义的直接的、永久性的联系。帕默对直接法的钟爱就在于直接联系这种特殊意义上。他认为，如果在学生进入阅读学习之前还没有建立起声音和意义的直接联系，学习者就可能首先开始翻译，会把外语词汇和自己认为与之意义相同的母语词汇联系起来，寻找它们之间的联系。学生的这种学习不是阅读，而是开始"解码"，这是外语教学一开始就必须杜绝的现象。

帕默的教学法具有"折中"的特征，目的在于最有效地学会一门外语。他的折中主义具有多元主义为特点。他主张"方法的多渠道"，主张语言操练和自由练习，潜意识地学习，也赞同有意识地学习，认可精读的作用，也允许泛读教学等。他认为，教师是否选择这一种而不是另一种教学法，或者对要选择的教学法进行改进取决于学习者和教学环境。

由于他主张教学法上的多元主义，帕默引领潮流，超出了同时代的许多教学法专家。他提出的学得理论与习得的概念在当代重新引起研究者的兴趣，甚至成为外语教学领域的主要论题，如克拉申提出的有意识学习与无意识习得理论。帕默所述的孵化期与克拉申提出的沉默期相似。而且，他对什么是学习策略和认知风格也进行了区分。总之他是改革运动期间成绩卓越的外语教学法专家，对欧洲乃至外语教学法的发展都做出了杰出的

贡献。

三、二战后欧洲外语教学实践与教学法的发展

（一）五六十年代欧洲外语教学法基本状况

美国在第二次世界大战中胜利了，美国在第二次世界大战中创造的听说法也以胜利者的姿态进入了欧洲，同时，伴随听说法的那些先进的教学技术和设备也令欧洲人眩目，录音机、语言实验室进入了欧洲市场。但是，并非所有的欧洲国家对听说法都照单全收。一些国家甚至对听说法存在严重的抵制情绪，认为美国的听说法是根据成人的强化训练课程发展而成，而欧洲外语教学的实际情况根本不符合这种方法的条件，因此应当予以拒绝。在欧洲，许多人认同著名的英国语言学家查尔斯·弗斯(Charles Fries)的理念，并且弗斯的语言学理念被欧洲人作为改进教学法的理论基础。弗斯认为必须进行目的语和本族语仔细比较，这种比较的观点在欧洲外语教学领域大行其道，如捷克语言学者威列姆马修斯提出的"对抗法(confrontation Method)"，该方法建议使用意念功能语言比较理论，主张语言的功能运用，从而提出外语的学习目的是为了交际，语言在任何一种社团中都具有这种功能。马修斯指出，必须认识各种语言之间的不同，比较这些不同点有助于交际的完成。

第二次世界大战以后，欧洲语言教学越来越向语言对比研究的传统靠近。社会的发展对外语需求不断增加的情况下，欧洲语言对比的研究逐渐兴盛起来，而且很快普及到欧洲的各个国家，包括波兰、荷兰、德国、法国、捷克、斯洛伐克、比利时等。捷克斯洛伐克发展了自己传统的对比研究，由菲立坡威克领导的Zagreb计划几乎与欧洲的所有国家都有联系。在德国，新语法出现在外语课本中。这一期间，大部分欧洲国家的外语教学都考虑了母语的作用。从瑞典的GUMS教学项目的研究成果显示，成人学习者通过语言的对比学习外语收益最大。

从1954年起，法国和南斯拉夫开始合作改进直接法，比利时1960年也加入了他们的行列。改进后的教学法被称为"整体结构法"。它以布拉格结构主义语言学派的理论作为语言学基础，以格式塔心理学理论作为其心理学基础，通过图片、幻灯片、电影等方式呈现语言的整体意义和语用情境，在情境中进行语法结构的操练。整体结构法认为，听觉概念(auditory perception)被看作"整体"(global process)化的过程，因此教学中尤其重视语言的韵律学特征，如节奏、语调等。欧洲的外语教师普遍认同整体结构法。与行为主义听说法相比，他们对该方法倍感亲切。因此，结构整体法在欧洲各国倍受欢迎。

在西德，战后的官方外语教学政策和主要的发展趋势都倾向于统一语言。许多教学法专家致力于将原来的外语教材改造成符合统一语言理念的教材。早期使用的教材以相互联系的课文作为语法和词汇教学的起点，改进后的教材以篇章阅读作为教学的中心。Hans-Eberhard Piepho是倡导这种教学的先驱。荷兰心理学家范·派勒琳也是20世纪60年代统一语言主义的思想家。他早期坚决反对使用双语词汇表，因为他认为外语教学中母语的使用必然重新激活学习者记忆中的母语系统，从而增加产生过渡语错误的危险。

从上述内容可以看出，这一时期欧洲外语教学法没有一种统一的教学法，各个国家都根据本国对外语教学的实际认识改进外语教学法，但是，欧洲各国在改革外语教学法的时候都以语言对比研究理论为依据。

（二）20世纪70年代教学方法的演进

欧洲委员会自20世纪70年代以来一直致力于外语教学研究，将语言的交际能力作为主要的教学目标和教学原则。英国同欧共体的国家一道，由欧洲委员会主办开始设计更具意义的、更社会的、更功能的、更交际化的教学人纲。

欧洲委员会通过其斯特拉斯堡语言计划(Strasbourg)，出版了一系列的有关语言学习、语言应用及语言能力的专著。1971年，欧洲委员会文化合作委员会在瑞士的拉齐利康发起了一次专题研讨会，目的是探讨以单元/学分制(unit/credit system)组织现代语言教学的可能性，以便找出一个适合不同动机、不同能力的成年人的学习方法。此后，欧洲现代语言规划委员会(The Council of Europe Modern Language Project)开始在剑桥大学语言系主任特利姆(John Trim)领导下工作。该委员会的第一项任务就是成立一个由欧洲15个国家100多名语言学家和教法学家组成的专家组，制定一个以成年人为对象的欧洲现代语言教学单元—学分体系(A European Unit/Credit System for Modern Language Learning by Adults)，经过三年的共同努力，荷兰语言学家范埃克博士代表专家组制定了一个以功能—意念法为指导的现代外语初级阶段教学大纲，即1975年出版的以英语作为外语教学的《入门阶段》(The Threshold Level for Modern Language Learning by Adults,1975)。随后欧洲陆续出版了法语、德语、意大利语、西班牙语等语种教学的《入门水平》和《入门阶段》等。

《初步入门》的不同版本的出现表明，意念功能范畴无论在理论上还是实际运用中都显示出无比的魅力。《初步入门》不仅仅适应于英语的教学，也适合许多其他语言。因

为它着力于学习者如何"运用"语言，而不是"知道"关于语言的知识。从1970年起，十多种欧洲语言的设计都运用了《初步入门》的理论，它们不仅考虑到呈现在目的语语法中的意念范畴，也关注社会文化的不同。

从欧洲现代的外语教材和意念大纲的认可状况可以看出，《初步入门》在欧洲的外语教育历史上留下了光辉的篇章，其中外来文化的研究为它增加了血液。梅耶指出，《初步入门》处理的许多概念都与文化紧密联系，某种意义上这些概念依靠社会组织相互传播的知识来解释。

《初步入门》是20世纪70年代欧洲外语教学法发展的结晶。以《初步入门》为代表的意念—功能法成功的地方正是其他方法体系失败之处：它果断地从语言形式的教学重心转向语言的使用者，从把语言看着是编码变成把语言看作社会文化行为的形式。

最近，欧洲的外语教学正朝着统一的语言教学政策努力，许多学校采用一种实质一样、名称各异的教学法如"沉浸法""内容综合法"等教学法，这些方法体系都是统一语言政策的结晶，统一语言政策为欧洲外语教学和教学法的发展提供了政策支持和保证。

四、后方法时代与欧洲外语教学实践

（一）多元语言主义与欧洲外语教学法的发展

1.欧洲主张多元语言的原因

两次世界大战以后，欧洲整合运动兴起。就外部环境而言，它是东西方对抗的结果；就国家内部而言，它是各国急需经济重建而推动。1946年9月19日，英国邱吉尔(Winston Churchill, 1874—1965)在苏黎士大学提出"欧洲合众国"(United States of Europe)的构想。1949年建立政府间合作形式的欧洲委员会(Council of Europe)成立。这一组织从成立以来一直致力于语言和文化领域的研究。它的重要职责是促进和提高欧洲的文化多元和同一性。另外，1958年4月15日颁布的欧共体一号语言章程是迄今为止唯一针对欧盟语言问题所订立的正式、而明确的法规，其中的第一条明文规定欧盟所有语言都是平等的官方语和工作语言。自此，欧共体在文化和语言政策上确立了语言平等和多样化的基本原则。

根据欧盟执委会(European Commission)1988年对欧洲市民如何看待欧洲文化的调查显示：45.4%的被调查人员认为成员国之间的差异会成为问题产生的主要根源(43.04%反对这一看法)，另外50.6%认为这个问题是有可能发生的(33.6%反对)，在这其中，51.21%的人们认为这种差异主要是由文化差异造成(European Commission1997)。这些资料也正显示，欧洲市民普遍认为不同文化背景中使用的不同语言，以及社会价值观上的差异，将会造成彼此互动上的困难。语言是人与人沟通的最直接的媒介，如果能将语言障碍降至最低，亦可消弥国与国、种族与种族、人与人之间的隔阂。倘若人与人之间缺乏共同的沟通媒介，则会造成两个不同文化背景的行为者在交际上的困难。

1992年是欧共体历史上最重要的一年，是《统一欧洲法案》正式生效、实施的一年。《统一欧洲法案》凸显多元语言教育的必要性和功能。该法案的实施将逐渐打破了12个成员国之间的贸易壁垒，从1993年起，12个成员国的公民可以自由出入各国境内旅游、经商、工作、居住或生活，欧洲将成为一个名副其实的多元文化和多元语言的胜地。其中，多元语言的教育必将成为欧洲外语教学的必然趋势。因此，1992年可看作欧洲外语教学的转折点，欧洲历史上的任何一个时期都没有现在这样迫切地需要多种语言教育。相互理解和交流的教学目标在现在的欧洲看来如此现实、正确、可行。

对外语学习态度转变最大的是那些以往不太重视外语教学的欧洲大国，如英国、法国、德国、西班牙、意大利。那些较小的国家如希腊、丹麦、荷兰、卢森堡等国历来重视外语教学，外语作为核心课程享有很高的地位。如今，欧洲大国的思维开始变化，纷纷将外语列入核心课程。语种也不再是某种单一的语言，力求语言的多元化。另外，由于欧洲市场的统一，许多较富的或工业化程度高的国家担心大量其他国家公民的涌入会造成很多的问题，因此学习这些国家的语言也成为解决矛盾的出路。

可见，欧洲名媛语言和名媛文化是欧洲谋求社会发展的趋势，是外语教学发展的外在动力。因此，适应多元语言和多元文化的教学法成为外语教学发展的迫切需要。欧洲各国不但要学习英语、法语、德语、西班牙语等大国语言，也要学习小国家的语言如芬兰、丹麦、卢森堡等国语言。

2. 多元语言主义催生多元语言教学模式

在第一届欧洲首脑高峰会议(维也纳)上，会议认为仇外和极端国家主义是影响欧洲流动性与整合的首要障碍，它威胁着欧洲的民主和稳定，当前欧洲的紧迫任务是要避免仇外和极端国家主义。在第二届欧洲首脑高峰会议将优先培养民主的欧洲公民作为教育的首要目标，并提出了改进现代语言教学方法的重要性。会议认为，教学方法一定建立在加强思维、判断与行动的独立性的基础上，要结合社会技能与责任。根据这些目标，部长理事会强调了语言多样化的策略对促进多元语言的发展的重要性，并强调要进一步关注教育交流和合作的价值。

因此，欧洲各国开始重视把现代外语教学作为学生整体发展的重要部分来对待，将教学法改进的中心落在加强学生思维、判断与行动的独立性、文化的理解、结合社会技能与责任等各个方面，并强调多元语言的重要性。事实上，人作为社会个体在语言交际的过程中，要应用其各项能力。也就是说，语言的应用不仅仅限于语言知识和语言技能方面，它还涉及人的一般能力，如对世界的认识、社会文化知识、跨文化意识、情感、态度、认知风格和性格等。所以外语教学目标不应该仅仅限于教授语言知识和培养语言技能方面，而要更多地关注学生一般能力的发展，注重学生的全面发展。因此，20世纪70年代以来，欧洲各国在各个阶段外语课程设计建议中都指出要重视学生一般能力的发展，而不是某一项具体能力的发展，例如儿童在刚接触外语学习时，学习内容要建立在他们已有的生活经验的基础之上，他们需要学习更多的发生在身边的事物，如果忽略了学生已有的生活经验，那么整个学习过程就很容易磨灭儿童学习语言的兴趣。儿童刚开始外语学习时，语言学习目标首先要注重儿童一般能力的发展，随着学习时间的推移，逐步加重培养语言能力的目标。

另外，外语教学法在语言学理论研究的影响下，或以语言形式教学为本位，或以语言功能为目标，都没有从根本上解决语言教学中体现语言的文化本质问题。因为语言的文化本质是语言交际功能实现的媒介，交际的核心表现为文化的理解和文化的传播。欧洲现代外语教学发展一百多年以后，在教学法研究的不断探索中，终于将外语教学与文化意识培养联系起来作为外语教学法发展的出发点之一。外语教学法讨论的焦点不再仅仅是要不要教语法、怎样教?如何培养学生语言技能、哪些技能的问题，而是文化在教学中的地位问题，及其内容和方法应该怎样的问题。"一门语言是探索一种文化的灯光，一门语言是了解那个国家那个民族的一个窗口。"外语教育的作用除了语言技能训练外，更重要的是理解目的语国的文化，了解母语以外的文明体系和交际原则，进而促使学生更深刻地理解自己的文化和语言。这是欧洲外语教学法的文化转向，也是外语教学法发展的必然趋势。

另外，通过学生对外语的接触和学习，学生可以受到锻炼，培养一种宽容的态度对待外来文化，培养良好的交际态度与能力。因此，欧洲致力于超越狭隘的语言技能或者功能性外语教学法的禁锢，以培养学生跨越语言和文化界限的交流的能力，培养学生积极宽容、理解的态度，满足欧洲多元文化与多元语言的需要。欧洲的外语教学试图以多元语言主义的理论为依据，从文化多样性入手改进外语教学法。多元语言教学的模式成为欧洲外语教学法发展的需要。

（二）实现多元语言教学的途径

目前，以内容为基础的外语教学法在欧洲受到各国的欢迎，如奥地利、比利时、芬兰、法国、德国、意大利、荷兰、瑞典、英国。这是一种帮助学习者获得高水平的语言能力的模式。内容型教学模式遵循知识、语言与认知学习模式。

该模式把外语学习过程中知识信息的获得、语言能力与认知能力的发展整合起来考虑。表格中从陈述性知识到程序性知识的意思是通过一个缓慢的内化过程，事实性知识转化成自动化的操作能力，这个过程意识参与越少，认知压力越小，内化速度越快。同时，学生的语言能力也从初级的易犯错误阶段向高级的本族语者的流利程度靠拢。这个模式说明："语言的理解与普通的认知过程之间有相当直接的关系。"

如果一门外语在多元语言的环境中学习那么情况将会怎样?有一点可以肯定:与传统的外语教学会有很大的差异。内容型教学将教学的焦点不放在语言上，而是运用语言"做"事上，即运用语言去习得知识，这将单纯的"语言"由名词变成动词。与其他教学法相比，内容型教学有以下几方面的不同:认知压力不同、知识转换速度不同、语言水平增长速度不同。

1. 认知压力不同:由于外语学习者在初级阶段的认知压力和知识压力很大，容易造成他们沉重的心理负担。但是内容型语言教学通常采用"脚手架"和"自我更正"的策略减少学习者的学习压力。"脚手架"指教师或者其他学习者用非正式的、非计划性的干预帮助学生制定相关策略改正错误或者拓展话题。这种课堂重视意义交流和话题或者内容学习进程的流畅，能尽量减少学生的认知压力。

2. 知识转化的速度不同:在内容型课堂上，从语言的事实性知识、陈述性知识和联结性知识到自动化的程序性知识的转化速度远比传统外语教学课堂快。其中的原因很简单:是什么促使学生从初级阶段迅速过渡到中级阶段?答案是:实践。内容型课堂为学生提供的实践机会是任何其他形式的教学都无法比拟的。

3. 言语水平增长速度的不同:在内容型语言教学中，由于学生较低的认知压力，学生的言语水平发展很快。同时，其他学科知识也在轻松的认知环境中获得，它们之间相互强化，形成良性循环，促进语言与知识体系的共同发展。

因此，内容型教学法的好处显而易见:学习者有更多的时间接触外语，而不仅仅局限在外语课程内;学习者不把外语作为枯燥、乏味的学术课程对待，而是将它作为学习其他知识的手段，从而极大地激发学生学习使用语言的热情。

另外，内容型教学模式利用外语学习与其他课程学习之间存在许多相同的特点，运用外语教学部分的课程内容，或者把语言学习的课程与其他科目整合起来，使外语学科教学内容开阔起来，冲破了传统方法重语言结构的禁锢。外语课程与其他课程之间存在以下三方面的共同特征:

1. 做中学:学生可以通过动作表示对信息的理解。例如，可以用外语进行体育课的教学。Arsher提出的外语教学"全身反应法"就是基于此理论。

2. 直观理解:视觉媒介对于外语教学具有重要作用。特别对于低年龄段的学生而言，在阅读或写作时为他们提供直观教学可以帮助学生摆脱逐字逐句地理解枯燥的文字，从而快速地抓住主要内容和意义，提高教学学习效率。

3. 从图表中获取信息:学生可以阅读火车时刻表和电视节目预告;在城市地图、房屋的设计的问题中，学生可以运用他们极其有限的，但真实的、情景化、交际性的语言进一步发展语言并锻炼思维，获得知识。在科学和数学课程上，他们可以有更多的时间和机会获得相同的能力和技巧。

教师可以把外语作为教学其他课程学习的语言，也可以改编其他课程内容用于外语教学，促进语言的发展。他们甚至可以把其他课程内容作为外语教学的基础，或者运用外语教学其他科目。这种方法倡导把其他课程和外语教学整合成为更广泛意义上的课程，使外语学习真正意义上成为学生日常学习生活中的重要部分，快速有效地学会外语。

第六章

中学英语教学中的文学教学

第一节　相关概念

一、文学的定义

"literate"一词出现于约15世纪，就其意义上说是指通过阅读来学习。而"literate"直到1883年才出现。作为"literate"，的词源，"literate"本来主要指"受过教育的、有文化的、精通文学和文学创作的"。从18世纪中期，"literate"开始指的是专业的写作练习。直到19世纪，"literate"才被视为在具有高想象力的特殊情境中的高技能的写作。最近一百多年里，"literate"才开始包括基本的读和写的能力。然而，对于文学的定义，至今仍未达成一致的定论。

按照牛津高阶英汉双解词典上的定义，"Writings art，esp. Fiction, drama and poetry. (as contrasted journalism)"that are valued as works of with technical books and journalism.)

当一部作品不再特别地涉及原稿的直接语境时，它就成为文学作品(Eills)。

从某种意义上来说，如果将文学看作是确定的、不变的值，以某种共享的固有特性为特征的一套作品，那么这样的文学是不存在的(Terry Eagleton)。他认为文学是一种社会建构。

语言常被富有艺术性地用来获得可辨认的文学素质和传达意味深长的讯息。它以表达和形式之美以及理智和情绪感染之普遍为特征(吴定柏)。

文学是一种丰富的、有着广泛吸引力的来源的阅读材料(Brumfit)。

文学是艺术的一种语言形式，就这个意义而言，文学是一种依赖于一个特殊媒体即语言的艺术形式。为了文学创作和文学交流的存在性，语言的使用不是一个充分条件而是一个必要条件(封宗信)。

尽管定义不同，但是我们必须意识到一个事实，文学是被人赋予的有灵感的创造，是在语言的帮助下来表达一些与人类生活休戚相关的想法和问题。根据对文学内容界定的不同，不同的理论家也有不同的看法。比如说有双向分类(prose and verse)、三向分类(narration, lyrics and drama)和四向分类(story, poetry, prose and drama)。

文学教学

（一）文学教学的目的

1988年4月12日至14日在成都四川大学召开的"美国文学在中国"的专题讨论会上，来自美国犹他州罗根州立大学的教授杰克·谢庭，把中国的外国文学教学的目的列为下面五项:1. 任何受过教育的人都应该学会欣赏至少一种外国文学。2. 学习英语文学有助于提高英语写作能力。3. 为了在国际学术界取得应有的地位，中国学者应该有对美国文学进行原创性研究的能力。4. 了解伟大的文学作品，有助于更好的做人，成为更有责任感的公民。5. 中国的现代化需要许多对发达国家，如美国拥有扎实文化基础，并且可以与其人民有效沟通的人来实现(王守义)。

另外，Carte和Long (1991)认为文学教学的目的有三种模式，它们分别是文化模式、语言模式和个性培养模式。所谓文化模式是把文学作为一种文化遗产或知识来传授，把文本或作品看成是产品，其教学方法是以内容为基础，以教师为中心，以讲解作品为目的的填鸭式文学教学。语言模式和个性培养模式则强调文本是过程，文学教学应以语言为基础，以学生为中心，强调过程的融合式(language-based, student-oriented and process-oriented)的教学方法。传统的文学教学课堂大多采用文化模式，而语言教学与文学教学相融合的课堂采用的则是后两种模式。

而Lazar 在总结和分析了英国的文学教学现状后指出，文学教学不外乎有两个目的，一是纯文学的教学，二是把文学作为语言教学的一个取材的源泉。在所有的关于文学教学目的的论述中，有一种教学理念必须引起我们的重视，那就是我们的教学目的最终是使学生成为一个更好的读者(McRae)。

（二）文学教学的地位和作用

文学是语言精华的荟萃，学习文学就是一个理解和吸收语言养料的过程，可见文学教学是外语教学中必不可少的部分。

吕叔湘先生说:"语言研究常常必须涉及文学"。胡春洞在《英语学习论》一书中指出:"离开文学的英语学习路线是一种以实用主义哲学思想为主的路线，是近视而无远视的路线，是抄近路反而绕远路的路线。"然而，在交际法的深刻影响下，长期以来，我国的高中英语教学的课程设置、教学理念、学生培养方式等方面大多集中在语言知识和语言技能的层面上。并以此来衡量学生对英语知识的掌握程度如何。这样，作为语言最高层次的文学就渐渐从教材中隐身而出，使得文学教学一度处于萎缩状态。这种功利性教学，一度给外语教学带来了不少负面影响。然而，近几年，随着人们对语言学的深入研究，文学教学又重新回到了中学英语教学的话题之中。越来越多的人逐渐认识到，外语教学不能只停留在将外语视作为工具这个局限性上。对于一个学习外语的学生而言，要学习的不仅仅是语音、词汇、语法、句法等方面的知识和技能，还必须学习有关目标语的社会习俗和历史文化，这样才算真正地了解这门语言，才能掌握这门语言的精髓，也才能理解和灵活运用这种语言。因此，外语教学必须深化，要向文学方面发展。因此，从某种程度上来讲，文学教学对英语教学有着极其重要的意义和作用。

1. 文学教学有利于培养学生的学习兴趣和激发学生的积极性。

文学作品中故事的情节和悬念、戏剧场面和富于韵律的句子能激发学生的兴趣，能让学生接触到许多新的语言现象，从而让学生积极地参与各项教学活动。布莱德福德·亚瑟(Arthur)说："文学使得语言学习成为学生的一种乐趣和满足，从而使文学成为第二语言教学中的一个富有吸引力的课程。"文学教学给学生创造了一个轻松优雅、真实自然、快乐的语言环境。在学习过程中，学生品味着语言、关注着情节、融入了作品所创设的氛围之中、与作者进行着情感和思想上的共鸣和互动，在轻松和愉快的环境中学习了语言。

2. 文学教学有利于提高学生的语言能力。

这种语言能力既包括对文学作品语言的感受能力，也包括对文学作品内容的欣赏能力。波维说："文学必定会加强学生的语言能力，因为文学作品微妙且丰繁的词汇、复杂且准确的句式无疑拓宽了文学对语言的感性认识。"波维的这种看法得到了亚瑟的认可和赞同，他说："书面语中特别是文学作品中，词汇的运用显然要比口语多而广。如果一个学生一直是局限于接受口语的训练，他就不可能有机会听到更不用说掌握英语中的大多数词汇。"

文学作品的内涵是通过语言形式来表现的，文学作品能够提供真实的语言材料、真实的语言营养和真实的语言文化。学习文学作品同时就是学习英语语言的过程。这使学生对语言的特点更加敏感。另外，通过文学教学，学生的听、说、读、写、译等方面的能力能得到提高、阅读理解能力能得到增强、领悟和实际运用能力得到强化。文学教学丰富了学习语言的途径，拓宽了学生获取语言的渠道。学生在真实而生动的语言情境中获取鲜活的语言素材，积累语感，从而实现理解和运用语言能力的提高。

3. 文学教学有利于丰富学生的文化知识。

语言是文化的载体。真正理解语言中所包含的文化含义，能帮助掌握和驾驭好这门语言。学习英语的过程实际上也就是学习英语国家文化的过程。文学作品可以为学生提供目的语的文化背景知识。通过文学教学，学生能够全面地了解到目的语国家的社会、经济、政治、生活、历史文化、风土人情等诸多因素，能开拓文化视野，能吸收文化知识，能增加对不同民族、不同国家的文化的感受与认识。文学作品还为学生提供了一些了解西方国家的全面的、深刻的、具体的语言材料。因此，文学作品是学生学习语言文化背景知识的取之不尽、用之不竭的源泉，是学生熟悉与理解目的语文化的直接通道。通过文学教学，学生能够了解到目的语国家的不同历史时期的不同社会情况，能够体验目的语国家的思想发展轨迹。从而在整体上客观了解西方文化。另外，随着经济全球化趋势的加快，跨文化交际日益增多。而文学教学能帮助学生充分理解英汉文化差异，进而去提高跨文化交际意识，去克服跨文化交际中的文化障碍。

4. 文学教学有利于培养和提高学生的文学修养和人文素养。

文学教学具有启迪智慧、充实心灵、陶冶性情、开拓视野的作用。文学教学还能够培养和提高学生的文学修养，提高他们对文学作品的欣赏、分析和鉴评能力。文学是人学，表现人性、人道、人权和人生。文学作品中的丰富的生活、诚挚的情感、蕴藉的思想，给学生打开了认识人生和自然的天地，创设了陶冶情操、完善人性的艺术环境。它能激发学生的生命激情和发现美、创造美的能力;能塑造学生良好的素质和品性;能熏陶和培养学生的品德与性情。文学教学培养了学生的一种对人生和世界的感悟，培养了他们积极向上的世界观、人生观和价值观，促进其人格建构和心理发展，以达到培养健全人格的目的，使之成为全面发展的人才。

因此，总的来说，文学教学对于培养学生的学习兴趣、增强学生的语言能力、提高学生的文化了解度、提高学生的个人修养等方面都有着十分重要的意义。

三、西方和中国外语教学中的文学教学

（一）西方外语教学中的文学教学

在西方，传统外语教学的目标是去训练学生通过阅读、学习目标语文学作品和使用目标语的能力。对于文学作品在外语教学中的地位和作用，国外的代表性著作是Marckwardt, A.H.的The Place of Literature in the Teaching of English as a Second or Foreign

Language和C.J.Brumfit和R.A.Carter的Literature and Language Teaching，这两本书都是从英语作为外语教学的角度出发进行阐述的。另外，Arthur, Charlesworth和Mckay等研究者都强调了文学教学的重要性。

查尔斯华斯指出："轻视文学是一种普遍的现象，也是一种不合理的现象。在语言课程中排出文学这一基本组成部分就等于剥夺了第二语言学生们的一大资源，其结果是使学生失去对语言的一种宾至如归的温暖感，从而产生陌生感。"

"19世纪，语言教学只是为文学学习做准备。因此，非常重视正式语言的学习，尤其是书面语"（Stern）。

桑德拉·莫凯则从三个方面论述了在英语作为外语的教学中文学教材的地位，认为"采用文学教材可取之处颇多，一个是可用来讲授语法、词汇及其应用;其次，由于学生容易与文学作品产生共鸣，他们阅读文学作品的积极性高，其结果必然是学生的阅读能力的提高;此外，阅读文学作品还有利于加深学生对另一文化的理解。"

苏珊·斯特恩也认为"文学对英语作为第二语言(ESL)或英语作为外语(EFL)的教学有着巨大的潜在作用"，他认为从语言、文化、审美三个方面来讲，文学作品都发挥着独特的作用，除此之外，他还认为，文学为语言学习提供了特有的深度，"语言学习应有更深刻的意义，不应像现在这样把学习的重点停留在表面的交际或交际能力上"，而"能为语言学习提供深源的是文学"。

麦凯提到，英语课堂教学借助文学作品能给学生带来三方面益处:首先，它展现了作者为了取得特定的交际目标对语言形式选择的重要性;其次，它是语言综合运用能力的理想资源;再次，它能提高跨文化意识和培养语感。他在Literature and Language Teaching一书中重点论述了文学作品在二语习得中的作用和使用。他总结了文学的三点功能:1. 有助于学习者语言知识的积累;2. 能提高学习者与文本交流的兴趣，实现作者与读者的互动，从而提高阅读效率;3. 能增加学习者对目标语所在国文化的了解。他还讨论了文学作品的选择和使用问题，指出应选择简易读物或较简单的作品。

上述的这些专家和学者都分别从不同的方面阐述和强调了文学作品在外语教学中的重要性，在当时的研究中比较具有代表性。

美国1999年公布出版了主要针对中小学外语教学的《21世纪外语学习目标》，将外语教育归纳为5个以字母C开头的教育，即"5C"教育，它们是:Communication(交际)、

Cultures(文化)、Connections(连贯)、Comparisons(比较)和Communities(社区)。说得具体些,就是:运用外语交际、体认多元文化、贯连其他学科、比较语言文化特性、应用于国外多元社区。其中文化内容 (Culture Content)方面明确规定,学生必须接触该语言丰富的文化内涵,阅读具有重要意义的文艺作品(陆效用)。

在今天,外语教学主要是以获取交际能力为目的,语言的社会文化成分备受重视,口语的流利也被强调。但是,其教学仍然没有忽视文学在实现这一目的中所发挥的作用。其一直保持着教授文学作品的传统(李磊伟)

我国外语教学中的外语教学

外语教学,在新中国成立前,一直以教授文学作品为主。从辛亥革命到新中国成立期间,我国英语教学处于一种长期的畸形的发达时期。这一时期出版的英语教材很复杂,很多以文学读本为主。教育部召开全国中学校长会议,会议提出了有关外国语科的教授方法:"……文法宜与读本联络,并注重记诵,以期捷径;提倡课外读书阅报"(李良佑、刘犁)。国民党统治下的中学外语课的教学目的是:"使学生练习运用切于实用之普通英语;使学生略见近代英文文学作品之一斑"(付克)。

新中国成立初期,在苏联的影响下,我国外语教学开始发展俄语。这导致英语课在中学暂停,英语教学几乎是一度中断。这对英语教学来说,是严重的失误,也是严重的打击。这也使中学英语教学发展的道路坎坷崎岖。50年代中期至60年代中期,这一时期基本上是在纠正前一时期的错误,处于初步恢复时期。然而,好景不长,文化大革命不但阻碍了中学外语教学的发展,还使其遭受到了前所未有的破坏。文学在这些跌宕起伏中销声匿迹,英语文学教学也随之变迁而烟消云散。

"文革"后,我国外语教学又继续保持着文学传统。十一届三中全会以来,中学英语教育朝着正确的轨道上健康发展。改革开放后,我国的中学英语教学进入了繁荣发展的阶段,并为今后的飞速发展奠定了良好的基础。这一时期选编的教材体现了浓郁的文学特色,学校里的英语教学也以文学作品的学习为主要模式。然而,随着交际法的出现,我国外语教学又发生了巨大变化。80年代中期,交际法开始在我国风靡,对我国外语教学产生巨大的影响。在加上进入90年代后,我国对外开放,不同的英语教材和读物进入人们的生活使得教学可供选择的资源非常丰富。这样,外语教材中引入了大量的日常生活题材,替代了传统的文学材料,文学课文在教材中占的比例明显减少。后来,在一切以高考为中心的前提下，在实用功利主义的影响下，一些教学者忽视了语言中文学性的一面，一度认为文学教学属于语文教学的事情。就连教材中出现的少之甚少的几篇文学作品也只是作为教师教授语言知识和语言技能的材料，文学失去了它应有的面目。

如今，我国外语界又开始意识到"语言与文学无法分家"。不少文章的发表都不约而同地讨论了文学在英语教学中的潜在作用。许多学者认为文学教学是应该的也是必需的，继而又开始研究文学作品在外语教学中的地位和作用。研究的问题主要涉及以下几个方面:1. 文学作品同语言学习者的兴趣爱好之间的关系。2. 什么样的文学作品适合于外语教学。3. 文学作品在文化传播方面的作用。4. 外语教学中文学作品的改写和删减。5. 文学作品是否应该局限于纯文学的范围之内。

教育部的《全日制义务教育普通高级中学英语课程标准》(实验稿)，重新将文学列为学习内容。新课程标准明确提出英语教学"要面向全体学生，注重素质教育。课程特别强调要关注每个学生的情感，激发他们学习英语的兴趣，帮助他们建立学习的成就感和自信心，使他们在学习过程中发展综合语言运用能力，提高人文素养，增强实践能力、培养创新精神。"并进一步在《高中英语课程标准》中将《文学欣赏入门》列为选修课。课标在语言技能目标(八级)中规定，学习者能在教师的帮助下欣赏浅显的英语文学作品，语言技能目标(九级)中规定，学习者能阅读一般英文原著，抓住主要情节，了解主要人物。为了保证对新大纲中有关文学教学任务的实施完成，必须加强文学教学的内容和方法等理论基础的研究。

另外，林宇在其《论文学在外语教学中的作用》中说:"文学可为学习者提供丰富多彩的语言材料……文学的价值在于他有助于学习者自然习得目的语，'内化'(internalize)新的语言规则。"

刘辰诞提出，在篇章语言学的理论框架内学习文学作品可以"帮助学生认识目的语中篇章类型与语言组织之间的关系"，且可以"促进对学生有用的以学习者为中心的语言活动"。

白锡汉研究了英美文学教学与语言能力之间的关系，认为"大量的阅读对学生的语言能力的提高会起到潜移默化的作用，也可提高其文学修养，并且能把不同文学进行比较。比较的过程也是语言能力，特别是语篇、语用、文化知识和能力提高的过程。"

胡文仲指出"在外语教学中，文学作品往往能够提供最生动、具体、深入、全面对提高学生文化素养的材料……从这个角度看，可以说没有其他任何材料可以替代文学作品"。

陈红认为那些割裂文学和语言关系的教学方法"在很大程度上忽视了学生阅读文学文本时可能获得的深层次的知识和技能"，她认为"文学是对一系列有限的语言结构的生产性的应用。不管是口头文学还是书面文学，其语言体系的核心是相同的，文学在本质上并非有别于其他的语言行为"。

王新春、鲜文森也认为文学在外语教学中受到冷遇是"极不正常的"，因为"文学的作用不可忽视，它不仅是语言的最高形式，而且是一个国家、民族文化精华的集中体现""对于一个学习语言的学生，不仅仅是学习语音、词汇和语法这些语言结构方面的内容，而且必须同时学习有关国家或民族的历史文化传统和社会习俗，这样才能真正掌握这门语言的精髓，也才能真正理解和灵活运用这门语言"。

综上观之，国内外学者对于英语文学教学所做的大量研究主要集中在两个方面:一是阐述英语文学课对外语学习者的作用和意义;二是针对提高英语文学教学效率而提出的教学方法和手段的改进。另外，有许多中国学者针对目前国内英语文学课程师资不够、课程设置以及教材编写不合理等问题提出了自己的见解。同时，可以看出，赞成文学作品进入外语教材的论点主要集中在以下几个方面:1. 文学作品对于激发外语学习者的学习兴趣有着不可替代的作用;2. 文学作品对于引起外语学习者的感情上的共鸣有着不容忽视的作用;3. 文学作品对于帮助外语学习者掌握文化背景知识有着潜移默化的作用;4. 文学作品对于提高外语学习者的语言知识和技能有着独特的作用。

第二节　中学英语课堂的文学教学的理论依据及启示

一、人文主义教育思想及人文主义语言教学思想

《大不列颠百科全书》对人文的定义为："人文，是指人的价值具有首要的意义"，它突出体现在生命关怀和文化关怀之中。现代人文主义(亦称人本主义)教育思想是20世纪六七十年代盛行于美国的一种教育思想，其代表人物有马斯洛、罗杰斯、弗洛姆等。它主张教育应培养整体的、自我实现的和创造型的人，在当时对美国的教育实践以及世界教育产生了很大影响。

马斯洛的"需要层次理论"认为，人有生理、安全、爱和归属、尊重、认知、审美、自我实现等七种基本需要，形成五个层次，最底层是生理需要，最高层是自我实现需要。一般而言，一种优势(更低的)需要得到满足后，另一种优势(更高的)需要就会出现。教育的目的应该是引导学生最大限度地发挥自己的潜能，帮助学生达到自我实现，即培养"自我实现的人"。他指出，"自我实现的创造性强调的是人格，而不是其成就"，因此，进行创造性教育就是要培养"创造性地做任何事情"的能力以及创造性的人格和态度。

罗杰斯认为教育的目标应该是促进学生的发展，培养独特而完整的人格特征，使他们成为能够适应变化，知道如何学习的"自由人"。学生的学习是作为一个整体的人的学习，既具有丰富的认知因素，又具情感因素，二者合二为一。他提出了"以学生为中心"的教学论思想，强调尊重学生，信赖学生，对学生的能力充满信心，发挥学生的主观能动性，置学生于教学主体的地位。

弗洛姆也认为，包括教育在内的一切活动，不能把人的情感生活与智力分割开来，否则，其结果是双方都会受到损坏。他尖锐地批评在现代社会中受到的教育愈多，就愈缺乏理性，充其量只不过是提高了智力，提高了在社会经济角逐中的能力。但是"透过事物的表面去了解个人和社会生活中本质力量的能力却越来越枯竭"(张斌贤)。

由此可见，现代人文主义的教育目的，就是要培养具有完整人格和创造能力的，能够达到自我实现的人。

人文主义的浪潮很快波及了语言教学界。西方现代语言教学的"人文主义流派"产生于美国，George Isaac Brown的Human Teaching for Human Leaning一书的出版为标志，是人文主义教育观在语言教育界的响应。近几十年来，人文主义语言教学一直是欧美外语教学界所关注的一个话题，有关人文主义教学法(humanistic approach)的阐述与实践可谓硕果累累，其中具有代表性的有Moskowitz, Early, Stevick,Rinvolucri, Underhill, Arnold等。

人文主义语言教学思想与传统语言教学思想的不同，首先体现在对语言教学目的的认识上。传统语言教学思想认为，帮助学生掌握语言知识和语言技能是教学的最终目的。人文主义教学思想则认为，教育的主要目的是帮助学生实现自我(self-actualization)，使他最大程度地发挥潜能。语言教学也不例外。Moskowitz指出，在外语教学中，让学生了解自我是极为重要的。语言教学活动首先应有助于学生的自我发现(self-discovery)、内省(introspection)和自尊(self-esteem)，通过语言教学培养人依靠自身的精神力量，不断自我激励，自我完善，不断追求知识，追求真善美。正如Arnold所说，人本主义教学法所主张的是在促进语言学习的同时，也注意到要为学习者带来别的收获——促进其人格的发展。

二、文化语言学

文化语言学是研究语言和文化的关系的科学(邢福义)。是现代语言学中的人文主义研究，是人文主义在语言学领域的分支与延续。文化语言学认为:语言对文化的影响的一个重要表现，就是它对文化世界的影响。人类的身体生活在客观世界(包括自然界和人类社会)里，但心灵却生活在文化世界(人类所认识到的世界称为文化世界)。文化世界是客观世界在人脑中的反映中(刑福义)。语言是文化的符号，是文化传播的媒介，人类建构起来的文化世界大都储存在语言之中，文化世界主要是通过语言传承给后人的。每种语言都反映着一定的文化世界所刻画的"世界图景"。比如人们认识夜晚的群星的重要方法之一，就是把它们划分为不同的星座。在德语中，有大熊星座、小熊星座、金牛星座等。而古希腊则把星座分为48个，并且都按希腊神话中的形象命名。我国早在公元3世纪就已把星空划分283个星座。其实古希腊人、古日耳曼人和古中国人所看到的星空大致是相同的，但是却划分为不同的星座，表现为不同的世界图景。正是在此意义上，我们可以把文化世界称之为"语言世界"。文化世界是通过语言强制性地"遗传"给后代的。语言不仅把某文化特有的世界图景传给后代，而且还把前代人观察世界的方法、角度以及思维的工具传给后代，从而影响到后代对于世界的认知和思维。语言影响人们对于世界的认识。

同时，文化是语言的管轨。文化也多方面地影响着语言的发展。语言的变化与文化的变化是互为因果的关系。其中文化影响语言系统。这首先体现在文化对语法的总体性影响上。从总体上看，几乎可以说，人类的文化和人类语言的语法是同时产生的。文化的发展特点和语法的发展特点，有着某种程度的相似性。不同语言语法反映着不同的思维文化差异。

文化影响语言系统，还体现在对语言的运用上。语言的运用总是在一定的语境中进行的，人们如何进行言语表达，如何在特定的语境中理解言语，这些都不可避免地受到文化的影响。

萨王尔在他的《语言论》中指出，"语言有个底座，说一种语言的人是属于一个种族(或几个种族)的，也就是说，属于身体上具有某些特征而不同于别的群的一个群。语言也不脱离文化而存在，就是说:不脱离社会流传下来的、决定我们生活面貌的风俗和信仰总体"。语言使用方式受制于文化规则，忽视语言使用与文化因素的相互作用，即使对该语言的语法知识掌握得很好，但在实际的言语交际中却很难做到说话得体或准确地表达领会意思，如日本人认为，如果在语言表达上过于强硬或直截了当，会令对方不快或恐惧，往往被认为不礼貌。因此，日本人在回绝他人的请求时，为了尽量不让对方感到难堪，措辞往往比较暧昧，一般用"我考虑一下""现在还不好说"。日本人能够很准确地理解为"拒绝"，而其他国家的人则往往乐观地等待对方给予考虑的结果却杳无音讯。

外语教学的目标之一是培养学生运用语言的交际能力。交际能力这一概念是海姆斯提出的，是指"人仅能使用语言规则来组成语法正确的句子，而且知道何时何地向何人使用这些句子的能力"(Richards)。外语教学要培养学生运用外语进行交际，不仅能说出符合语法的句子，还应取得这样的一种能力:什么时候该说，什么时候不该说;在什么时候、什么地方、对谁用什么方式讲什么话。例如，中国人碰到熟人寒暄时开场白往往是:"吃了饭没有?""上哪儿去啊?"如用这些话问候英美朋友，就会被误解为干涉别人的私事，有失礼节。因为他们彼此见面，一般用"How are you?""Hi."或"Hello."表达问候。由此可见，交际时，双方的文化背景起着重要作用，如果不懂对方的文化，使用再规范的语法和再优美的言语都不能达到成功交际的目的。

三、理论给予的启示

（一）英语教学应兼具语言学习和整体培养功能

外语教学应同时兼顾工具功能和整体培养功能。外语教学作为教育的一部分，不应只关注语言教学本身，同时还应考虑如何通过语言教育，达到提高学生整体素质的目的。如外语教学中渗透德育、人文精神的培养，不仅是对本身教学水平的提高，同时在教学中培养起来的各种能力，迁移到其他学科的学习中，也为多学科的综合教育工程做出了贡献。如通过小组活动，培养学生的协作精神和与他人沟通的能力，通过组织学生完成一些有意义的项目作业(project work)和任务，激发学生的创造性，提高他们解决问题的能力。人本主义学派认为，真正的学习应以"人的整体性"为核心，而不是仅要求学生无条件地吸收某些信息或记住某些事实。它不仅能帮助学生发现和培养独立的个性品质，而且能帮助他们成为合格的社会一员。因此，真正的学习本质是"自我实现"，是促使学生成为或学习怎样成为全面发展的人，这是教育的最高目标：追求自我实现是学生一生中最为真实的生命。

（二）英语教学应始终渗透文化教学

文化语言学认为，语言深深地植根于文化土壤中，离开了特定的文化背景的语言是不存在。二者是水乳交融，密不可分的，外语学习实际上是一个既学这门语言又学该语言文化的过程。事实上，外语教学从来没有也不可能完全排除文化因素，按刘润清教授估算，一部"外语的教材，在初期是100%的语言信息，0%的百科知识信息。随着语言水平的提高，这个比例逐渐变化，到了高级阶段，是10%—20%的语言信息，80%的百科信息"(刘润清)。如何对待这些逐渐增多的文化内容，文化教学就是要处理这方面的问题。当今，外语界争论的焦点不是外语教学中要不要教文化，而是教什么，怎样教的问题了。

目前，我国中学主要以使用人民教育出版社与英国朗文出版集团有限公司合编的Junior/Senior English for China这套教材为主。有些学校还在使用统编教材的基础上，部分引进了国外教材。这些教材越来越多地对文化因素予以重视，融合了有关目标语国家的文化内容，诸如艺术、教育、历史、文学、音乐、政治、宗教以及日常生活、社会习俗和价值观等。

在学习中，如果不了解目的语的文化，就难以理解某些词语的意义。如"Grammar School"可以望文生义为"讲授语法的学校"，实际上，它却是为升大学而设立的中学，

即大学预科。缺乏西方文化常识也很难理解什么是"This is my waterloo!"(指一次失败)或"lobbyist"(指影响议员，政府官员的院外活动人士，多为以前的政客或律师)。

西方外语界流传着一句话:一旦学了一门外语，你就不再是以往的自己了。这句话揭示了学习外语和学习外国文化之间不可避免的联系，以及文化对人的心理、世界观、价值观的形成和发展的重要影响。语言教学与文化教学是紧密相关，相辅相成的，作为语言教师，不可能脱离一个国家和民族的文化背景去孤立地传授语言知识，而是把文化知识贯穿在语言教学的各个阶段中。

（三）文学在学生的语言文化学习和整体培养两方面的独特优势

文化语言学认为，文化范畴中的文学及其发展对语言运用及言语表达手段的形成起着重要的作用，文学作品为我们提供了各个时期该语言最好的范式。并且，文学是语言艺术和人文精神的整合体，其内容涵盖了人类文化的方方面面，包括神话、宗教、哲学、伦理、道德、美学等。将文学鉴赏引入英语教学，能起到一举两得，一箭双雕的作用。

文学语言最能展示一个民族语言本身具有的潜在的表现力和表现技巧，其中不仅有符合语法规则的表达方式，更有许多意蕴深长的，不合语法规则的语言变体，需要学生去推敲、领悟，这种阅读过程将学生对语言的感悟引向一个更高的层次，更有效地增强学生的语感。另外，文学作品的特性决定了文学作品总是比其它体裁的文章更受学生的青睐。学生喜欢阅读文学作品，就会主动去克服阅读中出现的生词、句法等障碍，促进语言知识的学习。

文学课文的使用不仅是学习活的语言知识的有效方法，更是"能使学习者作为一个完整的人投入"的有效方法，它为学习者提供了表达自己的观点、反应和情感的绝好机会。文学作品是作家对于社会人生的深刻观照，它能延伸到心灵的各个角落。阅读文学作品，实际上是进入他人世界，体验自己的人生，从中寻找生存的意义，成长的信念和支柱。当你读完海明威的《老人与海》后，相信主人公桑提亚哥(Santiago)的那句名言"A man is not made for defeat , a man can be destroyed but not defeated"(人不是为打败而生的，人可以被毁灭，但不可以被打败)已成为你的座右铭;《假如给我三天光明》中那个双目失明、双耳失聪的女子，面对不幸所表现出的顽强和乐观，会令你自惭形秽，会令你对手中拥有的一切备感珍惜。文学中的形象，集中体现了现实中的真、善、美，阅读过程就是一个欣赏、认识，受感染、受教益，精神提升的过程。

目前，在基础教育中，在以考试为中心的教学前提下，在高考试题排除文学的情况下，如何实施文学与语言教学的融合，这是一个值得研究的课题。对此，笔者的看法是向语文课学习。

"淡化学科界限，增进各学科之间的知识和方法上的联系"(陈琳)，是此次国家课程改革的重要内容。外语和语文同属语言文学课，两者应有许多共同之处，也应有许多共同的教学、学习方法可以互鉴。语文教学界早已展开"语文课应该多向外语课，向音体美课学习"的大讨论，"尤其向外语课学习"。《中学语文教学》上长篇介绍了著名的英语教学方法，如《双向式英语》《疯狂英语》《沛沛英语学习法》《千万别学英语》等，还有许多文章呼吁研究外语教学的理论和流派。(其实，基础外语教学不论是理论上，还是实践上都有很长的路要走。)但笔者却极少在中学英语教学杂志上看到介绍语文教学法的文章。事实上，我国语文教学有悠久的传统和丰富的经验，在文学教学和语言教学的融合上，为外语教学提供了很好的榜样。比如，任何一篇好文章，都讲究"文以载道，文道统一"，语文课上不仅"授业"而且"传道"，文章的主题、作品的思想内涵都在鉴赏之列，而目前中学的外语课似乎纯粹只是语言知识的学习。比如《项链》，语文和外语课本上都有这篇文章。外语课上，老师基本上都只进行了词法和句法的处理，而将文学表现手法、思想性和艺术性的分析都推给了语文课。这背后当然有词汇量过低，造成讲解和理解上的困难，但更深层的原因还是意识上的——语言的文学性被忽略了。比如教"if"引导的条件状语从句，如果教师向学生适时介绍雪莱的著名诗句"If winter comes, can spring be far behind?"调查表明，绝大多数学生不仅理解而且喜欢，而我们的教师却要反复操练一打"If it is sunny tomorrow, I'm going to the zoo."的句子。这就是文学意识问题—语文教师讲授语言，通常旁征博引，纵论古今，而外语教师只是机械训练。两种方法培养出来的学生，在语言境界上的差异是很大的。比如，看到秋风中纷纷飘扬的落叶，十几岁的中学生会用英语怎么思维?纵有万千感慨，大约只是"The leaves are falling from the trees."之类，而笔者四岁的女儿会摘下落在肩上的枯叶惊喜道："妈妈，我收到一封金黄色的信。"一个只是一条语法、词汇正确的信息，一个已经表达出了日常语言中诗性的一面。

古人说："腹有诗书气自华"，文学教学，不仅为学生的语言学习提供天然的语言材料，而且能丰富学生的精神积累，为其打下一个"人文"的底子。

第七章

美术教育对中学生思想道德品质教育的促进

第一节　美术教育中融入德育的理论支撑

一、思想道德品质形成的规律

思想道德品质的形成是有规律可循的，概括来说是形成道德认知、产生道德情感、具有道德意志、做出道德行为的渐进的过程，但这一规律不能涵盖所有人，还应具体情况具体分析。考虑到年龄、智力、接受力等因素的不同，部分中学生的思想道德品质的形成并不符合这一规律。在实际生活中，学生接受思想道德品质教育的最主要途径是学校教育，而中学教育阶段，是中学生思想道德品质形成的承上启下的最重要阶段，这个阶段的学生受到的教育无论在深度还是广度上都是深远的，不可忽视的。因此，教育者在进行思想道德品质教育过程中，就应该结合学生的实际，从学生最现实、最需要方面着手开展思想道德品质教育。针对各种社会中达成共识的道德规范，安排系统的学习，让中学生在实践中形成正确认识，并通过实践升华认识，在提高道德认知的同时养成良好的道德修养。在实践中，特定的情景在激发道德情感方面发挥着不可或缺的作用，美术教学所承担的任务就是创造积极的情境以激发学生道德情感，教师要充分挖掘美术作品中的道德与美的因素来对学生进行熏陶和指导，使中学生在提高作画水平的同时形成优良的思想道德品质，养成良好道德行为。另外，为了更好的发挥美术对学生的熏陶作用，教师要合理运用教育心理学的知识，对学生讲道理，用真情，对他们进行思想道德品质教育，而且也应该在各个方面以自身言行潜移默化地影响他们的思想行为。

马克思主义对人的全面发展的认识

马克思认为，人的需要的全面发展离不开人的能力的全面发展。人的能力的全面发展意味着人的全面地发展自己一切能力并在实践活动中使其得到充分的发挥，达到各尽其能。只有人的各种能力的整体发展和实现，这种需要的整体发展才能实现，而这种能力，既包括参加物质劳动的能力，也包括参加精神劳动的能力。因此，各种能力的发展包括才智的提高、品德的提升和审美的发展，或者叫德、智、体、美整体发展。美术教学在完成学生本学科知识能力提高的同时，更应该达到的是丰富学生情愫，激发学生热情，使其不知不觉中将艺术情感意识转化为道德品质意识，进而达到既育艺又育人的目的，而这也是马克思主义关于人的全面发展的规律和要求。因此，在美术专业课程中，专业知识的传授应充分考虑学生思想道德品质的发展，以学生的道德品质的提升作为重点。

马克思主义哲学认为，人的发展与社会发展是辩证统一的。人的发展和社会的发展是一致的，二者互为条件，相互作用。一则，人是社会发展的产物，人的实践活动的发展必须适应社会发展要求，并立足于现实，力求超越现实。二则，人是历史的创造者是历史的主人，社会的发展有赖于人的发展。另外，随着科学技术及社会的进步，社会对人的发展要求越来越高，而人的素质发展又对社会发展愈来愈具有促进作用。因此，学校教育培养的人既要考虑社会发展的要求，又要以人的全面发展为最终目的。而这就要求学生的德，也就是思想道德品质要与其他方面同步发展，这样才能达到德、智、体、美的协调的发展。中学生的全面发展才能真正的实现。

三、现代教育所遵循的基本原则

现代教育遵循科学性与思想性相统一的原则，这一原则就要求教师要以科学的态度，采用科学的方法，传授科学文化知识和基本技能，还要结合教学实际对学生进行思想道德教育，为学生形成科学的世界观和积极健康的个性奠定基础，做到教书育人，传道授业。我国教书育人的传统就提倡"传道授业"，这里的道不仅包括传授知识，还要包括中学生的良好品行的培养。这一原则既是我国教育目的的基本精神，也是对智与德的理性认识。每个学科都包含科学和思想，科学精神及其所体现的价值观念都蕴藏在每个学科的专业知识背景中，学科中的德育因素由此显现。对此，在美术教学中，也非常值得我们给予充分挖掘与利用。

第二节　中学生出现思想道德品质问题的原因分析

一、个体原因

（一）生理因素

遗传和生长发育是造成学生心理问题的生理方面的主要原因，比如有些学生由于生理的缺陷如高、矮、胖、瘦等表面上的不同，造成一些不健康的思想问题。如不自信、不爱说话等。

（二）需要、意志、性格等内因素

需要，这个年龄段的学生需求要求越来越多，当他们的需要得不到满足时，他们总得通过一些形式表现出来，这个时候就可能通过不正常的方式。意志，人一生下来，就有了自己的意志，但是还不坚决，不完善，这时如果期望太高，他就可能产生逆反心理。有部分学生为了证明自己的学习能力，十分看重学习成绩，虽然刻苦下功夫，却不能根据自身条件合理安排自己的学习，从而达不到预期的结果。目标与结果相差太大时就会产生自暴自弃的心理。性格，良好的情绪，活泼乐观态度，心态平衡等是心理健康的重要标志，如果这些都有缺乏的话，就被归类于性格上存在缺陷，是心理不健康的表现，不利于培养健全的人格，可以说性格上的缺陷是心理问题的根源。心理上正处于发展时期的中学生，如果给予好的环境影响就会形成健康的性格，反之就会形成爱猜忌、不爱说话等不良的性格。对其以后的成长就会造成影响。

综上所述，对中学生思想道德品质的形成是多元因素共同作用的结果，而这诸多因素中包括主观原因和客观原因，这就要求我们实际操作的老师具体问题具体分析了，得有兵来将挡，水来土掩的准备。

二、家庭教育的缺失

很多职业都要经过培训上岗，作为家长这个职业不培训都上岗，有些家长甚至更是一点准备都没有，因此在对学生进行第一步教育的时候，家长的行为规范就要受到考量，其中包括行为当中蕴含的主体、精神、任务，这是家庭教育成败的关键，也是家庭教育成效大小的关键。家庭教育的缺失主要指家庭教育中的缺点与不足，目前我国家庭教育的缺失主要表现在主体、精神、观念与任务的缺失。

（一）父亲教育行为的缺失

我国古代就有"有其父，必有其子"这样的俗语，最早的启蒙读物《三字经》里也有类似观点"养不教，父之过"，这都告诉我们家庭教育中父亲的角色不可缺失。从教育学来看，父亲的行为对孩子的影响力，表现在培养孩子性格品质的形成，引领孩子走向社会，促进孩子认知能力的发展。而在这些方面，母亲的影响力就不如父亲。

一项跟踪调查结果表明：一些孩子从小由父亲带大，在上学后他们的成绩比较突出，头脑也比较灵敏。在社会生活上更容易取得成功。心理分析学家认为，对于孩子的性格形成，母亲在婴幼儿期的时候作用最大，而父亲的影响在幼儿期以后特别重要。

在家庭教育中，做父亲的应该注意到自己的言谈举止对自己孩子的影响，即使平时工作很忙也要抽出时间多陪陪孩子，承担应有的教育责任，在孩子成长的道路上科学指导，和孩子做朋友，与孩子常沟通。不要轻易打骂孩子。做一个让孩子信任的父亲。

（二）家庭教育中的"追求"缺失

家庭教育的追求缺失，指的是家庭教育中"精神追求的不足"。一个家庭只有物质富裕而缺少了精神富有，是不可想象的。眼下有些家长在家庭教育中更多追求物质的富裕，忽视了精神的富有。对孩子的物质装备，可谓不惜工本，有些甚至砸锅卖铁也心甘情愿。而对精神文化内涵的充实却较少过问。有些家长听说其他孩子上什么培训班，他也跟着一起上。许多家长自己不懂"奥数"，便会不顾一切地送孩子上这种培训班，买有关的奥数辅导材料。教育孩子的过程中，父母的奖励要适度、科学。用金钱或财物换取孩子良好行为的做法，是十分危险的。我们要让孩子知道，行为得体是应该的，不需要给予奖励。学习对孩子来讲很重要，但是做人更重要。相比之下，让孩子参加社会公益实践活动，让孩子参加体力劳动，让孩子在假日参加志愿者活动，让孩子懂得关爱他人，让孩子懂得感恩分享，让孩子学点礼仪常识和培育择善的勇气等，那就相形见绌了。

（三）家庭教育中的"任务缺失"

任务缺失主要反映在"品德养成"。品德养成，通俗地说就是教孩子做人，这是家庭教育的首要任务。教知识不是家庭教育的主要任务。只要是智力正常的孩子，上课做到认真听讲，学习上不会有什么大的困难。品德养成，极为重要的一环是家长的以身作则。

做父母的能够约束自己行为，给孩子在学习生活汇总起到积极作用，用自己的行动感化孩子，家长是孩子的第一任老师，家长的所作所为，孩子到看在眼里，不知不觉学到心里，比如，有些家长朋友喜欢看书，要求孩子看书，孩子会很高兴的接受。如果家长整天玩麻将、看电视，而是让孩子去学习，虽然有时嘴上没说出来，孩子肯定打心里不服。家庭教育非常重要，父母的言传身教是最快捷的方式之一。

三、学校和教师在德育工作方面存在的问题

（一）学校在德语方面的疏漏

德育是学校教育的灵魂和重要渠道。学科教育不能与德育分离，更不能各管各，自行其是。德育要融入学校教育的全过程，体现在每一个教育的细节，体现在每一门学科的教学活动之中。每个学校贯彻德智体美劳全面发展的方针，是国家的要求。学校的一切教育活动都应该围绕国家颁发的文件开展。然而很多原因导致学校思想道德教育的缺失。

（二）教师整体素质不高

1. 美术教师自身存在问题

教师是学生的守护神，是学生的避风港。现在社会中，由于各方面的压力，学生有时会感觉到不知所措，这时他们需要更多的关怀，而教育者的关怀存在着不少问题。教师主要从教学效果出发将对学生的关心停留在学业之上，对学生的其他需求关心不够，因此才会造成学生对老师有意见。要想改变这种关系，老师必须改变自己，多考虑学生的感受，把学生当成自己的孩子一样来关怀，问题就迎刃而解。

2. 教学方法单一或形式化

有些教师只在教授知识上下功夫，但忽视了孩子们品德培养的钻研，对于如何对学生进行有效的思想教育工作经验不足。对于各种各样性格的学生没有新方法、新思路，只固守老一套，如说教，如大骂，如只会强调纪律和成绩的班主任。因此德育不成功也是很正常的现象。

3. 重集体，忽视个体

传统的德育模式只是针对集体开展简单的说教，根本不带有什么感情，和填鸭式的教育没有任何两样，这种传统模式忽视了个体的情感的需要，而且，不切实际。因此，要想有所改善，应该既从总体上关注集体的感受，又注重人体情感的特别需要。

四、社会复杂因素的综合影响

（一）社会不良风气的影响

随着我国经济的高速发展，当代社会中出现了很多不良风气，它们在规范、暗示、潜移默化等直接或间接等各种方式对中学生的世界观、价值观、人生观产生了影响。

1.罪魁祸首的拜金主义

随着市场经济的发展，过分追求物质利益的情形越来越重。改革开放后，精神文明建设滞后，出现两种文明不同步的情况，不正之风层出不穷，这种风气既影响到了学生的学习，更侵蚀了学生的思想。

2.罪魁祸首的享乐主义

改革开放以来，我国经济高速发展，人们的生活水平也得以大幅提高，各种消费品的品质日益提高，式样也日益丰富。于是，有部分人追求奢侈消费、超前预支的生活方式，主张生活要即时享乐。有些学生受此影响片面追求现实的物质刺激和感官享受；有些学生攀比成风、过度消费；有些学生在学习上裹足不前，在玩乐上却十分上心。

3.罪魁祸首的个人主义

当代社会提倡的是自我解放及自我潜能最大的发挥。可有些学生理解偏差，任性的发挥就是对规则的蔑视。最终导致部分人轻视规则和原则，我行我素，从而极端个人主义泛滥成灾。

（二）大媒体时代下媒体的影响

对于还没有完全成熟的中学生来说，大众传媒不仅可以左右他们的思想，而且可以闪动他们的行动。大数据时代的传媒可以提供海量的信息与资讯，也满足了大部分人们的娱乐与休闲。但是，不容忽视的是，网络等媒体也为暴力、色情、恐怖信息等提供了更方便的传播渠道。中学生价值取向正在形成中，频繁被这些有害信息轰炸，也会导致心理的不健康及道德行为的异化，加大了对中学生进行思想道德品质教育的难度。大众传媒对中学生消极影响有以下几点：

1.对中学生消费观的影响

随着大数据时代的到来，各种广告铺天盖地。导致部分中学生片面追求时尚，不考虑自身经济条件进行奢侈消费。

2. 对中学生价值观的影响

商业元素的充斥使得中学生的价值观呈现出理想主义淡化，追求世俗化、社会观念现实化、价值取向个人本位偏移的特点。相当部分中学生已经很少追逐那些有作为、有贡献的杰出人物。大众文化所塑造的魅力人士对青少年一代更具时尚动力。中学生的社会观日趋现实化，个人对美好生活的追求，成为社会生活的主流。生活在当今社会环境下的中学生越来越世俗化。

3. 对中学生心理健康的影响

网络媒体的发达使得中学生接触各类信息十分方便，但是这就为色情暴力等信息的传播提供了便捷的途径，使得这些有害信息更易被中学生接收，从而影响他们的心理健康，对中学生道德行为的养成形成巨大的威胁。

第三节　中学生美术教育中的德育教育

一、教书育人自古以来就是中华民族的优良传统

（一）美术教学具有教育功能

美术教学本身就具有教育功能，其优秀的艺术作品时常对学生起到道德和思想教育的作用，在教会学生美术技法的同时，思想品德的教育也在潜移默化的影响着学生。把教书和育人很好融合在一起，这是我国当下在教育领域的必然要求。教书育人这一点在我国古代不管文论、诗论和画论都有体现。例如孔子曾用绘画比喻"礼"，用雕刻比喻教育。谢赫在《画品》这部著名画论中也提出了"图绘者，莫不明劝诫，著升沉，千载寂寥，批图可鉴"的观点，这些画论的作家都是在强调美术的德教功能。把思想道德教育融会贯通到美术教学中，把教书育人融合起来。

（二）教书以育人为本

要实现中国特色社会主义中国梦，教书育人显得更为重要，在教育学生的同时更要体现出育人的目的，满足学生的精神需求，有了高尚的思想品质，才能更好地学习科学文化知识，做合格的社会主义接班人。中共中央、国务院发文明确指出："教育的基本原则

是教书与育人相结合，育人为本是对教育工作的根本要求。把思想品德教育放在首位，结合学生自身情况来促进学生素质全面发展，让文化知识和德育教育协调统一。"并明确指出，"教师在教学过程中要渗透德育教育，这是每位教师的职责所在，把思想道德品质教育工作落实在工作的方方面面"。综上所述，德育教育一直以来都被重视，把思想品德教育放在首位，德育教育在素质教育中已经成为非常重要的部分。在学校中被放在教育的最重要的位置，并强调德育教育要贯穿于学校开设的各个学科中来，育人也是每位教师重要责任与义务。思想道德教育既是思想理论课的重要任务，也是每个学校的学科教学任务，把美术教育和德育教育融合，学生在不值不觉中已经受其影响。所以说美术教育专业在教学过程中已经把德育教育融会贯通到课堂中。

二、美术课程在丰富德育资源上具有优势

（一）美术专业具有人文性质

美术专业是具有人文性质的学科，可以说是学校进行美育的主要途径，是国家规定的九年义务教育阶段全体学生必修的艺术课程，在实施素质教育过程中的作用不容忽视。

美术专业的人文性质决定了它蕴含着对提高思想道德品质的要求。美术专业所要培养的人才是素质全面发展的综合性人才。所要培养的人才具有以下素质:在掌握美术基础的理论知识和基本的绘画技巧的同时不能忽视德、智、体、美、劳等素质教育。实践能力强且富有创新精神，具备钻研、创新精神。美术教学要达到教育要求与美术专业要求的双重要求，不仅注重美术专业知识的传授，还要满足教育专业的要求。在培养规格上要求美术教育工作者不仅要有过硬的美术理论知识，还要有非常专业的素养和高尚的职业道德。还要有团队合作的精神。具有科学的世界观和正确的人生观、价值观，教育事业有热情，能自觉贯彻教育方针等，除了具有较高的艺术修养和较高的审美水平，还要对人文精神和现代教育理念有较为深刻的理解。美术教育专业的性质彰显了美育与思想道德品质教育的辩证统一关系，这就要求美术教育者在教授学生专业技能的同时应以道德的提升为引领，体现了在素质教育对中学生全面发展的必然要求。由此可见，美术教育专业对思想道德品质有很高的要求。

（二）思想道德品质教育与美术教育互有沟通

美术作品以其优美的艺术形象，或反映现实生活，或折射艺术家丰富的思想情感，能够通过生动的形象使欣赏者产生共鸣和感受，作用于人的情感，激动人的情绪，使人能

产生美的感受与感动，通过感情上的渗透起到潜移默化的作用，寓教育于娱乐欣赏之中，在畅神怡情的过程中得到教益，从灵魂深处起到变化。爱美之心，人皆有之。美术作品中的形象既生动又具有较强的吸引力和感染力，中学生格外喜爱而又易于接受，特别是艺术的、社会的和自然的美的形象对他们更具有强烈的感染力量。美术教学中，紧扣这一特点，以美感人，以美动人，以美育人，就能使学生受到思想情操的陶冶和道德品质的熏陶，对于启迪中学生逐步正确认识生活，培养活泼开朗的性格、树立正确的人生观和远大理想具有举足轻重的作用。

三、美术教学自身的思想道德品质的优势

学校相当于学生没走上社会之前的小社会，学校安排的课程也是培养学生德、智、体、美、劳的非常系统的体系，以更好地完善学生的成长和成才，因此教材和师资也符合学生的成才成德的需求，师资队伍教学能力和水平优良。美术教学通过典型的艺术形象反映一个时代的生活和人们的生活面貌，因此，在中学美术教学中渗透思想品德教育是很重要的途径。从各方面都具备很好的优势，比如：师资的选择、教学的过程、教材的内容自身都具备思想道德品质的优势。

（一）专业课程教材内容丰富

专业课程教材内容本身蕴含十分丰富而又贴近学生实际的思想内涵。美术教学课中的教学素材是有很多，各不相同。但其所涵盖的对学生思想品德的教育非常全面，与学生个人生活学习息息相关，培养学生美好的道德情操，促进他们分奋向上，对学生思想道德的发展有非常重要的影响。

（二）专业课程教学的优势

专业课程教学设置上具有思想道德品质优势。美术专业课程的结构比较合理，设置课程较为丰富，涉及多学科内容，丰富了知识体系。这些专业课程的教学贯穿求学阶段的始终。因此，美术教学具有时间长、资源多、空间跨度大等特征，虽然每个学科都有对学生思想品德进行教育的功能，但在竞争激烈的当今社会掌握一个美术特长将成为学生很好的选择，所以在美术教学过程中穿插思想品德教育是一个非常好的优势，使学生在学习过程中提高自我修养，让思想品德教育达到质的提高。

（三）美术教学方式直接体现思想道德品质内涵

美术教学具有极强的传道授业的特点，在过去社会中各个时代都一样，都非常重视美术对学生的思想教育作用和道德教育作用。鲁迅先生曾经说过"美术可以辅翼道德。美术之目的，虽与道德不尽符，然其力足以深邃人之性情，崇高人之好尚"优秀的美术作品，帮助学生认识生活的同时，也教育学生采取正确的生活态度和行为。同时美术教师的修养也直接影响学生的做人、做事，对学生在学习成长过程中产生潜移默化的影响，这也是对学生思想道德教育的一种巧妙的途径，美术的教育功能不是通过概念化、公式化的说教方式来教育学生的，美术是一种语言形式，不用逻辑推理的方式，这就说明美术教学在潜移默化中和思想道德教育已经水乳交融的结合在了一起，这才真正的对学生的思想品德起到了教育作用。

第四节　美术教学对提高中学生的思想道德品质教育的途径

培养中学生高尚的思想道德品质是一项长期的系统工程，其复杂性、艰巨性和长期性是不言而喻，需要学校、家庭和社会多方面的努力与相互配合。当然，在众多因素中，学校是主阵地，"传道"是主要途径，通过开展美术教学培养学生良好的思想品格。

一、开展美术教学课让学生学会正确的道德抉择

古今中外有许多的精美艺术作品，而每起作品背后或者联系着美好的风土人情，或者联系着美好的故事，也可能隐藏着一个美好而古老的传说，也可能联系着当年的不忍提起的残酷的往事，更可能蕴含着一定的人生哲理。如果我们把作品背后的这种东西深挖出来，让学生去了解、去体会，去感悟，从而就可能培养学生很好的民族自豪感，树立坚定的不屈不挠的精神，更有可能激发其对祖国的热爱之情，进而培养学生正确的世界观、人生观和价值观。

学习历代美术作品培养学生热爱祖国保护美好环境的意识。中学美术教材中有数量庞大的美术作品，这些作品中素材丰富多彩，形式各样，既能反映那个时代的繁荣场面，时代背景，也能反映那个时代的文化地貌，优美环境，通过我们的分析，让学生学好绘画的同时，更能够体会当时优美的风景，从而激发学生热爱祖国，保护环境的意识。如北宋范宽的《溪山行旅图》、王希孟的《千里江山图卷》、元代倪攒的《渔庄秋雾图》、现代

白雪石的漓江等。这些作品都是那个时代美好自然环境的缩影。这些作品是多么好的培养学生保护环境、爱护环境的素材。

学习作品中的英雄人物形象和事迹培养学生自强不强的奉献精神。中国的近代史就是一部血泪史，但与此同时，在那个年代也产生了一些非常有教育意义、历史意义的作品。一方面该作品记录下那个年代的惨不忍睹的战争场面，同时也给我们上了生动一场历史课，老师可以引导学生，启发学生，像先辈们学习，学习他们那种自强不息的奉献精神。像王征骅的《武昌起义》、古元的《人桥》、王式廓的《血衣》、石鲁的《转战陕北》、詹建俊的《狼牙山五壮士》、罗工柳的《地道战》等。这些作品通过其内容和其中蕴含的道理来鼓舞和引导人们积极向上、无私奉献，最终形成自强不息的奉献精神；学习作品中的感人事迹，培养学生树立坚忍不拔的奋斗精神。在赏析我国清代郑燮的作品《竹石图》的提诗："咬定青山不放松，扎根原在乱岩中。千磨万击还坚韧，任尔东西南北风。"要重点讲解的是竹子坚韧的品格，让学生做到画中有物，画中有志，从而培养学生的坚忍不拔精神。

二、开展美术教学培养学生的爱国主义精神

爱国主义精神是学生良好思想品质的重要方面。从当前的国内外的复杂形势来看，培养学生的爱国主义教育尤为重要。2014年香港爆发了占领中环的非法占中活动，参与者大部分是中学生甚至是老师，可见香港社会尤其是学生的爱国主义精神是多么严重的缺失，同时也使我们更深刻的认识到对中学生进行爱国主义精神培养的重要性。为加强对学生的爱国主义教育，我县教育局下发了《关于加强对中小学生德育工作实施方案》："该方案强调美术教学要秉承以人为本的原则，具体通过欣赏、创作、绘画等一系列教学活动进行爱家乡、爱祖国教育，培养学生热爱美、追求美的思想感情，逐步形成从爱自然美到爱家乡，爱祖国的爱国情操。"从而培养学生的爱国主义精神。

无论是历史还是现在，无论是国内还是国外，爱国主义教育决不放松，爱国主义教育始终是永恒的话题。在这一方面，美术教学有得天独厚的优势，他在提高学生对美的感受力的同时也更是培养学生爱国主义精神的重要途径和手段。善于把爱国主义教育与本专业很好的融合，是每一个美术老师应担负的责任。

首先，在作品的选材上，老师们要狠下功夫，这样才能让学生在动手绘画的同时感受其中的爱国主义成分。这样的教材如《在激流中前进》，这幅画介绍了船夫们在黄河上不惧风险、不怕吃苦，勇敢向前的精神。其中黄河就是中华民族的象征，船夫则代表着中华儿女的英雄本色，通过对学生的引导很容易激发其爱国情感。

其次，在授课时适当的加入与作品相关的联系密切的知识和情节，激发学生的爱国主义精神。如在张择端的《清明上河图》不能只介绍这幅作品是多么的美好，作者的技法是多么的高超，还要介绍这幅画所反映的当时社会的繁荣的场景，从而激发学生的民族自信心和自豪感，增加学生对祖国的热爱。

总而言之，作为教育工作者，不管你教的是什么课程，但一定不要忘记时刻培养学生的爱国之心。

三、开展美术教学培养学生健全的人格

美术教学对培养学生的思想品德有着很重要的作用，美术学科作为美术教育的一部分，对学生思想道德教育有着非常重要的作用，《美术课程标准》也指出了美术具有不同于其他学科的特征，它具有感性的特点，所以能潜移默化的影响学生的性情。积极向上的画作能陶冶学生的情操，激励学生分发向上的精神，对美好生活的向往，并积极主动的去生活去学习，感受到大自然赋予的美，让他们情不自禁的去尊重自然，热爱自然。我们要积极发挥教学中思想品德教育的重要性，培养学生健全的人格和健康的心态。虽然不会是每个学生都能成为有作为的画家、书法家，但我们可以通过美术教育和德育结合的培养，让他们成为有品位，有修养的人。

（一）美术作品鉴赏

作品鉴赏是美术教学的重要内容之一，而每一幅作品都折射着画家的真实生活。在知道学生欣赏艺术家的作品时不要局限于作品本身，穿插艺术家的生平经历也是一种不错的方式，学生结合艺术家的生活会对画作有更深刻的理解，会加深他们的记忆。我在教学中在讲课前会让学生提前准备，从书上或网上了解作家的详细资料，让学生对画家各个时期作品风格的变化有所了解，这样在讲解到某位画家的画作时学生不至于感觉:这只是一幅山水画，这是一幅花鸟画，过后就忘得一干二净。做足准备工作在提到某位画家时学生会心里有底，如在提到梵高的画作时，同学们都被梵高的生平感到惋惜，在不懂他画作的年代，他是怎么走过了这段艰苦的路程，现在我们在他的画作中看到了他内心的挣扎，他的《向日葵》每一笔都是他在用心去画，内心满怀激情，每一笔都令人感动，虽然每一笔都粗厚凝重，但不能妨碍他表现向日葵的勃勃生机，画面的激情呼之而来，这种平常的植物在梵高的笔下变的不平常，变得有了激情和冲动。这些画作给学生留下了深刻印象，学生认识到，画家留下的这些珍品都是用生命去作画，他们的思想品德如此高尚。正如梵高所说："我的作品就是我的肉体和灵魂，为了它我甘愿冒失去生命和理智的危险"。通过这些准备活动，学生的心灵上受到了震撼，让他们懂得做什么事情都要踏踏实实，勤勤恳恳。使他们思想道德再次升华。

美术讲究造型，塑造、构图和用笔的不同会给人带来不一样的视觉冲击。古往今来，大多作品都以社会为背景，包含浓厚的人文色彩，闪耀着作画人的思想。达·芬奇的画作《蒙娜丽莎》，在学生看来这只不过是一副肖像画，学生们看到了微笑着的一位妇人。但美术教师这时要起到重要作用，要给学生讲解历史背景，这是达·芬奇在在欧洲文艺复兴时期的创作，看到蒙娜丽莎的笑我们也会感到生活的美好。还有毕加索的画作，超现实主义作品，学生只欣赏画作不了解背景会很难理解画家的意图。但和背景联系起来，学生会很快接受。所以，在我们的美术教学过程中，上欣赏课时，要做足准备，对作品的历史背景，对作者的创作理念要了解。这样不仅学生会很快记住这副画作，而且还会被画家的精神所感动，让他们内心受到触动，从而帮助他们树立正确的价值取向。

写生课同学们都非常喜欢，在美术教学中写生也占了重要的部分，中学生写生不会很复杂，可以是一棵树或一朵花，虽然这样，我们也可以激发学生的活力，赋予这些植物的生命力，让学生对自己的作品满意。让他们发现生活的美好。

当前面临这一个严重的问题，中学生甚至小学生对日本卡通甚是喜爱，然而忽略了我们中华民族的动画精髓，我们小时候看的连环画和动画片也是非常适合中学生欣赏的，所以我在课堂上会把一些经典的动画形象教授给学生，比如《孙唔空大闹天宫》这部动画的形象，是以剪纸的形式表现的，各个形象深入人心，让学生了解故事情节，学生也特别愿意学习，这有助于学生了解我们有特点的传统动画，激发他们对我国动画发展创新的热情。

一些著作中的插图也起着很重要的作用，学生在读一些名著时，很吃力，很费劲。但是有时一幅插图会让他们恍然大悟，原来是要表达这个意思，想《三国演义》中的"桃园三结义"，一幅图把代替了好几篇文字表述。

（二）美术教学活动

好的习惯对学生的成长有至关重要的作用，是思想品德教育的重要方面，学生有好的习惯，不仅会让自己有自信心，同时也展现了自己良好的思想素质，大家都喜欢也让自己终身受益。好的习惯的养成要从每个行为、动作抓起，在课堂上有时会发现学生在绘画时把桌子周围弄得乱起八糟，乱扔杂物，绘画时可以大胆表现，但对待作画的笔纸要摆放整齐，久而久之学生就会养成习惯。以上是从美术课程本身来谈对中学生健全人格的培养，下面是从外在展示方面谈谈美术对中学生健全人格的养成。

首先，每个学校都有自己独特的地方，每个学校都有与众不同的特色，这些除了可以从学生的精神风貌、学校的办学宗旨看出来以外，还可以从一个学校的校园文化展示出来，校园文化是学生们展示自己才能与智慧的重要载体，更是展现学生健全人格的一面窗。因此我们要鼓励学生去创造自己独特的校园文化，通过这面窗不但要展示出自己的才能与智慧，更要展示出自己健全人格的一面。比如学校的文化广场，这既是学生集体创造的结晶，也是创作绚丽火花的阵地。更是学生健全人格的一种展现。再比如学校的文化墙，上面的各种图案都是学生们的精心力作，是学生们德、智、体、美、劳全面发展的展示，也是学生们青春气息和完美人格的呈现。另外还学校的橱窗。学生们充分利用漫画、插画的方式时刻对同窗们进行安全教育和科普教育，宣传学校的好人好事，时刻向外界展示着学生们的良好精神风貌。

第二，学校定期开展美术课外活动，有很多兴趣小组学生可以参加，组织学生投稿参加，绘画展和书法展，学生都踊跃参加，举办这些活动让学生兴趣特长有所发挥。让学生更有自信和荣誉感。锻炼他们互相合作的能力。让学生素质教育做到全面发展。

总而言之，美术教育教学对中学生健全人格的培养有很重要的作用，学习之余，让学生去发现生活的美，感悟人生的真谛，从而使他们的人格更完善，思想更健全。

四、开展美术教学培养学生积极的思想道德情操

（一）审慎选择美术作品，提高学生道德素养水平

在中学生可认知的范围内，包括他们对画面的理解、对感情的理解。教师应加深在教材方面的努力，善于甄别学生易理解的素材。将这些素材所要表达的情感更好的融入到美术教学课堂活动中去。例如，欣赏《伏尔加河上的纤夫》这副艺术作品俄国画家列宾的代表作，同时也是他的成名作。这幅画的构图给人强烈的视觉冲击力，构图十分巧妙，该作品对十一个纤夫安排的位置也非常考究，列宾把人物安排在转折的河湾上，利用这种地形的转折使画面更具冲击，纤夫们犹如雕像一般，被塑造在一座黄色的、高起的沙滩上。

作者雄浑有力的笔触表现了伏尔加河上纤夫们齐心协力奋力前进的惊险场面。通过这幅画，不能仅仅在于欣赏作者浑厚有力的用笔表现和伏尔加河的气势磅礴。要让学生体会作品创作的真正意义所在，体会穷苦纤夫为生计卖命劳动的艰难和人类劳动的价值。要让学生认识到劳动者的艰辛和劳动的不可替代性，懂得不付出的人不会有收获。通过这种教学方式使学生改变对于劳动的错误认知和摈弃长期存在的不劳而获的不良思想，引导学生树立劳动光荣、劳动伟大的正确价值观。

（二）教师做好表率

教师是教育活动的参与者，承担引导学生树立正确价值观念的重任，是学生在学习和生活中一面旗帜，其言行举止都会对学生产生不可小觑的影响，所以，美术教师对学生进行思想道德教育的同时就需要首先认识到自己在教育活动中的角色，用自己的一言一行去影响每一位学生。

五、开展美术教学培养中学生健康的心理

心理品质不仅是指人的一种心理素质、良好的心理状态同时也是身体健康的一种表现。正如在美术教学中学生的作品能很好体现出学生的心理状态，美术教师能在画面看出学生的心理活动，并及时进行干涉。

（一）用绘画当作语言和学生进行沟通

由于中学生正在青春期，成长过程中难免会有叛逆、自卑和各种怪异的行为表现，他们处在这个生长期不会去和家长或老师主动沟通，这就需要一种解决方式。

首先，一定要用心营造积极活跃的教学气氛，让学生爱上绘画，在美术教学过程中让他们会用画笔表现出来他们的心理状态，例如，一个学生的画面用红、黄、蓝等亮色为主色调，这很好的表现出学生心理状态很好，积极向上的乐观的成长。再比如画面杂乱用色偏于重颜色，在画面上看不到一点生机，这时候美术老师会及时的发现，并且第一时间会与学生进行沟通。说明学生近期心理压力大或者是有什么事情想不开，及时发现干预避免不必要的事情发生。用绘画和学生沟通，学生会更容易接受，一般不会逃避。所以在学校往往看到的画面是学生和音体美教师打得火热。

其次，教师本身也要具备较高的艺术素养和对美术学科教学专业知识的储备。在遇到学生情绪异常时能有效的缓解并加以纠正。如，在给学生讲解山水画的过程中，教师亲身示范，让祖国的大好河山展现在学生面前，期间让学生亲自体会拿毛笔绘画的乐趣，让他们更积极主动的融入美术教学中，让学生打开自己的心灵，放手在画纸上。让课堂气氛活跃到爆棚，相信每个学生都会喜欢这种上课状态。让学生更积极地投入到各科学习中。

再次，美术教师在课堂中还要让学生主动讲出自己的感觉，在文化课学习的课堂上都比较严肃比较拘谨，在美术课堂上可以让学生放松下来，让学生勇敢的讲出自己所见所想，将所思所想大胆的说出来。中学生的自我意识快速增强的同时导致与他人的沟通减少，心中的想法很少和同学父母交流。这时候老师就要扮演重要的角色，不要只拘泥于课上讲授理论的时间，可以通过绘画用各种方法和学生进行沟通，如用现代的多媒体教学，把学生画的画一一让学生欣赏讲解，学生会感觉新颖有趣，畅通师生沟通交流的渠道，拉近与学生之间的距离进而增进师生情谊。教师应该在考虑问题的同时要站在学生的角度，在通过绘画发现学生的心理变化后首当其冲的要站在平等的角度听取学生的心声，了解学生的心理活动，注意他们的行为变化。鼓励他们讲出自己想法，引导学生积极乐观的去生活，采取积极的态度去面对。帮助学生逐渐树立良好的思想品质。

（二）让学生对绘画作品得到正确的感知

在参与美术画展或美术活动中，学生看到作品会有自己感觉和想法，这时观察、分析和想象的能力都能得以提高，所以在美术教育的时间活动中会对学生产生不小的影响，美术教学活动理应得到重视。学生在美术教学活动中不断提高实践能力和感知能力，但是怎样确保学生可以通过美术教学活动过程中形成细致入微、想法丰富多彩的良好感知习惯，这是不易办到的事情，我在上《春意盎然》一课时，我带领带学生到户外写生，让他们欣赏春天的美景，迎春花带来的生机景象。而文征明的《古树》则要启发学生感知到生命力的强大，虽然质感干枯扭曲，但是它让我们看到生命的顽强，这也是一种美。春天孕育着生机，大地母亲都慢慢苏醒，万物都生机盎然。让学生在绘画中去自己体会，让他们领悟生命的美。

（三）绘画过程中培养学生稳定的心理素质

稳定是心理健康的一项重要的表现形式，而稳定性差是当前中学生情绪的重要特点，中学生所处年龄段决定了他们自控力都不是很高，因此造成他们的情绪容易波动。依据美术所开展的教学内容，我发起了一个活动，让学生们能够让他们的性情稳定。首先，把学生分为几个学习小组。首先我考虑到初次学习美术的学生情绪都不是很稳定，对自己的喜好也不清楚，容易出现焦躁的现象，他们可能今天对素描感兴趣，明天可能又想学水

彩，而后天又热衷于搞动漫，不能持之以恒的学习一项内容。对此我同学生进行了深入的心灵的沟通，从而来保证让他们的心态稳定下来，同时也能培养他们的兴趣。让他们干事情有个长性，而不是随意改变。在辅导他们绘画作品时，我会将他们的优点找出来，指出画作的闪光处，并着重表扬他们在绘画中的优点。让他们的自信心提升，让他们感觉到荣誉感。对绘画越来越喜爱，对绘画的兴趣越来越深。这也证明了在这次美术教学实践中学生的审美和德育可以同时提高。同时培养了学生的良好的思想品质和稳定的耐心。最重要的一点是还带动了学生们对文化课学习的兴趣。心理品质的培养不是一时半会的事情是长期战，作为素质教育重要组成部分，需要我们共同努力。同时，制度的稳定也是促进美术教师开展思想品质教育的重要部分，只有制度上支持，老师在开展活动是才能游刃有余。

第八章

美术教育对中学生独立人格的培养

第一节　相关概念的界定

一、相关介绍

（一）关于独立人格

中国古代传统哲学中对独立人格早已有所阐述，孔子曰:三军可夺帅也，匹夫不可夺志也，这里不可夺的"志"即是独立意志。孟子也提出一个人若能"尚志"或有"不可夺"的志，就是有着独立人格。他还提出过"大丈夫"的做人标准，这些都可以说是古时独立人格的标准。以庄子为代表的道家更是追求"道法自然"的个人精神自由，高度宣扬独立人格，《庄子·逍遥游》中的宋荣子可以说是独立人格的重要典型。明清的主流意识形态一直被推崇共性而贬低个性的理学所占据，提倡"存天理，灭人欲"，所以明清的众多启蒙思想家对理学展开了批判，其中李贽围绕着个性、独立人格和平等意识展开了对理学批判，他批判理学的教人盲目顺从和提倡个性泯灭，认为"存天理，灭人欲"只会压抑人的个性从而逐渐使人丧失独立人格，他提倡人格的个性化和多样化，提倡人的独立性。从对理学的强烈批判、提倡个性自由多样中可以看出，近代启蒙思想家魏源、林则徐、严复、李贽等认为理学所宣扬的"存天理，灭人欲"中有失偏颇的"理欲之辩"是与人的独立人格是相对、相违背的，所以他们所认为的独立的人格应是一种张扬个性、人格彻底自由独立，人人"致中和"的理想状态。中国古代的人格思想之后被近代独立人格思想所超越，具有了一定的客观性、辩证性。例如梁启超主张要培养"新民";蔡元培提出尊重个性发展的"尚自然"的教育等，都是对独立人格内涵的更进一步的理解和阐述。到了现代，我国学者对独立人格的理解阐述变得更加全面，综合起来看，有如下几种内涵:"独立人格应包括:意志的自由、责任意识、自省与自觉""独立人格就是指学生个体能够对面临的实际问题独立思考、做出判断和采取行动""独立人格是个体依赖自身的需要、知觉、预见、经验和判断来进行反应或活动，而不为环境或他人的影响所左右，其人格便是独立的""独立性应该包含三方面即自立、自制、自主""独立性是指一个人独立分析和解决问题的能力，它是社会生存及进行创造性活动必备的心理品质，包括独立意识和独立能力，重点是培养自理生活能力"等。

在西方，康德比较早地全面论述了独立人格，他把人分成了现象界的人和本体界的人并强调人是目的而不是手段，从而提出了关于人格独立的三个理性判断:精神自由、意志自律、良心自觉。近代美国人本主义心理学家弗洛姆认为，独立人格可以理解为清晰的自我意识、创造性的思维、开创性心理特征等几方面的统一和综合，同时表现为个体的独立思考与选择的能力;并认为个体独立人格表现为:人的自由性和创造性、人的独立思考和选择权利、个体自主性和对社会负责的精神、自我批判和社会批判的精神、对真理以及自我价值追求。

（二）关于美术教育

美育思想在我国并非是外来事物，较为明晰的美育思想早在先秦时期就已经有逐渐呈现，我国从西周时代开始，艺术和文学相关的教育在当时重要的六艺教育的内容中就已被包括。在20世纪初期西方学说向东方逐渐传播的历程中，西方美学才算正式地传入我国，从那时起，美学就开始了其在中国的本土化过程，王国维、蔡元培等人从现代启蒙的新视角介绍并系统阐述了西方的各种美育思想与观念。此外，梁启超、鲁迅、丰子恺、王统照、朱光潜等人从美育的地位、性质、对象和途径等方面对美育进行了较为深入地研究。近现代，国内不少学者也多次论述过美育的地位和作用，国内学者张楚廷、曾繁仁、周锦鹤等都从相似的立场论述阐述了其美育思想，他们都认为美育不能只是技艺和方法的教育，更应该是一种情感教育，并且可以通过美育而打开学生的情感世界，让学生从一种工具人向真正的感情的人转变，用艺术打动学生。国内学者在美育方面的研究研究往往注重人的价值，充满着人文气息，例如学者杜卫认为感性教育应该作为美育的现代性意义，应全面贯通个体的身体和心理。他认为现代美育应该逐渐着眼于促进个体的审美和情感的发展，从而发挥美术的天性，激活个体生命活力，提升主体的情感与美的境界，培养社会人的创造能力，最终与其他知识科学等教育一起服务于人的全面发展的目标。

概念界定

（一）人格概念的界定

"人格"一词源自于拉丁语单词"Pesona"，意指古希腊时代戏剧演员在舞台上扮演角色所戴的假面具，它代表剧中人的身份，表现出喜剧中演员的某个典型心理，如狡猾的人、忠诚热心的人等。这就暗示了一个人往往有着公开可见的一面，以及不为人知的另一面，这一面总是隐藏于面具后以不被人发现。从西方的人格定义出发，我们可以发现，这里所说的人格包含着公开的自我和被隐藏起来的真实的自我。卡尔·荣格指出，人格应该包含两个层面：一个是人格的表层，这一层面是一种角色扮演的"面具自我"，这一层人格倾向于按照别人所希望的方式去采取行动；另一层面是人格的深层，是一种相对面具自我来说真实的自我，但是其中往往包含着人性中不光彩的本性面。而在我们的口常用语中，人格通常指被他人所认为的描述，也就是表层上的自我。

我国古代汉语中没有"人格"这个词语，并且现代汉语辞典中的"人格"，与西方社会心理学或哲学中的"人格"的含义也很不一样，我国现代汉语的意思是"个人的道德品质"及"按照法律、道德或其他社会准则享有的权利或资格"。而从中西方历史中与"人格"相关的词的词义上看，西方文化中的人格倾向于成为一个有心理色彩的中性词，现在看来，心理学对人人格的解释定义相差其大："人格是指那些在个体身上使人的行为比较稳定的、相对持久的特质、倾向或特性模式。细言之，人格是由特质或倾向性构成的，它们决定了个体行为的差异性以及个体行为跨时间和跨情境的一致性。""人格是指具有一系列动态的、有组织的特征，这些特征独特地影响了个体在不同情境中的认知、动机和行为。""人格是指那些用于解释情绪、思维和行为一致性模式的个体特征。"而我国以往汉语中对"人格"的解释通常是从道德评价和社会规范的角度来研究，比较偏重于伦理上的理解，认为人格是一个人为人的各种品格的总和，就是做人的资格，即使人的道德品质。伦理学所指称的人格其实就是人的道德意识与其制约下的道德行为的总和概括，是人的道德知、情、义、信、行诸方面的行为状况和全景评价。

以上是从词源引出来的人格含义的两种倾向性的解释，关于人格还有从法学、社会学、哲学等方面进行的阐释。法学意义上的人格一般是一种作为人的"人的资格"的解释，这主要从财产归属性和社会等级性上体现出。这是一种权利，是一种不可侵犯并且由最根本法律来保障的主体权利，如生存的权利、人身自由的权利、人人平等的权利等。社会学上的人格关注的主要是人的社会化的问题，其往往从社会性的角度要求个体在经济、道德、法律、文化等领域里的思想行为要符合社会背景下的各种要求，社会学家们一般认为人格是个体对一定社会文化背景的反应，是其在社会背景下各种行为反应的总和。曾经就有社会学家给人格下了这样的定义："人格是决定人在社会中角色和地位的一切特征的总和，所以人格可以定义为社会的有效性。"

关于人格概念的界定角度众多，本文倾向于从哲学角度来对人格进行定义。哲学是一种思辨后的概括和总结，它侧重的不是对事物表面的描述概括，而是对本质进行思考研究，哲学上的人格主要是从人与自然、人与社会的互动的角度来抽象地概括人的本质，并把自我意识和人的思想与理想作为一种根本属性赋予人格。哲学家波伊悉阿斯曾说过："人格是真实的有理性的个人的本性。"中古时代几乎所有的哲学家似乎都满足于这一人格的界说。圣托马斯·阿奎那推崇个体中的理性。克里斯欣·沃尔夫和洛克将强调人格的一种自我意识;这些都是哲学将人格同人的本质和自我意识联系起来而界定出的人格的定义。这些定义虽然没有像心理科学做出的定义那样具有一定精确性和确定性，但是它将人格最本质最基础的特征呈现了出来，是人格这一本就属于人类的概念具有着浓厚的人文气息和生机活力。而且哲学上的人格的理解和解释并没有和科学有所对立，现代心理科学上部分关于人格的科学解释大多也是脱胎于哲学最初的解释，况且对与人格的概念迄今为止都是一个备受争论而没有确定答案的问题，每个研究者都会根据自己的研究领域和知识领域进行相对应的界定。

本文认为，在对人格的定义中我们应反对两个极端倾向，一是不能将人格绝对地科学量化，虽然科学化的概念能够更好地分析和量化某一事物，但是过分的科学化亦会导致机械化的、不人性的结果，这将会使人格研究片、缺乏人文气息而显得呆板冰冷，并且极端的科学化将会使人格的科学研究走向另一个极端——神学化。神学化是本文在对人格定义中另一个反对的定义取向，神学化会使人格的界定充满虚无或神秘的特征。最后，本文采用德莱加博士在《人格:当代的理论与研究》一书中对人格的界定:德莱加博士认为，"人格是个体持久的、内在的特征系统，该系统促进了个体行为的一致性"。

（二）独立人格的界定

独立人格可以看作是人格的下属子概念，它是相对于依附性人格而言的。依附性人格是一种具有高度依赖、服从、被动的人格，具有这种人格特质的人，在社会生活中往往逃避社会公共生活，对周围事物和自己生活缺乏独立的思考，容易人云亦云。

所以本文认为独立人格是这样一种稳定的人格结构，这种人格结构主要有下边这三个特征:清晰正确的自我意识，即人们口常所说的"自知之明";自主的思考、价值判断与选择能力;负责任的态度。

首先，自我意识是个体对事物和自身的看法和态度，包括对周围各种关系的认识，对意识活动的认识以及对主客体关系的认识是其实质所在，这也就是独立人格在"知"上的表现。自我意识在很大程度上是个体的意识的核心部分，是自我评价、自我概念的统一。自我意识担负着个体自身与外部环境的协调的工作，促使个体对自己逐渐形成一种客观且稳定的看法、认识和态度，它发挥着一种引导作用，从而使自我意识能够掌控人格的建构和发展，而不是任其受外在影响。它是个体人格的核心，人格的构建和发展主要也是通过一种自我的导向、监督和激励来实现的，如果一个人的自我意识出现障碍，那么他就会逐渐脱离"人"的本质，将会是一个人格不健全者，而不健全的人格也就无所谓独立的人格。在自我意识中个体不仅能够获得关于自身的知识，更可以对自我的存在与特性有较深的思考，使个体觉悟自己内中之"我"。而对"我"没有觉知、没有自我的人，往往不会发展出一种人格的独立，因为不能察觉到自己，不能确定自己的存在，所以他在一定意义上对外人外物来说是不存在的，就如行尸走肉般浑浑噩噩，也就更不存在人格的独立之说。因此，自我意识是独立人格的根本性特质和基础，是人格独立的前提条件。

其次，自主地思考、价值判断与选择能力是构成独立人格的核心，这是独立人格在"情"上的体现。自主思考、价值判断、价值选择这三部分是一个递进的过程，价值判断和选择是在自主思考的基础上做出的。自主思考包括两个部分，一是"自己"的思考，另一个是"主动"地思考。"自己"的思考也就是不存在或很少地存在着其他人影响的个人的思考，也就是独立思考。独立思考指的是主体的一种内在的精神及思想的自由，是思想的一种非奴隶的状态，而不是一种顺从思维。独立思考是自主思考的核心，它表现为不人云亦云、不惧怕权贵、不迷信权威等，它用自己的眼睛、自己的头脑、按照自己的头脑的想法来客观理性地审视一切的态度。自主思考的另一个层面是"主动"地思考。人和动物的一个重要区别就是人具有更多的主动选择的机会和能力，而人类之外的事物往往是被动地去适应环境，而不能最大限度地改造环境。但人类自主选择和创造的行为背后的力量是是人类深邃的思想，而想要创造或拥有这些思想只是靠人类被动适应自然是不足够的，这更需要人类主动地进行思考，而不是被迫或依赖其他外人或外物进行思考。独立思考的哲学精神，蕴含着对现实的批判，这种批判是人在改造世界和改造社会的实践中主观能动性的表现。独立思考的哲学精神不仅是对现实的思考，更是对"人是根本"的这一理想不断追求，在这一过程中，独立人格以独立的理性力量推动着人类文明的进步。坚持自主思考是一种难能可贵的精神，很多时候伴随着独立思考同时进行的判断和选择也是独立自主精神的一种体现，是在自主思考的基础上的更进一步地对现实的加工，它们都是独立人格的核心组成部分。

最后，负责任的态度是构建独立人格的保障和落脚，这种态度体现在对与自己有关系的人事物上，这是独立人格在"意"和"行"上的体现。自我意识和自主思考、判断、选择是独立人格的重要组成部分，其中自我意识和独立人格互为基础，自主思考是独立人格的核心。独立人格强调自我意识和自主思考，而个人主义也包括着强烈的自我意识和独立的思考，但独立人格同时是一种对自己、对他人、对社会和自然的负责任的态度，虽然它也注重个人的感受和利益，但它不是只以个人为中心、只关注自身利益及其最大化的极端个人主义。责任意识是主体在一定条件下理解自身的角色和社会的要求的基础上，把握自身的行为结果，从而使它符合社会要求的情感及意愿。具有责任意识的个体应是自主自律、自由自觉的思想行为主体，他的思想以及行为是自愿而非被迫的，而在强迫状态下个体的行为是丧失了个性自由的，是不独立的，所以这并不是具有责任意识的体现。人是一切社会关系的总和，所以独立于社会而存在、不与社会发生任何联系的人不应算是严格意义上的人。生活在社会中的人无时无刻不与其他人发生着关系，每个人在社会中都扮演着一定的角色，而扮演一定角色就要承担一定的责任。具有独立人格的人不是超然于社会之外的人，他们是具有负责任的态度的社会中的人，但具有对人格对自身责任的态度是主动积极而有建树的，例如历朝历代具有独立人格的知识分子，他们有着"先天下之忧而忧，后天下之乐而乐"的责任意识，并且在这一意识的支撑下践行着自己的信仰。人格不独立的人往往被动且低效地负担起一定的责任，他们对自身的责任缺少必要的认知，不能从中求得更好的个人的自由发展，封建专制社会统治下群众就是这样，他们只是统治者个人意志的延伸和实现工具。

第二节　培养中学生独立人格的重要性

一、独立人格培养对中学生及其家庭与社会的价值

在社会发展过程中，尤其在当今社会，任何事物的出现与消失、发展与改变等都不是孤立的，中学生的人格独立与否不仅对其自身的自我与社会性的发展有着重要的影响，而且对其所在家庭与所处社会也会不断地产生积极或消极的影响。中学生独立人格的健康发展不仅对其自身有着积极作用价值，还对其所生活的家庭与社会有着积极的影响。

（一）中学生人格独立对其自身发展的价值

日本学者池田大作说过："现在很可悲的是，如今的教育已经深深地陷入到功利主义中。这种倾向有着诸多危害：它将教育变成政治、经济的工具，进而失去它本质上的尊严；由于只承认知识和技术的价值，便使人们沦为知识和科学技术的奴隶，尊严的丧失也就随之产生了。"在功利主义的控制下，现如今社会和家庭把几乎所有精力都放在了学生——尤其中学生的知识学习上，而很少有家庭会关注到孩子的身体和心理健康，在身体照顾上缺少理性，等到问题完全显现出来时才采取措施，心理照顾上亦是如此。它和身体发育一样，都有着关键期，都具有潜在性，等问题积累到一定程度后就会外化为一定的"症状"，但所不同的是，身体上的疾病容易被发现并且容易痊愈，但心理上的问题难于被关注并且当被发现有明显问题时一定程度上来说已是"病入膏肓"，其"痊愈"的难度将会很高。身体上的缺陷和病疾很大程度上造成的只是肉体上的浅层痛苦，而心灵的缺陷和疾病则会对"患者"生活的方方面面、深深浅浅都造成很大影响。而反观现在的教育，我们似乎一直倒置了本末，偏离了方向。

从直观上来看，人格的独立是中学生心理健康的重要指标之一，没有独立的人格就没有健康的心理，没有健康的心理就没有健康的体魄。独立人格的缺失会限制学生的眼界和思考，就会致使其失去自主和创造性思维，会限制中学生自我潜能的发展，而所有这些都关系着学生现在和未来的身心幸福、完满人生。从深层次上来看，没有独立的人格就没有自由的意志、自由的心灵，这样就会丧失人之为人的根本特性。总之，没有独立人格的人是不完整的，自由独立的人格与学生自身毕生的幸福和发展有着密切的关联。

（二）中学生人格独立对其所在家庭的价值

家庭组成了这个社会，家庭的健康关系到社会的健康，而每一家庭的儿童则是家庭的中心，尤其是在计划生育大背景下的注重伦理秩序的中国社会。所以在一定的阶段，家中孩子的健康快乐与否就在很大程度上决定着家庭是否幸福健康。在孩子的婴幼儿及儿童时期，家庭环境在很多时候单方面地影响着孩子，孩子的心理和身体都单方面接受着家庭的正面或负面的影响，这一时期的孩子虽受本能驱使一直在努力维护者家庭的和谐稳定，但并不能理智地从实质上改变家庭。而当孩子到了中学时期时，由于其身心的发展进入了一个全新的阶段，自我意识得到增强，身体也基本发育成熟，所以其具有了更多的选择的能力，这一时期的中学生有了理智地从质上使家庭和谐美好的能力。有着一个身体和心灵健康的孩子是一个健康家庭的重要组成部分，在我们常人的眼中看来，一个没有孩子的家庭是不完整的，我们再深入一些看就会发现，一个有着"不完整"的孩子的家庭也是不完满的。孩子的各种问题都牵制着家庭的成长和幸福，这其中不仅仅包括着学生的身体健康和学习好坏的问题，更包含着学生的心理是否健康。有调查显示，在关乎家庭幸福的各种因素中，经济、健康、文明和社会这四个大的方面对家庭幸福影响最大，而孩子的身心健康直接关系到"健康""文明"这两个重要方面对家庭的影响程度。

中学生人格独立对国家与社会的价值

青少年是民族建设的储备力量，代表着我们民族和国家的崭新的未来，梁启超在《少年中国说》写道："今日之责任，不在他人，而全在我少年。少年智则国智，少年富则国富，少年强则国强，少年独立则国独立，少年自由则国自由，少年进步则国进步，少年胜于欧洲则国胜于欧洲，少年雄于地球则国雄于地球。"虽然其忽略了制度经济文化等因素对国家的影响，但现实告诉我们其强调的"少年强"的确在很大程度上影响着国家的繁荣与富强。青少年群体的强大和国家这一承载体的强盛是相辅相成的，少了任何一个都不会使中华民族繁荣昌盛。

社会是由一个个个体的人所构成的，人是社会关系的总和，社会关系也是人的关系，所以人的变化也影响着社会的变化。当构成社会的人变得强大时，这个社会也会跟着强大起来，建立在这个社会上的国家也就必然会强大，当然，上不行则下不效，一个国家的强大会使一个社会健康发展，社会的健康会带动生活在其中的人的健康，但我们能去影

响和改变的很多时候只有我们自己和周围的少许事物。所以社会的健康和国家的强盛应从每个人的健康做起。人格的独立自主是一个人心理健康的主要标志，历史上推动社会进步的知名人士无不是具有独立人格的人，而青少年中学生是历史的继承人，他们只有具有了独立人格才能够在成年后掌握自己的命运，才能够有机会实现自己的人生价值和理想，从而推动社会向前进步与发展。

二、中学生独立人格的缺失

毫无疑问，通过分析我们能过了解到中学生独立人格的培养与发展无论是对中学自己的健康成长，还是对家庭的美满幸福，更或是对国家与社会的未来发展都是有着重要意义的，它的价值不容否定。但现实生活中由于家庭学校教育教育往往只看重知识学习，而忽视中学生的人格滋养与培育，所以中学生的独立人格发展情况不容乐观。

（一）自我意识不完善

自我意识是意识的一种形式，是个体对己及物的认识，以及物我关系的态度。

自我认知、自我体验和自我调控是自我意识的三个方面，而若就自我意识的内容而言，可以分为生理自我、心理自我以及社会自我。总体说来，现如今中学生自我意识的不完善主要体现在以下几个方面：首先是其自我认识不够完善，自我认识要回答的是"我是怎样的一个人？""我为什么会是这样的人？"等问题。中学时期青少年的自我意识发展的高峰时期，尤其是初中二年级到高中一年级这一时期，其自我意识相较于之前得到了很大的发展，但在当今社会和家庭环境下，很多青少年的自我认识仍不够清晰客观。某校教师在班会课中设计了一次课堂活动——"为我写诗"，要求学生在 15 分钟内按"我是一个（ ）的人、我希望成为一个（ ）的人……"为格式为自己写一首诗，要求完成得越多越好。结果在 15 分钟的时间内，有 6 人一句也没有完成，18 人完成 5 句以下，30 人完成 512 句，仅有 12 人完成 12 句以上。并且在有些"诗"中还存在着前后自相矛盾的描述。从一系列的现象我们可以看出，虽然中学生的自我认识相较于之前有了很大的提升，开始关注自我的身体和内心的变化，逐渐开始思考和审视物我关系，但是由于家庭和社会环境以及自身诸多因素的制约，其对自己初步的认识往往存在着模糊矛盾等不客观特性。现实生活中我们经常遇到中学生对自己做出这样的自我评价"我学习不好，做什么都做不成，我一无是处，是个没用的人"，这样的自我评价不但导致他们在学习和生活中的不自信，更重要的是这样的状态持续时间久后易固化为内心的认知地图，这将对其未来幸福生活造成很大的阻碍。

目前来看，焦虑和抑郁成为我国中学生首要的心理问题，这与青少年没有形成正确的自我认识有着很大的关系。中学生还存在着自卑、自负、厌学、适应不良、耐挫力差等行为偏差和错误，自卑和自负是同一事物的两个极端，很大程度上是由自我认识的偏差所导致的。学业压力和环境变化容易导致厌学和适应不良等行为，但是这也与学生的自我认识和评价有着密不可分的关系。有研究表明，初中生学校适应不良与学生自我认识程度呈现着一定的正相关关系，一般而言，自我认识差的学生学校适应不良出现的概率较大。另外，目前很多中学生由于自我认识模糊、不客观，导致其对自我有问题的行为结果往往有偏执、错误的解释，其不能从自己内心出发正确地联系客观事实分析解决问题，其行为和心理还很大程度停留在自我中心阶段。最后，由于很多中学生对自我认识的不完善，导致其不知道价值观和人生观容易受外界社会左右，这就造成了其人生观和价值观出现很大偏差。中央电视台"对话"栏目邀请中美两国高中毕业升入大学的学生参加节目录制。美国的 12 名毕业生是当年美国总统奖的获得者，中国的学生也是被名牌大学录取了的大学生。在节目的价值取向的考察中，主持人提供了"智慧""权力""真理""金钱"和"美"几个选项供大家选择，美国学生全部选择的是"智慧"和"真理"，而中国学生只有一个选择了"美"，其余都是选择"财富"和"权力"。一个不认识自己的人就不会知道自己想要的是什么，但此时正值青春期的中学生急需一个价值观和人生观来指导自己行动，所以缺少自我认识的他们就顺势将外界社会的普遍价值观加之于其自身，而不是去通过探索自身和反思自我、生活来得出一个适合自己亦符合社会要求的合适的价值观和人生道路。

其次，中学生的自我体验不稳定。自我体验是人格的结构之一，具有维持人格的稳定性的功能，是自我意识在情感方面的体现以及主体的我对客体的我的情感体验。它回答"我这个人怎样？我满意现在的我吗？"这样的问题。自我体验的发展离不开主体对自我的认识，它与自我认识相互影响，一定程度上看来，自我体验的产生和发展是以自我认识为基础的。中学生自我认识的模糊性、矛盾性等决定了其自我体验的不稳定性。

现如今中学生在时间和事件维度上，对自己的评价时而肯定时而否定，经常出现自相矛盾，自我体验上并不统一。其时而因为学业或生活上的成就而兴奋不已、自高自大，时而因为一点点的小失败而垂头丧气、自我否定；时常因为考试或者升学压力而感到焦虑，但等这些事件过去后又会体验到空虚抑郁；既希望得到别人的尊重，又不能够很好地去换位思考尊重别人；渴望成功体验自我实现的感觉，却不想付出实际行动和努力；渴望得到别人的肯定但却时常以自我为中心不去试着赞赏别人的成功，甚至对别人的成功和长成就持漠视更或嫉妒的态度。他们过于依赖别人对自己的评价来进行自我认识和自我体验，而不是自己构建自己稳定且客观的自我体验，因而时常被别人的看法和评价所左右。这些都是现如今青少年在自我体验中存在的且急需解决的问题。

（二）自主思考、判断和选择的能力的缺失

前文指出，自主思考是一种主动且独立的思考，其是随后进行判断和选择的基础，所以在构成独立人格的这一个方面中，自主思考占有重要的地位，而独立思考则是重中之重。独立思考能力是针对具体问题深入分析而提出自己的独创见解的能力，它是一种运用已掌握的理论知识和已经积累的经验教训，独立地、创造性地分析和解决实际问题的综合能力。现如今，自主思考能力应成为一个中学生应有的素质，其小对一个个体、大对一个民族都有着重要的意义，重要性不言而喻。而在西方国家，其教育工作者很早就把培养学生的独立思考能力放在了重要的位置上，他们认为学校应该让学生学会思考，是一种教人思考的教育。他们对好学生的评价标准不完全是看其在知识性考试中的分数，而主要看重的是其是否能够清晰独立地思考问题。在美国，人们不仅把会思考当作好公民的最基本素质之一，还明确要求公民能够善于思考、清醒地思考。孔子也曾说过："学而不思则罔，思而不学则殆"，可以看出古人对学与思的重视。

创新能力的强弱是自主思考能力和程度的一个很好的衡量指标，荣获1997年度诺贝尔物理学奖的朱棣文教授认为：中国学生的考试成绩一般都会很好，他们学习很刻苦，但不足的是动手能力差，创新精神往往不足。在现如今应试教育的大环境下，中学生的自主思考能力受到了严重的限制，家长的溺爱包办以及不民主的亲子关系让孩子没有自主思考、判断以及选择的机会；学校以及教师只注重学生的学习成绩而不注重学生的身心素质的培养；社会拜金主义风气弥散，缺乏创新以及拼搏精神及环境；中学生本人缺乏对自我的认知，在很多己所能及的"分外"之事上依赖心理严重而不是自主思考、解决问题。

（三）责任意识较差

中学生责任意识主要体现在其对自己责任的态度和行为上。联合国教科文组织在《学会生存——世界的今天和明天》中指出："21世纪要求人人都有较强的自主能力和判断能力，同时要求加强每个人在现实集体命运过程中的责任。"我国的新课程标准也要求把中学生的责任意识培养作为新课程的目标。国际上和国内正式文字中提出学生的责任教育，说明了全球范围内对责任感这一个人素质的重视。然而反观现实当中，我国中学生的责任意识并未被更多的人重视，加之种种原因共同造就了中学生自身在责任意识方面存在着的这样那样的问题。曾有人从中学生对自己、对他人、对班集体、对家庭、对社会和国家这几个维度出发对其责任感现状进行研究，最终得出以下几点关于中学生责任意识的特点：

首先是表现出责任情感强过责任能力的倾向。由于现如今的学校教育各科教学尤其是思想政治课的宣传，中学生的责任认知能力较强，不少学生可以判断负责与不负责之间的是非关系，但其中不少中学生对一些事情，有心负责，无力担责。这从侧面也说明中学生对责任的认识稍存片面浅显，因为中学阶段的学生应承担其能力范围以及责任范围之内的责任，而有些中学生将其他不应承担或不必全部承担的责任也混为自身应有，这或许是我们日常家庭以及学校教育中出现的偏差。

其次，多数中学生重个人前途，轻社会理想。虽然当代中学生总体上看是有抱负有理想，希望自己将来能够更好地实现自我价值，但他们还是未跳出自己的小圈子，其理想抱负往往局限于个人，而在社会理想和个人理想的结合上把握的不是很好，不少学生在对待社会时往往缺乏一种主人翁的态度，这就使得其责任意识局限性较大，并不能算是完善的责任观。

再次，其家庭责任意识比较模糊。相对于中学生对朋友的责任意识，其对家庭的责任意识有时显得比较模糊。很多中学生并没有发展出自己对家庭应有的责任意识，取而代之的是在与同龄人相互过程中较好的责任意识，家庭观念较差，自我中心感较强。例如，多数学生对自己的家人有爱心，但解决家庭问题的能力不强；大部分中学生不懂得让家人减少一些牵挂也是他应有的责任。

最后，多数中学生的国家、社会意识较弱。中学生在个人奋斗目标上表现为个人意识较强，国家、社会意识较弱，在利益关系上表现为以"我"为中心，凡事从"我"出发，崇尚"追求自我实现、完善自我价值"。例如在一个新闻调查中，让学生对"先天下之忧而忧，后天下之乐而乐"的人生观做出评价时，只有小部分中学生认同这种人生观；在对名胜区乱涂抹这一现象的态度调查时，大部分中学生都认为遇到这样的行为时"管好

自己就行，不必劝阻"。

（四）自我控制能力欠缺

自我控制能力是指个体按照自己的意愿的或社会标准，对自己的行为、情绪和认知等活动进行约束、管理的能力。中学生正处在青春期，从生理上来说其身体发育迅速，身体素质和性特征已经接近或者达到成年人水平，生物遗传规律决定了青春期中学生的行为具有外倾的特性。身体内外的变化也带动了心理的变化上，或者可以理解为生理和心理同时发生剧烈变化，使自我意识较之以往得到很大的提升，自主的、外向的行动能力增强。此时的中学生个体面对着学习的压力和成长带来的各种矛盾，心理上常体验到各种冲突，加之体内荷尔蒙的催化作用，比较容易出现情绪的大幅度起伏、行为冲动、言语偏激等低控制能力现象。当然，我们并不要求正值青春期的中学生做到成年甚至成熟中青年人那样的自我控制水平，但是其自我控制水平亦必须达到其年龄应有的程度，例如可以有不受控制的情绪和思维，但最主要的行为控制上应做到可以控制行为的发生发展，而不至于出现违背他们年龄发展特征的负面行为和行为结果。中学生应背负自己应负担的分内的责任，但是现如今，由于家庭环境、社会环境以及青少年自身的一系列因素的共同影响，中学生群体在自我控制上存在这许多问题，不少问题造成的行为及后果更是超乎我们想象。在一份针对 500 人的初中生问题行为状况调查中，得出结果：在 492 名被调查对象中，有一点问题的学生有 214 人，有问题需要特别注意的学生有 12 人，分别占 43.5%和 2.4%。根据《问题行为早期发现检验手册》（PPCT）的诊断标准，有将近一半的初中生应该给予预防性的指导。同时这一调查也得出"初中生自我控制能力与问题行为的关系非常密切，自我控制能力越强的学生其问题行为越少，自我控制能力越差的学生其问题行为越多"这一结论，这就从侧面可以看出初中生自我控制能力整体较差，急需改善。

第三节　美术教育之于中学生独立人格培养的可行性

一、理论层面上的可行性分析

（一）美术教育有助于中学生自我意识的发展与成熟

首先，良好的自我意识是独立人格的根本性基础。从意识的对象和内容上看，

主要有客体意识和自我意识。自我意识在个体心理发展中占有核心地位，是主体对自己以及周围事物的之间关系的认识，社会性的发展也往往受到自我意识的强烈影响。自我意识是一种感受主体"自我"的存在的活动，它把"自己"从周围环境和人际关系中分辨出来，是对"自我"的一种"意识到"，是与内在"另个自我"的对话。

真正的个性的成熟必须伴随着自我意识的成熟。人之所以为人是因为人有着发展到了一定程度和范围了的意识水平，已有研究表明人的意识水平随着人类的进化和成长会逐层发展、不断得到提高。早期的原始人类往往把自己与整个外部自然界视为一体，处于一种物我不分的混沌状态；到了原始社会时期，人类群化为稳定的氏族公社，公社内的人们在情感和现实生活中的连接逐渐加深，成为一个连续的共同体，并且在与环境和外族的斗争中逐渐发展成为社群自我，这个社群自我是一个能够独立生存的大我。而这时他们思想中已经有"我们"的概念，人类的自我意识第一次觉醒。在人类从原始社会往奴隶社会的过渡中，小我层次的自我意识逐渐产生，而后由于生产力发展，私有财产逐渐出现，促进个体更深层次自我意识产生，再加之"劳动"这一改造世界的行为的发展，人类的自我意识觉醒程度大大提高，自我意识的完全形成是在奴隶社会时期，这个时期的正常成人基本上都已具有了个体自我意识的能力。再从个人出生到生理成熟这一过程来看，从其出生时几乎没有自我意识到成年生理成熟自我意识也随之成熟，这一过程也重复演绎着人类的进化历程。例如 3—4 个月的婴儿会以为自己和妈妈仍然像在胚胎期时是一体的，他不知道自己和妈妈的区别，也不知道自己和其他人其他物的区别，客体关系心理学家称之为"共生"。到 1 岁多时，婴儿看到镜子里的自己，也通常只能明白镜中的自己好像和自己有点关系，但大概不是真的，快 2 岁的婴儿则大多能知道镜子照出了自己的模样。到了 2—3

岁时，孩子经常会说不这是他自我意识的萌芽，他相信自己什么都能做，所以他什么都想亲自尝试，这一时期幼儿有了矛盾中的自我意识的萌芽。所以人类的自我意识从人类历史上和个人人生历程上来看都是一个逐渐发展的过程，在这一发展过程和复演过程中，伴随着自我意识的发展，无论物质上还是精神上人类逐渐从依赖走向了独立。个体早期的自我意识一般来说都是关于两个方面的：身体我的自我意识和社会我的社会意识，而个体心理我的自我意识在人类发展史上和个人的成长史上是较后形成的，因为它需要个体健全的自我意识和自我关照能力。当对自我内心状态的察觉在人的生活中占据重要地位、有着重要作用时，心理上的自我认知与意识才可以自觉地进行。具有独立人格的个体不止要具有社会自我和身体自我的自我意识，更重要的是其需要具有较强的自我关照力，而自我关照的这一层面的自我意识是一种心理我的自我意识。若要对心理特征的自我意识有所洞见，个体就必须有趋于完整成熟的社会角色和身体特征上的自我意识，这两个层面的自我意识虽然每个个体所拥有的程度不同，但大多数正常成年人都已具备最基本的水平，所以独立人格的培育更需要我们在心理的自我意识层次下功夫，其最终目的是达到一种拥"同一性的自我"的独立人格的人。

其次，潜意识是自我觉知的较佳途径。精神分析学派认为本我和超我更多的是在潜意识水平行动，而自我更多是在意识水平和潜意识水平下行动，自我的很大一部分和超我的一小部分会化为外显的人格特点，而超我的大部分、自我的另一部分以及本我的所有部分则会成为内隐的人格特点。我们欲了解个体的外显人格特点，只需对其自我有明晰的认识即可，而若要深层次了解个体的内隐人格特质，或者要觉知外显人格特征背后的形成过程，就必须了解底层自我，这就是本我的欲望和冲动。此时，就需要个体有着成熟的自我意识能力和方式，只有成熟的自我意识或自我觉知才能够深层次地了解潜意识，真正认识自己，才能够在了解的基础上构建自己独立完满的人格。

自我觉知与关照是自我意识的高级形式，自我意识在人类历史早期和个体发展早期主要是为了把自己从环境和同伴中分辨出来，而到了后期的自我意识则能够从中重新认识自己。笛卡尔认为人的认识和意识活动若要顺利开展就必须要有自我意识做基础，自我意识是先决条件。他认为人类的一切认识活动都是从人的自我出发，并且同样是通过这个自我来实现的，所以若是想要真实地了解这个世界，就必须要先具有较好的自我意识，只有先了解了自身，知晓了自己的身心特点，才能够掌握正确的认识世界的方法，才能够更有效更真实地认识外在事物。人的自我意识水平制约着对人格发展进行调节的能力；自我评价的性质制约着人格发展的方向；自我对待的态度和自我调控的能力制约着人格的实际发展。

精神分析提供了发展自我意识一条途径，在精神分析潜意识理论的指导下，进行恰当的自我分析和自我觉知，了解控制真实自我的潜在防御机制，以及潜意识中所压抑的不为意识了解的情绪情感，这样就能更好更全面地客观了解真实的自我。

最后，艺术是与潜意识对话交流的有利工具。艺术的产生与人类意识和语言的产生、成熟与发展相伴而行，艺术的诞生与人类和动物的分界是相一致的。从艺术角度来看，人与动物都会观察自然变化，但人独具发展的自我意识却能自觉地对自然界的天籁之音进行模仿和富于变化的多种色彩进行运用，运用声音、肢体动作和颜色来表达自我情感的能力的发展和颜色来表达内心的情感，记录对美的感受。人类学家认为，发展与满足这种运用艺术的形式来表达自我情感的能力与人类要满足的以下几种需求有关：一是人的情感向外表现的冲动和倾向，例如绘画舞蹈音乐等许多艺术形式都是发自情感又归于情感；二是欣赏和审美的快感，无论艺术欣赏中带来的是痛苦或是快乐其都是一种头脑上的快感，舞蹈等肢体艺术形式其活动本身也会带来某种身体快感；三是与他人交流传达的需要，包括吸引异性、性爱的需要；四是增加自我和喜爱之物的价值，如通过佩戴饰物提升自身的地位等；最后是宗教活动的需要。艺术是人类精神生活中必不可少的组成部分，它与科学认识活动的目的不同，是一种特殊的社会意识形态和精神生产形态，艺术的本质特点是直接为人的身心健康和情感活动的表现服务。与科学相比艺术有着自己的特点：一是艺术用语言、形象和动作创造夸张、典型的虚拟世界，而科学用语言和符号描述真实的世界。艺术的兴趣指向人的内心，目的主要在于表达和影响人的情绪情感等，而科学的兴趣则指向自然界，目的在于改变人的认识和改造自然。第二是艺术与科学理性的逻辑语言不同，其使用的是形象化的语言形式和象征性的符号和动作。第三是艺术具有高度个性化和典型化的表现形式，而科学则只对普遍和抽象的规律感兴趣。所以相较科学，艺术具有其独特的特点和功能。

人类是一种符号动物，人以符号拥有世界，许多民族的文字都是由早期的写意符号发展进化而来的，而艺术作品亦是一种潜意识的世界性的语言。人创造了语言、绘画、雕塑、舞蹈、音乐等各种形式的符号，是唯一可以用符号开放内心世界，表达思想、意志与情感，实现人与人之间符号交流的动物；人类还是唯一能够运用符号积累知识经验，并运用符号对后代进行社会化教育，传递知识经验的动物；人创造了符号，符号提升了人类，实现了人性，但又约束和限制了人类的思想。黑格尔说："艺术并不是一种单纯的娱乐、效用或游戏的勾当，而是要把精神从有限世界的内容和形式的束缚中解放出来，要使绝对真理显现和寄托与感性现象，总之，要展现真理。"

艺术作品尤其是视觉美术作品是一种潜意识语言，所谓"境由心生""画不违心"，美术作品的创作和欣赏过程就是一种深层次的自我交流的过程，它摆脱了文字、象征符号等间接形式以直接暴力的方式进入人的意识领域更或人的潜意识领域，它能够深入到精神的深处，把隐藏在精神深处的物件找出，并且继而带到浅层的能被我们所看到的意识领域。精神分析理论认为，艺术是人潜意识中压抑的能量的一种投射和升华，艺术是作家的一种白日梦，是自由的幻想和虚构，可以满足不切实际的幻想，表达任何大胆的愿望；艺术亦是一种类似于给学生带来快感的自我奖赏游戏，可以实施任何生活情境的模拟、竞争和发泄而没有实际的危险。艺术还被认为是人类用以逃避心理疾病的一种创作，艺术之中的很多部分都能够投射出个人的潜意识内容，其中也包括人格发展、人格特征等内容。这就使得我们有机会更好地和通过艺术作品的象征性符号和精神分析，深入了解创作者和欣赏者，得到观察、领悟与治疗，化解潜意识的冲突，促进形成新认知和促进个体成长。

（二）美术教育有助于中学生脑的认知能力的激活与发展

有人类学证据表明，早期人类石洞壁画和早期的写生画被当作是处理、强化和记忆思想内容的手段，以此来促进思维，也已有一些脑科学理论证明，艺术可以促进学习者的学习进程，为学习者提供了同时发展多个脑神经系统并使之成熟的机会，可以"滋养"包括感觉统合系统、注意系统、认知系统、情绪系统以及运动系统等诸多系统。

在孩童时期，我们就被教导看的行为是单方面的：看见事物，然后分辨之。然而事实并非如此，Kosslyn 认为脑的视觉系统沿着高效率的反馈与前馈回路来运转，这就让你能够把以前和现在的感知觉整合到快速产生的形象中去。在你看事物时，你会记得"应该"如何来看。视觉艺术如此富有创造性的原因在于你的脑迫使你进行改造。看事物的行为需要发展"是什么"以及"可能是什么"的创造意识。看的行为不是人们过去认为被动过程。人们在看的过程中同时在不断在后台调用这过往的记忆和认知，然后再将自己的经验与眼前的人或事物结合起来，这就是艺术倡导者强调艺术具有创造性和认知性的原因：看或创造的行为不是被动的。当学生制图、绘画或设计的时候，他们其实也是在思考过往事件经验和创造新事物。根据现有脑的认知研究，可以确定的是，脑内所有区域都与认知有关，而在认知产生的所有影响中，被用作学科学习工具的视觉艺术造成的影响似乎是最强烈有效的。一个三年级的班级，老师要求学生先阅读，然后绘画、思考，接着再读、再画，结果学生发现绘画使得他们更好地澄清自己的想法，从而提高了理解能力和解释能力。这个教师所考察的 14 个案例都证明使用这一方法可以获得进步。

视觉艺术包括设计、艺术作品、纸张画、油画、摄影、制图、插画和绘画等，其具有强大而积极的情绪性。加利福尼亚大学脑与认知中心认为，艺术能够很好的唤起我们的情绪反映。当我们创造或观看好的艺术作品时，通常会感觉很好，人类不同于其他物种，我们会为了获得快乐的情绪体验而进行艺术创作。在心理学脑认知的相关研究中发现，艺术作品的创作和欣赏可以唤起并且增强我们传达情绪反应的能力，不同的艺术类型激活不同的脑内神经区域。看见熟悉的事物可以"激活"海马中的细胞；古怪的事物则唤醒我们的注意系统；其他的艺术要素能够激发觉醒和惊奇。皮肤传导性实验证明，当艺术作品反映或揭示出某些对我们熟悉的或者是有意义的事物时，我们就很容易被其所感动。有证据表明，情绪与视觉之间有强烈的脑关联，当我们进行艺术活动时，我们描绘我们相见的事物，当我们进行科学活动时，我们只得到了别人要求我们看到的事物。视觉艺术使得被压抑的情绪得以释放和表达，并以纸张、木材和油画布的形式以及表现情感的恰当时机。我们如果对某事感到不愉快，我们就可以通过艺术从生理和心理两个方面来改变这些情感的表现形式。艺术是一种情感语言，艺术活动迫切需要我们个人认知积极和深度参与，它让我们更接近自己和别人的情感，并且这种接近是真实而积极的。

二、操作层面的可行性分析

联合国卫生组织将"健康"定义为："健康不仅是没有身体缺陷和疾患，还要具有完整的生理和心理状态与良好的社会适应能力。"而心理健康是指具备正常的智力、健康的情绪、积极的意志、行为适度、统一的人格、和谐的人际与社会关系、符合年龄特征的心理行为等。对照这一定义，我们可以认为独立人格的缺失很大程度上是一种心理不健康的表现。学校美术教育不应仅仅是一种培养学生美术技能的活动，还应该是一种促进身心发展的得力工具途径。美术创作教学活动可以预防、调控和治疗心理问题，可以促使个人

内心及学生所处社会环境之间达到一种协调关系。美术教育和心理学中的一些心理调节、治疗方法之间有着紧密的联系、一定程度上可以看作是某种心理治疗方法的延伸和拓展，这一治疗的目的就是使分裂、依存度高的青春期学生的人格达到统一与独立，拥有健康的自我和心灵。

（一）美术教育中的艺术心理干预功能有助于培养中学生的独立人格

美国艺术治疗协会认为，艺术心理治疗是指在专业的工作关系中，面对疾病、创伤和生活挑战而寻求自我成长的人对艺术所进行的一种具有特定目的的运用，通过创作艺术作品及对艺术作品和整个创作过程的反思，提高接受治疗者对自我和对他人的觉察力，减轻精神症状、心理压力、创伤压力，提高认知能力，并在创作过程中享受其为生活带来的快乐体验。这一界定概括了艺术治疗中的两大核心技术要素：一是将艺术的传作和欣赏过程具象成为一种工具，用艺术作品尤其是绘画作品来和来访者的自由联想相结合，指引其联想、引申和解释自己的直觉感情，从而帮助当事人外化其内在的心理世界，帮助其发现自己内在与外在世界之间的联系；二是利用当事人的艺术作品创作过程，在创作中促使其发泄、发觉、调和其情绪冲突，帮助当事人逐渐学会进行自我探索与了解，最终达到一种自我观照及自我成长。在这两大核心要素中，艺术成为了个人内在情绪、情感与外在事实、经验的桥梁，使当事人的不安情绪能够透过创作得到恰当的释放，并且在释放的过程中将过往经验加以澄清，体认自我。在将主体的情感意识具象的过程中，显现出个人目前的深层次和隐藏起不为他人和自己发觉的需求和情绪，经过思考体认和讨论解释，使其人格获得一种应有的统一和完整。

艺术治疗中治疗师给接受治疗者提供了一个平台和机会，这种环境和方式使个人能够更好地自我表达、自我沟通以及自我认识。在这一治疗方式中，心象常用来作为思考沟通工具，此种心象思考，属于直觉式的、非语言的思考沟通方式，它往往能够透露潜意识的内容，所以在艺术治疗中，治疗的过程、方式、内容和联想变得非常重要，因为每一部分都能够反映出个人的人格发展、人格特质和潜意识表象。由于心象的"细无声"的特征，它作为一种工具的工具往往在不经意间被主体所接受和采纳，所以在艺术或美术作品的创作过程中，艺术治疗师能够"悄悄"地从获取当事人的潜意识素材，而不必惊扰到其脆弱的心理防卫机制。同时在创作过程中，当事人的情绪会得到适当缓和，其一般都够较深层次投入于创作当中去，而让潜意识悄悄地自然浮现出来。艺术创作也是一种潜意识的投射行为，在自我防御机制放松的情况下，艺术作品一方面可以让当事人的情绪情感得到释放，这种情绪情感会在其作品中具体呈现出来，透过这种具体形象，当事人往往能够统整其情感和意念。

（二）美术教育中的叙事心理辅导功能有助于培养中学生的独立人格

叙事心理治疗是指咨询者通过倾听他人的故事，运用适当的方法，帮助当事人找出遗漏片段，使问题外化，从而引导来访者重构积极故事，以唤起当事人发生改变的内在力量的过程，透过叙事心理治疗，可以使当事人的心理得以成长。叙事心理治疗并非传统意义上的心理治疗方法或治疗技术的总称，它不仅仅是一种心理治疗理论，更是一种新颖的文化实践，其饱含人本主义的对人的重视与尊重。

叙事治疗不是去了解问题是什么及问题的发展机制，而是通过寻找例外事件，引导当事人重构并正确地转换对问题意义的人事，从而引导当事人往真正改变的方向发展。叙事治疗中体现着深厚的人本主义观念，治疗过程中它往往强调当事人的主体责任和自我改变，它尊重当事人的自我发展能力及潜质，相信当事人有能力处理好其自身问题，尊重其价值观及生活的模糊性。叙事心理治疗的方法策略很多，但主要的有三种：首先是叙说故事，重新编排和诠释故事；其次是问题外化，将问题和人分开；再有就是由薄到厚地形成积极有力的自己的观念。在中学生的独立人格培养的各种途径方法中，自我意识的培养、自我认知的提高占据着主导地位，而若想明晰"自我"，就必须明晰外物，能够将自己从外事外物中剥离开来，在一个脱离事件本身的高度来看待物我，改变以往的固定认知，逐渐明晰客观事实。

在叙事心理疗法中，为了将问题与人分开，使隐性问题外显，往往采用的是叙说这种口头语言形式。但在个体单独相处时，若要采用叙事疗法来了解系列事件的本质，就可以采用心理日记的方法，更进一步可以用口语形式对自己写出自己的故事而后以自己为倾听对象读出故事内容。这是一种自我监督自我觉察的手段，叙事心理疗法就适当地利用了这一方式手段，亦或许他们之间是相互借鉴的关系。但不管怎么怎样，叙说故事、记心理日记都达到了使问题外化客观化、将问题和人分开的目的，这就使得个体能够跳出自己的圈子，更加清楚地看到周围事物和各种问题，从而更加地了解物我，了解物我关系。

在口头语言出现前后，视觉艺术已发生了飞跃。视觉艺术可能发展或增强了与设计、交流及艺术创作有关的脑的功能，绘画也就成为了一个表达工具，它补充了思考和写

作的不足。事实上，艺术最初是以类似于心理画板的形式而伴随着口语单词出现的。视觉艺术的这种早期形式至少发挥了两个与生存有关的途径：提供了表达和交流的方法；陈述了部落的历史。所以，一定程度上绘画也是一种记日记的方法，其也可以成为叙事疗法的一种叙说手段，使青少年能够通过叙事来更加清晰地认识自己，从而发展自我更加独立人的格。

通过以上分析，我们可以肯定的是，在学校的美术教育中培养学生的独立并不是虚无缥缈、无迹可寻的。独立的人格必须要有一个健康的大脑和可以看清事物的身心的眼睛，这是独立的人格对当事人"心"和"物"上的要求。美术教育应该充分发挥其对于独立人格的培养作用，通过对"心"的培育，我们可以更好地看清自己和外物；在"物"上，通过更多的艺术作品来激发我们的想象力与创造力，通过艺术的媒介来激发大脑的认知水平，提升我们的思考能力和判断力。在心理咨询中的艺术心理治疗和叙事心理疗法的理论与时间也为我们在美术教育中培育中学生的独立人格提供了工具和借鉴，因为与在美术教育对中学生独立人格培育的过程中，他们有着共同的理论基础和最终目标。

第四节　美术教育之于中学生独立人格培养方法思考

美术教育最主要通过对学生自我认知能力的发展来促进其人格的成长与成熟，但并不是所有的与美术有关的教育内容与方法等都能够得到这种目的，所以我们在学校的美术教育中要善于发现和利用有助于促进学生自知和独立人格生成的美术知识和教育教学方法。

一、教学内容维度上，要注重内容的情感性、真实性与多样性

在美术教育课堂中通过艺术内容来使学生自我得到体认和发展，这就需要我们在课堂教学内容上有所偏向，注重挖掘符合认知规律且易被个体体察从而激发出学生强烈情感体验的艺术内容及载体。我们可以在课堂美术技能传授前指导学生了解每一件艺术作品或艺术技法背后的创作者和创作背景即创作故事。这样使得学生能够了解各个艺术事物之后存在的不是冷冰冰的艺术成品，而是有血有肉有情的"过程"，这些"过程"使学会能够

更深刻地理解作品，通过了解后的合理想象来使自己的情感与之产生连接和碰撞，从而生发出特有的、自己的各种情感，在种种感知觉情感的启发诱导下使学生更多地思考，从而提供了一种途径来更好更有效地进行自我认知，从而发展起独立的人格特质。其次，在美术教育内容上，我们可以选择创作者创作时情感内涵较为复杂多样的艺术作品，这些艺术作品更能够用它特有的语言来与它的欣赏者对话，在这种无声的艺术对话中，学生能够获得精神和情感上的升华。愈是多样、内涵丰富的艺术作品，就愈能和更多的人产生更多更大的情感共鸣，这种情感共鸣推动者它的欣赏者与自己的内在进行沟通，使自己身心得到冲击发展，这种发展带来的一个好处就是人格的不断进步，独立人格的逐渐形成。

在艺术教育的载体和形式上，我们应力求真实而多样。课本中的插图并不能够完全等同于博物馆展览馆的艺术作品实物，而更真实的作品能够带给其欣赏者更为真实的欣赏时的愉悦和多种情感体验，所以美术教育内容要尽可能多地将事实呈现在学生眼前，使其能够距离艺术作品更进一步。在艺术作品的形式上我们也应力求多种多样，虽然一般来说平面绘画作品能够包含更多的创作者的情感内涵，能够传达出较多的艺术言语和情感，但是我们亦不能忽略其他形式的美术作品形式，例如雕塑、摄影、剪纸等，这些美术作品形式也饱含着创作者的情感，能够传达出各自想要表达的内容给它的欣赏对象。

教学方法维度上，在轻松的氛围中引导学生展开情感体验与实践

首先要营造出民主与平等的师生关系及学习氛围。现今学校素质教育提倡构建民主平等的师生关系，和谐民主的师生关系又是教育的重要组成部分，它有助于培养学生独立自主的人格品质，有助于学生创新能力的培养。传统教育中的师生关系是不平等的关系，是一种授受的关系。这种关系是一种"目中无人"的不健康关系，教师并没有把学生当作是活生生的"人"，而只是看作一种信息的接受容器，教师也没有把自己看作是活生生的"人"，而看作是课堂中信息的传播工具，人性在教育中没有得到应有的尊重。美术课堂相比其他知识性较强的学科更应是这样，美术教育本就是一种具有知识模糊性及不确定性的教育，是一种感觉性和实践性的课堂，美术教育的内容决定了其要相较于其他学科更容易实施民主平等的教育方法和营造宽松多样的学习环境和氛围，所以，在美术课堂中教师要善于利用美术这一独特特性，营造出宽松多元的学习氛围，从而给学生的人格发展创造良好的环境，使中学生的人格得到应有的发展。在学生的学习过程中民主合作及独立自主的学习方式均需占有相应的地位，在美术课堂中更应是如此。书法绘画雕塑等艺术作品本

就是一种感性的存在，在独立思考的基础上的民主的、合作的学习能够使学生之间充分交流彼此感想，不断用相互之间的不同观念冲击学生的意识领域，使其在矛盾中发展处全新的想法观念和自我意识，这就能够使得其思维得到拓展，独立自主的思考和人格在不断得到扩充和构建。

其次要注意引导学生进行实践及情感体验。行是知之始，没有得到实践去体会的知识很大程度上只是我们一般理解的知道——即大脑中存储了相关的知识信息，而不是真正地"知'道'"一种深入思想价值观更或人格的真正的知道。所以在美术教育的课堂中，若想要艺术作品对学生的情感人格形成积极的影响，就不应仅仅停留在知识传授的两点一线层面上，而要引导学生体验艺术作品背后的故事以及在制作艺术作品的过程中融入个人的情感，将各人的体感体验提至较高的水准，为学生们的情感表达的需要提供一个宽松舒适的场所。美术课堂中的艺术实践不能仅仅局限在艺术作品的制作与赏析技能的培养上，而应还原艺术的本质，利用艺术教育的视觉化语言使学生深入艺术作品的创作背景及过程，并且借用艺术作品引起学生的情感共鸣，这些都是单纯的理论知识教育所不能达到的，只有注重学生的情感体验才能将外在的视觉语言内化为学生的思考，才能使学生不断发掘自我内在情感，不断提高自我觉知能力和水平。

再次，美术创作是一种通过抽象并直观的语言进行交流和情感表达的方式，线条的软硬粗细直曲长短、空间的有限无限拥挤狭窄、构图的规整统一和谐凌乱、色彩的明暗单纯复杂等都能从隐晦不显中表达出学生真实外显的情绪和情感。教师要学会运用这种方式，指导学生在画纸抑或创作材料上尽情发挥自己的想象力，将自己的情感宣泄并寄托在自己的创作作品之中。在这一过程中，教师应该适时与学生交流，找准孩子的情感所在，用肯定的态度与其交流，鼓励其尽情将自己的不良情绪释放出来，然后指导学生或者可以与学校心理咨询老师合作，在学生自愿的前提下，学着从自己的美术作品中读出自己的内心深处的不为己知的情感及事件，但在这一过程中应注意孩子的心理承受力，适时适度在保密的情况下与孩子交流，亦可适时与学生的监护人进行合时宜的沟通，但这些都要在以人为本、尊重孩子的原则下进行，不可包办代替，否则可能会侵犯孩子的自主性，这样就会有适得其反的结果。

美术教师可以在美术课堂中指导学生观察自己的作品，然后逐步让学生先在熟悉的人之间相互交流绘画意图和内容，引导其将自己的成长经历融入在美术作品中去，然后讲给自己信任的人或者在班级中讲述自己的故事，学生将能够在自己的口语讲述中认识到自己以前未注意到或已遗忘的细节，这些细节就是孩子认识自己的入口和材料。

三、教学评价上，注重美术教育的生命价值

教育应该是充满生命力的，而不是只顾技能和知识的传授的僵死的课程，所以在美术课堂的教学评价中我们应该逃离应试教育和传统教学的泥沼，找回美术教育和人的生命价值。

首先，教学者定性评价与定量评价相结合。美术教育课堂中教师对学生的评价不应只限于技能的量化评价，这首先是因为美术课程本身很难有一个固定而标准的量化准则，强行施行量化评价只会破坏美术教育的本真—培养学生的审美能力及陶冶学生性情身心。在课堂教学当中应当避免过度的技能的量化评价，避免以知识传授为主导的传统教学方式方法，应回归教育的本质目的，注重培养学生积极的学习态度、创新意识和实践能力，以及健康的身心等多个方面。一般的量化的评价注重的是学生知识、技能的掌握情况，而不注重学生掌握知识技能的过程与方法，以及与之伴随的情感态度价值观的形成。这种评价多是为了选拔和甄选，其不仅不符合美术教育的内容与性质，也不符合素质教育的培养目标，更不符合我们提出的学生独立人格的培养的目标。所以在美术课堂学生评价标准中，我们应尽量避免量化的评价抑或将定性与定量相结合，而应将学生身心美的、健康的永恒发展作为美术教育的直接目标来指引美术教育的过程，不应过分重视美术教育对学生艺术技能的训练而丧失美术教育的初衷。

其次，评价应着重素质评价而非技能。美术教育的真谛是：自由、自我及自信，这也正是素质教育的真谛。美术教育也正是通过这些特质才使得学生能够发展起其独立的人格，从而逐渐成为真正拥有自我真正的人。而注重对学生技能评价的课堂已经偏离了美术教育的本质与初衷，过分的注重学生的技能训练将使学生变成生硬的接受信息的机器，这一过程中学生的学习是缺乏情感及与自己和外事物的深层次互动的。学习若没有情感的参与那么这种学习就是机械和低效的，学生也很难从这一过程中发展出深刻的情感从而增强自我洞察和体验，也就浪费了和错过了美术教育的对学生独立人格影响的良好时机。

最后，评价时要关注个体差异。关注个体素质发展的美术课堂必是一个人性的课堂，是一个尊重每个学生个人发展的课堂。对学生的尊重与关注体现在注重学生的个体差异，将学生看作是独特独立的个体，而不是生产车间流水线上标准化的待加工产品。美术课堂中传授的艺术技能或许是相同的，但是相同的内容对于不同的学生来说有着不同的影响，其对一样的艺术技艺或内容的反馈亦不尽相同，此时就需要教师不仅对学生进行技艺和理解上的有针对性的指导和关注，亦需要教师能够从学生不同的情感反应中发现学生的不同的身心差异，从而能够有指导有目的地辅助学生利用艺术作品来弥补自己人格中的不足及缺陷，从而不断地完善学生的心理品质和人格。所以在评价学生个体时，不能一刀切地采用相同的标准，在评价同一艺术内容将对学生的身心带来何种变化时，亦要用不同眼光从不同的侧面去进行了解，从而能够更好地服务课堂，服务学生身心人格的健康发展，服务艺术教育的本质的、本源的目的。

总体上来说，我们欲要发挥美术教育的人格培养功能，就要从人本主义的生命教育视角来看待中学生和学校美术教育。为了中学生的独立自由发展，要逐渐走出应试教育的泥潭，体现素质教育的要求，以美术学习活动方式划分美术学习领域，加强学习活动的综合性和探索性，注重美术课程与学生生活经验的联系，使学生在积极的情感体验中提高想象力和创造力，提高审美意识和审美能力，增强对大自然和人类社会的热爱及责任感，发展创造美好生活的愿望与能力。

第九章

美术教育对中学生情感的培养

第一节　情感教育的相关理论

一、情感与情绪

情感与情绪是人类的基本心理过程，也是人类生活中重要的一个部分。对情感与情绪的研究国内外从心理学以及生理学角度已经有很多成果，基于情绪与情感的定义虽是观点纷繁，有些问题的提法是值得商榷的。

（一）情感的释义

关于情感，透彻的反思将会问道:究竟是什么被触动了?情感的含义到底是什么?能想象一种没有情感能力的意识吗?在查阅相关资料以后，发现大型的百科全书中对于"情感"一词的解释很简要。《辞海》中"情感"只是作了一个简单的描述:"情感，指人的喜、怒、哀、乐等心理表现。"心理学对情感的解释为：人对现实的对象和现象是否适合人的需要和社会要求而产生的体验。在我们的生活中，人们往往对于周围发生的现象而产生不同的态度，如：喜爱，忧伤，厌恶，欢乐等，对这样态度的一种体验其实就是情感。所以，笔者认为情感就是指在人类社会历史发展过程中对客观事物而产生的一种态度体验，常用来描述那些具有稳定的、深刻的社会意义的感情。比如：自尊心、自豪感、使命感等。情感作为人所特有的区别于其他动物的体验，有时会使人茶饭不思，无精打采，有时会使人伤心难过、眼泪汪汪，有时又会使人内心激荡、心潮澎湃。正因为有了情感，我们的人生才得以丰富多彩。

（二）情感与情绪

纵观中外学者对情感的研究历史，我们研究情感时不可比避免的要提到情绪，关于情绪的定义众说纷纭，很多人将其混为一谈。在笔者看来，情绪是情感的基础形成，情感并不等同于情绪，他们是两个既有联系又有区别的两个概念。《辞海》:"情感则与人的社会性需要有关，是人类特有的高级而复杂的体验，具有较大的稳定性和深刻性，如道德感、美感、荣誉感等。但在实际生活中，情感的产生会伴随着情绪反应，通过具体的情绪才能表达出来；而情绪的变化又往往受情感的控制。"情绪类似于情感，个体化需求同客观世界是否一致而产生积极、消极的心理体验，不同的是，情感具有更持久、更稳定、更深刻的特性。情绪比情感较为直接，情绪表现为高兴、难过、欢乐、悲伤、热爱、憎恨、喜悦、愤怒等，情感则表现为：自信心、爱国情、亲情之类。喜怒哀乐等情绪、情感随时发生在我们的生活中，积极健康的情绪使人感到幸福，消极情绪使人感到痛苦难过。

二、情感教育概述

随着素质教育观念深入人心，情感教育渐渐成为教育界的发展趋势。以下内容从情感教育的概念、特征、作用等方面进行了阐述。

（一）情感教育的内涵

对于"情感教育"一词，古今中外的学者从不同角度对这一概念也有不尽相同的界定。这一概念被正式提出是十几年前在英国沃里克大学来自世界各地的学者和专家召开了一次情感教育会议，经过这次研讨会的深刻讨论，最后给情感教育得出一个大家都认同的结论：情感教育不是一个独立的教育科目，而是教育过程的一部分，情感教育在各门学科的教学都有所体现，它的目标是促进学生的个体发展和整个社会的和谐健康发展，同时注重关注学生情感态度、价值观等方面的发展变化。显而易见，西方学者把情感教育归纳为整个教育的一部分。情感教育并不是教育之外人们空想的产物，而是能实实在在作用于教育实践。我国著名学者于霞认为："情感教育作为完整的教育过程的一个重要组成部分，它注重培养学生的社会性情感品质，并发展他们的自我情感调控能力，让他们形成独立健全的个性与性格特征，真正成为品德、智力、体质、美感及劳动态度和习惯都得到全面发展的社会人，促使他们对学习、生活和周围的一切产生积极的情感体验。"宫艳丽认为：情感教育是完整的教育过程的一个重要组成部分，通过在教育过程中尊重和培养学生的社会性情感品质，发挥他的自我情感的调控能力，促使他们对学习、生活和周围的一切产生积极的情感体验，形成独立健全的个性与人格特征，真品德、智力、体质、美感及劳动态度和习惯都全面发展的人。因此，综合国内外专家观点，笔者认为，情感教育是教育系统的一个组成部分，是本着"以学生为本"的宗旨，目的是使学生全面发展，并关注学生情感态度的一种科学的教育。情感教育具有1.兴趣性：能让学生带着兴趣走进课堂，并在学习的过程中真正发现自己的兴趣点。2.成功性：在学习和生活的过程中能得到成功的体验，这种情感体验可以提高学生的自我成就感。3.创造性：在学习过程中激发学生的创造精神，同时要注重以创造式的方式让学生得以提高。4.审美性：这已经不是教育者和受教者之间纯粹的知识传递和接受的和接受的过程，而是带有审美性的教育活动。

（二）情感教育的作用

我国古代儒学创始人孔子就主张情感是学习的动力，"知之者不如好之者，好之者不如乐之者"，了解知识的人不如爱好知识的人，爱好知识的人不如以学知识为快乐的人。这一观点充分体现了个体情感体验对于学习的重要性。笔者对情感教育的作用总结为以下几方面：第一，情感教育促进学生认知的发展。上述内容提到情感教育具有兴趣性的特点，这一特点促进学生在认知的过程中真正发现自己的兴趣点，学生会主动并且快乐的参与到教学活动当中，以促进认知的发展。第二，情感教育完善学生的品德。情感具有很强的感染性，教师以情动情以爱育爱，以实践事例激发学生道德感。苏霍姆林斯基说："要知道，道德准则，只有当它们被学生自己去追求和亲身体验过的时候，才能真正成为学生的财富。"第三，情感教育提高学生的审美能力。审美是人的一种感觉体验，这种体验在情感教育中也有所体现，学生在获得知识的过程中并且获得了其他方面的成功体验，这个过程是一个审美性的活动。总而言之，情感教育能够带动学生学习的热情与兴趣，使学生感悟学科自身以及学科外的生活之美，更重要的是能够提高学生自身情感价值观。其实，最能发挥情感教育作用，展现其意义与价值的，正是那些被人们忽视的感性学科，例如美术、音乐等。通过对这些学科的认知与学习，在掌握相应技巧的同时，教会了学生如何看待生活，如何美化生活，旨在欣赏，旨在感悟，充分的发挥了美术教育中的情感作用，陶冶学生的情操，丰富学生的情感，健全学生的人格，达到学有所得，学有所悟，学有所想的理念，使教学真正达到育人的目的。

三、当前社会背景下中学生的情感教育现状

中学阶段是学生情感发展的重要阶段，而当代中学生又是处于社会转型的关键时期，外域文化的多样性，以及科技信息的多元化，给学生的全面健康发展带来了巨大的挑战。另一方面，当代中学生从小生活在物质丰裕的年代，缺乏集体责任感，在心理上也出现了诸多偏激，这是值得教育者深思的问题。

（一）中学生阶段情感的特征

在此，笔者通过两部分内容分别概述中学阶段的学生待人处世的差距，从中寻找切入点进行研究。

1. 中学生的人际关系：人与人在交往中建立的一种心理关系或生活中建立的社会关

系称之为人际关系。正确的良性的人际关系有助于学生个体心理健康发展、在信息化的今天,中学生人际情感的发展尤为重要。虽然人际情感这一概念相对新颖,在此之前已有不少学者对青少年人际情感做过相关研究。这些研究表明,青少年能获得亲密感、归属感的重要前提是能拥有良好的人际关系。在这里,笔者参考以往的研究和简单的调查对中学生人际情感的特点做一些归纳。青少年人际关系包括:合作感、归属感、信用感、亲密感、乐群感、宽容感。在对笔者任教学校的高一年级在校的 684 名学生进行采访和总结后,得出结果表明,信用感、归属感得分相对较高,这说明我国青少年情感素质水平呈现正向形势。另外,青少年在处理人际关系的过程中还存在很多问题,有近一成的学生没有朋友,也只有一成的学生认为自己"人际关系良好",多数学生表示心里话没有倾诉对象,有一部分学生还被"无人理解"所苦恼。分析还发现,来自农村的男女中学生比城市男女学生在人际关系的维持能力上更好一些,其原因一方面可能是因为城市家庭独生子女多,在家庭中的地位优越,这样在人际关系处理过程中自我意识过强,不懂的谦让别人,凡事考虑自己利益得失;另一方面城市孩子的家庭条件好,习惯了衣食无忧穿戴名牌的生活,在心理上有优越感,人际交往过程中甚至过于功利,缺乏对他人的理解、缺乏助人为乐的精神,在人际关系上,往往表现出自私、嫉妒、不和群等特点,这严重地影响了中学生情感素质的培养和提升。

2. 中学生与社会的关系:马克思指出:单个的人"是一个特殊的个体,并且正是他的特殊性使他成为一个个体,成为一个现实的、单个的社会存在物而所谓社会,就是指以特定物质资料的生产活动为基础、以一定数量和质量的人口为主体而建立的相互交往和运动发展的社会关系体系。学生在中学学习阶段,处于一个相对独立封闭的小环境中,相对于社会这样的复杂、多变、善恶共存的大环境,学校带给学生更多的,是平等、热闹、奋进、友谊等。他们可以在这里共同欢笑,共同努力,共同奋斗,共同流泪,不用担心谁真,谁假,谁对,谁错,人与人,心与心是纯洁的,透明的。但当他们步入社会的时候,这些美好,终有一天会随他们而去,他们能否适应这个社会,能否在社会立足,能否健康笔直的成长起来,不仅仅是社会需要关注的,从最根本的角度而言,是学校最应该关注的。多年的教学模式,能否培养出适合社会生存的学生,他们又都是否依旧快乐纯真,值得人们思考。家境不错的学生,其适应能力未必强于家境窘迫的学生,因为在社会这个大海洋中,他们才是第一次乘帆远航,没有见过大风大浪,心理承受能力相对弱于其他学

生；但从另一个角度来说，良好的家庭环境，又容易使他们比别人更容易接触到高层次的物质生活，他们的眼光或许会更长远，但能否抵得住这物欲横流的物质社会的诱惑，又令人担忧。

（二）中学生阶段情感存在的主要问题

随着我国经济高速发展，科技飞猛进步，中学生在这样的社会背景下其身心发展都有新的特点：从生理角度而言，生活水平的提高，使中学生的生理发育非常迅速；从心理方面而言，中学生智力水平达到一定成熟状态，具有一定的思考的判断能力。但是，这一阶段的青少年情感特征是丰富却不稳定的，很容易受到外界的影响，造成情绪的巨幅波动，因此，这一阶段的孩子的情感问题，主要表现在以下这些方面。第一，青少年的情感缺失现象严重；表现为对亲情的疏远冷漠，亲情是世界上最美好的感情，而现在学生普遍存在对父母的淡漠现象，如：只认识偶像不认识父母，很多学生能如数家珍地说出明星们的身高、外号、英文名、、体重、爱好等，却答不上父母的生日和年龄。另外还表现为对生命的漠视，新闻媒体和网络不断曝光出令人震惊和痛心的事件：青少年自杀案、杀亲案、给同学投毒案、虐待动物等对生命的漠视行为，复旦大学投毒案给了我们敲响了中学生生命教育的警钟，要培养学生完整人格。还有不少学生沉溺于网络的虚幻世界中，网游成瘾、网恋等。第二，中国留守学生的现状严峻，这样的一个特殊群体因为缺乏父母的关爱而孤独，进而产生了各种心理问题。第三，中学生处于生理发育的成熟时期，也是性发育的成熟的阶段，这一阶段教育容易焦虑恐惧的现象，需要正确的性健康教育。综上，笔者认为，中学阶段的学生，其情感是波动的，不定的，容易受多方面因素的影响：家庭环境的好与坏决定了学生性格和价值观；学校环境和社会环境都对学生形成健全的人格有着重要的作用。而学生的性格又决定了人脉的广与窄；学习水平的高低会造成学生心理承受力的不同；物欲横流的社会影响学生的判断力和世界观，等等，这些都是能左右学生情感的重要因素。因此，如何能够正确引导学生认知社会，学习知识，这一任务是非常艰巨的。因材施教，情感教学，就显得尤为重要。

第二节　美术教育与情感教育的关系

一、美术教育中情感教育的体现

（一）美术作品的情感注入

艺术作品的价值最能激发学生的审美情感。艺术作品是艺术家情感的体现，初高中的美术教材中，任何典型的美术作品都含有深刻的情感教育价值。例如：爱国主义情操、强烈的民族自豪感、高尚的道德情怀等。所以说，审美价值高的艺术作品有利于学生的情感教育。

"我在朦胧中，看见一个好故事。这故事很美，优雅，有趣，许多美的人和美的事，错综起来像云锦，而且万颗星似的飞动着，同时又展开去，以至无穷。"——鲁迅。当人们置身于一件美术作品前，或悲或喜，或乐或哀，种种情感。在古代，人们就认识到了情感对于艺术的重要性。诗歌舞蹈起于心，华章文采动于情。俄国文学家列夫托尔斯泰谈到艺术时说："作者体验过的情感感染了观众或听众，这就是艺术。在自己心里唤起曾经一度体验过的感情，在唤起这种感情之后，用动作、线条、色彩、声音以及言辞所表达的这种感情使别人也能感受到这样的感情——这就是艺术活动。艺术是这样一样人类活动，一个人用某种外在的标志有意识的把自己体验过的感情传达给别人，而别人为这些感情所感染，也能体验得到这种感情。"

法国画家米勒出生在一个农民家庭。由于他的童年和青年时代都是在农村劳动中度过的，敦厚朴实的农民性格对米勒后来的绘画风格产生了很大的影响。《拾穗者》是米勒最具代表性的作品，画面是三个妇女弯腰拾起地上剩余的麦穗的情景，她们穿着粗布衣衫，阳光照在她们身上，虽然她们因为长时间的劳作已经有些疲惫不堪，但忽略面部表情的动作表情更能说明他们的忍耐、忠诚、谦卑。米勒以这样朴质凝重的手法来表现生活在社会底层的贫苦人民，因为他相信，艺术是一种力量，是一种爱的使命。米勒把自己的情感注入到作品当中，我们被它深深打动着，体会到了他对生命和土地的热爱。"苏珊·朗格曾对艺术下过这样的定义：'艺术是人类情感符号形式的创造'，这也说明艺术和人类情感息息相关。艺术家的创造过程，就是把人类情感象征出来的活动，艺术作品就是其个体生命情感的象征性形式。"所以，艺术绝不仅仅是再现，如果没有情感的投入就算再高超的技术都不能创作出优秀的作品。因此，艺术作品并不是纯技巧的产物，同时也不仅仅是某种思想和信息的传达，而是生命与情感互渗的结果———一种生命情感的形式。表现主义画家蒙克曾说过："我要描写那种触动我心灵眼睛的线条和色彩。我不是画我所见到的东西，而是画我所经历的东西。我一定要描绘有呼吸、有感觉，并在痛苦和爱情中生活的人们。"当然，蒙克受到家庭背景的影响，他的个人史和绘画史几乎是一体的，"我的家庭是疾病与死亡的家庭，的确，我未能战胜这种命运。这对我的艺术起着决定性的影响"。蒙克的作品中具有典范式的"波浪状"曲线条，在《呐喊》中，远处血红色的天空，近处旋涡似的墨蓝色，更进一步形成了画面紧张不安的气氛，使这幅作品充满浓郁的"悲剧"意识。画面主角的头颅像是一个骷髅，发出歇斯底里的呐喊。学生在欣赏这样的作品的时候，从视觉上的效果引起必然的心灵上的震动。那些曾经在我们心灵深处的情感，那些曾一度流入过我们意识生命体的东西，就是艺术的本源。综上所述，笔者认为艺术的创造过程离不开情感的注入，同时好的艺术作品能始终激发人的情感。艺术作品与人类的情感紧密结合、相互依托，即使在现代派绘画作品中也突现出来。如果没有情感因素，艺术作品便失去了生命力，缺少了打动人、感染人的核心力量。同时，由于生命情感的所指是无限的，艺术语言因此才充满了不可解释性和无限的可能性；由于生命感觉的私人性使得作为精神样式的艺术作品具有不可重复性。美术创作既是如此，那么在美术教育的过程中呢，我们又该报以何种心态与情感去对待那些作品，去对待那些迫切希望学到知识的学生呢？

（二）美术作品中体现情感的价值

我国教育家蔡元培倡导以美育代德育。他认为：人人都有情感。每一幅作品都是美术家主观感情和客观真实存在的完美融合，无论哪一个时期或任何一个流派创作的艺术品，都让我们为其的情感价值而动容。当今社会是视觉文化盛行的年代，视觉文化泛滥对青少年的影响不言而喻。而美术作为一种传播正能量的视觉行为，有助于青少年培养正确的审美价值观。一件好的美术作品的价值不仅仅是给人们带来视觉上的享受，更多的是心灵上的震撼。法国雕塑家罗丹的作品《欧米艾尔》，主人公是一个年迈的老妇人，松弛的皮肤，干瘪的乳房，浑身充满皱纹……罗丹的《欧米艾尔》到底是美还是丑？这是一个值侍人们思考的问题，学生第一次翻开课本看到这张作品，他们觉得这个"老女人很丑"，在加以讲解的过程中学生的情感发生了变化，画里的主人公自然存在的是丑的，但她曾经美丽过，所以这种"丑"要比粉饰的甜蜜美的多，丑的真实，丑的可信。通过这样畸形、丑陋的形态，表达对生命强烈的悲哀，以及对当代人的批判、同情和歌颂。西班牙达利创作的《内战的预感》，这是一张控诉战争的作品，利用超现实主义手法，以一个巨大的'残缺不全的人'象征被残害的群众。通过画面扭曲和夸张的"人"，表达对人类不负责的发动战争和自我毁灭的病态行为的不满。也就是说，美术作品的价值之一就是它的情感表达或是一种情感表达的载体，它通过审美和情感体验，洗涤人心灵，达到一种非语言传达的独特的崇高的情感领悟。

二、美术教育在情感教育中的地位和作用

美术教育能陶冶人的情操，使人格得到完善，使人的情感得到升华。它作为美术教育的重要手段，在人的情感教育中起着重要的作用。通常人们把美术教育的价值体系分为美感训练、道德感化、丰满人性、宣泄与治疗等。美感训练即审美提高，在美术活动过程中通过培养学生的审美感知力、审美想象力、审美理解力和审美创造力使审美能力得以提高。因此，美术教育中的情感价值，远非我们所想象。那么，下面笔者从具象艺术和抽象艺术两个方面阐述美术教育的作用。

第一，美术教育中具象艺术对中学生情感的积极影响

一般来说，我们把艺术分为具象艺术和抽象艺术两种形式，通常情况下，中学生对具象艺术的理解和把握更得心应手一些，具象艺术的特点就是尊重客观事实，具有视觉上的真实性。无论是从绘画还是雕塑，或是其他艺术门类，具象艺术的情感传达更直接，具象艺术是一种心理表达，陈侃博士在其《绘画心理测验与心理分析》中说，艺术关乎心灵。每一幅惟妙惟肖的具象作品，从视觉的审美角度就给学生以真实的震撼。美术鉴赏课程中的一幅作品《血衣》，屈才我国土地革命斗地主的场景，画面的主人公悲痛欲绝的抓着一件满是血渍的衣服，哭诉着封建社会所受到的种种压迫。真实的画面感给人心灵的震撼。古希腊雕塑《断臂维纳斯》，这位希腊神话中集美与爱于一身的女神，她端庄优雅，充满智慧，没有丝毫的造作神态，每一位观者看到以后都会被深深的吸引，她不仅仅给人视觉上的享受，更是审美情感的提升。

第二，抽象艺术对情感的积极影响。

抽象艺术在西方已经有很长的发展史，是指艺术家把现实的自然景物加以简化，或者完全抽离的艺术形式。相对于具象而言，抽象艺术更多的是艺术家的情感投入和发泄，抽象作品中的每一条线和每一块颜色都是画家主观的情感倾诉，比如我们欣赏美术作品中的色彩，红色让人心情愉悦，蓝色让人平静，鲜亮的色彩关系让人轻松。总的来说，无论具象还是抽象，美术活动帮助学生发现美、感受美、创造美，通过美术作品中丰富的情感表达进而提高学生的情感能力；其次美术活动可以起到情感宣泄的作用，心情高涨和低落的时候都可以借助美术活动来缓解和表达，古今中外的艺术家们，都把自己的情感倾入到艺术创作中，或是对生活的向往，或是对现实的不满，或者是对理想的追求，或是对信仰的执着。中学生平时学习压力大，得不到调节，美术活动可以起到情感宣泄的作用，以缓解繁重的学习任务和生活带来的压力，建立健康的心理状态；另外美术教育可以带来愉快轻松的课堂效果，在这样的气氛当中体验学习的快乐，生活的美好。

第三节　美术课程对中学生情感培养的实施

美术教育相对于其他学科教育有着不同的特殊作用，美国心理学家布鲁姆对教学目标分类认为美术教育价值的三个方面：技能价值，心智价值和情感价值。美国著名的美术教育家艾略特·W.艾斯纳所倡导以学科为基础的 DBAE 的美术教育思想，融合了美术创作、美术批评、美术史和美学四个领域知识，并形成了一整套系统、连贯的课程体系。关于美术教育的功能和作用，艾斯纳概括为以下几个部分：可以开发审美意识、培养审美情趣;可以培养提高人的感知能力;帮助人们找到事物的特殊性;可以教导人们辨别真伪，通过隐喻来传达特定的价值观念;可以使人们灵魂深处的思想和感情被展现出来;使我们在琐碎枯燥的经验方面，发现新的价值;要在一个很强烈的情感动力中改善人们之间的情感关系，使人类意识得到充分扩展。由此可见，美术教育对于情感教育的价值，在中学加强美术教育是十分必要的。

一、美术教学中的情感渗透

新课程标准明确的提出了在美术教育学中建立的情感目标。教材也注重发挥美术的教育功能，注重学生的情感培养，课程内容与生活紧密相关，有利于学生积极主动参与到美术教学当中，尤其是情感体验和精神需要。

（一）教学内容体现情感性

新教材除了注重美术学科的美术知识传授以外，同时以生动、意义深刻的内容加强对学生的情感培养，通常人们把情感分为道德情感、理智情感、审美情感三大类。道德情感是人类的一种高级情感，是用一定的道德标准去评价自己或他人的道德行为等所产生的爱憎、好恶等心理体验。中学美术教育对中学生道德感的培养起着举足轻重的作用。教材当中的作品都是古今中外的重要的经典的艺术品，教师在美术教学当中，让学生了解这些艺术品所描绘的同时代的社会环境、社会道德伦理。

例如，在欣赏《父亲》这幅油画作品时，罗中立通过写实手法，塑造了一位勤劳、善良、贫苦的农民形象。当和学生一起上学这幅作品的时候，所有人无不为之深深打动。这是中国历史发展的阶段真实写照，它以人道主义的情感述说着对中国农民的关爱和对乡土的眷恋；以现实的叙事手法使观众直接看到了自己身边的现实并引起了人们的思考，从而引发更深层的伤感或人道主义的情感。画面中，烈日下不满皱纹的脸，老树根一样的手，深陷的双眼露出了凄楚又带着希望，像在缅怀过去，又像是在憧憬未来。看到这幅作品时，不禁让每一个观众感怀，身临其境的感受着这样一个伟大的父亲的艰辛，从而激发我们的情怀，更理解"谁知盘中餐，粒粒皆辛苦"的深刻含义。所以，中学生接受美术教育并不是将来要让他们成为一个画家或艺术家，而是让学生在接受美术教育的过程当中，感受不同形式的美术作品带来的情感体验，深入理解其中的人文情怀，从而培养道德情感，体会多彩生活。

理智情感。青少年理智情感是指青少年对认知活动及其成就进行评价时产生的一种内心体验。它产生于青少年获取知识的过程之中，属于我国传统的情感分类体系（道德感、理智感、审美感）中的一大类。中学生处于人生的过渡期，尤其是对于以学习为主要任务的他们来说，理智情感的培养尤为重要。理智情感具体表现为对理想的追求，对生活的热爱，对社会活动的评价等。而这些内容在艺术作品中都有生动的表现。《伏尔加河上的纤夫》是列宾的代表作品，画面上展示的是在烈日酷暑下，漫长荒芜的沙滩上，一群衣衫褴褛的纤夫拖着货船，步履沉重地前进着。一曲低沉的号子在炎夏的闷热中与河水的悲吟交织在一起。《伏尔加河上的纤夫》充分表现了在封建势力和资本家的剥削下，俄罗斯劳动人民的苦难生活，这些饱经风霜的劳动者，时至今日，仍然给人们强烈的震撼。学生在欣赏这张作品的时候，这十一个纤夫的形象给予他们内心深处的触动，这些纤夫中有老有少，个个都衣着破烂、面容憔悴。在他们身上剩下的，唯有贫苦、艰难与无奈。在这幅反映纤夫苦难生活的画里，与其说是人与自然在搏斗，不如说是人在与残酷无情的黑暗命运和社会搏斗。优秀的作品，包含着作者的情感以及对黑暗社会的评价。学生在欣赏这样的作品的同时，可以树立正确的社会价值观。相对于今天优越的生活条件，更应该懂得珍惜，更应该热爱生活。

审美情感。审美情感是人类情感结构中的重要组成部分，它是指人们按照审美标准对物质或精神现象的美进行评价时所产生的内心体验。在心理学研究早期也涉及了审美情感，它是人类历史发展过程中形成的高级社会性情感。审美情感伴随于审美欣赏的每一个阶段，并在每一阶段产生相应的变化:在审美早期的感知阶段，审美情感相对较少；而在审美后期的评价阶段，审美情感则较为丰富。审美情感、审美认识、审美判断、审美创造，他们共同组成了一个完整的审美心理框架。审美心理框架搭建的结构的不同，决定了一个人审美能力的水平高低。一个人的审美情感越丰富，他的审美能力也就越强，审美情感作为审美能力的重要因素，其在人的发展中十分重要。中学阶段的美术活动的主要宗旨就是全面发展学生的审美能力，能让他们发现美，感受美，创造美。在中学的美术教学中，通过对美术作品的认识、感知、理解、想象等，学会欣赏美术作品的方法和技巧，运用美术知识鉴赏不同的美术作品，培养自己高尚的审美情趣。

（二）教学目标倡导情感性

我国第一轮基础教育课程改革在全国深入推进，在这次新课标改革中，明确提出情感目标培养，新中国建立以来首次如此重视情感目标，这对促进教育的实行有这重要的意义，在我做教师工作的三年当中，经常会听到学生说，习惯某个老师的讲课，不习惯某老师的讲课。例如遇到一个优秀的语文老师，学生在听课过程中体验到激动的情绪，慢慢产生一中持久的情感。苏联心理学家的富尔顿纳多夫所说"如果情感体验的情绪过程的形式多次重复，他确实可能变成对相应体验的稳定的倾向性"。可见，每一节课堂的教学目标对与学生形成长久的情感是很重要的。高中美术鉴赏课程，传统的理念都是注重学生的技能训练，知识掌握，这样往往忽略了学生的情感需求，课堂变得枯燥无味。新的教学目标提出，以情促教，例如第四课《走进意象艺术》，传统的讲授理论知识根本提不起学生的兴趣，反而会对具象以外的艺术形式不理解，排斥。如果从情感的角度出发，讲解每一幅看似抽象的作品中作者的情感投入，学生便会深受感染，如讲到明末清初的画家朱耷的《鹌鹑图》，学生对这两只翻着白眼的鹌鹑有了新的认识，它是画家内心深处的难言之痛和愤懑抑郁的发泄。学生会了解原来画画可以画的"不像"，而"像不像"也不是评价美术作品的标准。法国艺术家罗丹曾说过"艺术就是情感"，艺术是情感的再现，美术课程的情感目标尤为重要。

（三）教学模式呈现情感性

虽然教学模式很早就存在，但教学模式的概念在20世纪70年代才被提出来，目前，学者对教学模式的说法也是不尽相同。叶澜在《新编教育学教程》中对教学模式下了这样的定义：教学模式俗称大方法，它不仅是一种教学手段，更是从教学原理、教学内容、教学目的和任务、教学过程直至教学组织形式所构成的整体、系统的操作样式。这种操作样式是加以理论化的。美国著名师范教育家乔伊斯在《教学模式》中将教学模式分为四六类，其中有一类"个人发展"模式。该模式主要发展学习者对自我的认识，塑造完整的人格，促进个人与社会的相互关系，培养对社会的责任心。这一教学模式注重了学生的情感发展。叶澜在《新编教育学教程》当中将教学模式分为三类，侧重发展思维能力的教学模式；侧重发展人际关系技能的教学模式；侧重适应学生需要和个性差异的教学模式。可见，注重学生的情感和情商的培养。在美术课堂上，教师多采用探究式和反馈式的教学模式，探究式教学中学生可以积极参加美术活动，对美术作品进行赏析和评价，激发学生的好奇心，形成学习动力。另外，教师应善于开发课外资源。如《美术课程标准》中就指出：教育机构应广泛利用校外的各种资源，包括美术馆、图书馆、公共博物馆以及私人博物馆，当地文物资源以及社会携手开展多种形式的美术教育活动。1994年美国公布的《艺术教育国家标准》中则强调："为了确保学生接受艺术学习不仅仅是'接触'的水平，对社区资源的创造性和经常性的利用便成为重要的因素。地方管弦乐队和合唱团、戏剧团体和舞剧院、个体职业艺术家、美术馆、博物馆、音乐会和其他各种表演活动等，可以为学生提供学校难以相比的丰富的艺术经验。各州和各地的艺术代理机构和艺术董事会，以及全国艺术和艺术教育组织的地方分支机构，都可以为学校艺术教育做出重大贡献。所有这些，都可以作为学生艺术学习的宽广的资源。教师、教育行政人员、家长和地方艺术组织可以通过伙伴上的作关系，在所有艺术学科的教育中营造出专为延续、扩展和深化学生能力的环境。"由此可见，美术教育不应该是一层不变的人室内教学为主，更应该把学生带到课外，接受艺术的熏陶。在美国以及欧洲当地的国家，就成功的利用社会资源进行美术活动。孩子们从小就接触美术馆，博物馆，广泛开发和利用课外资源，可以培养学生的爱国主义情感和文化传承精神。中国美术课程标准经过一次次改革以后，同样提倡把学生带出教室，通过情感体验接受情感教育，让青少年学生全身心的体验艺术之美，所以，现代的美术馆及博物院等也承载着艺术教育的使命。因此，美术老师应该积极组织学生外出参观博物馆，美术馆等，充分利用当地资源进行美术教育丰富教学模式。以笔者了解的周围城镇的美术资源为例，张北县中都博物馆，有道是"一座中都城，半部元朝史"，美术活动时间带学生走进博物馆，更好的了解元朝的民间美术，建筑特点，人文习俗，这样在参观历史博物馆、美术馆之类的校外展出的同时，学生通过欣赏馆中艺术品，聆听艺术品讲解，更深的了解家乡艺术，了解自己所处的文化环境的魅力，使学生自然而然的产生民族自豪感和爱国情怀，由衷的热爱自己的家乡文化、民族传统。

美术教学中情感培养的方法

整体与个性相结合

整体教学法是指教育对象是全体学生，而非个人。一般学科都是以整体法教学为主要手段，而在倡导个性培养与素质教育的今天，促进学生的个性发展尤其重要。在这里，笔者提倡整体与个性相结合的培养方法，以促进学生情感培养的发展。首先，把高中生这一学段或一个班级看作一个整体，根据每个学段或班级的特点进行整体把握，制定整体的教学内容以及教学方法。比如，有的班级气氛活跃，但容易课堂失控；有的班级课堂纪律好，但气氛低沉，针对这样的班级整体特点，就要采取相应的措施，在这样一个整体把握的基础上，对学生进行个性培养。个性即人格，每一个学生都有个性差异，美术教育作为素质教育的重要组成部分，要促进学生个性的发展。《全日制义务教育美术课程标准（实验稿）》提出：美术教学要促进个性形成和全面发展，作为一个教育者，要尊重学生的个性差异，在教学中积极的营造一个有利于成长的环境；在鉴赏一张作品的时候，多与学生交流沟通，及时掌握他们的心理动态，从而进行直观引导。

（二）直接与间接相补充

在美术教学当中，直接法是美术教师常用的教学方法。首先，美术老师可以用自己的言行直接和学生进行感情交流，给学生鼓励和肯定，让学生有参与感，比如跟学生眼神的交流。俗话说眼睛是心灵的窗口，在美术交流的过程中培养学生的感情。美术作品是这样的，他通过多种形式形态所展现的视觉效应，向受众传递直接而生动的艺术画面，以达到启发提升学生审美情感的目的。另外，学生自身的感悟感知，是教育的关键，我们在美术教学当中，应当十分注重使学生的情感体验。苏霍姆林斯基说：感知和领会美，这是审美教育的基础和关键，是审美素养的核心。在学生的美术活动中，想要使学生获得更多的审美感知，美术教师要在课堂上和课外创设情感，感受美。例如，讲到中国古代雕塑群世界上最大型的雕塑群秦始皇兵马俑这一节内容，可以利用多媒体放映相关影视资料，感受着秦兵马俑的宏伟壮观，由衷地赞叹古代人们的智慧，同时也为秦始皇的暴政而愤慨。

在美术教学和情感培养过程中，间接法是和重要的培养方法。艺术体现人类情感，艺术来源于生活又高于生活，艺术家的艺术精神和对艺术的情感表达感染着学生。讲到我国当代著名画家、教育家吴冠中先生的《根扎南国》，应该更巧妙的利用艺术家的人格魅力对学生进行情感培养。吴冠中先生的绘画美感都是来源于生活，捕捉自己在大自然生命体系中那份感受和情思，外师造化，中得心源，这是艺术家对生命力的执着。这样再结合作品的视觉美，学生真正体会到了对生命的热爱和对自我情感的表达。

（三）情感体验与形象表现相融合

美术课最基本的一个价值是鉴赏作品和艺术参与为主的审美活动，通过这个过程学生能体验美术作品及美术家的丰富情感。因而美术教学中情感体验是必不能少的。首先，教师要创设情境，让学生领会和感受美。教师通过自己的语言，神态和动作等诱发学生产生授课内容相关联的感情。讲到园林的内容，可以放一些优美的音乐，要善于启发，要充分利用多种教学手段。其次，丰富教学模式，美术课不一定要在教室进行，在春暖花开的季节可以带学生感受大自然的美好，到硕果累累的秋季，让学生感受劳动的辛苦和丰收的喜悦，只有学生亲身体验了，在他们的美术作品中就会有这样的情感注入。

美术教学中教师的自我完善

教师作为 21 世纪推动经济发展和社会进步的重要力量，不仅仅是"传道、授业、解惑"这么简单。教师同时担负着多种角色，包括知识的传授者、学生人格的培育者、学科教育的研究者，更多的时候，可以作为学生的大朋友等。正如苏霍姆林斯基在《给教师的一百条建议》给教师们的建议每月要读三本书；关于你所教的那门学科方面的科学问题的书；关于可以作为青年们的学习榜样的那些人物的生活和斗争事迹的书；关于人(特别是儿童、少年、男女青年)的心灵的书(即心理学方面的书)。只有教师队伍的不断壮大，教师修养的不断提高，教师文化水平的不断开阔，教学模式的不断现代化，人性化，才会使得当代的课堂教育人性十足，充满情感。当然，在教书育人的过程中，避免以偏概全，爱憎分明，学生是平等的，应以一颗爱心面对学生。

美术教学需要尊重学生的情感

在美术教学当中实施情感教育，要求教师不但具备高尚的情感素养，在日常教学中也要注重和学生的情感交流。能做到尊重学生，才能解放思想，使学生在求知的同时，也学会做人、健体、审美和创造，得到真正的全面发展。美术教师在施教过程中，该怎样尊重学生的情感呢？笔者认为，第一点，也是最重要的一点，那就是尊重学生。而尊重学生的前提是建立平等的师生关系。受中国传统教育的长期影响，"一日为师，终身为父""师命不可违"这些强调师道尊严的说教依然起着重要的作用，师生被视为尊卑关系，甚至是服从与被服从的关系。教师说的话学生只能言听计从，"鸦雀无声"是课堂追求的最高佳镜。在这种气氛中学习，学生会产生紧张压抑的情绪，这样会约束了孩子的个性发展。素质注重学生的个性发展，教育活动中应该提现学生的主体性。如，在美术鉴赏过程中，可能有的学生对一件作品会有不同的想法和理解，教师要充分尊重学生的想法和意见，以学生的角度多去思考。在教学中美术教师要对学生满腔热血，以和蔼、宽容、友爱的态度对待每一个学生，要加强自身的情感修养，以自身的人格魅力感染学生，同事也要注重建立融洽的师生关系，"师生关系是教育过程中的中心环节，是教学中最基本的，也是最重要的人际关系，必须在师生之间建立良好的师生关系"。所以，融洽的师生关系是美术教学的必要条件。

其次，尊重学生的核心是尊重学生的个性发展。教育培养的是人才，而不是车间加工出来的产品，每个学生都是鲜活的个体，我们的教育应该从学生的个体差异的角度考虑，因材施教，中国传统教育的弊端就是"一统抓"，缺乏独立的意志和创新精神。在美术课堂中，要多鼓励学生的创新活动，允许学生的"七嘴八舌"，引导学生发现生活中的美，所以，尊重学生就要认识学生的个体差异，鼓励和引导学生的个性发展。

美术教学中充分进行审美渗透

中学生的美术教学是站在理论与实践的基础上进行的，全面发展中学生的审美能力是美术活动的最重要的任务之一，让学生能认识美、感受美、创造美。受到应试教育的长期影响，学校以及家长对美术课也理解为"应付"上级检查，或是为了通过某种考核，否则就是不务正业。这样"来之不易"的一节美术课上，怎样去培养学生一双审美的眼睛呢？当今流行元素泛滥，学生没有自己的一个审美价值观，特别容易受到负面影响。比如"非主流"文化，以至于一大批学生的穿衣打扮甚至生活作风都非主流化。中学美术课程涉及的艺术门类很广泛，老师在活动中不仅仅可以利用油画大师国画大师的作品来陶冶学生的艺术情感，审美情感，美术教育可以理解为情感教育，因此在美术教学课堂中不应仅仅是进行理性的沟通，也不应只是单一的讲授理论知识，而是更多的注重情感的体验，让学生去想象，去创造，去宣泄自己的情感，感性的面对生活。我国著名教育家夏丏尊先生曾经说过："教育不能没有情感没有爱，就如同池塘不能没有水一样。没有水就不能成为池塘；没有情感，就没有教育。"教师在美术教学过程中或是利用艺术作品的审美价值去丰富学生情感，或是利用艺术家的人格魅力感染学生情感，也可以创设情境让学生体验情感，以丰富多彩的教学模式吸引学生，让他们主动的投入学习当中。

（三）美术教学当中完善教学评价方法

我国处于社会转型期，教育存在诸多问题，教学评价标准受到应试教育的影响，各学科都以"考试分数"来评价学生的学业水平，在美术教育的课程实施中，也是如此。艺术水平岂能由具象的分数来衡量，学生的情感水平、个性差异，不是简单的分数所能概括总结和定论的，以"考试分数"来评价学生，无视情感培养，强制性评比打分，只能使学生对美术课程提不起兴趣。美术学科的评价方法依然采用单一、陈旧的标准对学生进行判断。在素质教育艰难推行的今天，对学生的多元化评价尤为重要。我们传统的评价是指老师对学生的评价，其实不然，课堂评价应该呈现多元化，比如自我评价，学生的自我评价能让学生由衷的对自己的学习状态有了认识，也同时让学生处于学习中的主导地位，有利于提升学生的主动性，还有就是相互评价，同学之间的这种互评方式更能提高学生的自信心。学生站在自己个人体验的角度去重新认识作品，也可以使用"择优评价法"。我所说的"择优"并不是选择学生当中的优秀作品进行评价，而是挖掘每个学生的优点，予以鼓励和赞赏，这样提升了学生的自信心，他们会把自己的优点无限放大。这样，优点越多，缺点越少，由此可见，多元化的教学评价对学生的发展是有重要的意义。

此外，在评价过程中，更注重方式的方法，注重情感的交流，体味人情味。美术教师的职责不仅仅是上好一堂课，更多的应该是探索多种评价方式来促进学生的自主能动

性，多鼓励性评价，鼓励性评价是指"在对学生进行教学评价时，要从鼓励角度出发，充分给予学生以积极的评价，使学生产生积极的情感体验"。实施鼓励性评价，不仅可以让学生在享受自身成就感的同时，还可以增加学生学习美术课程的积极主动型。鉴于学生对美术作品提出不同见解，应该多给予肯定和鼓励，从多角度提升学生的审美情操。总之，在教师评价学生的过程中要放大学生的闪亮点，同时要关注学生的合作精神和情感体验，使每个学生认识到自己的审美价值。

第十章

新课程标准下中学教学管理的
相关概念和理论

第一节　新课程标准

一、新课程标准的含义

（一）新课程标准的内容

新课程标准的内容与《教学大纲》的阐述总体上说是一致的，为贯彻第三次全国教育工作会议的决定和国务院关于基础教育改革与发展的决定，通过研究提出新课程标准，其内容主要由九个部分组成。第一部分，从实现教育的根本目的，提出课程改革的指导思想。第二部分，在阐述基础教育课程的设置需要均衡、综合与有选择性的基础上，建立新的课程结构。第三部分，制定新的课程标准。国家课程标准是国家对基础教育课程的基本规范和质量要求。它指导教材编写、开展教学、教学评估和考试命题，也是国家管理和评价课程的基础。第四部分，实施教学改革。新课程的实施必须通过教学来实现。改善教学的过程是课程改革系统工程中必不可少的一环。第五部分，规范教材的开发与管理。第六部分，建立发展性课程评价体系。第七部分，实行三级课程管理政策。第八部分，教师的培养与培训。第九部分，课程改革的组织与实施。这次课改，提出"先立后破"、先实验后推广的原则。

（二）新课程标准的主要特点

新课程的核心理念是立身于学生的全面发展，让学生参与课程实施的全过程。具体的实施，必须事先考虑学生的需求，给学生自主学习的空间，提高学生的学习兴趣；营造适合交流与合作的教学环境；给每位学生以期望和激励，让学生有成功感；适当进行数学开放题教学。

新课程标准的主要特点：1.争取使素质教育的思想贯彻实现在课程标准的各个部分。新颁布的课程标准尽力做到在"课程目标"、"内容标准"和"实施建议"等方面都能包括"知识与技能、过程与方法、情感态度与价值观"三位一体的课程功能，帮助学校转移教育的重心，在学校日常的教育教学过程中落实好素质教育。2.改变强调中心学科和学科中心的思想。新颁布的课程标准要求教学要更多的关注学生的兴趣与经验总结，精选学生终身学习必备的基础知识和技能编入教材，努力改变课程内容繁、难、偏、旧的现状，使教材与学生生活和现代社会、科技发展联系更紧密，打破单纯地强调学科自身的系统性、逻辑性的局限，尽可能实现义务教育阶段各学科课程应促进学生发展的功含巨。3.调整学习方式。各学科课程标准结合本学科的特点，加强过程性、体验性，引导学生主动参与、亲身实践、独立思考、合作探究，实现学生学习方式的变革，改变单一的记忆、接受、模仿的被动学习方式，多致力于培养学生搜集和处理信息的能力、获取新知识的能力、分析和解决问题的能力以及交流与合作的能力。4.说明教学评价和课程评价都是为促进学生发展，评价要更能为今后的教育和学习提供更强的操作性建议。各学科新课程标准都建议采取多元化进行评价，结合本学科的特点提出有效的策略和具体的评价手段，让评价标准更多地关注学生的学习过程。5.为课程的实施提供了更广阔的平台。课程标准对各个学段学生应达到的基本标准都有详细的说明，同时对实施过程提出了建设性的意见；但对实现目标的手段、方式、过程，尤其是对知识的安排，没有硬性的规定。这是课程标准和教学大纲的一个重要区别，为编写教材和教师教学的创造提供了广阔的空间，为满足学生发展的差异性创造了良好的条件。

二、新课程标准的基本框架

颁布的个学科的种课程标准，尽管各有特色，但框架基本上是一致的，大致包括前言、课程目标、内容标准、实施建议、附录等各部分。在目标的陈述上，包括了知识与技能、过程与方法、情感态度与价值观三个方面。这是与过去的教学大纲有着明显区别的。

新课程标准的基本框架简要分析了前言部分对课程的性质、价值与功能做了定性的说明，介绍了课程改革的基本理念，并对课程标准设计的依据做了详细的阐述。课程标准中确立了知识与技能、过程与方法、情感态度与价值观三位一体的课程目标。把过程与方法作为课程目标之一是新课程标准的突出特点。课程标准中的内容部分，就学习领域或组织主题学习内容，用直接的行为描述从知识与技能、过程与方法、情感态度与价值观三方面介绍学生的学习。课程标准针对内容和实施建议均提供了典型案例，便于教师、教材编写人员、教育管理者等准确把握新课程标准，减少课程标准在实施过程中的出入。课程标准的附录部分对课程标准中出现的一些主梦术语进行解释和说明。这种课程标准框架，借鉴其他各国的课程标准，结合我国的教育传统及我国教师的理解和认知结构，反复研究定案，强调课程目标、课程内容及要求、课程实施地位的均衡。

第二节 课堂管理

一、课堂管理

在课堂教学中，教师除了"教"的任务外，还有一个"管"的任务，也就是协调、控制课堂中各种教学因素及其关系，使之形成一个有序的整体，以保证教学活动的顺利进行。这一活动即为通常所说的课堂管理。

课堂管理的任务比较复杂。一般认为，课堂管理包括课堂人际关系管理、课堂环境管理、课堂纪律管理等方面。课堂人际关系的管理指的是对课堂中的师生关系、同伴关系的管理，包括建立良好的师生关系、确立群体规范、营造和谐的同伴关系等；课堂环境管理是指对课堂中的教学环境的管理，包括物理环境的安排、社会心理环境的营造等；课堂纪律管理指的是课堂行为规范、准则的制订与实施，应对学生的问题行为等活动。

课堂管理始终制约着教学和评价的有效进行，具有促进和维持的功能。促进功能是指教师在课堂里创设对教学起促进作用的组织良好的学习环境，满足课堂内个人和集体的合理需要，激励学生潜能的释放以促进学生的学习。维持功能是指在课堂教学中持久地维持良好的内部环境。使学生的心理活动始终保持在课业上，以保证教学任务的顺利完成。

二、课堂教学管理

课堂教学管理与课堂管理是不能割裂来看的。所以容易让有些人把二者混为一谈，我们要找到他们的区别将他们区分开。课堂管理涉及的范围更广，课堂教学管理是课堂管理的一部分内容。课堂教学管理从名字上就知道内容和课堂教学有关。有效的课堂教学管理能为课堂教学提供清晰的组织线条，维持课堂稳定、降低教师个人情绪对课堂的影响、激发学生的学习热情，大幅度的提升教学效果。

课堂教学管理就是老师在相应的课堂中，以教学内容为载体，从学生的需要出发，结合管理学的知识、技能和各种组织管理方法，调整好教学和学生的学习方法，激发学生学习主动性，从而达成教学目的。

三、课堂教学管理的分类

纵观课堂教学管理，可将其分为宏观、直观和微观三个层面。宏观层面是指国家教学管理：制定一定的课堂教学管理制度，如规定教师的义务和权利，制定教师职业资格的审核标准，为教师发展提供政策和环境的支持，从宏观上调控课堂教学管理活动，确保课堂教学向着实现课堂教学目标的方向。直观层面上各级地方教育部门和学校管理部门，综合考虑所在地的实际情况，结合各学校基础现状对本校、本地区的教学实施制定自己的管理方案，如教学进度、教学目标、细化的教学规则，以及监控和考核课堂教学质量的框架结构等。微观层面的课堂教学管理指老师和学生共同完成的一堂教学课，具体包括打造建构主义思想观的课堂环境、解决课堂教学的具体问题、顺利完成课堂教学目标等。

四、项目管理

（一）项目的概念

根据项目管理知识体系(Project Management Bode of Knowledge，简称PMBOK)中的定义，项目是指为创造某种独特产品或服务所做的一次性的努力。项目是一个特殊的将被完成的有限任务，它是在一定时间内，满足一系列特定目标的多项相关工作的总称。项目的定义包含三层含义:第一，项目是一项有待完成的任务，且有特定的环境与要求;第二，在一定的组织机构内，利用有限资源(人力、物力、财力等)在规定的时间内完成任务;第三，任务要满足一定性能、质量、数量、技术指标等要求。这三层含义对应这项目的三重约束——时间、费用和性能。项目的目标就是满足客户、管理层和供应商在时间、费用和性能(质量)上的不同要求。

（二）项目管理的概念

项目管理的概念起源于美国，是第二次世界大战之后逐渐发展完善的一种重要管理学技术。项目管理是管理科学与工程学科的一个分支，它涉及系统工程、管理学、计算机等学科的知识，是社会科学和自然科学相结合的一门复合型学科。

与项目的概念相对应，项目管理是指以项目为管理对象，在一定的约束条件下，为实现最优的项目目标，根据项目的内在规律，对项目寿命周期全过程进行有效地计划、组织、指挥、控制和协调的系统管理活动。

项目管理以网络计划技术、责任矩阵、项目控制技术等理论和工具为基础，进一步强调管理的系统性、综合性、程序化，将质量控制、投资控制、进度控制集成到统一的环

境中，实现三者的协调，同时保证物质流与信息流的统一。然而，项目管理理论还有待进一步深入研究，提供的工具大多数是对传统管理工具进行改造的成果，还具有一定的局限性，新的工具还处于开发试用阶段。

（三）项目管理的最新发展

为了适应不断变化的组织内部和外部环境，项目管理思想有了新的发展，被称为新项目管理。这不是否定传统的项目管理，只是强调传统项目管理必须进行变革，以适应新的发展需要。了解项目管理的最新发展趋势有利于我们在借鉴项目管理理论时少走弯路。新项目管理的核心思想突出表现在:

1.强调以用户为中心

在传统上，项目的成功标准是项目是否延期、成本是否超支或产生的可交付性成果是否满足性能指标的要求。这种传统的观念正在飞速地发生变化，越来越多的项目管理专业人员意识到，最惨痛的失败是所完成的项目不能让用户满意。

为什么必须让用户满意?用户已经开始追求好的产品或服务;强调以用户为中心增加了再次合作的可能性;让用户满意意味着我们能更快地结束项目。

2.项目经理的能力要求更高

社会环境及组织内部环境的变迁迫使项目进展过程的不可控因素增多，随之对项目经理的能力要求更高，需要其更灵活、更具适应能力、更倾向于凭借智慧。

传统项目管理中，项目经理常被界定为项目计划的执行者，无需考虑用户的满意。如今，项目经理的作用已远远超出了执行者的范畴。作为一个有效的项目经理，需要具备三种基本能力:解读项目信息的能力、发现和整合项目资源的能力、将项目构想变成项目成果的能力。而具备这些能力首要的必须树立有效的项目管理思维方式。只有那些积累了丰富经验、极具洞察力、思维敏捷、行事谨慎又不乏果断的人才能成为卓越思维项目经理。

为使项目经理更有效的扮演新角色，他们需要精通诸如成本/进度综合控制、进展测量、质量监控及风险分析等"硬技术";同时还须熟练掌握诸如变化管理、了解所交往人员的需求等"软技术"。

（四）项目管理的内容

项目管理是一套全新的技术方法，主要包括九个方面的内容:1.范围管理，根据项目管理的目的，明确项目必须完成的工作范围以及对工作范围进行管理。具体来说，范围管理包括项目的立项、项目范围的定义、项目范围的变更控制。2.时间管理，时间管理是指为了保证项目管理目标的实现而进行的一系列时间管理过程。具体来说，时间管理包括项目管理的定义、时间安排、时间估计和制定进度安排并进行控制等工作。3.成本管理，成本管理是指完成项目目标而付出的实际费用不超过预算费用的成本管理过程。具体来说，成本管理包括资源和费用的计划、费用预算和控制等工作。4.质量管理，质量管理是指为了使项目管理满足客户的需求而进行的一系列质量管理过程。具体来说，质量管理包括质量计划，质量控制和质量保证等工作。5.人力资源管理，人力资源管理是指为了保证项目管理实施者在合适的岗位上最大程度发挥作用而进行的管理措施。具体来说，人力资源管理包括组织规划、人员招聘、人员培训、项目团队的组建和建设等工作。6.沟通管理，沟通管理是指为保证项目管理过程中所以信息能够及时、准确得到处理而进行的管理活动。具体来说，沟通管理包括沟通计划的制定、信息传输、过程实施报告、进度报告等工作。

7.风险管理，风险管理是指保证项目目标实现而进行风险的识别、度量、响应和控制等管理活动。具体来说，风险管理包括项目管理过程中可能遇到风险的识别、风险的衡量和风险的控制等工作。8.采购管理，采购管理是指为保证项目实施所需要的外部资源而进行的所有管理措施。具体来说，采购管理包括采购计划，采购询价、资源选择和合同的管理等工作。9.综合管理，、综合管理是指为保证项目管理各方面的工作能够很好的协调和衔接而进行的系统性和全面的管理工作。具体来说，综合管理包括项目模块的集成、项目整体变化控制等工作。

第十一章

传统教学模式下中学课堂教学
管理中心存在的问题及根源分析

第一节　传统教学模式下中学课堂教学管理中存在的问题

传统教学模式是指以教师为中心，教师利用各种教学手段和教学方法向学生传授科学文化知识；而学生则是被动的接受教师传授的科学文化知识；教学内容则是教师向学生灌输的主要内容。也就是说，传统教学模式本质上是以教师为中心、以教学课堂为中心、以教学内容为中心的一种教学模式。传统教学模式下中学课堂教学管理中主要存在以下四个问题：

一、管理主体片面化

传统教学模式下中学课堂教学管理中，教师是主体，而学生则是客体。中学生在课堂教学中作为自然人具有能动性，这种能动性并不会因为中学生是课堂教学中的客体消失。实际上，传统教学模式下中学课堂教学管理中，教师一直希望完全控制课堂教学。但是，中学课堂教学管理中却总会出现各种各样的问题。相反，如果在中学课堂教学管理中注意中学生的这种能动性将会对作为课堂教学管理主体的教师产生有利的影响。从传统的观点来看，中学生确实是课堂教学管理中的客体，但是这并不意味着这种客体就应该被控制、被管理。中学课堂教学管理不仅包括对教师教学的管理，也包括对学生学习的管理，相反更重要的是对学生学习的管理。而对学生学习的管理主要是针对学生的意识、行动等的管理。在传统教学模式下，对教师地位的过分强调、对教师教学方法和教学内容的选择都容易使学生成为完全的"客体"。因此，中学生的主体能动性必然被抹杀，无论是在意识上还是在行动上，学生就成为了教师、课堂和教学内容的"傀儡"。

从中学生的主观能动性的角度来看，中学生也应该是课堂教学管理活动的主体，每个中学生都自我意识，同时也会有自我管理意识。管理学的思想认为管理是为了不管理，虽然这只是一种理想状态，但是却激发中学生的自我管理意识，在一定程度上，这对教师的课堂教学管理会有很大的益处。所以，教师和学生之间的关系并不应该是绝对的、单纯的主体和客体之间的关系，而应该是在主体和客体之间呈变化的一种动态关系。

二、组织形式僵硬化

传统教学模式下中学课堂教学的组织形式主要是班级教学，这种组织形式是一种集体教学的方式。班级教学中，同一个班学生的学习内容是一模一样的，教学进度也是一致的。通常，这样的教学组织形式采用的是以教师为教学中心的、以讲课为主要教学方法的教学形式。目前，班级教学是一种主流的教学形式，它适应了人类社会的发展，并因其教学效果好、激励作用明显，在全世界范围内，尤其是在我国得到了广泛的应用，为社会的发展和人才的培养起到了积极的促进作用。然而，随着人类社会的不断向前发展，对人才的培养有全新的、更高标准的要求，这样就暴露出班级教学在中学教学中的局限性。

在中学课堂教学管理中，班级教学的弊端主要有两个方面。一方面，班级教学强调的是以教师为中心、以面授法为主要的教学方法，势必会造成中学生被动接受学习的一种状态。这种教学组织形式忽视了中学生的自我发展的要求。被动接受学习是指中学生通过教师呈现教学内容来掌握科学文化知识的一种学习方式。被动接受学习在某些情况下是有意义的学习，但是，在大多数情况下，中学班级教学中，教师的主体地位极易导致中学生进入被动的、机械的学习状态。因为班级教学不可能使教师满足每个中学生的学习需要、动机、兴趣，还会忽略中学生的学习能力和基础等，从而导致中学生不能主动参与到课堂教学中。进一步而言，即使在有意义的接受学习中，学生得到的也只是静态的知识，不能有效地促进学生智力的发展。另一方面，班级教学各方面的高度统一，忽略了中学生的个体差异。虽然班级教学是建立在学生年龄相当、知识程度相近的基础之上的，但是由于在个人成长环境、心理上、生理上、父母的影响及主观认识等多方面因素的差异，使同一个班级的学生在身心发展水平上表现出较大的差异，学生也会具有不同的知识结构、认知方式和意识行为。而在班级教学中教师面对的是全体学生，讲授的是同样的教学内容，使用的是同样的教学方法和教学手段，也会以相同的标准要求具有个体差异的中学生，这样一定会有一部分学生难以适应，从而使学生学习水平不一致。这显然是不合理的。

三、管理氛围控制化

在中学课堂上，教师要将由中学生组成的学习群体的注意力控制在既定的课堂教学内容上，并在课堂教学时间内完成教学目标。然而，为了保证教学的顺利进行，在传统教学模式下教师必然会成为课堂教学活动的中心，所以，教师往往会对课堂教学进行严密的控制。在以教师为中心的课堂教学活动中，教师与学生之间的互动只有眼神之间的交流和回答问题。中学教师会想尽所有办法充分发挥自己的专业知识、语言技巧、管理艺术等技能，尽量把课堂教学活动管理得井然有序，即顺利实施教学目标，高效的传递教学内容，学生轻松的学习科学知识。理想的中学课堂教学活动就是这样的，但是，在我国目前中学教育改革中，这些理想场景却成为了弊端。课堂教学活动已经不是简单的知识传授，教材也已经不是万能的教材，学生更不是装知识的容器。况且，在这种井然有序的环境中，教师和学生之间的关系冷漠，课堂教学活动氛围沉闷，学生如果出现了差错还可能会引起教师严厉的批评。

中学生应该积极配合教师进行课堂教学活动，积极主动的参与到课堂学习中，主动构建科学合理的知识体系，培养学习新知识的能力:教师则应该设计恰当的教学情境，使学生积极参与到课堂教学活动之中，主动探究科学知识。这是新课程标准改革的理念、以人为中心的教学思想、当前社会对中学生的新的要求所需要的课堂教学氛围。

中学课堂教学的氛围在很大程度上受教师的教学风格影响。一般而言，中学课堂教学风格有六种:放任模式、教导模式、权威模式、群体过程模式、人际关系模式和行为矫正模式。其中放任模式是不适合传统课堂教学模式，因为放任模式强调的是中学生的个人自由，让中学生对自己的行为负责任。通过多年的教学发现放任模式课堂教学管理中，中学生的学习热情很低，教学效果并不理想。权威模式则强调的是使用控制的策略构建课堂教学的秩序，而事实上群体过程模式、人际关系模式和行为矫正模式都非常容易建立一种宽松的课堂教学管理氛围，使中学生积极主动地参与到课堂教学活动中，自由、和谐和民主的教学管理氛围既有助于中学生思维自由充分地发展，更有利于学生自我管理能力的提高。实际教学中，权威模式的在传统课堂教学管理风格中非常普遍。教师的主动地位会促进教师权威的发展，学生必然将会被放到被动的位置，对课堂教学的秩序强调倾向于周密而弹性少。

四、评价机制单一化

课堂教学评价是指对在课堂教学实施过程中出现的客体对象所进行的评价活动。课堂教学评价不仅仅是课堂教学活动的产物，同时也是课堂教学必不可少的重要组成部份。课堂教学评价范围包括教与学两个方面，其价值在于促进学生成长、教师专业发展和提高课堂教学质量的重要手段。新课程标准明确指出，课堂教学评价的主要目的是为了全面了解学生的学习历程，激励学生的学习和改进教师的教学;有效地促进学生的发展，教师的发展和改进教学实践。本文研究的课堂教学评价主要偏向于对学生学习的评价。因此，如何科学有效地进行课堂教学评价也成为现代教学的基本组成部分，它不仅是成功教学的基础，而且是进行各种教育决策的基础。

随着中学新课程标准改革的进行，课堂教学评价逐渐成为调节教学活动非常有效的手段。然而，传统教学模式下的课堂教学观以及对课堂教学评价认识的局限性都会导致课堂教学评价的很多问题，其中最显著的问题就是课堂教学评价机制单一化。具体表现为：（一）课堂教学评价的手段和功能单一。课堂教学评价过分强调甄别与选拔的功能，忽视改进与激励的功能。有人形象地把现行评价比作一个大筛子，学生被放在上面筛，筛选的结果产生两种人：一种是筛子上面的，即成功者；一种是筛子下面的，即失败者。（二）课堂教学评价的主体单一。课堂教学评价主体多为单一源，而忽视了评价多源、多向的价值等等，现行的学校评价中，学生一直处于被动地位，自尊心、自信心得不到很好的保护，学生的主观能动性得不到很好地发挥。（三）课堂教学评价标准单一。课堂教学评价的内容过分注重学生成绩，而忽视综合素质的评价和全面发展的评价；现行的教育评价把教育评价定位在甄别功能上，与之相应教育评价内容主要是智育，注重知识和技能，其标准是单一的。这种单一标准，不仅忽视学生的德育、体育、美育、劳动技术教育等，同时，对学生的学习能里、创新精神、良好的学习态度、习惯等尤其缺乏重视。（四）课堂教学评价方法单一。课堂教学评价过分注重量化和传统的纸笔测试法，而缺少体现新的评价观念的方法和手段。

总之，新课程标准要求的课堂教学评价主张全面、有效、积极地评价学生。不仅考察学生学习到的知识，而且考察学生学习的积极性、主动性和能力等；不仅要做到客观性评价和主观性评价相结合，而且要做到定量评价和定性评价相结合；不仅教师要评价学生，而且也要有学生的自评以及学生之间的互评。

第二节　传统教学模式下中学课堂教学管理问题的根源分析

一、传统的师生观

传统的师生观是导致中学课堂教学管理主体片面化的主要原因。长期以来，教师可以控制教学过程，组织教学活动;可以制定教学内容，评判学习成绩;可以左右学生的爱好;可以规划学生的安排;可以让学生言听计从。教师总是习惯根据自己设计好的思路进行教学，将一株英姿焕发的小树剪掉枝，修掉叉。不准学生有任何不服从"领导"的行为和举措，按自己铺好的路让学生去走，是绝对的权威，严重的阻碍了学生个性发展和兴趣爱好，抑制了学生学习积极性。新课程标准理念下，教师由单纯的知识传授者转变为引导者、促进者、学习的支持者;学生由以往的听众转变的演员，学习的主体。师生之间呈现出一种平等、和谐、民主的关系，课堂上再不是"你讲我听"，而是共同参与，共同学习，课余再不是学生恐惧教师，而是主动的找老师谈心、交流、共同探讨。

二、传统的学习观

传统的学习观是导致中学课堂教学组织形式僵化的主要原因。传统的教学观有四个特点，（一）死读死学，教师不允许学生有任何思想自由，只能照着书本一字不差地死记硬背;（二）苦学，这种"苦"，是双重的，一方面是生理上的苦，由于这种学习不讲究方法，完全靠死记硬背，对人的体力和脑力损耗极大，会使人感到十分疲劳，其次是心理上的苦，由于这种学习不允许个人独立思考，没有丝毫自.由思想权利，会使人感到极度的压抑和苦闷;（三）逼学，显而易见的是，由于死学苦学，学生本人对于学习是不会有什么好感的，他们常常采取消极应付的态度，或迟到，或早退，或旷课，或逃学，轮到考试便作弊等，对此，作为老师和家长看在眼里，气在心头，却别无良策，只有强迫一法;（四）低效。学习是一种高度复杂的脑力活动，需要大脑高效的运转。但在传统的学习观指导下，学生却没有丝毫的思想自由，只能死记硬背，这就从根本上制约了学习效率，并导致学生的反感。至于老师和家长的强迫，不但丝毫无助于学习效率的提高，反而更增强了学生的逆反心理。结果是越学越不想学，越不想学就越要强迫着学，越是强迫着学就越是更不想学，形成恶性循环。

三、传统的知识观

传统的知识观是导致中学课堂教学氛围控制化的主要原因。传统的知识观过于强调理性主义在知识与课程中的绝对统帅作用，倾向于让学生以科学和理性所规定的相对僵化的、缺乏人情味的眼光看待本来无限多样的现实世界、并强化了以静态形式反映极富动态性的知识的思维传统。传统的知识观还过分注重以学科知识为基本形式、以间接经验为基本要素的书本知识，并将书本知识视为理智和理智训练的唯一内容。它没有意识到，书本知识本身必然带有与现实生活相脱离、与学生的真实经验和感受相脱离的局限。传统的知识观因为过分强调书本知识的核心地位，形成了"书本中心"观念，将教育内容变成了完全游离于学生现实生活之外的一种"外在之物"。由于直接经验在整体上未受到应有的重视，作为直接经验之重要内容的实践、感悟和体验均被排斥在教育内容之外，教育只关注向过去的间接经验学习，忽视向生活学习，向现在和未来学习，只重外拣，不重内发，教育的境界很难得到提升，其深度很容易受到局限。

四、传统的教学观

传统的教学观是导致中学课堂教学管理评价单一化的主要原因。传统的教学观是，老师为主体，学生总是被动地接受知识。也就是人们常说，死记硬背，只要学生记住书中的知识就能考出好成绩。所以传统的教学观会让中学课堂教学管理评价注重对学生记忆水平的考察;让中学课堂教学评价忽视了学生作为评价主体的地位;让中学课堂教学评价指标偏重于知识水平的测量。传统的教学观的变革是中学课堂教学管理评价单一化产生改变的动力。

第十二章

新课程标准下中学课堂教学的评价

第一节　学生学习状态评价

一、新课标标准下中学课堂教学的三维目标

基于项目管理原理的有关思想和教育部《基础教育课程改革纲要(试行)》文件，对新课程标准下中学课堂教学项目从"知识与技能"、"过程与方法"、"情感态度与价值观"三方面提出要求，构成新课程标准的"三维目标"。新课程的"三维目标"志在促进学生全面发展，注重培养德、才兼备、身心健康的学生。

（一）知识与技能

知识与技能目标指学生需要掌握的基础知识和基本技能。基础知识主要包括人类生存和发展所不可缺少的核心知识和学科基本知识;基本能力有获取、收集、处理、运用信息的能力、创新精神和实践能力、终身学习的能力。

（二）过程与方法

过程与方法目标的宗旨是让学生"学会学习"的过程。学生获得知识的过程同时成为获得学习方法和能力发展的过程。主要是人类生存和发展必不可少的过程和方法。学习过程指学生在学校、家庭、社会的环境中产生交往、体验和问题的解决。学习方法包括基本的学习方式(自主学习、合作学习、探究学习)和具体的学习方式(发现式学习、小组式学习、交往式学习等)。

（三）情感态度与价值观

情感态度与价值观目标不仅强调人的智力提升，更指出教育的最终目的人格的完善。情感不仅指学习兴趣、学习责任，更重要的是乐观的生活态度、求实的科学精神、宽容的品格。价值观不仅强调个人的价值，更强调个人价值和社会价值的统一;不仅强调科学的价值，更强调科学的价值和人文价值的统一;不仅强调人类的价值，更强调人类价值和自然价值的统一，从而使学生内心确立起对真善美价值的追求以及人与自然和谐可持续发展的理念。

三维的课程目标应是一个整体，知识与技能、过程与方法、情感态度与价展和终身发展的基本规律，体现了学生各种素质在学科课程培养中的有机联系，符合时代对基础性学习能力、发展性和创新性学习能力培养的整体要求。值观三个方面相互联系，融为一体。它们共同满足了学生的全面发展、个性发展。

二、新课程标准下中学课堂教学项目的实施

（一）设计科学的教学方法

任何一个项目在实施之前一定要有一个详细的计划。如果说把教育一批学生作为一个项目的话，教学方法的设计就是计划的一部分。教学方法的设计直接影响到中学课堂教学进程和是否能够成功。新课程标准下中学课堂教学方法的设计，教师要设计用什么合理的教学方法授课，更重要的是要教会中学生用什么科学的方法进行学习。新课程标准下中学课堂教学十分注重教学方法的设计，倡导教师使用科学的教学方法指导课堂教学，以提高中学课堂教学的效果。

新课程标准下中学课堂教学方法的设计要做到综合化、最优化和现代化。所谓综合化就是指多种教学方法的综合运用，针对不同的教学内容、教学目的和教学对象等，应该选用不同的教学方法的进行组合;所谓最优化就是指如何在一定教学条件下能取得最佳的教学效果，最优化的理念是在综合权衡教学对象、教学主体、教学目的和教学内容等基本要素的基础上提出的一整套教学方法的设计，目的是取得最佳的课堂教学效果;所谓现代化就是将现代化信息技术手段运用到中学课堂教学中，现代信息技术的快速发展为课堂教学提供的很好的机会，它使中学课堂教学内容更加丰富，同时还缩短了教师的授课时间，为学生主动学习提供了可能。

新课程标准下中学课堂教学方法的设计要注意一下四个问题:首先，教师要熟练掌握各种教学方法，包括教学方法的理念、目的和理论知识等，因为只有当教师对各种教学方法十分的熟练，才能更高效、更灵活的运用;其次，针对不同的教学对象、教学内容和教学目的，选择不同的教学方法，中学课堂教学方法的选择非常重要，其直接决定教学效果;再次，应该将教学方法转化为具体的教学方案，分析当前所教学生可能会出现的影响教学有效的因素，有针对的将教学方法转化为具体的教学方案，减少教学中可能出现的不良效应;最后，教师还应该进行教学方法的创新，事实上教学方法是一种指导性的思想，教师不应该视教学方法为"教条"，而是应该用活教学方法，可以对教学方法进行创新，甚至还应该形成自己独特的教学方法。

（二）设计丰富的教学组织形式

教学组织形式是指根据一定的教学思想、教学目的和教学内容以及教学主客观条件组织安排教学活动的方式。教学组织形式并不是固定不变的东西，随着社会政治经济和科学文化的发展及其对培养人才要求的不断提高，教学组织形式也会不断发展和改进。在教育史上先后出现的影响较大的教学组织形式有:个别教学制、班级授课制、分组教学制、道尔顿制和文纳特卡制等。新课程标准下中学课堂教学应该设计丰富的教学组织形式，再结合项目管理中对时间的管理、资源及人力资源的管理和对项目的控制等原理，提出应该注意以下三点:

1. 充分利用教学情景

新课程标准下中学课堂教学容易出现教学管理方面的问题。教师作为课堂教学的引导者，如何实现师生之间、学生之间的沟通直接关系到课堂教学管理是否有效。而利用好教学情境就架起了一座沟通的桥梁。每一节课的教学内容正式开始之前，教师都可以使用一定的教学手段、教学方法和教学内容进行引导。教学手段和教学方法可以是各种灵活的形式，比如多媒体设备、实物模型、规划设计教师空间等，教学内容主要是取决于实际从生活中，比如真实的历史事件，实际生活中遇到的问题等。引导的目的就是要使学生进入学习新知识所需要的一种状态，只有这样才能更好的实现师生的互动。

2. 教师有意识的指导与学生的自我监控相结合

传统教学模式下，学生习惯被动式的学习，老师不推学生就不学。但是，基于项目管理原理的新课程标准下中学课堂教学强调的是教师并不仅仅是要教给学生教学内容，更重要的是要教给学生学习的方法，激发学生学习的兴趣，引导学生自主学习，锻炼他们质疑、思考问题和解决问题的能力。在课堂教学中教师可以采取布置教学任务然后检查、课堂提问、小组之间相互提问、相互考核等手段促使学生积极投入课堂教学，这样既能实现教师对教学进程的监控，又实现学生参与到教学管理中。

3. 尝试协作学习

协作学习是课堂教学互动最活跃的一种教学组织形式。协作学习要求教师用公认的划分标准并结合人力资源管理中的原理对学生进行分组，而且必须进一步做好小组的内部分工，这项工作做的越完善，课堂教学管理中出现问题的可能性就越小。另外，还应该充分考虑学生的学习兴趣不同，根据教学内容和学生的水平，采用分层分组的办法，不同的小组安排不同的讨论主题。在小组内完成讨论后，在班级内进行发言、交流、总结。此外，尝试协作学习时教师应特别注意对时间的管理。

（三）设计合理的教学环境

教学环境是一个由多种不同要素构成的复杂系统，广义的教学环境是指影响课堂教学活动的全部条件，包括物质的和精神的。狭义的教学环境特指班级内影响教学的全部条件，包括班级规模、座位模式、班级气氛、师生关系等。本节主要研究把教学环境视同项目的资源进行调控，主要从教学资源整合、教学进程、教学心理环境营造三个方面设计合适的教学环境。

1. 教学资源整合设计

一个良好的教学环境的营造，需要多方面充分准备工作。首先是查找大量的相关知识和实例来丰富教学情境，渲染探究的氛围。其次知识的传递要求老师运用必要的教具，采取有效的教学方法等作为载体来实现。在现在信息化的社会，依靠网络和多媒体对于教师实现前两项要求提供更广、更深、更便捷的平台。建构主义教学课堂，除了要打造具有建构特征的模式更重要的是教师一定要有清醒的头脑，时刻协调背景知识与教材，教材与教具，教具与教学方法之间的契合度，特别要协调老师与学生，学生与学生之间的磨合度。这些都不是一朝一夕就能实现的，老师先在平时就要不断的设计好可能会出现的状况，实际中加以锤炼再造。同时结合项目管理中对资源调控的方法，将教学资源用量化，进行对比。

2. 教学进程设计

新课程改革提出改变过去课程内容"难、繁、偏、旧"和过于注重书本知识的现状，加强课程内容与学生生活以及现代社会和科技发展的联系，关注学生的学习兴趣和经验，精选终生学习必备的基础知识和技能;改变课程实施过于强调被动接受，死记硬背、机械训练的现状，倡导学生主动参与、乐于探究、勤于动手，培养学生搜集和处理信息的能力、获取新知识的能力、分析和解决问题的能力以及交流合作的能力等目标。要实现这些目标，教师一是规划好课程，明确课程目标，从知识与技能、情感态度与价值观、过程与方法培养学生;做好课程计划，对于课程要有整体的规划，分好学年，学期，内容模块;每一堂课事先也要有计划，不能随意的松紧影响教学完成，根据本堂课内容和学生注意力集中的规律设计教学各个环节。如新课型采用分组、讲授、探讨相结合，并且穿插实行，

因为学生不可能每时每刻都保持高度的思想集中，在学生疲劳时就可以放松来进行探讨式的教学。可以把项目进度表引用到教学进程控制上，使教学进程一目了然。

3. 教学心理环境营造设计

教学心理环境是在教学过程中，老师与学生、学生与学生相互碰撞所产生的一种心理空间。当然人如果置身在一个舒适的外部空间，可以产生愉悦、积极的情绪，给良好心理空间的营造奠定基础。而作为课堂教学的外部空间的主体教室必须布置好，可以全交给学生自己布置，具有感染力的板报，为学生提供学习交流的学习园地，维持正常教学秩序的班规和宣传栏，使教室温馨、活泼、又不失严肃。学生毕竟心智不成熟，对于心理的调节缺乏主观能动性。老师要以满心的关爱和平等的心与学生融为一体，时刻关注学生之间群体氛围；老师还可以结合人力资源中相关研究来分析各个学生，了解他们的特点，再进行合理的安排座位，增强学生之间的互动，更好的营造教学心理环境，也便于老师进行教学。

总之，教师要想驾驭好课堂，开展多形式的课堂教学活动，就要积极做好全面、细致的课堂教学设计。

三、心理状态概述

（一）心理状态的概念

心理状态是心理学理论体系中重要的构成部分，但对其研究并不全面，成果甚少，尤其国内学术界更少。随着研究的深入，体育运动心理学、精神病学以及犯罪心理学等领域呈现出更多的创新进展，学术界越来越认同心理状态对实践活动的重要影响。

在国内，早在先秦时期已涉及对"心理状态"的探讨。荀子《解蔽》篇出"心容"一词，即指心理状态。管子提出，学生学习前首先要"修心"，调整自身心理状态才能进入正常有序的学习活动。

列维托夫最早提出"心理状态"，即"各种心理过程在特定时间内的独特性的一般特征"，这种特征受心理活动的现实对象及现实情境，个体之前的状态以及个性心理特征等因素的影响。其后，列维托夫更加全面地对心理状态进行了界定，认为"心理状态是特定时间内心理过程的完整特征"，即意识状态，并非心理过程或者个性心理特征，但可作为中间环节完成心理活动到个性心理特征的过渡。

方海韵发表《论心理状态》一文，指出以往研究对心理状态内涵和本质的表述缺乏完整性与精确度。以列维托夫的观点为基础，方海韵提出心理状态可作为人复杂多样的心理活动的实际存在，也可视为人心理活动的存在形式;心理状态以脑物质活动为基础，在特定主体的心理活动持续过程中，呈现相对稳定的特征规律;心理状态能够呈现一定的时间，个体心理活动的结构性以及功能性要素的综合。此定义涵盖以下五个观点:1.心理状态可作为一种实际存在方式或者存在形式用以描述人心理活动的具体表现;2.特定心理活动持续过程中的心理状态相对稳定，以此区别于其他心理状态;3.心理状态涵盖了特定主体在某段时间内心理活动结构和功能两方面的全部要素;4.人是心理活动的主体，即该定义中所指"特定主体";5.心理状态可以体现个体的心理活动以及个性心理特征。此定义虽然对列维托夫的观点进行了一定程度的深化延展，但并未从本质上脱离列维托夫的思路。

苏富忠提出，个体心理状态统一于个体整体状态，属于第一层次要素，能够体现心理结构状态及心理功能状态两方面相对稳定的规律。心理状态属于状态范畴，归属于人体状态，具有一定的相对稳定的规律性。他从结构和功能的视角去诠释心理状态，这与列维托夫观点的不同。

（二）心理状态的特点

心理状态具有直接现实性、复合结构性、相对稳定持续性、流动趋变性、情境性以及脑物质活动依存性等特点。

1. 心理状态的直接现实性体现在其可作为个体具体现实的心理活动的直接存在形式，可以通过分析具体呈现的心理状态来推测个体的心理过程或者个性心理特征;

2. 心理状态的复合结构性体现在心理状态涵括心理活动的不同要素、各种成分、多个层面以及众多序列;

3. 心理状态的相对稳定持续性体现在，既有心理状态能够相对稳定地持续一段时间，当一定强度的动因引起变化并具有改变原有心理状态的强度时，特定个体的心理状态将会发生变化;

4. 心理状态的流动性和趋变性体现在，一般来讲，个体的心理状态可能在内外因的影响下发生量变或质变，转变为新的心理状态;

5. 心理状态的情境性体现在，心理状态受到处于一定情境中的客体自身、客体的背景以及主客关系、主体对环境的知觉的影响;

6. 心理状态的脑物质活动依存性体现在，心理状态建立在脑的物质活动基础上，与其对应，受其影响，可以通过脑物质活动了解相应的心理状态。有的学者认为，心理状态在时间维度上同时具有稳定性与变异性。心理状态总要持续或长或短的时间，具有某种相对稳定性，如一天内人的睡眠状态要持续6至8小时的时间。另一方面，心理状态是变化的，会从一种状态转换到另一种状态，人在睡眠结束后，心理状态也会转变为觉醒状态。心理状态在变化方向的维度上具有两极互逆性。例如，在自觉平衡与否的维度上，人的心理状态在常态与病态之间变化;在兴奋与抑制关系的主导地位上，心理状态在睡眠与觉醒之间变化等。

（三）心理状态的分类

心理状态是极其多样的，较难划分归类。根据主要心理构成，心理状态可以划分为"认识的""情感的""意志的"三种类型，做出了很好的归纳。但是，心理学科体系已将知、情、意作为心理过程的三个组成部分进行了相应系统性的研究，故这种划分并不具有较大实际意义。

心理状态类别的划分可以有多重标准。1.参照心理状态对心理活动产生的不同影响，可用"最佳心理状态"、"一般心理状态"及"不良心理状态"三种类型来划分;2.参照心理状态连续的时间段，可划分为"持续时间较长、相对稳定的"，如心境、态度、意志等，以及"持续时间较短、情境性的"，如应激状态与激情状态等;3.参照是否出现周期性的显著特性，划分为"周期性"、"非周期性";4.参照某持续时间段居主导地位的心理要素，可将其划分为认知状态、注意状态、情绪状态等;5.参照心理状态是否处于正常水平，可将其分为正常心理状态、异常心理状态，并将病理心理状态归入异常心理状态;6.参照整合过程的发展阶段，将其分为"待整合无序状态"、"整合过渡状态'，及"整合有序状态"。

（四）心理状态的研究现状

列维托夫首先突破了传统上心理活动二分法的局限，提出心理状态与心理过程、个性心理并列成为心理活动的三种形态。米亚西谢夫认同其观点，并强调了三者之间紧密而不可分割的关联。彼德罗夫斯基将心理学相关概念概括为心理过程、心理状态、个性心理特征三个基本范畴，但并未详细阐释心理状态的相关体系。

以psychological states为关键词进行外文文献检索，发现关于心理状态的研究多与医学研究交叉进行。Bianchi G等人探讨了人口学变量，如年龄、种族等对关节炎患病老人的心理状态、生理功能的影响。Julie Jomeen对周围的女性怀孕、分娩和产后时期的心理状态进行了全面调查。Toru Ogao等在心理状态与严重哮喘患者病患程度的显著相关基础上，纵向分析了哮喘患者的心理状态变化。A. Minnitio等对比了超重女性群体中年轻与年长者身体及心理状态，认为年长超重女性通常具有更多的身体疾病，但是心理状态更好。此外，Magwaza A S研究了迁移对南非黑人儿童心理状态的影响。Stephnie Jayasingheo等以14—17岁的学龄儿童为研究对象，采用横断设计探讨亲密伴侣暴力(IPV)对孩子在校表现、学习成绩以及心理状态等方面的影响。

国内学者对心理状态的应用研究取得了一定的成就，主要研究成果集中在体育心理学以及教育心理学两大领域。

教育心理学界诸多学者对学生的心理状态的研究始于对于"元认知"的研究。在《论元认知》一文中，董奇提出学生学习过程中的自我意识以及自我监控在较大程度上会影响其学习效果影响，他提出了"元认知体验"、"元认知监控"的观点。赵恩秀与陈发祥分析了大学生违纪违法的心理状态，并针对调查结果提出了相应对策。以教育心理学相关理论为基础，联系职业教育的实践特点，徐玉兰从学习态度、学习方法、学习思维、非智力因素四个维度编制问卷，对职高生学习状态进行了调查。刘毅玮指出，良好的学习心理状态能够保证学习者学习活动的高效有序，程序训练策略，自律训练以及心理调节策略等能够帮助学习者有效调整学习状态。常晓希等采用访谈法与问卷法，对苏州市400名大学生进行问卷调查，得出大部分学生通过倾诉使心理状态变好的结论。李婷等人研究后建议通过辅导大一新生调整心理状态改善其睡眠质量。滕树元等人从追求完美、能力等四个维度着手编制问卷，依据结果从认知、情绪、行为三应对方面改善大学生就业困难心理状态。

四、学习状态概述

（一）学习状态概念

孔子曰，"不愤不启，不悱不发"。孟子以"鸿鹄将至，思援弓缴而射之"来警示学子学习时要专注。朱熹认为"今学者只是悠悠地无所用心"，即使学习再多年也没有进步。维焦诺夫提出了"任何心理过程都以心理状态为背景"的理论观点。

早期的学者分别针对学习障碍儿童、职高学生以及远程教育学生的学习状态进行了研究，提出了一些具有代表性的观点：学习状态指在学习时人的生理机能状况以及心理机

能状况，这种机能状况主要包括"大脑清醒与注意集中的状况"、"情绪状况"、"身体机能状况"等；杨文娟尝试从学生生理状态以及学生心理状态两方面去评价职专学生课堂学习状态，即学习过程中学生身心活动的特征，诸如稳定性、持久性以及强度等；"学习活动过程中以及学习结果方面，学生所表现出来各种状态的总和"，包含注意状态、情绪状态、动机状态等；远程进修者学习状态包含学习活动前的准备状态，学习活动过程中的心理状态以及学习活动后达成状态三个方面；从量子模型的角度来看，学习成绩与智商水平的比值可以来评估学习状态。

学生学习状态是指"学生从事学习活动时，表现在生理和心理方面的特征"。以生理的激活、唤醒程度来评价学习者的生理状态，以心理活动的强度、稳定性、持久性等特征来考量学习者的心理状态。学习状态能够体现处于学习活动中的学生某一段时间内相对稳定的心理活动特征，例如，学生在学习中是否目标明确、动机强烈等积极特征，以及在学习中是否出现疲劳、慌张、分神等不良行为。即学习状态是学生在学习心理活动中产生的，与学习相关的，能够持续一段时间的，相对稳定的心理状态。

（二）学习状态的结构

对于学习状态的结构，有以下几种不同的看法：1.学习状态结构完整而复杂；2.心境、注意、动机三种状态构成了学习状态。学习活动的初始状态从心境开始，在学习过程中，既定学习任务引发学生注意变化，为满足自身的需要，动机促使学习活动指向特定目标；同时，学习的效果也会作用于学习者的身心，引发情绪、心境等状态的改变；3.学习状态具有四层结构。由学习的动机状态、认知状态构成的动力结构，是学习状态形成发展的基础；支持结构在动力结构基础上起到支撑作用，注意状态、情绪状态、意志状态三者有机结合能够保证良好学习状态长时间维持；运行结构能够反映学习状态效能，是整个学习状态的核心成分，由心理准备状态、心理互动状态、心理接纳状态、心理相容状态组成；调节结构具有协调、整合的作用，由心理监控状态、心理反思状态组成，能够优化学习状态，促进学生形成良好的心理素质。

学习状态作用于学生的学习态度，促进或阻碍其学习策略的形成、学习方法的选择以及学习行为的投入程度，最终影响学生的学习效果。

（三）学习状态的特点

学习状态具有以下特点：

1.学生学习状态同时具有内隐性、外显性。一方面，学习状态是学习过程中学习者心理的内部体验；另一方面，这种内部体验又以行为指标等外显的形式表现出来，得以观察测量，例如行为的紧张度、灵活性、协调性等。

2.学生学习状态同时具有短暂性、相对稳定性。学习状态的这一特性符合苏富忠所指出心理状态稳定性与变异性相辅相成的规律。值得注意的是，正是由于学习状态的短暂性与相对稳定性，才使得调整学习状态的探讨具有可能性与可行性。

2.学生学习状态同时具有情境性、变化性。特定情境中，在内外刺激的作用下，结合主体特定的学习活动，学习者就会产生相应的学习状态；在内外动因影响下情境发生改变的同时，很可能改变这种学习状态。

4.学生学习状态同时具有指向性、弥散性。学生的学习活动朝向特定事物，学习状态面向具体的对象；然而，这种心理状态也可能会发散扩展朝向相邻或相近的学习活动。

5.学生学习状态同时具有普遍性、差异性。中学生群体的学习状态具有普遍特征，由共同的成分组成的结构，遵循从无意识状态到意识状态的形成与发展规律等；从个体的角度而言，不同学生的学习状态又表现出极大的差异性。

6.学生学习状态具有可控性。作为心理状态的主体，学习者可以充分体验到学习状态对学习效果的影响，并能够有效进行内外调节来调整自身的学习状态。

7.学生学习状态同时具有主动性、被动性。在学习活动中，部分学生能够通过自我体验，主动调整自己的学习状态，使其与学习过程相匹配，从而促进学习效果的提高；而并非所有学生都能做到不断调整自己的学习状态，这种情况下，该生处于被动状态，不能自主调节学习状态，进而不能实现高效率的学习。

8.学生学习状态具有效能性。学习状态良好，学生学习活动自然能够有序高效的进行；学习心理状态不良，学生就会学习过程浮躁，学习效率低，学习结果必然不如意。

（四）学习状态的相关理论

1.学习的信息加工理论

依据现代信息加工理论，加涅归纳了学习过程的信息流程，分为了八个阶段：

（1）动机阶段：将学习者的内心需要、期望与实际学习情况相联系，要促进学习者产生学习行为，促进其体验朝向目标努力的动力。

（2）了解阶段：学习者依据自己的动机目标，接受一定的外界刺激进入自己的信息加工系统，将外界信息存储到记忆中。

（3）获得阶段：最初获取的信息经过编码转换，存储到短时记忆中。在编码过程中，信息可能会被修饰、规范化甚至变形歪曲，最终不同处理方式获得不同信息。

（4）保持阶段：经过编码转换的信息存储进入长时记忆，这种储存很可能是永久的。

（5）回忆阶段：即信息的检索阶段，依据人物或者场景等回忆线索，学习者从长时记忆中检索信息。

（6）概括阶段：即学习的迁移过程，学习者学会学习的概括化，才能将单一的专项所学的知识运用到变化的情景或者现实中。

（7）作业阶段：即学习的反应阶段，学习者针对教师提出的操作性命题进行组织处理，使其在操作活动中表现出来。

（8）反馈阶段：操作活动进行后，学习者得到自身的学习反馈，以检验学习是否达到预期目标，这种反馈也是强化的过程。完整的学习心理过程一定依照以上八个阶段进行。依据列维托夫、方海韵以及苏富忠等学者的观点，"心理状态"为"特定时间段中主要心理活动的一般特征"，所以学习状态伴随学习这一心理活动产生。个体需要了解自身学习的内部条件，并且尝试调整适当的外部条件，促进有效学习的开展，从而持续稳定高效的学习状态。

2.元学理理论

Biggs 等人提出的元学习理论中提出，学习者有设置明确学习目标的能力，认知到学习方法的差异将对学习效果造成不同的影响，清楚当前所用学习方法并能够获得反馈，并且依据反馈进一步调整自身学习策略等，才能被视为"会学习"。元学习理论观点认为学生是积极主动的，能够监控现在，预见未来，有效调节学习过程。Taylor认为，元学习即学生依照"我想要达到什么目的，如何能够达到，如若不能达到我将怎样"等条件与自己订立学习契约。Pintrich 等认为这种契约最少要包括"意愿"与"技巧"两方面

元学习这一课题主要围绕研究学生如何认知学习过程以及有意识的控制学习活动进行。吴鑫德指出，元学习即个体在学习过程中元认知水平。采用因素分析法，董奇等将元

学习能力划分为三个阶段，元学习能力从学习活动前，持续到活动过程中，展开到学习活动，包括计划、准备、意识、方法、执行、反馈、补救、总结 8 个成分。

（五）学习状态的国内外研究现状

研究初期，明确界定为学习状态的研究很少。前苏联教育界提出"学习不良"的术语。巴班斯基指出，"学业不良学生要掌握某种知识技能而且达到合格水平，必需比其他学生花更多时间和精力"。美国教育心理学家 Kirk 提出学习障碍的概念，用以形容在言语、阅读或者其他必备社会交往技能水平发展异常的学生。EK Kahiigi 等探究了运用网络电子技术实现高等艺术教育的理论、过程与方法，并且关注了学习者的学习状态。DA Weissbein 等对比了 91 名被试参与培训前后的学习状态，证实了干预能够影响学生的学习动机以及学习状态

国内学者也展开了大量研究，取得了丰硕的研究成果。

就研究对象而言，学者们从最初的对学习障碍者、远程学习者以及职高学生的研究，逐渐扩展到对大学生以及中小学生的研究，并且涉及不同学科的研究。牟飞燕从心理承受能力、学习意识、学习意志等方面考察了西部学困生的学习状态存在的问题。王泽欢，王静琼自编问卷评估大学生的元学习状态，认为其处于中等水平。张丽君、高和平研究发现，性格特征、考研志愿及课程满意度等因素影响着高师学生的学习心理状态；其学习状态在参与学习、体验成功两个维度需要进一步加强。

就研究内容而言，研究多涉及课堂与教学实践，针对性地对某种课程的学生学习状态调查分析，探讨教学过程中的各种要素的影响，并进行对策分析。吕彦丽着眼于中学生的英语学习状态，描述了中学生入学初和高三毕业时应有的学习状态。张九艳以邱德乐的理论为核心，探讨了中学生自主课程学习状态研究的基本理论，并且进行了实践调研。唐燕儿、袁林洁的研究显示，学生自身评价较好，但其课上、课余学习实际状态一般。叶丽丽、毕大国着眼于具体案例，深切、详尽地从参与状态、交往状态、认知状态、情绪状态四个方面分析了课堂学习状态。尹静、马世超探讨了高校组织气氛、学生学习状态、学业成就三者之间的关系，认为高校组织气氛、学习成就分别对学习状态产生影响。

就研究工具而言，诸多学者自编问卷开展研究。以教育心理学相关理论为基础，联系职业教育的实践特点，徐玉兰从学习态度、学习方法、学习思维、非智力因素四个维度编制问卷，对中学生学习状态进行了调查。王泽欢依据 Biggs & Moose 的元学习理论，参

照相关研究，自编问卷。在美国马里兰物理教育研究组使用量子方法研究学生在学习中的认知模式之后，刘晓莹以现代教育学、心理学以及量子力学的最新发展为理论依据，探讨学生在认知过程中的智力状态及学习状态的评估方式。张建利利用摄像头实时捕获视频流分析人脸特征，从集中度、疲劳度、安全度以及提醒时间四个维度度量学习状态。

综上所述，学习状态领域的研究成果颇丰，但仍存在一些未解决的困惑。尤其值得注意的是，测量学习状态水平并无标准测量工具，且鉴定标准不统一，自编量表的内容往往不相同。

五、教学管理中的学生问题

学生是"在各级各类学校或其他教育机构学习的人，按教育阶段分有小学生、中学生、大学生和研究生等"。在学校教育活动中，教师与学生相互依存、互为前提的关系。教师是为学生而存在的，是为学生而发展而服务的，从这个意义上说，学校应以学生为中心。管理好学生、服务好学生、启迪教育好学生便成了各个学校所应该做到也必须去做的事情

随着社会的发展，改革开放不断的深化，近些年成长中的中学生，向往未来，立志成才，具有竞争观念和效益观念，视野开阔，尊师守纪，勤奋向上。但是，毋庸置疑，当代青少年学生在新的历史条件下，也产生了一些新问题。目前道德价值标准存在虚化的现象，学生的道德行为已在某种程度上社会化，他们在道德能力上面临多种挑战。由于他们智力发展与德育发展的不协调，导致一些青少年思想道德水准下降。许多青少年在享受到越来越丰富的物质产品和文化教育的同时，精神世界却显得越来越空虚与贫乏，在道德认识上都知道怎么做，但道德行为却做不到，道德教育结果认识与行为严重脱离。

面对这样的现实情况，学校的教学管理工作随之也面临新的挑战，作为新时代的教育工作者，除了理解学生的处境、掌握学生的个性、更应该尽力做到因材施教，知识教育和道德教育两手抓，并且两手都得硬，争取把他们个个都培养成材。

（一）中学生心理思维特点

作为一个合格的教师，对学生的心里思维特点都要有所了解，只有这样老师才能摸准学生的思维动向和心志特征，只有这样教师才能尽可能的做到因材施教，才能逐渐把应试教育向素质教育过渡，只有这样才能有一个好的班集体和铸就一批好学生，也只有一个学校才能形成好的学习风气和好的将来。

对于中学生来说，他们所处的青少年时期是同年期想青年期发展的过渡期，是个体由不成熟的童年向成人转折期的开始，无论在生理上或者心理上，都发生着剧烈的变化。在心理上其特点归纳如下：

1.拥有旺盛的活力与敏锐的认识力

在课堂上，我们常常可以发现一些比较好动的学生，他们有的是积极的参加课堂活动，有的是在干一些老师认为是在干扰课堂的事。但这类学生共同所有的一个特点就是特别显眼，对课堂效果有着直接的影响。这种现象告诉我们，中学生正处于身体成长的高峰期，具有很强的活动欲望，在课堂上如果这种欲望不能通过正常的学习渠道满足，他们就会通过违纪的方式来宣泄。而随着身体的发育，学生的认知能力也在发生变化。人认识世界的活动中表现出的能力称之为认识力，认识活动是人心理的基本活动，它包括人的观察、维、记忆等活动。

（1）在观察活动中，他们会根据探求的目的，有选择、有计划地观察客观事物，对事物的认识能较客观、准确。另外，观察的持久性也增强了，他们能对事物保持较长时间的观察，保持有意注意的确定方向。

（2）在思维发展中，抽象逻辑思维占了主要地位，但具体形象思维仍然起重要作用。另一方面独立性与批判性有所发展，他们越来越不喜欢人云亦云，喜欢自己独立提出问题并寻找解决问题的方法

（3）中学生的注意在内容、广度、分配等方面，都比小学生有较大发展，有意注意已占优势，注意的稳定性，持久性都增强了。在课文学习的过程中，他们会留意到一些老师没有讲解，而自己又不太明白的地方提出置疑，在教师的引导下得出答案从而形成自己的知识。

2.有强烈的自我意识

自我意识即个体对自己的认识与态度。中学生心理发展的突出特色是有强烈的自我意识，这是中学生个性发展的最佳表现之一。他们对认识与评价自我开始有了浓厚兴趣，希望能在生活中，课堂上拥有表现自我的机会。我们常常可以发现，老师一句肯定的话语会激发学生无限的奋斗动力。

3.情感丰富多变

中学生情感丰富但多变，易偏激，不够稳定，具有两极性特点，如肯定或否定；积

极或消极；冲动或消沉等等。教育心理学家常称中学时期是"危险的狂风暴雨时期"极易因一些偶然刺激而影响情绪。作为课堂的主体，学生情绪的变化将直接影响课堂的气氛，甚至影响教学的进程。在教学中，老师常常会有这样的感觉，当大部分学生都能愉快的参与课堂，堂上气氛轻松活跃时，老师会感到思如泉涌，上课的思路更清晰，讲授的内容更丰富，授课的技法更新颖；学生思维灵活，接受知识快，掌握技能熟；课堂进展顺利，知识课外发散广

4. 发展的意志品质和气质

由于中学生认知能力正处于发展时期，这就影响他们意志的特点，使他们的意志行动呈现多变性，他们既能对现实生活中的事物迅速地做出较为正确的判断，并努力维护它。他们又可能由于某种干扰或刺激而轻率地放弃自己正确的判断，并改变自己的初衷。

气质是人心理活动的强度，速度，稳定性的动力特征。古希腊医生希波克拉特指出，人的气质分为四种：多血质、胆汁质、粘液质、抑郁质。不同气质类型的学生，在课堂中的表现有所不同，多血质学生表现较为活跃，但往往有轻率、不深沉的缺点；胆汁质学生，精力旺盛，直率热情，胆量大，但其情绪发生快而强烈；粘液质学生表现较为安静、沉稳，情绪发生慢，但往往过于执拗、冷漠，比较保守不易接受别人的意见；抑郁质学生好静，胆小谨慎，在堂上不愿表现显得缺乏生气。

5. 萌发的性意识心理

中学生由于生理的变化，性意识开始萌动，同龄的异性内在的情感吸引心理出现了。在日常的校园生活中，学生会因为欣赏或佩服，而对某个异性产生好感，愿意并期望能与之交往。而世俗的看法，旁人的眼光使他（她）不敢与之接近，且压抑住内心的情感；或是在大胆的交往中承受旁人的传言，随着友谊的加深而陷入一种自我怀疑中。而在思维上，其特点为：

（1）思维的条理性、组织性差

这点作为中学生来说，是可以理解的。因为正在成长中的中学生，其大脑的发育还未完全成熟，在有些问题上不能从整体上去把握，作事情的时候并不能考虑得很周到，有时还看不清孰重孰轻，找不准事情的关键，这点在做题过程当中很容易体现出来。而有些学生明知道自己掌握住的所学到的内容，在考试的时候却不能驾驭相关知识。

（2）思维的广阔性、深度性差

对于现在的中学生，由于接受的知识很多，并且通过社会和家庭的影响，他们表现出来的对问题的看法上还算"世故"，但是针对问题的实质性内容他们却分辨不出来，不能深层次去考虑和挖掘。所以他们对待事物往往会停留在层面的意识当中。这样是当代中学生的心理发展的必经阶段，不是什么坏事。但是这却成了他们在日常生活当中处理事情的"绊脚石"。

（3）思维的灵活性、敏捷性差

相比较而言，虽然现代的中学生在考虑事情的灵活程度上和敏捷程度上都较以前有很多优势，但具体到问题中的时候，让学生很直接的说出问题的实质则不容易，这反映了就他们现在所接受的知识和所处的年龄有直接关系。

（4）思维的逻辑性差

很显然，对于一个问题的全面把握方面对学生来说是值得我们作为教师去引导和训练的。很多学生都不善于总结不善于查漏补缺，不善于从此推理到彼。

（二）当代中学生在成长中容易出现的问题

1. 知识面广、信息量大，但容易受不良思想的影响

当今的时代是科技高速发展、信息迅速传播的时代。传播工具先进发达，电脑上网，生动形象，视野扩大，信息丰富。中学生处在信息环境中能较好地了解科技的发展，享受健康有益的教育，这有利于塑造适应时代发展的新人。但另一方面，这些信息未免泥沙俱下，鱼龙混杂，由于部分学生幼稚单纯，阅历浅，鉴别能力不强，不论是对我国国情还是港台生活或者西方生活，都缺乏正确的认识和真切的体验，往往不加分析地把他们看到的港台和西方文艺作品中所反映的社会生活现象与国内的某些现象简单地比较引起某种"共鸣"，不知不觉地接受了那些不切实际的价值观的影响，给学校的德育教育带来了负面的影响。

2. 对生活质量要求高，但不热爱劳动

中学阶段的学生喜欢丰富多彩的生活方式，这是正常的。但是，由于受社会不良风气的影响，再加上某些学校、家庭教育存在着"重智轻德"的现象，使许多中学生只会埋头死读书，不会做饭洗衣。现今的中学生绝大多数是独生子女，而许多家长对自己的孩子过分地溺爱，使这些孩子从小养成好逸恶劳、一味追求物质享受的坏习惯；随着社会上

"大款户"的增多，学生"大款户"也逐渐增多。而恰是这些经商的"大款户"，由于常年外出，常常无暇顾及自己的子女，造成家庭教育的"漏洞"。当前，青少年缺乏爱劳动的习惯不能不引起我们教师、家长和社会各界人士的忧虑。

3. 生理成熟程度与心理成熟程度不相适应，早恋现象普遍

由于现代社会的高度产业化、城市化及社会活动频繁，物质生活条件的改善等因素，青少年发育期普遍提前已成为事实。中学生正处于心理上的不大成熟与生理成熟的不完全融合期。他们开始意识到两性的差异，产生对异性的好奇，萌生了体验异性情感的欲望。特别是受一些不健康报刊、影视作品及网络的不良影响，有些中学生可能会出现早恋或两性关系的错误，甚至出现违法犯罪的行为。各方面的情况表明，由于少男少女的生理上的早熟及思想、意志不成熟性加上外界社会环境的影响，还有我们教育引导上的偏差，中学生早恋现象在一定时期内恐怕还会有发展，且有向低龄化蔓延的趋势。据报纸报道，中学生早恋现象已经是全国性的问题，回避是不行的。学生的小灵通的短消息上直接就称呼"老婆、老公"。更有些暧昧语言，不堪入目。

4. 部分青少年有意识无意识的陷入违法乱纪的泥沼

中学生法制意识的淡薄，违法现象的增多，已经到了令人吃惊的地步。在我国，违法青少年占违法人口的一半，据有关部门统计，目前全国在押服刑的劳改犯中，青少年罪犯就占有继续上升的趋势。他们有的拉帮结派，组成团伙，与社会上不法青年相互勾结，公然对抗学校的正常教育；有的瞒着家长逃学，聚众赌博，吃喝玩乐，进入网吧、营业性歌舞厅等场所；有的公然侮辱女生；有的在社会上偷鸡摸狗；有的对低年级敲诈勒索；有的肆意破坏公共财物，凡此种种，不一而足。近年来，虽然各学校大力加强了德育工作，十分重视做后进生的转化工作，取得较好的成绩，中学生的违纪违法大为减少，这是可喜的变化。但目前也有部分初中生自觉不自觉地陷入违纪违法的泥坑。学校是教育、培养、造就人的场所，从根本上预防青少年违纪违法已成为教育的当务之急。如果再不采取强有力的措施，一批一批年轻的法盲将涌向社会，将导致青少年犯罪越来越多，且越来越低龄化。由此将危及到人才的培养、教育的效益，危及社会的安定，危及到社会主义现代化建设的成败。这并不是危言耸听，而是有目共睹的事实。

5. 网络对中学生的影响带来了巨大的负面影响

网络游戏（如传奇）的痴迷、黄色信息的诱惑、网络聊天导致的网恋、电脑游戏格

斗凶杀的刺激等等，都在侵蚀着中学阶段的学生，在虚拟的世界里，他们宣泄着对现实的"不满"。久而久之，这便严重的影响到学生的身心发展，致使他们不愿意融入社会、对周围人和事持冷漠态度、正天异想天开。更为甚者，部分中学生为了能上网，以致彻夜不归，猝死网吧。还有部分学生为了得到想要的东西学会了偷盗、以轻生要挟家长、视人生如游戏，等等，这些现象形成了社会的一个阴暗面。确切的说网络对一部分中学生而言，其危害之深可以与吸毒相比，让他们迷失了自己，没有了人生目标。从而因上网而导致青少年误入歧途、违法犯罪的问题已成为当前社会关注的热点和焦点问题。

6. 当代中学生心理问题严重，有待加强心理健康方面的教育

当我们回顾上一世纪医学发展，欣喜地看到医学在战胜躯体疾病方面所取得的成就时，我们也同时看到精神、心理障碍给人们带来的痛苦、给社会发展和进步造成的阻碍并未得到有效的遏制，尤其是在尚未体味社会冷暖、思想处于动荡、幼稚期的青少年中，精神、心理障碍往往会给他们带来悲剧性结果。中国疾病控制中心精神卫生中心提供的一份资料表明：中国大陆 18 岁以下未成年人，据保守估计，其中中、小学生心理障碍患病率为 21.6%～32%，突出表现为人际关系、情绪稳定性和学习适应方面的问题。

专家认为：儿童青少年心理问题的发生与其各发育阶段很多环节和许多方面的因素有关，生物学因素可能构成心理障碍的素质基础，而环境因素、教育因素、社会心理因素构成了心理障碍的诱因和调节因素。

从客观环境看，随着现代化的进程，生活节奏越来越快，各种竞争和压力也越来越大，儿童青少年处于这样的环境中，心理社会因素对他们的心理健康也产生越来越多的影响。首先是家庭环境和父母的教育方式会对孩子的成长产生重影响，父母关系不和睦、单亲家庭、家庭成员有不良嗜好（如酗酒、吸毒、赌博）是常见的不良因素；情感表达问题也是不容忽视的因素，所谓情感表达不良可能有两种表现，一是过度保护或溺爱，家长心甘情愿给孩子当保姆，父母们以为这是爱孩子，却没考虑这样做实际上剥夺了孩子成长、遭受适当挫折和困难、学习爱护和帮助他人的机会和权利。另一种则表现为漠视，忽视了孩子的情感需求，使孩子不得不寻找其它的途径自己解决问题或得到情感的满足，在这个过程中往往因为经验不足或受到外界不良影响出现问题。另外，社会和文化因素也不可避免地对儿童青少年的心理健康造成影响，如中国自古崇尚文化和学识的传统以及"万人竞过独木桥"的升学现状，势必使得学生的学习压力极大，使得许多家长和教师把学习成绩

作为衡量孩子优劣的最重要因素，因而相应降低对其它方面的要求。

（三）对中学生出现问题的教育管理及对策

1.优化青少年的成长环境，让他们健康快乐的长大

任何一个青少年的思想成长都受其生活的社会环境所影响。当前，存在着不少与我们对青少年培养目标相悖的消极因素。我们要治理和优化环境，以利于青少年的健康成长。优化青少年成长的环境，包括社会环境、学校环境和家庭环境。

（1）优化社会环境

随着我国双休日制的实行，学生在家时间增多，而社会上又没有对学生进行再教育的场所。图书室、阅览室、俱乐部等活动场所，在广大的农村里，真是凤毛麟角，造成社会教育的漏洞。毛主席说：人的头脑总要装东西的，如果无产阶级的东西不去占领它，那么，资产阶级的东西就一定会去占领的。中学生很容易沾染上不良习气，社会上的违法犯罪分子，乘机对青少年教唆。由此，对学校教育产生了很大的负效应。在目前，要引导学生学会正确利用社会舆论工具，如电台、电视台、报纸、刊物等，让学生知道哪些是适合他们看的东西，多看有利于学生健康成长的东西，引导青少年树立正确的人生观，鼓励学生积极向上和全面发展。注重对优秀人物的先进行为和思想的大力提倡、推广。鼓励学生多到博物馆、图书馆、文化体育场地等健康场所，丰富他们课余文化生活。教育学生不涉及宣传暴力、色情、凶杀等有害的报刊、杂志、音像制品等；不进入营业性歌舞厅、黑网吧和带赌博性质的电子游戏机室等。总之，要用健康向上的文化去占领学生的思想阵地。

（2）优化学校教学环境

学校要坚持"全面育人、全员育人、全程育人"，全面推进素质教育、全面提高学生的素质，改变重智育轻德育的状况。当前德育工作存在一个误区，那就是"德育=政教处+班主任"的板块模式。好多人认为德育是政教处的事，是班主任的事，与自己无关。针对这种情况，我们要积极开发潜在教育资源，调动校内各方面的力量，创设校内德育的大气侯，使德育工作由"板块式"向"混凝式"转变。我们认为学校的每项工作、硬件设施、校园环境、校风校貌等对学生都会起到教育的作用，学校的教职员工对学生的成长都要尽到教育的责任。学校是教育人、培养人的场所，青少年可塑性大，模仿性强，所以全体教职员工的全部工作和整个环境每时每刻都在影响着学生。"学校无小事，处处皆德育"，根据德育管理的教育性原则和德育过程的影响一致性原理，我们提倡人人都是德育

工作者，"教书育人、管理育人、服务育人、环境育人"，从班主任到任课教师，从学校校长到传达室保卫人员，从前勤职员到后勤职工，组成全员育人的"混凝式"结构，构建全方位、多层次的立体德育工作网络，发挥合力效应，学校任何一位教职工对学生有求必应，有难必助，反之遇到学生违纪现象都有权劝阻制止，让学生亲其师，信其道，在充满'爱'的校园里健康成长。

倡导学生学习、宣传先进英雄人物的事迹，以增强他们战胜困难的决心和信心。充分利用先进英雄人物以及身边的优秀同学的积极影响，把它纳入学校德育的轨道，对学生进行正面教育。当前，要提高学生分析、鉴别社会信息的能力，对社会信息中有害的因素必须禁堵，以保护学生的身心健康。

严格落实制度，规范学生的行为，狠抓学生安全管理。我所在的淮阳中学是寄宿制学校，实行封闭式管理，为预防学生在校期间私自外出，减少外界不良因素对学生的侵袭，我校严格学生请假外出登记制度，因病或因事回家须由家中来人接送，因病到医院由班主任等老师相陪。晚上除安排两名保卫人员不间断巡逻外，还不定期的安排班主任值班查宿舍到深夜 12 点。节假日、星期天与家长签定监护责任书，让家长管理学生的非在校时间，并认真填写《学生假期情况反馈表》和《学生在家情况反馈表》上报学校，与家长共同做好学生的管理工作，最大限度地减少了外界不安全因素对学生的不良影响。

注重校园绿化、美化，创建和谐校园。充分发挥校园环境的"陶冶"作用，在"润物细无声"的教育中纯洁学生心灵，营造良好育人氛围。校园是每一个学生日常学习生活离不开的空间，马克思认为："人创造环境，同样环境也创造人。"我校在新班子领导下，积极开展创建和谐校园、创建人文校园。从而学校在基础建设方面，除了房子有艺术性，花草更是各种各样、到处都是绿色、绿荫、花香和鸟鸣。漫步这绿色校园，一草一木的绿化都搭配合理，寓意深刻，让人处于和谐的氛围中，心灵在不知不觉中受到了洗礼。

（3）优化青少年成长的家庭环境，加强学校和家长的交流

在德育过程中，我们发现：人格、品德的教育关键在于养育，很大程度上取决于家庭环境的熏陶。古人云："育善在家，发智在师"，说明了家庭在德育中的重要性。为努力给学生营造一个健康优美和谐的学习、生活空间，我们积极主动地构造了以学校为主阵地的学校、家庭、社会的德育网络，还认真克服了消极的校外影响，重视学生的思想教育实践，多渠道开辟家校教育，今年我校又与移动公司联系，充分利用"家校通"。实现了

学校、家庭、社会教育一体化，保证学校教育与家庭教育的同步，使班主任工作中的家校教育规范化，充分发挥家长与学校教育合力的作用。

2. 加强劳动和吃苦教育，塑造全面发展的新人

目前，造成部分青少年缺乏热爱劳动的习惯，有其多方面原因。有个别学校片面追求升学率，导致"以学挤劳"，劳动教育形存实亡，造成学生片面发展。有部分家庭只重视孩子死读书，不让孩子参加家务劳动。一段时期以来，由于社会传播工具宣传的片面性，助长了轻视体力劳动和体力劳动者的不良习气。要造就全面发展的新人，必须加强和改革学校的劳动教育。学校要根据各自的情况，设置各种各样的劳动课，开设并办好为教育教学服务的学农学工基地。另外也可根据学生的年龄特点，组织社会公益劳动，如组织学生参加清洁环境卫生的劳动，有条件的还可以组织学生到工厂、农村参加工农业生产劳动。同时，还要加强劳动的审美教育，引导学生树立"劳动者最高贵，劳动最光荣"的观念，使学生通过劳动，认识劳动的美，劳动价值的美，体现劳动创造成果的关系等。要引导家长教育子女多参加自我服务性的劳动，从小培养学生自理的能力。家长千万不能把孩子宠成"衣来伸手，饭来张口"的小皇帝。古人云"若要小儿安，常带几分饥和"，"饥"和"寒"倒不必，但勤俭节约和艰苦奋斗的教育不可少。须知这两者是根除"贪"的良方，而"贪"乃是万恶之根源也。

3. 做好对违法乱纪的预防工作

青少年违纪违法原因是多方面的，一方面是由于他们法制观念淡薄，自制能力差，自觉不自觉地做出了违纪违法的事。另一方面一些不良风气的影响，使他们容易产生观念的错位和偏差。再有一些家庭不良影响，放任、袒护他们。一些学校对后进生帮教不力，缺乏耐心，对流失生放任自流或管理不善，又是一个重要原因。在探讨加强中小学法制教育的问题时，我们不应回避这样一个事实，即在中小学早已广泛开设法制课的情况下，为什么这些年青少年犯罪率仍居高不下，且有向低龄化发展的趋势呢？这里固然有法制教育措施力度不够的原因，但仅仅依靠法制育是不能从根本上解决这问题的。众所周知，人们生活在社会中，其行为不光要受到法律规范的约束，更多的还要受道德规范的引导和调整。剖析诸多青少年犯罪案例，我们会发现，他们中的绝大多数并不是不知道盗窃、抢劫、故意伤害等行为是犯罪，是要受到法律的惩罚，但由于其人生理想模糊，价值观念扭曲，追求物质享受，当私欲膨胀到冲毁道德的堤坝时，再严厉的刑法也难以阻止其滑向犯

罪的深渊。邓小平同志曾深刻地指出："十年来我们的最大失误是在教育方面。"这里所说的教育包括思想政治、理想信念、道德法制等各方面。在遏制青少年违法犯罪方面，道德教育主要是通过传统观念和社会舆论的引导、榜样的示范及人们的信念来维持，道德行为主要依靠自我约束，但道德与法制密切相关，许多道德规范就体现在法律条文之中。因此，中小学法制教育和道德教育应有机地结合起来。尤其在社会主义市场经济的新形势下，当社会上还存在某些消极丑恶现象，人们在认识上也有许多误区的情况下，更应把道德教育摆在更加突出的位置上。如果中小学生普遍树立起正确的道德观，具有高尚的理想与情操，那么中小学校的法制教育就一定能取得更加良好的成效。其实，一些青少年违纪违法一般都有明显的先兆的，如盲目追求物质享受，赶时髦，比阔气，不求上进，经常旷课、迟到、到网吧等。只要教师、家长随时细心观察，就不难看出他们的蛛丝马迹。与其青少年出现违纪违法后再教育，倒不如做好超前预防工作效果更佳。这项工作不仅学校要做，社会、家庭也要做好，各方面配合，齐抓共管，综合治理，就一定能够好后进生转化工作。

4.用心理解学生，用爱引导学生

对待学生的过失，要从三心去做：爱心、耐心和信心。这也是反映一个老师的师德素质的一个具体体现。对于正在成长中的中学生，适时的进行教育是有必要的，不管这个学生成绩好歹、道德怎样。

（1）爱心：以爱心为出发点，以理解尊重学生为基础，理解就是理解学生思想实际、心理实际、生活实际，尊重学生的人格，平等待人。中学生人格尤为重要，作为一个班主任或者课任教师即使学生犯了错误，对学生进行批评教育时，也要尊重学生人格，谆谆教导学生才能取得较好的效果，一味地训斥，只能促进学生逆反心理的产生。更不能用挖苦、讽刺伤学生的心，教师对学生思想尊重，就会使师生关系更为融洽、愉快。

（2）耐心：俗话说，精诚所致，金石为开，班主任和课任教师对学生都要有慈母般的爱，又要有充分的耐心，不厌其烦地做学生思想工作，解决好学生的实际问题，在我们面临的班级中，难免有后进学生，不能急于求成。

（3）信心：我所在的学校淮中一直很重视帮助学生树立自信心，其中一个活动就是名言警句的激励作用，每人找一个能鼓励自己奋发向上的名言警句，印在自己的校牌上，或者在其校牌上印上其最终的目标，时刻鼓励着自己。而在后进生的转化方面，树立自信心尤为重要，面对后进生，作为班主任和任课老师自身一定要有信心，相信通过内因外因的合力作用，后进生一定会转化，要平等对待班级中的每一位学生，不要因为后进生犯错就严惩，要信任他们能改正缺点。后进生单纯的严惩多数达不到预期的效果，因为他们往往是"宁死不屈"类型的。树立信心加以多次的、经常的鼓励，或许有效得多。

5. 德育教育中，心理素质的培养

学校虽然把德育工作放在了各项工作的首位，但是还是有不少的青少年走向了犯罪的道路，这是为什么呢？原因很清楚，就是学校的德育教育的重点要转移，即要以心理教育为重点。中学生心理健康教育是德育工作的重要内容和核心，要重视青少年的心理素质培养，这一点已成为全社会的共识。以往的德育教育中忽视了学生心理因素的发展，当今社会正处在转型时期，激烈的竞争，传播媒介的影响，再加上学校过于强调升学率，新时期中学生的心理健康状况堪忧，调查表明，很多学生的心理有问题，他们认为大千世界中没有地位，没有金钱活的没意思，对生活没有信心，对一切缺乏兴趣，认为自己的能力和水平不过如此。所以学校德育教育要遵循青少年心理发展的规律，探寻符合我国儿童青少年道德教育的规律和有效方法，为教育决策部门提供有价值的咨询报告，这是学校德育教育中要解决的一个重要问题。

心理学研究表明，道德发展要经历一个有外向内，有他律向自律发展的过程。美国著名的心理学家霍夫曼说过："道德的问题在于，违规者是否有避免伤害行为的动机，或至少在事后感到内疚并做出亲社会行为，以及即使在没有人看见他时，他是否还这样做。"因此把外部的他律转化为内在的自律是道德教育的关键，以往的学校德育教育中，只注重说教，让学生学习一些条例和规则，注重了他律而忽视了自律。今后学校德育工作的重点应是了解每个学生的心理，注重心理素质的培养，这要引起学校领导和每个教师的高度重视，要认识到心理健康教育是实施素质教育的目标之一。德育教育、心理教育都要放在一些具体的活动中去体现，离开了具体的活动空谈德育、心理的教育，就如同炒菜用盐，盐放在菜里很好，单独拿出来就不能吃。

根据学校教育发展的需求，为及时释放学生的心理问题，我们学校专门聘请了一些资深的心理学教师定期举办心理辅导。学校又建立了专门的心理素质教育机构和科学教育体系，如建立心理咨询室，建立学生心理挡档案，了解各年龄段的学生心理特征，开设专门的心理素质教育课程，心理素质教育进入课堂教学，在各学科教学中进行渗透，加强了对学生心理的了解。

心理学老师对行为偏差学生进行正确的心理疏导和行为矫正，大致办法有以下三点：（1）重视和开展品德心理形成过程中的团队认知辅导。（2）开展个别心理指导。（3）运用心理治疗的相关方法进行行为矫正，例如，松驰疗法，激励法，运用同伴集体的影响实施行为矫正等。

加强对学生的心理健康教育和心理疏导工作，应该加强学生的自我完善教育，主要从以下几个方面入手开展工作：（1）智力心理的完善教育。（2）情绪心理的自我完善教育。（3）意志心理的自我完善教育。（4）交际心理的自我完善教育。（5）人格心理的自我完善教育。（6）适应环境心理的自我完善教育。（7）自我评价心理的自我完善教育。（8）心理行为的自我完善教育。要引导学生正确认识自我和外部事物，增强自我的心理防御能力和自我心理的成熟程度，强化理想教育、价值教育、创造教育和创新教育，将学生的逆反心理转化为创新的动力和追求崇高目标的巨大驱力。

六、学生学习状态评价

学生学习评价是新课程课堂教学评价的中心，可分为如下五个方面：

（一）学生主动参与学习程度

衡量学生主动还是被动地参与学习主要看三个指标，一是每个位学生用于学习的时间；二是参与问题研究的学生的层次；三是学生讨论的问题的广度和深度。

（二）老师与学生，学生与学生之间互动的和谐度

课堂教学是学习的中心环节，课堂气氛是否活跃、融洽是最能体现老师与学生，学生与学生之间互动的和谐度。学生是否乐于参与交流合作，对老师和其他学生提出的问题是否会积极的寻找答案并且提出自己的观点。是否能和大家分享见解。这些都应该要纳入对学生学习的评价。

（三）学生利用学习资源的有效性

建构主义课堂主要立足于学生知识的建构，那么学生的学习绝对不能仅仅局限于课本上的知识和能力。学生要查找与课程有关并能帮助自己发现问题和解决问题的辅助资料。掌握有效的学习方法帮助自己存储、提取、运用知识。学生要根据自己的体力、情绪、智力合理的对时间做出总体的安排，灵活的利用零碎的时间处理学习上的杂事，将学习计划落实在学习成果上。

（四）队知识真正的掌握

我们的一切行为都是为了获取知识，锻炼能力。考核学生掌握新知识并内化成自己认知结构的程度；是否有运用所学知识，在自主探索中拥有自己的思想、见解、创意的能力就很有必要。

（五）自我监督与自我评价能力

监控学习过程，即根据确定的学习计划，评估学习的方法和各种学习因素相符合的程度。学生在学习过程中必须控制自己的学习行为，并不断的把相关的学习参量和所采取的学习计划、方法相互对照、评价达到的学习效果。如果结果令人满意，学生的学习行为将会继续，否则学生将会重新修改原先的学习计划和学习方法。

第二节　教师教学状态评价

一、教师教学状态的相关概念

（一）状态

不管是在日常话语中，还是在理论话语中，人们对状态一词的理解没有多少歧义，只是在具体语境中，对状态涵义的把握有广义和狭义之分。

在日常生活中，我们把"状态"与"形态"、"情况"、"状况"等看作是同义词，有时，"状态"也有"各方面关系协调配合的关系样态"之义。比如说"某人的状态很好"等，这里所说的"状态"，有"整体上所处的状况"之义；而当说到"某人还没有进入状态"时，这里所谓"状态"，我们理解，就是"各方面关系协调配合的关系样态"。这些日常用语中对状态一词的运用，没有超出《辞海》等有关工具书对状态的把握方式，只是结合具体的语境，从不同的视角把握状态而已。

《辞海》中对"状态"一词共有三种释义：一为"人或事物表现出来的形态"；另一为"物质系统所处的状况，由一组物理量来表征，……在外界作用下，物质系统的状态将随时间而变化"；此外，状态还指"物质的各种聚集，如物质的固、液气等态"。《汉语大词典》中对状态的释义也是如此。在王同亿主编的《语言大典》中，与状态对应的英语词汇有：state（状态、状况、态势、局势、境界），condition（状态、状况、环境、条件、境地）、estate（状态、产业、地产）、status（状态、状况、地位、身份、待遇）、shape（形状、形态、外形、形式、样子）、posture（姿势、姿态、态势、体态、身段、样子）等。这些词汇，尽管有一定差异，但在表征"状况，态势"方面的区别不大。从《辞海》等有关工具书中对状态的释义来看，状态既有静态的一面，也有动态的一面；既有外显一面，也有内隐一面；状态不是孤立的，它是一种关系性存在。

系统论哲学从状态与过程关联的视角把握状态，有人认为"状态是系统特性的量度，过程是系统状态的变化"；也有人认为，"所谓状态是指处于时空连续区中的系统，在性质相对不变时的存在形式或表现形态"。"过程作为系统全部历时态的整体，就是由若干彼此间断的系统状态构成的连续时间序列整体"。时间是过程的客观尺度。有学者在深思的基础上提出，理解哲学的"状态"范畴必须以"关系"或"联系"、"运动"、"矛盾"等范畴为前提，状态是指在关系或联系中显现出来的事物的客观面貌。"状态"范畴与"物质"、"实体"、"关系"、"矛盾"、"运动"等诸种范畴是密不可分的。凡是状态都是指事物在特定的时空条件下存在的具体方式，它是客体所固有的诸种特征、属性的综合，是客体的客观总体性特征。易学研究者李佳明认为"状态"来源于易学"象"这个概念，"象"在当今的科学解释就是"状态"。状态是预测的科学基础。教育研究中以系统论的观点来理解状态，但比系统论哲学更为狭隘，常常是从时间尺度上将状态与过程对立起来，将状态视为过程的即时特征。比如《中国教育百科全书》中将"教育系统的状态"定义为"教育系统的发展变化在某一确定时刻的体现"；有学者认为"教师的教学状态是教师在课堂上某一确定时刻的表现"；"所谓状态，是指教学过程的即时特征"。

这表明，状态的内涵有广义和狭义之分，从不同的视角来看，状态有不同的内涵。从广义来说，状态就是事物在特定时空条件下的存在方式。状态不仅可以表著于外，也可以藏著于内，有外显状态，也有内隐状态；状态源于事物内在结构、机制、性能，同时在外界作用下将随时间而变化；事物的状态可以通过一组变量予以表征，也可以通过对变量的干涉予以控制或优化。从狭义来说，状态或指事物显著于外的形态；或指事物内在的结构方式；或指事物变化过程的即时特征等，狭义的状态涵义常依研究视角为转移。本文语境中，采用广义上的状态涵义。

（二）教学状态

教学状态是状态的下位概念，根据以上对状态涵义的解读，这里可以把教学状态理解为：教学活动在特定时空条件下的存在方式。就教学活动的构成要素来说，教学状态包括教师的教学状态、学生的学习状态、教学的物质环境、教学的文化背景以及反映各种教学要素之间内在结构方式的教学气氛；就教学活动的参与主体来说，教学状态包括教师的教学状态和学生的学习状态；就教学活动的组织形式来说，教学状态包括个别化教学状态和班级授课状态；就教学活动中师生交往方式来说，教学状态包括单向授受状态与交往建构状态；就教师的教学方法而言，教学状态包括机械灌输教学状态和启发诱导教学状态；就教学过程中师生情感参与及共振度来说，有积极向上的教学状态和消极颓废的教学状态，有和谐互促的教学状态和疏远排斥的教学状态……总之，由于教学活动本身的复杂性，从不同的视角，教学状态可分为不同的类别。

（三）教师教学状态

这是相对于学生的学习状态而言的。从教学参与主体的角度，教师是教学活动的发起者、组织者和引导者，是教学活动的主体，因此，教师教学状态具有显著的主体性特征。从教师主体的视角，我们把教师教学状态界定为：教师教学状态是在特定时空条件下教师教学活动的存在方式，是特定时空条件下教师教学活动中的思想观念、心理倾向与行为表现的统一体。思想观念、心理倾向是教师教学活动的内隐状态，而行为表现是教师教学活动的外显状态。因此，也可以说，教师教学状态是教师教学活动的内隐状态与外显状态的统一体。

同时，教师教学活动是一种特殊的人类活动，是一种由人类自由解放需求推动的、有目的的主体性活动。在特定时空条件下，教师教学活动在教学目的、内容选择、组织形式、活动方式等方面都有不同于其他活动的特殊性质，教学活动的自身特性与教学物质环境、文化背景对教师教学状态产生整体规约，使不同主体的教学状态呈现出一些共同性特征，表现为一种群体性的教学状态。同时，教师教学状态作为教师的工作状态（或说是生活状态），它由教师的教学思想观念、心理倾向与行为表现等方面来表征。不同教师个体的特殊性决定了其具体的教学状态又千差万别，呈示出无限多样的个性化特征。因此，可以说，教师教学状态有群体教学状态与个体教学状态之分

二、教师教学状态的涵盖范畴

对教学状态进行不同维度的审查对于教师教学状态的概念澄明和教学实践的理性理解都具有积极的促进作用。根据以上对教师教学状态的分析，这里可以从教师教学状态的主体（个体或群体）和呈现方式（外显或内隐）这两个维度去审视教师的教学状态，由此分析教师教学状态的涵盖范畴：

（一）个体教学状态

个体教学状态是个人教学思想观念、心理倾向、行为表现的统一体，它源于个人独特的教学经历、所面对的独特的教学情境，是个人与教学情境相互作用的产物。具体来说，个体教学状态又包括个体外显教学状态和个体内隐教学状态。

1. 个体外显教学状态

个体外显教学状态主要指教师个体的教学行为表现、教师仪表状态、教师的教学语言以及借助显性的教学行为得以呈现的思想观念与心理倾向等。外显的教学行为表现可以通过教师主体的模仿、学习以及教学技能的获得而发生改变，也可以通过旁观者或参与者的观察予以评估或考量。因此，个体外显教学状态的效能一旦得到认可，就会被其他教师或者某些教师群体所接受和效仿，有可能成为群体性的教学状态。同时，被认可的个体外显教学状态也往往成为衡量其他教学状态优劣的依据。

2. 个体内隐教学状态

个体内隐教学状态主要指教师个体未明确表达的教学思想观念与心理倾向等。教师个体内隐教学状态是一种观念性或意向性的教学状态，且在现实中由于种种原因而没有得到表达和呈现，而处于隐蔽状态。其在现实中没有得到明确表达的原因可能是出于个体个性原因、专业发展程度原因，也可能是出于外在环境原因，从个体主观意愿来说，有不能表达、不愿表达、不敢表达等多种原因。内隐的教学观念、情感、态度和价值观等，由于呈现方式较为隐蔽，且受教学文化的浸染，甚至其本身已成为教学文化的一部分，对这种教学状态的评估与考量主要应通过教师自身的反思，或是通过旁观者长期深入细致的观察、设身处地的理解和对教师教学生活的感悟。

需要说明的是，个体未被明确表达的教学思想观念与心理倾向并不必然或是恒久处于隐蔽状态，随着教师个体个性的发展或完善、专业发展程度的提高，或是教学外在环境变迁，这些处于隐蔽状态的思想观念、心理倾向也可能变得能够表达、愿意表达、敢于表达，从而转为个体外显教学状态。同时，借助显性的教学行为得以呈现的思想观念与心理倾向也并不必然处于外显状态，当外在环境的规约作用加强时，教师个体本该能够表达的思想观念也可能转为不愿表达或是不敢表达，从而转为个体内隐教学状态。因此，内隐状态与外显状态的区分只是相对的，二者之间在一定条件下可以相互转化。

（二）群体教学状态

群体教学状态是个体教学状态的化合物，是教学共同体的共有教学状态，它是群体共有教学物质环境与文化背景的反映，为实现一定的教学目的、维持一定的教学关系和教学秩序服务。具体来说，群体教学状态又包括群体外显教学状态和群体内隐教学状态。

1. 群体外显教学状态

群体外显教学状态主要指教师群体性的教学行为表现、仪表状态以及借助显性的教学行为得以呈现的群体思想观念与心理倾向等。教师的群体外显教学状态是群体共有的教学物质环境与文化背景的反映，既可能是群体成员互相效仿的结果，也可能是某些被认可的个体教学状态群体化的产物。教师群体教学状态的存在有助于增强教师群体的内聚力，有助于教师群体的交流与切磋，是教师群体为实现一定的教学目的、维持一定的教学关系和教学秩序所共同持守的教学状态。

2. 群体内隐教学状态

群体内隐教学状态主要指隐蔽于特定教师群体中、未被明确表达的教学思想观念与心理倾向等。严格说来，某一教学状态既然达到"群体化"的程度，成为教学共同体的共有教学状态，其表现方式都是外显的。即便是未被群体成员明确表达的群体思想观念与心理倾向，也往往能够借助某些群体成员的显性教学行为得以呈现。这里所说的隐蔽，只是一种相对的隐蔽，这种隐蔽可能是由于被群体成员认为理所当然而不需表达；也可能是由于外在环境局限而不愿表达。教师的群体内隐教学状态通常寓居于教学文化背景之中，整体上呈现为一种无需言说且"不约而同"或是"约定俗成"的教学价值取向或教学活动氛围。一般地说，群体外显教学状态不仅受内隐教学状态的影响，更是特定时空条件下教学活动所受外在规约的结果。

个体教学状态和群体教学状态是紧密相联的，个体教学状态尽管有其特殊性，但总归属于一定的群体教学状态；同样，群体教学状态也不能离开个体教学状态，群体教学状态总是存在于个体教学状态之中。同时，个体教学状态和群体教学状态还是可以相互转化的，个体教学状态总是在一定的群体教学状态的影响、熏陶下形成的，个体教学状态一旦为群体所接受和效仿，也就成了群体教学状态。

由于隐性的教学思想观念与显性的教学行为之间并非是——对应的关系，二者之间既有一致性，也有差异性。"在现实的教学实践中，外显的教学活动与内隐的思想观念并不具有绝对的对应关系，显性的教学活动不一定能够真正反映隐性的文化品质。某些教师出于制度的规约而表现出来的教学行为，由于缺少对教学思想和观念的深刻洞察而流于机械操持无理性内涵和价值承载的境地"。鉴于此，对内隐状态与外显状态的关系可从以下几方面来理解。一方面，两者不是彼此孤立的存在，应该是也必须是相互联系或结合的。从根本上说，教师的显性教学行为并不是随意而为、杂乱无章的，在教学行为的背后，有支撑教学活动的思想观念、心理倾向等呈现方式较为隐蔽的教学状态。隐性思想观念对教师显性教学行为的影响是润物无声、潜移默化型的。另一方面，两者之间的联系或结合是复杂多样的、非线性的，而不是简单的此决定彼的关系。教师所形成的教学思想观念水平和层次不同，其对教学行为的影响程度也不同。总体上说，"虽然显性的教学行为不一定能够明确表达隐性的教学思想观念，但隐性的教学思想观念却必须借助显性的教学行为得以呈现。"如果说外显的教学状态是教学之树的枝叶的话，那么内隐的教学状态恰是教学之树深植于社会土壤中的根系。

三、教师教学状态的特征

教师教学状态除了具有自己的特殊内涵与范畴外，在内容和形式上还有自身的一些特点，具体表现在如下一些方面：

（一）主体性

一方面，教学活动是教学主体的活动，教师的教学状态离不开作为实践者的教师主体，它与教师主体共存亡。另一方面，教师主体的人格特征、情感特征等主观变量融入其教学状态，使不同主体的教学状态各具特色、千差万别，且不能被其他主体所完全效仿。

（二）历史性

世界上一切事物都处于永不停息的变动之中，静止只是相对的。教师的教学状态不是、也不可能是一成不变的，它是特定时空条件下教学主体与客观条件交互作用的产物，它将随不同时空条件下教学物质环境与文化背景的变迁而变迁，也将随教学主体的发展而发展。纸的发明导致了教学状态由口耳相传向有籍可依的变迁，现代信息技术的超常规发

展，也必将导致教学活动时空的变化，导致教学状态的变化。教学状态的变迁就是教学的变迁，教学状态的发展就是教学的发展

（三）整合性

教师教学状态是教师思想观念、心理意向与行为表现在特定时空条件下的化合物，也是教学的外在物质环境、文化背景与教师主体内在特征交互作用下的存在物。教师教学状态是内隐状态与外显状态的整合；是教师主观特征与客观物质文化环境的整合；是教师从历史中沿袭而来的教学惯性与现实条件的整合。

（四）类型性

由于对事物状态的把握方式是多维的，一方面，不同的维度可以成为状态分类的依据，依此将事物状态分为不同的类型，比如，我们将状态分为内隐状态与外显状态，动态与静态等。另一方面，由于事物结构的复杂性，以事物结构要素的不同侧面为基点，都可以对事物状态进行分类。总之，教师的教学状态多种多样，可根据不同的标准进行不同的划分

（五）关联性

从系统论观点来看，教师的教学活动可以看作是一个动态系统，这一系统内部各要素之间相互关联，构成一个纵横交错的网络。教师教学状态的关联性不仅表现在构成教师教学状态的教师思想观念、心理意向与行为表现等要素之间的关联，而且表现在内隐教学状态与外显教学状态、个体教学状态与群体教学状态等不同类型之间的关联，此外，还表现在教师教学状态受外在物质环境与文化背景的规约与牵制，即：教师教学状态与外在的教学环境之间的关联。

在教师教学状态与外在环境的关联中，尤以与教学目标的关联最为突出。教学活动总是为实现一定目的而存在的，没有无目的的教学。正因如此，现实中常常把目的的实现程度作为衡量教学状态优劣的最重要维度。《中国教育百科全书》中指出"考察教育系统的状态，是考察其指向系统目标的状态。王焕勋主编的《实用教育大词典》中也指出"教学系统的状态是由与系统目标相关项目的相关值来描述的。"张广君在研究教学过程时也认为，"状态变化"是教学过程的一个相关概念，"教学过程是教学活动状态的合目的的连续变化。"倪镇令认为，"在教师教学状态的空间里，一种教学状态向另一种教学状态的转化，是依特定教学目标进行的。教学状态与教学目标的符合程度，标志着教师的教学

质量。"

四、教师教学状态的历史演变

教师教学状态作为教师教学活动在特定时空条件下的存在方式，必然受特定时期社会物质环境及文化背景的规约。由这些背景决定的教学目的、课程内容等对教师教学状态具有直接影响，同时，在历史演进过程中，教师文化、教学文化的变迁则反映出教师教学状态的综合面貌。从历史的视角来看，教学文化作为社会文化的一个亚文化，随社会文化的变迁依次经历了展示性教学文化、传递性教学文化、探究性教学文化三种形态的历史变迁。我国教师文化也依次经过了圣贤文化、官僚文化和公仆文化发展的历轨迹，正在走向教师职业的专业化。"教师形象大致经历了一个由神—圣人—仆人—人的演变过程，在这一过程中，教师逐步走下了神坛与圣坛，成为专为人服务的人，最终还原为一个有理性、有情感、有缺陷、有需要、有追求的真实的人"。同时，整个课程的历史大体上可概括为德性课程、神性课程和知性课程三个大的历史阶段，并正在向慧性课程演进。在文化与课程变迁的交互作用下，教师的教学状态也呈现出随时代变迁的历史特征。教师教学状态的历史演进就是指教师教学状态在社会物质环境与文化背景交互作用下，伴随着文化与课程的历史变迁，在目的取向与行为表现等方面表现出的整体性变革。从这个角度讲，我们可以把教师教学状态的演进划分为示德式、授知式、启慧式和生命式四个大的历史阶段。

（一）示德式教学状态

示德式教学状态，简单地说，就是指以受教育者德性养成为主要目的的教学状态。这是一种与德性课程相伴而生的教学状态。"所谓德性课程，简单地说，就是以强调德性养成为旨趣的课程。"德性，即人的向善性。德性的内在之魅使之成为课程发展初期的必然选择，为更好地养成人们的德性，先贤们将之与课程联系起来，以极其富有智慧的课程实践，来促成人们德性的养成。这一时期古代先贤们的教学状态以"示德"为主，可谓示德式教学状态。

关注德性、注重教学的"教化"功能也是教师职业产生初期的必然选择。苏格拉底、柏拉图、亚里士多德或是中国的孔子，均产生于阶级社会中，在阶级社会，教育总是为统治阶级的政治服务的，这是古今中外的通例。而为政治服务的教师教学活动，大都离不开对"德性"的强调。尽管在阶级社会初期由于中西政体等方面的不同，而各自需要的具体"德性"有别，但早期的教师均根据当时所处社会的发展趋势设定了教学的基本价值

取向——德性标准，中国古代的德性标准以"仁"为核心，教师教学中注重伦理道德规范教育。古希腊早期的德性标准以"智慧、正义、勇敢、节制"等为核心，注重受教者美德的养成。

孔子教育的基本目的是培养志道和弘道的志士和君子。孔子认为智、仁、勇、艺、礼、乐六个方面，构成了最高标准的成人。《论语》载："子以四教：文、行、忠、信"。子曰："志于道，据于德，依于仁，游于艺"。"兴于诗，立于礼，成于乐"。"知者不惑，仁者不忧，勇者不惧"。根据《论语》，孔子的教学内容虽然包括道德教育、文化知识和体能技巧等三个部分。但这三方面却不是同等重要的，他认为"行有余力，则以学文"，把道德和道德教育放在首位，为三者的重心。继孔子之后，孟子在梳理了夏、商、周三代的教育宗旨、继承了上古三代人伦教育和孔子"君君、臣臣、父父、子子"思想的基础上，在我国教育发展史上第一次明确了我国古代学校的教育目的——"明人伦"。《大学》开宗明义提出了"大学之道在明明德、在亲民、在止于至善"和"恪物、致知、诚意、正心、修身、齐家、治国、平天下"的教育目的，我国古代教育一直把伦理道德教育作为最基本的核心，这正是"孔孟之道"的具体体现。继孔孟之后，荀子、朱熹、韩愈、柳宗元等无不把道德养成教育置于教育的首要位置，当然，为了弘道，我们古代教育也把为封建统治阶级提供所需要的人才作为教育目的，提倡"学而优则仕"，这是儒家教育思想的基本观点。

苏格拉底以造就有德行、有智慧的治国人才为己任。苏格拉底的教学内容重视道德、智慧、治国才能的培养，目的在于教人怎样做人。在长期的教育工作过程中，苏格拉底的教学没有一定的对象，更没有固定的场所，体育馆、广场、街坊、商店成了自然的教室。苏格拉底启迪人德性时常用的教学方法是"产婆术式辩论"。柏拉图的教育目的在于造就有哲学智慧、有德性、人格至善、能够治国安邦的"哲学王"；亚里士多德改造了柏拉图的教育目的，他认为教育目的是培养每个公民都具有善良的德性，成为身心和谐发展的人。他提出"应该培养内外一切善德"，要"把教育方针引向一切善德"。尽管柏拉图的教育目的是为公民中的少数人服务的，而亚里士多德的教育目的是为所有公民服务的，但他们在教育实践中对德性的重视却是共同的。

可见，以苏格拉底、柏拉图、亚里士多德为代表的古希腊早期教师，无论他们是为培养当时社会所需的政治人才，还是为培养适应当时社会需要的公民，其共同特点在于其教学实践都是以受教者的德性养成为其教学目的，教师在教学中主要处于"示德者"的角色。尽管在后来课程的发展中，中、西方均出现了将德性神圣化、神秘化、宗教化，出现了与宗教有密切关系的神性课程，但神性课程，"虽然其与德性课程在对德性关注的出发点上各不相同，并存在诸多糟粕之处，但毕竟继承了对人们德性养成的历史传统。"

这一德性养成为主导为教学传统一直延续至启蒙运动时期，英国启蒙时期的哲学家洛克在其《教育漫话》一书中从尊重个性的立场出发，全面论述了资本主义社会的"绅士教育"。他认为，真正的绅士要具有德行、智慧、礼仪和学问。在绅士的各种品行中，德行应占第一位。

为达致德性目的，古今中外的先贤们从自身的教育理念、教育哲学思想出发，也曾探索理想的教育方法。但总的来说，由于受特定社会生产力发展水平的制约，古代社会在培养受教育者德性的教育方法上，有专制的一面，易于养成受教育者奴性或服从的性格。在我国古代，"以自然经济为基础的要求是稳定而僵化的整体秩序。礼是道德教育的基本精神，培养服从性品格，使个人消溶于整体关系之中，即把个体安顿在君臣父子的礼的秩序中。在'三纲五常'的价值体系中，道德修养实质上是个体如何剥夺自己，克己复礼。因此，传统德育方法论是以整体与社会秩序为绝对的价值取向。古代道德教育的一些具体原则和方法，对今天的教育有一定的借鉴意义，像重立志乐道、启发诱导、改过迁善、知行合一、身体力行、因材施教、慎独自修等。但认识传统道德教育方法，要从整体的方法论层次上分析，深入到赖以根植的深层观念和思想中去把握，就发现按这些方法修炼，有可能形成奴性的道德性格。"在古希腊、罗马早期和希伯莱人那里，道德教育实践都是专制的。儿童的行为必须遵守自己所学习的社会道德习俗，在教育过程中不允许违背这些行为准则或对他们有所批评。他们强调模仿、记忆、训练、体罚；强调绝对服从，不允许有个人意志。同在实践方面的专制、保守一样，在教育思想上，古希腊、罗马时期道德教育的主格调也是保守的、习俗的。尽管希腊先贤们也曾提出"德性就是智慧"、"知识就是美德"等，甚至采用产婆术的论辩方法施以教学，但这些人往往遭到思想上的抨击和生活上的厄运。在中世纪神学垄断教育的时代，愚昧主义、禁欲主义和不理解的服从、记诵、惩罚构成了道德教育的主要特征。在教育方法上，也是体罚、惩戒、灌输、记诵、问答式教学手段并行。同时，中西方古代教师对德性的认识以及培养德性的方法因其所处的时代及社会背景不同而不同。作为古代社会影响深远的教育家——孔子与苏格拉底，虽然同样重视德性修养，但也是有别的。"苏格拉底的两个原则，一个是自由，一个是将理性与德性视为全面幸福的工具，在孔子这里是全然找不到的，孔子的德性便是目的本身，其实践便是外在社会规范向个人内心世界的压迫，不像苏格拉底的实践是个人内心良知向外部环境的自由抒发"。

值得一提的是，在主要以德性养成为目的的古代教育中，智者的教学活动当属一个例外。智者并不是一个学派，因而并没有统一的哲学思想，作为古希腊最早的职业教师，在其所处的特定社会条件下，德性还没有被提到显要地位，智者所关心的是培养能言善辩的政治人才，以适应当时社会民主政治的需要。普罗泰戈拉认为自己的目的就是使人们"学会把自己的家庭处理得井井有条，能够在国家的事务方面作最好的发言和活动"。为此，智者们通常把修辞学、辩证法、文法作为他们的主要教学科目。除此之外，也包括一些自然科学知识。与其当时所处的社会环境及其教学目的相一致，智者教学形式也是自由而多样的，他们四处讲学、发表演说，回答学生提出的各种问题，他们既有事先准备的书面发言，又有临时即席讲话；他们的讲授方式也很灵活，有个别传授、集体讨论、允许随意提问等方式。智者们教学方式不拘一格，躺着、坐着、走着随处都可施教。但总的来说，此一时期，教师的教学活动总体上呈现为一种以示德式为主导的教学状态。不管是为了培养治国安邦的人才，还是为了培养身心和谐发展的公民，都很重视受教育者的德性养成。教师作为德性传播者，人们对教师的潜在的角色要求是：教师自身应成为"有德者"或"示德者"，正所谓"德高为师"，同时这也是教师对自己的角色认知。为了达到受教者德性养成的教学目的，教师对年幼儿童的教学更多采用专制、惩戒的行为表现；而对年长者的教学则更多采用启发式方法，同时也鼓励受教育者内在体悟与修炼。

（二）授知式教学状态

授知，简言之，就是传授知识。这里所说的知识，不仅包括历史上一贯重视的德性知识，而且包括随知性课程疆域扩张而进入学校课程领域的自然科学知识和实科知识。授知式教学状态是指教师作为知识传承的中介，在教学过程中主要通过讲授的方式向受教育者传递知识的教学状态。

文艺复兴颠覆宗教神学主要凭借的一个手段是宣扬科学理性，追求知识，以人性的张扬反对对神性的崇尚。文艺复兴运动对人们思想的解放，极大促进了近代科学的兴起，促进了生产力的发展和人类认识能力的提高，人们由对自然的依赖逐渐转向对自然的征服与控制。近代科学革命和产业革命的成功，为科学教育的实施奠定了基础。伴随着生产力的发展和科学技术的进步，自然科学知识迅速增长并逐渐打破了宗教和神学的控制而进入学校课程领域。科学与理性精神以其把人从自然的束缚中解放出来的实效逐渐获得人们的尊崇，其在学校课程中也逐渐上升至主导地位。科学与理性精神对学校教学的影响表现在三个方面：首先是学校课程设置的变化。自然科学知识和实科知识在学校课程中地位上升使学校课程由"德性课程"进入了"知性课程"的新时期，同时，"在科学技术知识成为重要的教育内容的同时，它从来未能把其他类型的知识排挤出教育之外"，新的课程知识的加入必然导致学校教学内容的增加。其次，即使学校中所谓的"新人文学科"，也在自觉不自觉地向"自然科学知识"靠拢，按照自然科学的方式来组织这些新人文学科，使新人文学科也打上了自然科学的烙印。再次，科学与理性精神也在鼓舞着人们对教学效率的追逐。在这种情况下，逐渐形成了一种教导年轻人的比较经济的教学方式，即采用脱离情境的"讲授"而不是在情境中"展示"。夸美纽斯为"把一切事物教给一切人们"而设计的百科全书式课程体系，以及仿照工业上批量生产的方式而设计的班级授课制的教学组织形式，可以看作是从理论上论证"授知式教学"合理性的开端。

当然，科学技术知识成为教育重要内容的过程并不是一帆风顺的，在中国和西方，都遇到过很多阻力。在我国，来自西方的科学技术曾被说成是"奇技淫巧"，我国对自然科学知识和实科知识的重视是伴随着西方列强坚船利炮轰开国门后而开始出现的，是一种被动之下自卫的需要，所谓"中学为体、西学为用"、"师夷长技以制夷"正是将自然科学知识和实科知识视为"长技"，注重其实用价值的真实写照。《奏定学堂章程》将与自然科学知识有关的科目纳入学校课程，自此，知性课程才逐渐在我国教育实践中确立。新中国建立后，知性课程的地位在我国课程实践中逐步稳固，"重理轻文"现象开始出现并渐趋强化。在西方，文艺复兴之后，人文学科的拥护者也曾以"自由教育"的理想，反对将科学技术知识作为教育内容。在将科学技术知识引入教育的过程中，赫胥黎、斯宾塞都曾做出了不懈的努力。赫胥黎认为，如果将"自由教育"等同于古典教育，它就"不仅是极端贫乏的，而且几乎是一文不值的"。在一次题为"在哪里能找到一种自由教育"的演讲中，他说，真正的自由教育"是在自然规律方面的智力训练，这种训练不仅包括了各种事物以及它们的力量，而且也包括了人类以及他们的各个方面"。斯宾塞发表了著名教育论文《什么知识最有价值》，他对"什么知识最有价值"的追问与回答，为科学知识进入学校课程进行了有力的辩护。他说："什么知识最有价值？一致的答案就是科学。这是从所有各方面得来的结论。为了直接保全自己或是维护生命和健康，最重要的知识是科学。为了那个叫做谋生的间接保全自己，有最大价值的知识是科学。为了正当地完成父母的职责，正确指导的是科学。为了解释过去和现在的国家生活，使每个公民能合理地调节他的行为所必需的不可缺少的钥匙是科学。同样，为了各种艺术的完美创作和最高欣赏所需要的准备也是科学。而为了智慧、道德、宗教训练的目的，最有效的学习还是科学。"

尽管教师的这种文化知识传递中的工具作用是"自教师职业存在以来一直延续的深层认识框架之一"，但在知性课程疆域逐渐扩张时期，教师文化知识传递中的工具作用日益凸显，教师的教学活动呈现出"授知式"教学状态，甚至于德性课程的教学，也主要采用"讲授"的方式来进行，在学校教学中出现了"教道德"的局面。在这种教学状态中，教师常常显在或潜在地以"闻道在先"的"有知者"为其状态角色。这一阶段对教师的职业要求是"学高为师"。

授知式教学状态以系统、精确的传递、控制为主要方式，适应了在科技理性支配下人们追逐教学效率的需要。对效率的追求表现在教学中的方方面面，不仅教学组织形式普遍采用班级授课制，而且教学管理中也开始引入"效率"至上的科层化管理方式；教学内容是按不同年级的水平组织起来的；教学方法的设计日益程式化；教学评价也主要通过日益精细的量化考试、测验来进行。随着考试竞争越来越激烈，分数和年级、证书和学位，就成为学生追逐的目标和国家、学校管理的手段。教学活动开始大步进入"科学化"的新时期。赫尔巴特以其建基于伦理学的基础上的教育目的论、建基于心理学基础上的教育方法论使其成为当之无愧的"科学教育学的奠基人"。其风靡于世的四段教学法几经发展，沿习至今。

然而，物极必反，对科技理性的过度推崇与对效率的无限追求造成了教学人文价值的失落，甚至使教学活动逐渐走向了教育的反面。"效率"至上的程式化教学使教师在教学活动中渐渐沦为"只见书本不见人""只重知识传递效果不重人的精神发展"的境地，教学中人文伦理价值旁落，教学活动逐渐背离了其终极价值追求，教学活动中的人面临着工具化和异化的危险。同时，伴随着科学管理运动的兴起，"效率"至上的科层化管理方式在教育领域中的运用，也使得教师教学活动日益局促和受限。"学校作为国家管理系统中的基层单位，尽管能真切体验到社会生存空间的逼仄与科层制的压力，但在学校内部的管理结构上，依然把科层制作为遵循的范式。"叶澜老师把我国学校内的管理机构纵向分为高层、中层和基层三个层次，而处于学校内部科层管理体制之基层的班主任和学科教师在学校时空中的地位，正如同学校在国家管理系统中的地位一样，也在时时真切地体验着社会生存空间的逼仄与科层制的压力。这种逼仄与压力下，一部分教师逐渐失却了教师职业内在的尊严与欢乐，教师自身在教学活动中的状态角色由"知识传递工具"而沦为"机械执行工具"。长期的工具角色可能使其失却本该具有的主动与创造精神，而成为"墨守成规者"。在这种状态下，教师的职业倦怠在所难免，更可怕的是，"一个墨守成规的教师对于学生创造力的发展无疑是一种近乎灾难的障碍"。

在科技理性支配下出现的授知式教学，由对已有知识的关注逐渐转向对知识传递效率的关注，在提高学生知识储量的同时，也暴露出种种弊端，如不能顾及学生个别差异的整齐划一的教学模式、只重教师的教授而忽视学生的主动学习、只重知识掌握的结果而不重视致知的过程与方法、忽视学生的情意培养、只重书本知识的传授而忽视学生实践能力的培养、学生从学校教育中获得的知识脱离实际、空疏无用等。为此，"在欧洲出现了新教育运动，美国出现了进步教育运动等，以抵制知性课程的霸主地位"。这些教育运动对于改革当时课程与教学状态做出了富有智慧的尝试。但不可否认的是，尽管授知式教学状态对确证性知识的过分追寻使其有意无意地把一些比知识更有价值的东西略去，从而逐渐丧失了获知过程与手段的合理性，但若此而试图否定、摆脱教学的授知功能则是既无必要也不可能。恰当的做法是超越教学的授知功能，实现教学的价值取向由"授知"向"启慧"的转变，教学功能由培养"知识人"向培养"智慧人"转变。正如雅斯贝尔斯所言："如果人要想从感性生活转入精神生活，那他就必须学习和获知，但就爱智慧和寻找精神之根而言，所有的学习和知识对他来说却是次要的。"

需要说明的是，授知式教学状态并不是以取代示德式教学状态的面貌出现，也并不是在各个方面都比示德式教学状态更为优越的一种教学存在方式，即便是在授知式教学状态占主导地位的时期，在教育活动中对德性的重视、对教师的示德者角色要求也从未停止过，只是与授知相比，示德取向在教师教学实践中处于相对弱势的地位而已。由示德式教学而为授知式教学，这是一种随时代发展而出现的、有群体特征的教师教学状态变迁，对于教师个体而言，则未必如此。即：在知性课程占主导地位的历史时期，仍有教师个体秉持"德性高于知识"的教学观念，致使其教学活动处于示德式教学状态。另外，同一教师

个体在其专业发展的不同阶段，随着其所处境遇及教学观念的变迁，其教学状态也非恒定不变。

（三）启慧式教学状态

科技革命和生产力的发展带来了人类知识呈几何级数增长，能够进入学校课程领域的知识仅是人类文明成果之沧海一粟，大量与人的生存与生活有关的知识存在于学校情景之外，知识获得方式也变得更加多样而便捷。在这种时代背景下，只关注学生"知识储量"的授知式教学显然是不合时宜。更何况，知识与智慧并不是对等的，有知识未必就有智慧，而只有智慧，才是知识产生的源泉。因此，必须重新审视学校教学的价值取向，是重"知"还是重"智"；是"授人以鱼"，还是"授人以渔"？新的时代背景下，如同慧性课程是对知性课程的超越一样，启慧式教学状态是对授知式教学状态的超越。启慧，点拨、开启智慧之义。那么何谓智慧？尽管不同时代、不同民族、从不同的学科视角对智慧的理解不尽相同。但总来说来，"智慧的要义有三：其一，智慧是指向人的实际能力或实际本领的，智慧的对象是现实的问题，智慧的方式具有实践性、探索性、创造性；其二，智慧是指向人的明智、良好的生存和生活方式的；其三，智慧是指向人的主体性、价值性、自觉性、自由性等人的'类本质'特征的，智慧的道路通往人的自由和解放"。

欧洲的"新教育运动"和美国的"进步教育运动"不约而同地将教学的价值指向于人的实践能力的提高、指向人的良好生存生活方式、指向人主体性的解放，并进行了卓有成效的实践探索，这可以看作是对启慧式教学状态的可贵尝试。尽管最终由于对教师素质要求过高，在实践中难以实行等各种原因而影响了知识传授的效率，而招致诸多诟病，但其着重于学生实践能力提高与生存方式改善的、充分发挥学生主体性的教学方式却揭开了启慧式教学的新篇章，标志着现代教育的开端。自此，注重学生实践智慧和生存智慧养成的教学一直不曾离开过人们的视野，并愈来愈成为人们最强烈的教学追求，成为教学活动的目标之一。雅克•德洛尔任主席的国际21世纪教育委员会向联合国教科文组织提交了《教育——财富蕴藏其中》（Learning The Treasure within）的研究报告。该报告中一个特别引人注目的观点是提出了21世纪教育的四大支柱：学会认知(learning to know) 学会做事(learning to do) 学会共同生活(learning to live together) 学会生存(learning to be)。四大支柱的提出进一步表明了认知目标的达成仅是教育活动的一个方面，而指向人的明智、良好的生存和生活方式、指向人的实际能力或实际本领的智慧目标的达成则是教育更重要的方面。我国不少教育学者都从不同角度和层次提出了教育中"转识成智"的问题。其中，靖国平对"知识与智慧"在人类教育中的历史流变及其发展趋势进行研究后指出："转识成智"(即化知识为智慧)是当代教育的一种价值走向。从授知式教学状态向启慧式教学状态的变迁正是实现"转识成智"这一当代教育价值取向的必然选择。由于智慧本身的灵动性、创造性，启慧式教学状态没有固定的范式可循，其具体表现形式不拘一格。但总的来说，教师全面、开放的课程知识观是实现启慧式教学状态的必要条件。与示德或授知式教学状态相比，灵动的教学过程与方法仅是启慧式教学的外在表现。

教师教学状态从来就不是孤立存在的，它受到教育系统内外各种因素的宰制。从"示德"到"授知"到"启慧"，教师教学状态的历史演进反映了知识观以及教育价值观的时代变迁。索尔蒂斯就认为"我们的知识的概念将在很大程度上决定我们教育者如何思维和行动"。近代以来，在科学知识取得合法性并在整个课程中占据主导地位以后，人们一般认为知识是客观的、确定的，具有价值中立性与普适性。这种真理性的知识观对教师的教学状态造成一定影响。使教师认为"课程知识就是一种客观的知识，是外在于教师与学生的客观存在，教育者的目的就是传递这些知识，学习者被动地接受这些知识，并可以从教育者所传递的知识中获得与教师同样的理解"。教师的任务仅在于"准确"地把这些客观知识传授给学生，而学生也只是被动地接受来自课程知识的刺激，只是课程知识的接受者，而不是课程知识的建构者或创造者。在这种课程知识观指导下，教学活动中传授知识、灌输知识与教师控制也就司空见惯了。当前，随着批判理论、知识社会学、建构主义以及后现代主义等理论的兴起，人们更多地把知识理解为个体性的、过程性的、情境性的与价值性的，而不是客观的放之四海而皆准的真理。"知识，无论是在学校中还是在其他地方获得的知识，从来都不是中立的或客观的，而是依照一定的方式整理和建构的，它强调什么和排斥什么都包含有一种缄默的逻辑。知识是一种深深植根于权力关系联结之中的社会建构"。建构在这种课程知识观基础之上的课程观认为，课程不仅是预先设定的目标或计划，而且是学习者自己主动建构的过程，是学习者运用自己的头脑形成对事物或现象的解释和理解的过程，是探索问题、发现问题、解决问题的过程。建构在这种课程知识观基础上的教师教学状态更多地体现为一种开放的、互动的、探究的特征。因考虑到知识中的不确定性而鼓励个性化的、富于创造性的学习，教学不再是机械地、不折不扣地实现预定目标的过程，同时也是生发智慧的过程。启慧式教学要求教师从"授知者"转变为"启慧者"；从"授人以鱼"转变为"授人以渔"；从"经师"变为"人师"。要在尊重自由人格的基础上，发展学生的认知能力、自主水平、创新思维与实践能力；在具体教学过程中，通过激发思维，启迪智慧；通过问题探究，生成智慧；通过实践体验，感悟智慧；通过内化反思，发展智慧。

然而，说到底，"德"、"知"、"慧"也仅是附属于生命个体的美好品质而已，教学毕竟是一种人为的、为人的实践活动，要通过人与人的交往互动才能达到理想目标，在教学中，如果仅仅是以附属于生命个体的"德"、"知"、"慧"这些美好品质作为教学的终极目的，而丧失对个体生命本身的关照，就会导致只关注教学的结果，而忽视对教学过程与手段的伦理考量，这也只能算是一种舍本逐末之举。因为"从教学的实质来看，教学是教师和学生生命活动的表征，是师生在一定的时空环境中，为了生命发展和完善、提升生命质量，以及实现生命价值与意义而进行的生命活动。因此，教学是'基于生命'、'为了生命'、'在生命间'进行的社会活动"。教育的最终目的乃在于"成人"，即对人作为独特生命个体的成就与成全。关注人的生命幸福应该贯穿教育活动的始终。我国著名学者黄克剑先生认为：教育的根本使命在于授受知识，开启智慧，点化或润泽生命。"知识若没有智慧烛照其中，即使再多，也只是外在的牵累；智慧若没有生命隐帅其间，那或可动人的智慧却也不过是飘忽不定的鬼火萤照。"点化和润泽生命乃教育之核心，教育之根本。理想的教学状态应是以点化和润泽生命为核心追求的教学状态。

（四）生命式教学状态

进入新世纪以来，"生命"一词开始逐渐进入我国教育学者的视野，此后，便以不可阻挡之势迅速成为教育教学领域中的强音，这可以看作是过分退隐乃至失落的生命价值对功利化教育的一种反拨，生命价值在教育中的回归，给过分功利的现实教育带来一股另类的清新之风。这也表明了人们生命意识的觉醒，以及对生命式教学状态的心理诉求。

相对于示德、授知、启慧教学状态来说，生命式教学状态是对教育过程中的个体生命更为彻底的关照，是对教育原点的回归。长期以来的教学过程中，教师都是作为一种工具性存在，处于教学过程中的教师似乎就是为了实现国家的教育目的或是学生发展的目的而存在。关于教师形象的各种隐喻也在表明着、强化着教师的工具价值，如教师被喻为"人梯"、辛勤的园丁"、"照亮了别人的蜡烛"、"吐丝的春蚕"等等。这些隐喻一方面暗示着人们心目中作为"拯救者"的圣化教师形象、作为"自我牺牲者"的理想教师形象；另一方面又强化着人们对于现实中作为"凡人"的教师的不满。现实中为了工作不顾自己的家庭、为了学生而自我牺牲、为了不耽误学生一节课而带病上岗、最终累死在讲台上的教师往往得到人们讴歌与赞美。而实际上，这种工具化教师的教学状态恰恰为学生做出了漠视生命的负面榜样。一个漠视自身及家人生命价值的教师，如何能做到对学生生命最真切的体谅与宽容？如何能做到对生命尊严由衷的敬畏与呵护？

正是在这种普遍弘扬自我牺牲、漠视生命价值的背景下，教育过程中才出现了在"为了你好"的名义下，体罚与变相体罚学生的现象顽固存在；侮辱学生人格尊严的事件时有发生；出现了功利性教育价值观主导、片面追求升学率、"只见分数不见人"；出现了漠视学生的情感需求、生命需求，为了获得高分而迫使学生加班加点；出现了灌输式教学与机械训练导致学生身心健康素质普遍下降，"唯分是举"忽视学生人文素质的养成。学校规章制度也有意无意地逼迫学生在"苦学"的征程上迈进。试看学校的课程表、时间表以及细密的评估考核规则，就知道学生每一天的学习生活是怎样被精致化分割，这种严密的分割状态主宰着学生日常的学习生活，更有学校为标榜管理的严格、教师的敬业而声称"我们的学生在学校的每一分钟都处在老师的视线下"。然而即便如此，不断发生的中小学生对生命的自残和对他人生命、对自然界生命的漠视，还是向教育中人敲响了警钟。所有这一切都在表明，不管是"示德"、"授知"也好，还是"启慧"也好，如果不以对个体生命的珍视与敬畏为根基，教学活动就不可能在"点化和润泽生命"中彰显其价值魅力。

生命式教学状态超越了工具论的教师角色观，其基本的理论假设是：要实现教学活动点化和润泽生命的价值，教师必须首先具有生命意识，珍视包括自身生命在内的一切生命。只在这样，才能在师生交往互动的教学活动中点化和润泽学生的生命。生命式教学状态不仅注重教学过程对学生生命的成全，而且注重教学过程中教师生命意义的彰显，生命式教学状态的最终追求是在教学活动中实现师生双方生命的成全。叶澜教授认为，"课堂教学对教师和学生都具有个体生命意义"，刘志军教授也认为，"课堂教学对于以教学为职业的教师和接受教育的学生来说是基本的生活方式和生命活动"，"课堂教学是以学科教材为中介，经过生命化过程，实现学生生命意义与教师生命意义的对接，在人的生命活动的氛围中完成知识的传播与生成，最终形成学生自己个性化的知识，融化为学生生命的一部分，同时完成了教师生命价值的提升"。广而言之，不仅课堂教学，教师的所有教学活动亦然。教学不仅是教师职业生活的最基本的构成部分，也是教师人生中一段重要的生命经历，是他们生命的有意义的构成部分。教学不仅对学生具有生命价值，对教师亦同样具有生命价值。"十分重要的是使每个教师都要意识到这一点：课堂教学对他们而言，不只是为学生成长所作的付出，不只是别人交付任务的完成，它同时也是自己生命价值和自身发展的体现"。我国近年来对教师生存状态、对教师生命发展的意义及必要性、对教师生命发展策略的研究方兴未艾，这对于实现教师的生命发展，实现学生的生命发展来说，是必不可少的。教师生命价值的实现固然需要外界条件的支撑，但教师自身也需要提高对自我生命发展的认识。

尽管"我们否定对象的活动的生命性容易，回到生命性的状态难"。但我们必须清醒地认识到，生命，才是教育的原点。基于生命、在生命中进行、为着生命的教学当离我们并不遥远。生命式教学状态的价值取向直指教师与学生的生命发展，直指教师与学生生命价值的实现。它以生活世界为根基，尤其关注师生的情感体验，生命式教学的教学过程是交往互动的、生成性的，生命尊严与价值在这种教学状态中得以成全。雅斯贝尔斯说："所谓教育，不过是人对人的主体间灵肉交流活动（尤其是老一代对年轻一代），包括知识内容的传授、生命内涵的领悟、意志行为的规范，并通过文化传递功能，将文化遗产教给年轻一代，使他们自由地生成，并启迪其自由天性。因此教育的原则，是通过现存世界的全部文化导向人的灵魂之本源和根基，而不是导向由原初派生出来的东西和平庸的知识……质言之，教育是人的灵魂的教育，而非理智知识和认识的堆集。通过教育使具有天资的人，自己选择决定成为什么样的人以及自己把握安身立命之根。"生命式教学状态就是要"导向人的灵魂之本源和根基"，而不是"导向由原初派生出来的东西和平庸的知识"；就是努力成全教育过程中的所有生命，以尊重让心灵走向自由；以激励让主体积极互动；以开放让人人收获精彩。

以上是从历时态的角度叙述了教师教学状态的演进过程，从共时态来看，教师教学状态的这四种类型可以共存于不同的教师群体或个体身上，也可以存在于教师专业发展的不同阶段。今天的教师教学状态是从这四个层次上展开的。教师教学状态的变迁过程并不是教学状态由低级向高级转换的过程，如并不能说授知式教学状态优于示德式教学状态，也不能说启慧式教学状态优于授知式教学状态。教学状态的历史变迁是以每个时代人的自由解放的需求为转移的，凡是符合人的自由解放需求的教学状态便是优越的教学状态。当前主流教学状态仍然是授知式教学状态，然而，人的自由解放的需求要求教学从授知式教学状态向启慧式与生命式教学状态变革，这是教学状态变革的总体方向。这也正是当前我国基础教育课程改革的变革趋势。教师教学状态作为一种关系性存在，受多种因素的影响。教学状态变迁的过程是十分复杂的，是渐进式的。在这个过程中势必存在着多种变量的交织，谋求一种教学状态独存的局面是不现实的。新课程改革由理念引导实践，揉合历史上各类教学状态中积极因素才是应有之义。对教学状态变迁的认识要把握好两个原则：一是把握好教学状态变迁的总体方向；二是深入把握时代特征，摒弃一切教学状态变革的虚荣。

四、教师教学状态的现状透析

教师教学状态表现在教师围绕教学而进行的所有活动上，如备课、上课、批改作业、组织复习、教学评估、师生关系、教学科研、专业发展等方面。教师的教学状态既表现为教学的内隐状态（包括教学情感、态度、价值取向等）；也表现为教学的外显状态（教学行为、显见的教学方式等）。有学者将教师的职业存在状态分为生存型、享受型和发展型三种，生存型即以此谋生和养家糊口的状态；享受型即体验人生和品味幸福的状态；发展型是服务社会和完善自我的状态。此三种职业存在状态正好体现了教师群体中三种不同的教学价值取向。相应地，依据教学价值取向的不同，可将教师分为生存型、享受型和发展型三种类型，对这三种类型教师的教学状态作一现象考察，有助于从中分析教师教学状态的现状及其有待改进的缺憾。本文仅从不同类型教师的教学意愿、教学行为、在教学活动中的角色表现三个方面探究教师教学状态的现状。

（一）生存型教师的教学状态

处在仅以生存为目的状态下的教师把自己所从事的职业看成是进入生活或者获取地位的一种基本手段，以此获得一份固定的收入，用以维持生计。事实上，教师这一职业并不是他们的所爱和首选，他们是不得已而为之。生存型教师的教学状态呈现出如下特征。

1.较低的教学意愿

对于生存型教师来说，从事教学工作不是他们的最终目的，只是他们暂时的、不是办法的办法，其生存意愿远远高于教学意愿，教学工作仅是其实现生存的手段。也正因如此，也可以说其教学意愿通常是较低的。

对于生存型教师来说，教师职业不是自己感兴趣或热爱的职业，从事教学工作仅是个人"谋生"的需要，是为了获得一份固定的收入，用以维持生计，是不得已而为之。对于教师工作，没有怀抱理想。这样的教师缺乏教学的动力，只是由于社会生存的动机而教学。因此，他们难以全身心地投入教学活动中，只是抱一种维持现状的态度。既不积极进取，也不过于敷衍，只求达到学校规定的考核水准而已。他们虽然遵守学校的各种规章制度，但并不会投入足够的时间和精力来做好教学工作。

2. 任务驱动的教学行为

生存型教师一般只做份内的工作，在教学中更多地是一种"执行者"的角色，教学过程就是"完成任务"的过程。受"完成任务"式思维驱动，一方面，如果行政命令与学生需求发生冲突而不能兼顾时，这类教师会选择服从命令的行事方式。另一方面，既然教学成为完成任务过程，就不免受效率驱动，追求教学的显见效果，追求能减少其时间与精力投入的教学方式就成为生存型教师理所当然的选择。生存型教师的教学行为受教学任务驱动，更多地把教学过程看作为一种实现预期目标和上令下达的过程，尽管其对自身教学有时也会有一些反思，能在一定程度上认识到自身教学对学生的利与弊，但不会因此而改变自己的教学行为。他们自身在教学活动中的主体作用的发挥是极为有限的。

3. 两种角色表现"消极学习者"和"谨慎执行者"

根据生存型教师教学技能娴熟与否及其学习与工作态度，可将生存型教师在教学活动中的角色表现分为两类：一类是教学技能较为欠缺、而又怠于学习；另一类是教学技能熟练，能运用已有教学技能，为实现其生存目的，谨慎执行教学任务。这里将前者称为"消极学习者"，将后者称为"谨慎执行者"。

生存型教师与学生的关系多限于授受关系，而少有情感交流与投入。师生形同陌路也都习以为常。教师将认不出学生的名字视为理所当然，学生也习惯于以"语文老师""数学老师""生物老师"等名称称呼教师。生存型教师的课堂教学气氛有权威型或是放任型两种。要么以权威的姿态进行知识传递，强迫学生接受，以完成所谓的"教学任务"；要么以"做一天和尚撞一天钟"的思想，采取一些放任自流的处理办法，打发掉"难熬"的上课时间。他们所谓的"教学良心"仅仅是一种由基本道德感萌生的自我约束。对他们而言，师生之间更多是一种工作关系，教学工作不能满足他们自身需要，不是他们的兴趣所在，即使教学技能不够娴熟，他们也怠于学习，他们会以"很累"、"没办法"、"根本没有兴趣去钻研教学，研究学情"、"哪有功夫"等作为自己教学技能欠缺的借口，而不是想办法改进其教学技能，他们是教学技能的消极学习者。

除此之外，在生存型教师中，也有精于提高教学任务执行效率而成为"谨慎执行者"的教师形象。如上例中的王老师"在日常教学中有时为了执行上级的行政命令，即使明知对学生不利也没有办法，还是要执行"的做法。教学任务，还是会忍不住发脾气，让学生也感到无所适从"的心声等，无不体现了作为"谨慎执行者"的教师面对生存需求与教学良心之间的冲突，其内心的矛盾与尴尬。从表面上看，这类教师的教学活动完成了上级下达的教学任务，甚至取得了让领导满意的所谓"教学成绩"，但这类教学活动常常使教师的"教学良心"受到煎熬，当一位教师觉悟到自己被沦为"成绩"的奴隶时，其所经历的内心痛苦是难以形容的，同时，受到煎熬的不只是"教育良心"，更是教师自我价值感的幻灭。这类教学活动对学生健康成长的弊端是显见的，其对于学生发展的价值也是值得怀疑的。

一位不得不为生存而拼搏的教师，能对自身被异化的教学活动、被异化的生命进行如此理性的反思确实是难能可贵的。这个案例一方面反映了教师难以承受负担之重，另一方面也反映了生存型教师受教学任务驱动，成为特定教学目标的执行者，对大多数教师来说，目标本身的合理性却是很少反思，即使有所反思，也往往因无力改变现实而使反思的实践价值搁浅，他们不是"以学定教"，而是"以评定教"，上级评什么，他们就教什么，不愿考虑或是不能顾及教学对于学生的隐性功效。他们往往被评估所牵制而难有教学的创见。他们在有限的夹缝中求生存，自身也是不自由的，时常会感到自己力量的渺小，但又不得不苟安于现实。他们更多采用传递式的教学方式，因为他们认为"传递式教学传输知识的效率高"，"更容易提高学生成绩，显现教学的成效"。为了生存，他们也会探索提高教学传递效率的方式。新课改倡导的讨论、小组合作、探究教学、情景体验等教学方式，被他们认为"太费时间"、"不容易出成绩"而仅仅在讲公开课时作为应景之作，不愿在日常教学中长期持守。整体而言，他们的教学是充满"匠气"的教学。"'匠人'常常依赖一定程度的熟练技能获取生活资料，其劳动过程可表示为固定的操作程序，只要按部就班就能生产出合格产品。因此，'教书匠'也故而被理解为依靠教书这门技艺以获取报酬作为生活资料的教师。既然教书作为一种'谋生手段'可以换取报酬，'教书匠'常常便会受制于经验主义，造成教育观念和教学思想的保守落后，教学过程的单一重复，缺乏新意，从而钝化研究意识和创造精神，引发职业倦怠，幸福感的获得进程便被阻断"。

总之，生存型教师看重的是教学的物质的、功利的价值。其教学专业发展的动力是外在的，专业发展程度是非常有限的。在对待教学活动的态度方面，他们认为：教学就是一种纯粹的付出，自身不过是实现教学目标的手段，教学对自己人生的价值仅仅体现在养家糊口的微薄工资上；在对教学内容的处理方面，他们通常循规蹈矩、充当教学任务执行者的角色，依实践中的考评要求而有选择地充当特定知识的搬运工、充当上令下达的中介；在师生关系方面，他们一般不愿花费更多的感情与精力在学生身上，师生关系止限于简单的工作关系，而没有更多的情感交流与投入；他们在教学之外规划自我发展的方向与目标，而不追求在教学中实现自我价值的提升。

分析生存型教师教学状态的成因，一是入职初就存在教学情意缺失。这种原因不是生存型状态的主要原因。特别是随着社会就业市场的扩大、行业部门的增多、以及双向选择的就业制度等相关制度的完善，随着教师持证上岗制度的施行和教师入职门槛的提高及教师专业化的发展，在教师队伍中这种对教学工作缺乏兴趣、只是无奈中才选择教师职业的人会越来越少。但在一定时期内，比如经济萧条时期或是就业形势严峻时期，这种由于无奈而选择教师职业、把教师职业当作进入生活或者获取地位的一种手段、当作获取其他理想职业的跳板的情况还是会存在。笔者曾经认识的一位刚入职的年轻教师在一次闲聊时，就曾坦言："我并不喜欢教学工作，整天与一群孩子打交道，增长不了见识，只会越来越迂腐，越来越不通人情世故，尤其是在像现在这样的农村学校教书，几乎是没有什么前途的，那么一点收入，仅够养活自己而已，连个合适的对象都难找。我并不想一辈子做教师。但现在工作很难找，暂时先作着（教师）吧，如果有更好(职业)选择机会，我会立即改行。"另外一位年轻教师也认为："我对教学工作谈不上兴趣，只是觉得目前教师工作还比较稳定，待遇上还有望提高，才选择作教师的。"

另一原因是入职后教学情意丧失。视教学为一种谋生的职业也不是入职初就对教学工作缺乏兴趣的年轻教师所独有。有时，即使是曾对教学有着浓厚兴趣的教师，也会在入职后生存条件的磨砺中丧失其原有的兴趣，在无奈与颓废中视教学为一种谋生的手段。工作任务的繁重、物质待遇低、教学自由度小、尊重需求被忽视，领导、家长、学生等各方面的要求相悖等，都会使满怀教学热情的教师处于左右为难的境地。关于教师生存状态的大量实证研究资料都在表明一个结果：教师生存压力大、生存状态不容乐观。对于教师压力的来源，有人认为有社会、家长、行政领导、教育专家、学生等方面。认为教师"处于极为可悲的处境：时刻承受着生活的多重挤兑！""一日为师，终生受骂"、"教师要在夹缝中生存"。不可否认，由于教师工作的特殊性、复杂性，人们倾向于对教师提出越来越高的要求，而面对难以承受之压力，教师也发出了"我们也是人，也是普普通通、会犯错误的人，我们各方面的承受能力是有限的"的呼声，而当这种呼声太过微弱，不足以使教师摆脱心灵与实践的困境时，教师又会降低自己对教育事业的理想或期待以自保，认为"我们应该把教育当成一种职业，而不是事业，是一种谋生的手段。只要我们从良心上对得起孩子们就行了。"

一般地说，把实现生存作为自身教学活动的根本价值追求的教师大多都是生存境况不甚乐观、又不甘心如此生活的教师。他们有的有其自身的兴趣或是人生目标，但他们的兴趣在教学之外，他们的目标也不能通过教学活动来实现。他们之所以从事教学工作，一部分是因为目前没有更好的工作，对他们来说，教学只是一种借以谋生的工作，他们是把教学当作一种职业来做，而不是事业；还有一部分是怀着对教学的热情与梦想进入教师职业，但渐渐发现自己不知什么时候起已被捆绑在教学的琐碎事务中不能自拔，机械地过着朝五晚九的教学生活。在心身俱疲的状态中偶有回眸，说不尽的苍凉，话不完的沧桑。当教学的热情被现实生存条件的冰冷湮灭后，无力排遣、无法释怀，心灰意冷，转而开始漠然对待教学工作。

诚然，以生存为教学第一价值取向并不必然导致教师的不敬业和教学敷衍行为，如著名作家老舍也曾坦言，"但凭良心说，我教国文只为吃饭；教国文不过是且战且走，骑马找马。"但这并不影响他在"五四"运动期间，在"校长"、"劝学员"的职位上对本校的教育工作发挥了指导改革的作用，对所管辖的学校的新式教育、白话教材的推行和实施都起到了关键作用，为中国现代教育特别是语文教育的革新作出了自己的贡献。五四时期老舍既从事行政又兼语文教师之职，多从事"国音、国语文法、国语教授法"的补习，还经常到贫儿学校和地方中学做义务教员。教师在教学上是否采取敷衍行为，主要取决于教师的人格品质与道德心，而与其是否以生存为教学价值取向并不必然一对应。但总体而言，生存型教师自身在教学中的角色是工具化的，他们通过自己工具化的劳作，又有意无意中将学生工具化了。师生关系沦为仅仅是冷冰冰的工作关系，教师与学生的生命意义在教学中湮没不彰，在这种教学状态下，教师本应发挥的主体作用、教学所能发挥出的教育作用都是极为有限的，教师的专业发展程度也是有限的，这是一种有待改进的教学状态。以生存型教师的特征来看，生存型教师的理想教学状态是通过有效的外在规约不断提高其教学技能，引领其专业发展，使其逐渐达到教学"技师"水平，同时，通过对教师合理需求的关注与关怀，逐渐提高教师的教学意愿，使其乐于从教，善于从教。在此基础上，逐渐促进其教学状态的跃迁。

（二）享受型教师的教学状态

享受型教师对于教学工作具有浓厚兴趣，他们在教学活动过程中体验到的更多是一种乐趣，职业所在就是其兴趣所在。由于所从事工作与个人兴趣吻合，他们往往会热情对待教学工作。工作就成为一种人生享受。即使在活动过程中遇到困难，他们也有勇气克服。在克服困难、取得成就的过程中体验到成功的愉悦。"在享受状态下，教师的职业成为他们参与生活、体验人生的重要途径。他们并不否认作为人的基本生存需要，但是，他们不安于此，不愿意在浑浑噩噩中枉度一生，而是有着更高的人生追求。因而，他们怀着满腔的热情投入工作，并在教师这一平凡的职业中找到了自己的位置。他们快乐地与学生交往，欣慰地享受着自己教学中的成就。学生每一次获奖，自己得到的每一项荣誉都成为他们生活中的大事和引以自豪的家珍。"

享受型教师对待教学工作的态度以"热情洋溢"为主要特征，他们热爱学生、视学生的成长为自己的成就与乐趣，为了学生成长不惧苦与累，乐于采用灵活多样的的教学方式，其教学常常充满令人感动的"灵气"。享受型教师也是最具自我牺牲精神的教师，他们对教学工作的热情让人敬畏，但其过于忘我、甘于奉献的工作精神又往往使其持续发展能力受损。

看过日产电视剧《极道鲜师》的人，都会对其中的女主角山口久美子老师印象深刻，久美子老师对于以教导年青人为业的教学工作有着极大热情，她从事教学工作的动机是单纯的，仅仅是因为"热爱"，并不是冲着"教学工作的薪资"而来。她即使不从事教学工作，也有现成的掌门人职位等着她。她热爱学生，既便在别人眼里已被称为"社会渣滓"的、"无法无天"的"问题学生"，她也将其视为珍宝。为了将这批"问题学生"导上正途，久美子老师宁愿付出极大的心力、不惧苦与累。她是真正以学生需要为基点，甚至于为了学生而不守常规、吃苦受累还险遭学校辞退，但她毫无怨言。她教导学生的活动总是充满令人激动、也令人感动的"灵气"。虽然久美子老师付出了很多，但她却视工作为享受，这是影屏上典型的享受型教师形象。当然，影屏上所塑造的享受型教师形象内含着社会大众或者社会中某一群体对教师角色的期待与愿望，这些典型教师形象，有的一开始就是享受型的教师，并自始至终，其教学工作就是实现其人生理想的一个过程；有的并不是一开始就对教学工作充满热情，而是在某些特殊事件的影响下，逐渐萌生对教学的兴趣与热情，最终成为视教学为享受人生过程、甘于忘我奉献的享受型教师，这也基本反映了现实生活中享受型教师的的两个重要成因。

现实生活中，也有甘于奉献的享受型教师，享受型教师的教学状态具体表现在以下几个方面：

1.较高的教学意愿

享受型教师视教学为享受，为了学生的成长不惧苦与累，往往有较高的教学意愿。为了学生，他们甘愿付出、甘愿奉献，并在奉献中感到被需要、被尊重的内心满足，累并快乐着。他们不是把教学工作当作"谋生的手段"，而为作为自己所热爱的生活方式去经历、去体验。对他们来说，教学不是可有可无的，而是他们理想生活的必要部分。

2. 兴趣驱动的教学行为

他们不会为了迎合教学评估而牺牲教学对于学生成长的长远效益。为了达到理想的教学目标，他们会想法设法创造条件，创设教学的情境、提高学生的兴趣等，不惜付出。这些教师对于教学的热情使得其乐于接受新思想、尝试新方法，不断改进自己的教学。

3. 两种角色表现："热情学习者"与"教学美的体现者"

与生存型教师与学生仅保持冷冰冰的工作关系相反，享受型教师往往与学生保持相当密切的情感联系。学生的成长是他们的享受快乐生活的一部分，也是他们体验自我成就的一部分。他们热爱学生，为学生不惜倾注大量的心血与劳碌，为学生的成长而快乐和欣慰。他们对教学工作热情洋溢，同时也享受自己在教学中取得的成就。享受型教师在教学活动中的状态角色也有两类，一类是教学热情高而教学能力与水平相对不足，同时对专业发展与教学成功充满渴望，并随时愿意付出改变；另一类是不仅教学热情高，而且有着较高的教学能力水平，教师是学生发展的导航者，领路人，这类教师的教学活动以学生为中心，真正体现着教学之美。我们把前一类教师称为"热情学习者"，把后一类教师称为"教学美的体现者"。

作为"热情学习者"的教师形象，是与享受型教师较高的教学意愿与教学兴趣相一致的一种角色表现。当然，对于作为热情学习者的享受型教师来说，如果没有专业发展的条件，她们的教学热情长期得不到认可，她们也可能由郁闷而生抱怨，最后成为热情泯灭的职业倦怠者。关于教师职业倦怠的已有研究表明，教师发展需求被忽视是导致教师职业倦怠的重要原因。因此，为教师提供专业发展的保障措施，包括专业引领和专业发展平台等，是教师教学状态优化的重要方面。对于既有较高教学热情，同时又有着较高的教学能力水平的享受型教师而言，他们是真正的"教学美的体现者"。他们善于发现与欣赏学生的优点、循循善诱、诲人不倦。他们不仅凭自己出色的教学业绩而得到领导的认可，而且也因其忘我奉献的精神而更容易受到学生的尊敬与爱戴，成为学生喜欢的老师享受型教师看重的是教学的精神的、非功利的价值。他们是典型的奉献型老师，为了学生发展不惜奉献一切、甘愿自我牺牲，其教学具有明显的非功利性特征。这种不以物质为念、只讲奉献不求索取的非功利性特征的确很符合我国传统的高尚人格标准，但其并不总是积极的，也有消极的一面。

享受型教师教学状态的积极方面在于：其对教学工作的热爱以及其高尚无私的奉献精神使得其"已经把'教师'这一职业看成了自己的生命，并把生命全部灌注到'教师'这一职业中。"这种教育之爱使得师生之间更容易建立起情感的联系，有利于教学工作的进行和教育目标的实现；另外，教师对教学工作精益求精的追求是教师专业发展的动力，是教学质量提升的前提。

享受型教师教学状态的消极方面在于：第一，这种状态下忘我的工作，往往使教师忽略自身的存在，甚至于无意中损害自己的身心健康；第二，享受型教师"只讲奉献"的高风亮节容易使人们无意中"圣化"教师形象，忽视教师作为"凡人"的需求，这使得教师可持续发展能力受损；第三，容易使人们对教师提出越来越高的要求，从而加重教师的心理压力与倦怠情绪；第四，如果教师仅仅奔忙于教学过程，而无暇反思和研究教学活动，则只能止步于经验型教师的境界，使自身的专业发展受限。毕竟，能够入职前就看到教师职业的内在魅力，并在教学过程中始终如一地享受之的教师不占多数。教师也是凡人，也有凡人的缺点与不足，教师的心理成长和专业成长都需要一个过程，在成长过程的不同阶段对职业的需求是不一样的，教师成长也需要外在条件的保障。如果有良好条件的保障，大多数由"迫于无奈"而选择教师职业的人，也会逐渐享受到教育过程的内在魅力，体验到教师职业的乐趣。享受型教师具有积极改善教学状态的内在动力，其理想教学状态的实现更需要外部环境的支撑，正如亚里士多德的名言"给我一个支点，我就能够撬动地球"，享受型教师所需要的也是一个教学的"支点"——专业发展的平台。在外部支持下，其教学水平的提升是其保持教学热情的必要条件，也只有教学能力水平保持增长状态的享受型教师，才能在享受教学之魅的过程中成为名符其实的教学"艺师"，成为教学的艺术家，这是享受型教师的理想教学状态。同时，时代在变、学生在变、知识在变，日新月异的变化要求教师要想实现可持续发展，就必须与时俱进，成为视野开阔、能够创造性教学的教师；成为善于反思与研究教学的"发展型教师"，这，也就是实现享受型教师教学状态的时代跃迁。

（三）发展型教师的教学状态

如果说生存型教师从事教学主要是看到了教学的"谋生价值"、享受型教师从事教学主要是看到了教学的"理想价值"的话，那么发展型教师从事教学则是由于看到了教学的多重价值。"在发展状态下，这些教师怀着崇高的服务社会的理想走进教师职业中。他们不是把这一职业当成满足物质需要的功利手段，也不仅仅把这一职业看成是给予和付出之后的心灵满足。他们相信，教师职业就应该以培养出社会所需要的栋梁为己任，以学生主动积极的发展为最高目标，并围绕着这一目标而孜孜不倦地勤奋工作。同时，教师本人也会通过自由而富于创造性的劳动实现自我的发展与完善"。以这样的心态来从事教学工作，其教学状态就会表现出如下特征：

1. 教师责任心强

这里所说的责任，有别于上文中生存型教师所感到的"任务"，任务是一种由外向内的规约，而责任是一种由内向外的担当。这里所说的责任，就是指"明白个人、家庭、社会还有国家对自己的期望并且切实做到"。根据责任文化研究专家唐渊在《责任决定一切》中的阐述，责任是一个完整的体系，包含五个方面的基本内涵：责任意识—想干事；责任能力—能干事；责任行为—真干事；责任制度—可干事；责任成果—干成事。发展型教师的教学责任心理，就是指明白个人、家庭、社会还有国家对自己教学活动的期望并且切实做到的一种心理。这种教学责任心理已经超越了教师个人对待教学活动想与不想、爱与不爱、喜欢与不喜欢的一般心态，成为一种持久而深刻、与教师情感融为一体、统领教师教学行为选择的心理特征，甚至成为了教师人格品质的组成部分。

2. 责任驱动的教学行为

在发展状态下，教师有强烈的自我教育的内在动力，谋求学生发展，也谋求自身发展，以自身发展促学生发展。也正是这种自我教育的内在动力，使得教师乐于反思、善于反思、在反思与研究中不断改进教学。如果说生存型教师的教学是一种"基于物质的教学"；享受型教师的教学是一种"基于情感的教学"；那么发展型教师的教学则是一种"基于思考的教学"，"基于生命的教学"，"基于责任的教学"。发展型教师在责任意识支配下，能够自觉主动提升其责任能力，改进其教学行为，发展型教师的教学行为是一种责任驱动的教学行为。发展型教师是热情与理性的结合，他们对待学生是热情的，对待教学是理性的，他们所追求和实践的是一种教学的"机智"。发展型教师的教学不是一种单向付出的过程，而是一种给予与收获共存的活动过程，他们在工作中不仅给学生带来发展、带来生命成长的愉悦幸福，在与学生的交往互动与思维碰撞的同时，也实现着自身的发展与完善。他们在给予与收获中发现意义。

3. 两种角色表现："反思研究者"与"教学智慧体会者"

发展型教师不只是教书匠，不只是知识的搬运工，他们渴望成为、也努力成为"教学+研究"型的教师。他们对教学研究有着不懈追求，通过教学研究丰富自己的专业知识、开拓自己的专业视野，实现自身发展已成为不少发展型教师一种教学理想。

发展型教师善于反思教学、研究教学，也通过反思与研究而革新教学，他们所追求的是：在不断的变化的教学情境中游刃有余的教学机智。他们的教学不仅仅止步于预设的教学目标，而是善于捕捉教学中即时生成的突发事件，发现新的教学资源；他们有敏锐的发现问题的眼睛，同时也在挑战问题、解决问题中成长。他们在教学过程中体验教学的多重价值，也体验自由创造的幸福。如果说，生存型教师是与职业"分离"的教师，享受型教师是与职业"融为一体"的教师，那么发展型教师则是"基于职业又高于职业"的教师，是一种超越型教师；如果说生存型教师看重的是教学的物质的、功利的价值；享受型教师看重的是教学的精神的、非功利的价值，那么，发展型教师看重的是教学的思维的、超功利的智慧价值。发展型教师的理想发展状态是在不断积累的教学智慧基础上，成为教学智慧随教学实践动态增长的教学"慧师"，成为教育家型的教师。

发展型教师教学状态既是一种现实，也是一种理想。总体而言，发展型教师教学状态是一种可持续发展的、理想的教学状态。

首先，它立足现实，追求卓越，是一种保持生命持续成长的教学状态。发展型教师展现的是一个有着高尚品格的"凡人"教师形象，他不愿意自己仅仅是一种"春蚕到死丝方尽，蜡炬成灰泪始干"的悲凉形象。他立足现实，同时又超越现实，怀着服务社会的崇高理想而从事教学工作。他善于运用自己的思维与智慧，反思教学、改进教学，他不仅在教学活动中享受着学生进步带给他的幸福，而且他也在职业中感受着自我发展带来的幸福。这是一种师生生命都得以持续成长的教学状态。

其次，它从超功利的角度实现个人价值与社会价值的统一。正如叶澜教授所说，"'生存型'的教师主要是从生计出发，站在功利的角度，以被动和消极的眼光看待自己的职业，他从事这一职业更多是出于无奈，因而感到困惑和痛苦；'享受型'的教师主要是从兴趣出发，站在非功利的角度，以对教育事业和学生的热爱来对待自己的职业，他从事这一职业是因为自己喜欢，因而感到快乐和幸福；'发展型'的教师主要是从自身和社会需要出发，站在超功利的角度，以完善自我、为社会作贡献的立场看待自己的职业，他从事这一职业是为了过一份更有意义的人生，因而感到崇高而有价值。"发展型教师的教学状态从超功利的角度实现个人价值与社会价值的统一。

功利、非功利、超功利并不是截然分割，水火不容的三种状态，纯功利过于现实、流于庸俗；非功利抛却了现实、过于理想化；功利与非功利只有统一于动态发展的超功利状态，才能成为一种现实可行、又兼顾了理想追求的状态

功利与非功利是一种相互排斥的自我圆满状态，只有超功利是一种超越性的向上发展状态。与此相应，生存型教学状态与享受型教学状态只有在发展型理念引领下，才能兼顾理想与现实、最终成为一种切实可行、可持续发展的教学状态。

六、教师教学状态的优化

探讨教师教学状态的优化必须要考虑影响教师教学状态的因素，这里所说的影响教师教学状态的因素，主要是指那些对教师的教学观念、心理意向和教学行为产生影响的因素，不是指那些教学过程中因教学活动本身的进行状态而生成的动态的影响继续活动的因素。这些属于"前在"的因素有间接影响和直接影响之分。

从上述对教师教学状态现状的现象考察中看出：教师教学状态的直接影响因素从大的方面来看主要包括物质因素、心理因素和制度因素。物质因素包括自然条件（季节，天气等）、生活条件（主要由家庭收入和教师可自由支配的时间决定的教师的衣食住行状

况、教师的身体健康状况）和工作条件（工作的时间、空间、学校的物质环境、空气流通度，光线的亮度，室内布置，洁净状态，设施功能，物品有序态，教学用品配置量，座位排列式，周边噪音程度等）。心理因素较为复杂，可分为个体稳定性因素（包括业务水平，教学能力，自信度，准备状态，对班级的态度，师生关系，个性，期望等）、个体不稳定性因素（包括即时心态，身心疲劳状态，外界临时性强刺激的效应等）和群体因素（包括教师文化、学校文化、同事关系和师生关系等）。制度因素包括对教师教学具有约束作用的教育法律法规、学校规章制度、考核与评价制度等。

显然，上面所列的因素，除了自然条件外，其它的因素都是可改变和可控制的，改变、控制都应该以教学目标的实现、教学质量的提高为定向。其中，心理因素大部分是通过一段时间的教育、教学实践形成的，形成后即成为稳定态，对形成后的教学实践产生影响。把心理因素作"个体"与"群体"之分，是因为两者不仅有区分，而且有相互作用，尤其是当群体因素形成后，会对个体产生有效的影响。另外，心理因素的非实体性，往往使师生都易忽视，或者不被自觉意识到，但它们却最具影响力。不仅影响到学生认知活动的状态与质量，而且影响到其人生中为人处世的态度与方式、整体的情绪状态、情感体验（满足与否）、意志行为等。教师同样如此，他（她）也是带着自己的全部身心和已有经验、状态进入教室，他（她）的心理状态影响他（她）对学生的态度、处理问题的方式、宽容度、耐心、机智，以及满足与否等情感体验。显然，这些都不能被简单地归结为认知因素或仅仅是与认知相关的因素，它们的存在本身具有自己的形态，有自己的作用方式和独立的意义。制度因素影响教师的心理因素，并对教师教学的自由度有着直接规约作用。认识影响教学的全部因素，包括显性的和隐性的；努力形成积极的因素，包括物质的和更重要的心理的；改变消极因素，包括稳定的和暂时的，这些都是为实现高质量的教学所必须首先要做的。

通过对教师教学状态影响因素的分析，可以从以下几个方面优化教师的教学状态：

（一）关注教师的物质需求，改善教师的生存状态

物质决定意识，经济基础决定上层建筑。要想提高教师的素养，使教师发自内心地乐于从教、善于从教，只凭借简单的道德说教与严苛的纪律约束是不能完全凑效的。关注教师需求，改善教师生存境遇也是必要一环。事实上，教师的教学价值取向不是纯粹由教师的自身修养或是教师的人格境界决定的；不是纯粹由教师对教学的认知、教师的教学兴

趣或是教学情感决定的；也不是完全由外在的倡导与规约所能决定了的（虽然教师自身的境界与外在的规约对教师的教学价值取向是有一定作用的）。教师也是人，有作为人的基本需要，这些需要是教师的教学价值取向的内在动因，影响着教师教学行为方式和方向。马斯洛将人的基本需要按由低到高的层级分为七种，分别是：生理需要、安全需要、归属和爱的需要、尊重的需要、求知与理解的需要、审美需要、自我实现的需要。他将前四种定义为缺失性需要，这是我们生存所必需的，它们对生理和心理的健康是很重要的，必须得到一定程度的满足，但一旦得到了满足，由此产生的动机就会消失。后三种需要是生长需要，它虽不是我们生存所必需的，但对于我们适应社会来说却有很重要的积极意义，它们很少能得到完全满足。缺失需要使我们得以生存，生长需要使我们能够更好地生活。较低级的需要至少必须部分满足之后才能出现对较高级需要的追求。马斯洛的需要层次理论对于我们将教师的教学价值取向与教师的基本需要联系起来考虑，为我们更全面地、更公正地理解教师的教学状态提供了一个视角。

根据马斯洛的需要层次理论，生存需要当属人的第一需要。对于大多数人来说，只有这一需要得到一定程度的满足后，才会逐步追求更高一级的需要，教师也不例外。如果自身及家庭成员的生存面临威胁，不管是出于本能还是出于责任，他都会把满足生存作为职业价值的首选。那种鄙视哪怕最基本的物质需求，而独强调崇高精神追求的人生境界毕竟不是一般人所能达到的。在《娜拉走后怎样》一文中，鲁迅先生说："钱这个字很难听，或者要被高尚的君子们所非笑，但我总觉得人们的议论是不但昨天和今天，即使饭前和饭后，也往往有些差别。凡承认饭需钱买，而以说钱为卑鄙者，倘能按一按他的胃，那里面怕总还有鱼肉没有消化完，须得饿他一天之后，再来听他发议论。"在我们以往的观念中，一提到教师，仿佛总是一副文弱清贫的书生形象，现实中人们也往往以此来要求教师，将教师的清贫视为理所当然的事。人们一方面要求教师提高自己的精神修养，不计物质待遇，做高尚的"君子"；同时教师清贫、寒酸的处境又使人们将教师视作为"不成大器"者。教师在表面上受到尊敬，但实际上受到轻视。这种处境使教师职业逐渐丧失了社会尊严，教师以生存为职业价值取向，致使其教学停留在较低的水平上，职业发展受阻。

另外，教师的职业发展具有阶段性，处于不同发展阶段的教师具有不同的职业需求，生存、享受、发展这些教学价值取向不是固定不变的，而是可以跃迁。许多在入职初期由于"迫于生计"而无奈地选择教师职业的人，在教学过程中逐渐热爱上这一职业的例子也说明了：当满足一定的条件，就可促使教师教学状态的变迁。富勒（F·Fuller）和鲍恩（O·Bown）根据教师在不同发展阶段的不同关注对象，将教师专业发展划分为三个阶段：早期求生阶段、关注教学情境阶段和关注学生阶段。第一阶段，教师对自己生存和工作的外部环境和条件以及自己对其适应性予以特别的关注，把大量的时间用于本职工作之外的事务（如处理人际关系、家庭关系等）。也就是说，他们对外部系统的关注超过对内部系统的关注。这时，教师的专业发展还处在低级阶段。第二阶段，教师开始将他们的注意力转向内部系统，对自己的本职工作（如教学内容、教学效果以及学生的学习成绩等）予以更多的关注。第三阶段，教师开始注意学生的个体差异以及如何在教学活动中根据这种差异因材施教。此阶段，教师的专业发展达到较高水平。处于求生阶段的教师，对生存条件的希冀强于对自身角色的内在要求，其受到外部支撑系统（收入、社会地位等）的压力和困扰大于内部工作系统（职业技能、工作业绩等）的压力和困扰。处在这一阶段的教师如果没得到外部支撑系统的有效支持，他们更多困扰于"当不当教师"的问题，而不是"怎样当好教师"的问题。刘世民等人对四川省农村地区10个县教师队伍进行的调查表明：农村教师职业化进程仍然缺乏外部系统的有效支撑，不完善的制度基础是农村教师专业发展滞后的根本原因。对于现阶段的农村教师而言，关注他们的温饱和生存应为当务之急。

教师不仅仅是一个教书育人的"工具"，他们首先是人，具有一切正常人的喜怒哀乐。作为人的生存状态是他们专业发展的基石。没有其作为人的良好生存状态，缺乏必要的物质和精神支撑，任何人都很难成为一名合格的或优秀的教师。因此，教师良好的生存状态是教师专业发展的基本前提。对贫困农村地区的教师而言，这一点尤其重要。只有关注教师物质需求，聆听教师的声音，切实改善教师生存状态，为教师专业发展提供良好的支持系统，使教师不再为生存而忧、为生计所困，才能为激发教师更高层级的需求与事业动机打好基础，使教师有更多的精力投入教学工作，思索教学的问题、探索教学的规律，顺利实现职业发展阶段的跃迁。

（二）形成积极文化氛围，优化教师心理状态

教师心理状态是教师从事教学工作的心理背景，是教师教学行为的内在决定因素。心理学界一般认为，心理现象可划分为三个领域：认知(Cognition)、情感(affection)和意动(Conation)。据此可以认为，教师教学心理状态包括教师对教学的认知状态、情感状态和

意动状态。具体地说，教师教学心理状态涉及教师的教学信念、教学情绪、教学动机、教学态度等多方面内容。健康良好的心理状态是教师优质教学的保证。然而近年来国内多数研究者对教师心理健康状态的调查结果表明：中小学教师总体心理健康状况比国内普通人群差。如王加绵、郭晋武、余欣欣、宋凤宁等人的调查研究均表明我国教师心理问题比较严重。在所有职业中，教师位于职业倦怠的高发人群之首。教师心理健康状态不佳的原因固然有教师个体与环境两个方面，但作为教师主要工作场所的学校，无疑是影响教师心理状态的重要外因。学校文化对教师心理具有持久性潜移默化的影响。尤其是受应试教育异化的学校文化，无异是构成教师压力和教师心理不健康状态的重要来源之一。佐藤学曾经说过："学校这一场所往往是'创造性'受到压抑、'伦理性'受到剥夺的场所。现实的学校是机械反复的场所，是儿童与教师激烈地展开自我中心竞争的场所……现实的学校，总是作为压抑、异化、剥夺创造性与伦理性的装置发挥作用的。在这种矛盾的现实中，教师无所适从，不断地形成教师的存在论危机"。佐藤学所说的充斥"压抑""剥夺""机械"的学校文化主要是指日本在"考试地狱"文化中异化的学校文化。在我国，学生考试成绩也是构成中小学教师的职业压力之一。在应试氛围中被扭曲的学校文化往往是教师心理问题产生的精神土壤。如同上文案例中，"我被沦为'成绩'的奴隶"即反映了被异化的学校文化对教师心理的挤压。除此之外，目前学校中与考试文化紧密相联的、造成教师消极心理状态的文化因素还包括不正常的竞争文化。处于学校情境中的师师之间、生生之间竞争多于合作，在有限的利益面前，过度竞争的文化氛围使学校成为"没有硝烟的战场"，每个人都成为"孤独的战斗者"。过度弘扬竞争的学校文化也在阻碍着教师积极的教学心理状态的形成，影响着作为学校文化重要组成部分的教师文化的发展方向。

教师文化作为学校文化的重要组成部分，也是学校文化变革的核心。长期以来，我国教师文化受儒家思想影响至深，儒家思想传统对教师文化的影响有利也有弊，其消极的影响表现在畸形的尊师观导致教师的绝对权威心理；极端的义利观导致教师淡漠的权利意识；偏颇的群己观导致教师的群体依附心理。学校领导者应有清醒的文化意识，从一点一滴做起，"创设一个有利于教师生命成长的和谐、宽松的氛围，创造有利于激励教师学习的、人文化的柔性环境，建立起高效、清新、丰厚、多元化、人性化的学校文化，培育浓重的文化气息，积淀深厚的文化底蕴，发掘文化的凝聚力、浸润力、教育力；致力于学校精神、学校智慧的建构，激活学校群体内在的价值追求、精神理念和人格心灵；引导教师重建职业内涵，重塑职业形象，挖掘"教师"这项职业内在尊严、快乐和价值，帮助教师实现生命价值与职业价值的内在统一"。从而为优化教师心理状态营造宽松的文化环境。

优化教师心理状态不仅可以从改进教师群体文化方面进行，而且可以从改进教师个体教育境界、角色理想方面进行，通过重建教师角色理想，提升教师发展的内动力。教师角色理想是教师在从事教学活动时的潜在角色定位，角色定位直接影响教师教学行为，教师职业自产生以来，在漫长的发展过程中，社会对教师的角色期待几经变迁，教师的角色理想也随之变迁。角色理想是教师教学行为的内动力，也是教师内隐的教学状态。叶澜教授在分析了中国教师角色理想的漫长的演变过程后指出，"将教师'圣化'和'匠化'的传统教师角色观，从今日中国社会和教育发展的角度看都是不可取的。'新基础教育'主张教师角色理想回归到富有社会责任感；具有独特的教育智慧、创造意识与能力；从'知性自卑'到'知性自立'；拥有自我发展的需要与潜力；从'被动应对'到'自我更新'，在教育实践中实现主动发展的、生动的、具体的、真实的人的水平上"。这一新的教师角色理想顺应时代发展需要，突显教师职业的内在价值、内在尊严，将教师定位于一个责任、智慧、自立的人的角色。这是基于对教师职业富于时代意义的解读，基于对教师作为完整的、独特的"人"的关怀。

"教师职业是直面生命和需要生命关怀的职业，教师如果不关注自己的生命质量，就难以体验什么是生命关怀。只有当教师感到自己是一个真正自主而又理智、积极向上的人的时候，他才能够以这样一种心态去直面学生、关注和培养学生"。"没有教师的创造性劳动，就不可能有新的教育世界，而教师只有进行创造性的劳动，才会体验到职业的内在尊严与欢乐。才能在发展学生精神力量的同时，焕发自身的生命活力"。如果教师以此作为自身的角色理想，将会唤起教师内在发展的需要，唤起教师对职业内在尊严与欢乐的认识与追求。因此，"教师角色理想的转变，对教师发展具有精神内动力激发和增强的意义，因此，学校领导要高度重视角色转型的意义，并富有针对性地、有效地促进教师逐渐完成角色理想转型"。外因是变化的条件，内因是变化的根据，教师心理状态的优化最终还是要落实到教师内在动力的激发，落实到教师自身的努力，重建教师角色理想，有助于提升教师发展的内动力。

文化的变革是一个缓慢的过程，需要多种因素的协同。学校文化虽是社会文化的一部分，却也有自身相对独立性，能够在与社会文化交融渗透、相互改造中促使社会文化发生"静悄悄的革命"。从一定意义上说，学校积极文化氛围的形成既是教师群体心理状态优化的结果，也是教师个体心理状态优化的条件。教师教学状态的优化不能只停留于宏观的理念上，而是要通过落实在具体的、日常的教学行动、甚至是教学细节中，才能真正发挥其实践效用。我们倡导教师对学生的"教育爱"，倡导教师与学生的平等、民主型关系；倡导教师通过教学活动培养学生的创新精神、培养多方面的能力，然而，如果没有宽容的教育环境，教师的教学活动将会捉襟见肘，难以实现应有的功效。我们要求教师素养的提高与改善，同时也应给教师、给教师教学活动提供一个充满人文关怀的、爱与宽容的环境，这样才能不致于泯灭教师的工作热情，也只有在这样的条件下，才能实现自由的、创造性的、充满生命活力的教学。

（三）营造良好的制度环境，保证教师专业发展

以制度约束、奖金激励等方式为主的刚性管理，一度大行其道，但随着社会财富的增加和社会文明程度的提高，其效力正日渐式微。社会的发展进步要求管理方式向人本化方向变革。"以人为本"，是中国共产党十六届三中全会《决定》提出的一个新要求。"以人为本"是以人为核心，关照人的生存与发展，尊重人的权利与人格，既有"为了谁"的理论意义，又有"依靠谁"的实践价值。以人为本的思想反映在教育中，就是学校管理要以师为本；班级管理要以生为本。这种管理思想的转变，体现了时代发展对人的重视，是对"工具人"的反叛，是对"目的人"的追寻。师本管理，就是以教师为本位，把教师当"人"看，而不只是将教师看作实现教育目的的"工具"，以尊重、信任、培养和发展教师为终极目标的管理。

师本管理的内涵有三：首先，要把教师当作"人"的管理。人不仅需要物质的待遇，更需要精神的待遇，精神的待遇体现了人性的意义。因此，学校管理不能仅仅停留在建章立制的基础性的科学化管理，而更应该追求教师对精神待遇满意度的人性化管理，关注教师的精神需求，重视教师的精神价值，提升教师的精神境界，促进教师的精神发展。其次，把教师作为学校办学的根本依靠。学校办学的目的是培养德智体美全面发展的社会主义建设者和接班人。学校要使学生健康成长，首先就要让教师健康成长；学校要使学生全面发展，首先要让教师全面发展；学校要开发学生的智慧和创造力，就必须首先开发教师的智慧和创造力。因此，学校管理者必须从教师出发，充分依靠教师、尊重教师，为他们的成长和成功创造条件。再次，实现教师与学校共同发展。师本管理不是简单地向教师

提出一些要求，还要考虑、顾及或适应教师个体的发展，因为教师自身的发展与学校的发展是有机统一的。它所体现的是以人为核心的尊重、关心、体贴、发展的宗旨。师本管理以尊重人、关心人和信任人为学校管理的出发点，以造就人、成全人和发展人为学校管理工作的落脚点，使学校成为教师全面自由发展的场所。

美国管理学家哈罗德·孔茨对"管理"作了如下表述："管理就是设计和保持一种良好环境，使人在群体里高效率地完成既定目标。"可见，管理的实质不在于"如何治人"，而在于"设计和保持一种良好的环境"，管理的目的在于"高效率地完成既定目标"。高质量的教学有赖于高水平的教师，也有赖于教师饱满的工作热情与创造活力的迸发。师本管理就是以教师为中心和依靠的学校管理模式，它要求学校管理者设计和保持一种良好的环境（包括物质环境和精神文化环境），"充分发挥教师的潜能和个性，突出其积极性、发展性和创造性，使教师生命成长和学校发展相互借力、共赴卓越。"师本管理是一门科学，也是一门艺术。学校领导，一定要务好师本管理之"本"，尊重教师、关爱教师、以教师发展带动学生发展、带动学校发展。既让教师享受到浓郁的人文关怀，也为教师的成长与发展搭建平台。良好的制度不仅能够督促生存型教师教学技能的改善、能够辅助享受型教师专业发展，而且能够为发展型教师教学潜能的发挥创造宽容的环境。总之，以良好的制度环境保障教师专业发展，能够不断促进教师教学能级的跃迁。

长期以来，由于过于局促的工作条件，农村中小学教师的专业发展得不到制度的保障，在教师日常的工作环境中，专业发展所需要的图书资源、网络资源、专家引领等处于严重缺乏状态，不少教师徒有一腔教学的热情，面对来自各方面的压力却无所适从，逃避正是教师无奈之下不得已的选择。如果有良好的制度环境的保障，为教师提供专业发展的条件与资源，教师就可以在教学实践与专业发展中逐渐实现教学价值取向的变迁，最终成为能够享受教学乐趣和提高专业发展能力的反思与研究型教师。上例中的教师就是在无谓用心的品读经典过程中得到了教学境界的提升，而"国培计划"营建的良好制度环境最终使其"实现专业成长"由理想变为了现实，并提高了反思意识与研究能力，实现了教学状态的能级跃迁。这说明，营造良好制度环境、保障教师专业发展对促进教师教学状态能级提升的重要作用。另外，教师评价的师本化也是师本管理的重要内容。外显的教学行为表现可以通过教师主体的模仿、学习以及教学技能的获得而发生改变，也可以通过旁观者或参与者的观察予以评估或考量。而内隐的支撑教师教学活动的信念、情感、态度和价值观等，由于呈现方式较为隐蔽，且受教师长期持有的教学文化的浸染，甚至其本身已成为教学文化的一部分，对这种教学状态的评估与考量主要应通过教师自身的反思，或是通过旁观者长期深入细致的观察、设身处地的理解和对教师教学生活的感悟。不当的、有失公正的教师评价不仅会给教师带来消极不满的情绪体验，而且这种评价自身会成为教师的压力采源，为教师增加不必要的负担。

俗话说：十年树木，百年树人，教育是一种心灵的劳作、是慢的艺术。教师只有拥有闲适的心境，才能品味教学的乐趣，享受教学的过程。忙忙碌碌不该成为教师应然的生活方式，而教师生活方式的改善也只有在师本管理下才有可能。以师本管理创新制度环境，才能激发教师教学潜能，开启教学智慧，促进教师教学能级的提升。

第三节　课堂教学特色评价

一、课堂教学评价的内涵

评价从本质来说是一种认识活动，是指"衡量、判断人物或事物的价值"的过程。也就是说评价是一种价值判断的活动，是客体满足主体的需要程度的判断。美国学者格兰朗德(<Gronlund, N. E.)认为，评价可以简单地用下式表述:评价二测量(量的记述)或非测量(质的记述)+价值判断。当把"评价"一词特别用于学校教育领域或课堂教学情境时，在一些情况下，"评价"就是"教育评价"一词的简称。所谓教育评价(educational evaluation)，是指按照一定的价值标准和教育目标，利用测量和非测量的种种方法系统地收集资料信息，对学生的发展变化及其影响学生发展变化的各种要素进行价值分析和价值判断，并为教育决策提供依据的过程。在教育教学活动中，教育评价有它特有的功能，归结起来有导向、诊断、改进、激励、选拔、反馈等功能。

课堂教学评价是教育评价中最基本也是最重要的组成部分，是根据一定的教育价值观和评价标准，运用适宜、可行的评价手段，通过系统的资料搜集和分析整理，对教师和学生在课堂上进行的教与学的活动过程及其效果作出的价值判断。

课堂教学评价是教学工作评价的一部分，教师教学工作包括备课、上课、课外辅导、批改作业、学生成绩评定，也包括教研活动、教学计划安排和进行学生教育等，教学工作评价需要对这些进行全面的评价，因此教学工作评价是更大的范畴，一般是指总结性评价，而课堂教学评价更多的是形成性评价。课堂教学评价和教师工作评价也是不同的两个范畴，教师工作评价指对教师的思想品德、敬业精神、工作绩效、业务能力等方面的综合评价，教师工作评价包括教师在课堂教学方面的评价，课堂教学评价则有对教师的评价也有对学生学习状况、师生双向交流状态等的评价，因此课堂教学评价和教师工作评价是两个相互交叉的范畴。

二、课堂教学评价的特征

课堂教学评价和其它评价相比有其固有的特性，这是由课堂教学自身的特性决定的，课堂教学具有六大特性：（一）多维性(mulridimensional)o课堂是多维的，充满人、任务和时间，学生有不同的程度，每个学生有不同的目标，教学任务对不同的学生实现也不同，教师的讲解会产生多重的效果等等。（二）同时性(simultaneity)。课堂上的许多事是同时发生的，教师在讲解时同时还要注意学生接受情况，决定下面内容安排，学生在听讲在思维，师生之间的信息互动这些都是同时发生的。（三）即时性((immediacy)。课堂中师生之间的信息交流是成百上千次的，教师应即时对反馈的信息进行控制和处理，刁一能有效地进行课堂管理，完成任务教学目标。（四）不可预测性(unpredictable)。课堂教学中的事件是不可能全部预测的，即使教师有充分的准备，也不可能预料课堂会发生的事，如有的学生没到位，讲解时学生理解程度如何，或者对某个问题的回答出乎预料，或因为某种原因课堂被突然打断等等。（五）公开性(public)。课堂是师生共同成长的场所，因而是公开的，教师的如何处理课堂中的每一件事都在学生的监督下，学生会评判教师是否公正，是否偏心，同时学生的情况也是公开的。（六）历史性(histories)。课堂是一个连续的整体，每个教学行为都会影响到后面的课堂活动，而现在的课堂活动又依赖于前面的已经发生的课堂行为，因此，每个课堂行为都是课堂历史的一个基点，都有其因果关系。

课堂教学的特性决定了课堂教学评价的特性，课堂教学评价有以下几个特性：

（一）评价内容的整体性

对课堂教学的评价应该是全面的、整体的，在空间上包括课堂常规、课堂环境、课堂秩序、课堂活动;在时间上包括安排比例、效率，在教师方面包括教学目标、教学方法、教学设计、教学机智、教学艺术;在学生方面包括学习状态、学习方式、学习效果、参与情况，包括认知领域和非认知领域;在师生交流方面包括信息沟通的流畅性、及时性、多向性、有效性。只有对课堂教学的各个方面进行整体的评价，才是科学的。

（二）评价主体的多元性

可以是进行课堂观察的教师和同行参照自己的体验进行评价，也可以是教师本人对自己进行反思和总结，提出自己的看法和评价，还可以是参与课堂的学生用自己的感受对课堂进行评价。课堂教学评价是一种交互式的评价，强调全员参与，即学生参与、教师个人参与、同行参与、年级组长参与和学校领导参与，通过多层次、多类型的交流、沟通和协商，获取全面、真实的教学信息，是一种主体多元性的评价。

（三）评价标准的多重性

不同的课堂教学背景和学生有很大的差异，因此课堂教学评价标准必须适应多种评价背景，要考虑到学科、年级、教学风格、学生特点和教学背景等。Katz和Raths提出"Goldilocks原则"，即如果标准太模糊或笼统，则在标准的施行、操作和保证公平性方面就会有困难，评价者在评价过程中就难以进行一致的判断。但是，如果标准的特异性太强，评价者在判断时容易形成很高的一致性，这样往往会丧失良好教学的"精华"，并有可能造成支离破碎的或"食谱"式的课堂教学。课堂教学评价不能将标准整齐划一，相反，应根据教师、学生、教学目标、教学环境的特点，通过评价突出显示其标准的多重性和差异性。好的课堂评价标准应该通过许多不断的尝试确定标准的特异性水平，并在多样的课堂教学背景中检验其适用性。在明确的评价标准和个性化评价之间应取得平衡。

（四）评价方式的多样性

课堂教学评价的方式是多样的，在评价的方法上表现为可以根据不同的课型采用定量的评定，如对时间的控制、课堂学生成绩的测定、完成教学目标的情况等，也可以采用定性的描述，如教师和教学艺术、教学机构、参与程度、非种力因素的培养、师生信息交流等，还可以采用定量和定性相结合的方法。在评价的目的上表现为可以采用诊断性评价，寻找存在的问题，可以采用形成性评价(发展性评价)，注重教学的过程分析，也可以采用终结性评价，进行水平鉴定，但课堂教学评价一般采用形成性评价;在评价标准上表现为可采用相对评价、绝对评价或内差异评价。

（五）评价目的的确定性

确定课堂教学评价目的的前提和依据是课堂教学及其评价的特点。课堂教学作为教学活动过程，是师生共同参与其中的生成性活动，对过程的评价更多地与实现形成性评价目的联系在一起。因此，我们认为课堂教学评价的评价目的应主要侧重实现评价形成性目的。具体地讲，课堂教学评价有以下两个方面的评价目的，一方面可以通过评价提供的信息，使教师和学生了解到教与学存在的优势和问题所在，促使教师和学生进一步发扬优点，弥补缺失，促进课堂教学质量的提高。另一方面，也可以使教师不断地自我评价来反思自己的课堂教学活动，促使教师不断调整教学观念，完善和提高自身素质，努力提高课堂教学质量。

三、课堂教学评价的意义

课堂教学评价是教育评价中的重要组成部分，有效的课堂评价能提高课堂教学的质量，引导教师形成正确的教育理念，反思自己的教学行为，促进自己的专业发展，确立学生的主体地位，形成良胜的师生互动关系，培养学生的创新精神，让课堂成为师生成长的场所。

（一）促进对课堂教学的规律性的探究

课堂教学有自己独特的规律，要有效地进行评价，就必须对它的规律性进行研究，而课堂教学是一个复杂的系统，是一个由教师、学生与周围的物质和心理环境共同组成的一个综合体，它涉及到课堂行为、课堂组织管理、课堂模式、课堂设计、课堂结构、课堂讲解、课堂心理环境、师生角色、信息交流、教学目标等等，可以分为动态因素如师生情感的交流、合作和碰撞，静态因素如教学模式、方法，以及动态和静态因素之间的联系，只有真正了解课堂教学各种要素及其它的联系，认真研究其活动的规律性，正确把握课堂教学的规律，能进行有效的课堂教学评价。

（二）有利于提高课堂教学质量

课堂教学评价标准是教学质量标准的"尺度"。这个尺度是多种因素的优化组合，只有全面满足各因素的条件和标准，课堂教学才能获得预期的效果。也就是说课堂教学评价标准有极强的监控功能，它既能通过信、}t、反馈，预测教学目标是否达成，教学内容处理是否妥善，教法选择是否适宜，教学手段运用是否恰当;又能指导教师根据评价标准及时调节教学活动，改进教学方法，从而实现课堂教学的高效率，有力地推动教学质量大面积提高。

（三）促进教师的专业发展

斯塔费尔比姆(L. D. Stufflebeam)说过："评价最重要的意图不是为了证明，而是为了改进"，有效的课堂教学评价，能较客观地衡量出教师的教学水平，寻求课堂教学的不足，从而可以增强教师潜心教学工作的责任感和紧迫感;促使教师认真学习教学理论，切实转变教育思想，自觉改进教学方法，努力探索教学改革，不断优化教学过程;积极学习和借鉴成功教学经验，对自己的课堂教学进行有效的反思，努力提高业务水平和教学能力。总之，成功的课堂教学评价具有的鉴别、导向和促进的作用，是迅速提高教师综合素质和加快教师自身建设的重要保证。

（四）促进学生主动积极发展

课堂教学不仅在过去、现在还是将来相当长的时间里都是学生学习的主要阵地，学生在学校中的学习大部分时间都是在课堂上进行的。课堂教学活动不仅仅是一个教学活动过程，而且还是生活与成长的过程，是学生人生中一段重要的生命经历，是他们生命中的有意义构成部分。因此，构建富有生命力的课堂是教育的主要任务，也是课堂教学评价所追求的目标。有效的课堂教学评价能促使学生在情感、态度、价值观、创新意识和实践能力的变化和发展，引导构建和谐的课堂交往，发展学生个性心理，培养民主平等的精神，提高自我意识，树立学生学习的主体性，使学生在课堂教学中主动思考问题，并在学习活动中进行自我调节、自我监控，提出自我要求，激发学生学习的潜能，从而促进学生的健康成长。

四、课堂教学评价的功能

（一）积极导向的功能

课堂教学评价的导向功能主要是通过评价目标和指标体系实现的，教师通过评价目标及评价指标的学习和理解，可以使课堂教学目标的设计更加科学，使自己的教学行为更加符合素质教育的要求，更加符合现代课堂教学的理念。因此课堂教学评价的目标的确定以及评价的指标体系构成必须有利于提高课堂教学质量，有利于促进教师成长和学生的发展。

（二）展示激励的功能

课堂教学的评价的过程为被评价者提供了一个自我展示的平台和机会，能激励被评价者展示自己的努力和成绩;同时，所采取的恰当的、积极的、具有建设性的评比和反馈

方式，成为一种积极、有效的激励手段。通过课堂教学评价，教师和学生可以从中获得很多有用的信息，从而激发其工作积极性和学习积极性。

（三）反馈调节的功能

发展性课堂教学评价在实施的过程中倡导评价者和被评价者在相互平等、尊重和互惠的基础上，通过协商、讨论、辩论等不同的方式调控评价活动本身，调节课堂教学的过程。课堂教学评价将评价的结果以科学的、恰当的、建设性意见的方式反馈给教师和学生，促进其最大限度地接受，从而建立对自身更为客观、全面的认识，促进其自身的发展。

（四）检查诊断的功能

课堂教学评价可以对课堂教学过程进行有效的诊断，发现课堂中教师"教"和学生"学"存在的问题，了解教学工作的进展和不足，检查学生学习的情况，分析教学过程中有效和无效因素，确定改进的方法和措施。对教师"教"的诊断有助于教学质量的提高，对学生"学"的诊断更是直接地作用于学生的学习，对提高学生学习质量有着重要意义。

（五）反思总结的功能

发展性课堂教学评价注重教师参与自我评价，在评价过程中教师会产生不同程度的压力，有助于促成其内在动机，成为自觉的内省与反思的开始，促使其认真总结自己的课堂行为，分析课堂的得与失，提高自我监控能力。课堂教学评价的反思功能是促进教师成长的重要手段，教师可以在自我评价、他人评价、评价学生中进行自我反思。

（六）记录成长的功能

发展性课堂教学的评价倡导多元化的评价内容，以及灵活使用不同的评价方法和手段，尤其重视质性评价方法，这对于以发展的眼光来客观评价个体的发展具有深远的意义，同时也是发展性课堂教学评价注重过程这一核心特点的具体体现。

五、新课标倡导的课堂教学评价观

《基础教育课程改革纲要》指出:建立促进学生全面发展的评价体系。评价不仅要关注学生的学业成绩，而且要发现和发展学生多方面的潜能，了解学生发展中的需求，帮助学生认识自我，建立自信。发挥评价的教育功能，促进学生在原有水平上的发展。建立促进教师不断提高的评价体系，强调教师对自己教学行为的分析与反思;建立以教师自评为主，校长、教师、学生、家长共同参与的评价制度，使教师从多种渠道获得信息，不断提高教学水平;建立促进课程不断发展的评价体系。

新课程的实施的主阵地在于课堂教学，新课程倡导的评价观的实现很大程度上在于对课堂教学评价的改革，因此课堂教学评价应具有全新的理念，真正做到评价能够促进教师和学生的发展的作用，新课程的课堂教学评价应关注以下几点。

（一）评价关注学生的全面发展

人的心理过程是一个复杂的统一的整体，知、情、意、行是相互联系、相互渗透的。在课堂教学目标的设定上，应该由以往单纯追求知识目标转向关注知识与技能、过程与方法、情感态度价值观三维一体的全面发展的目标。因此，课堂教学评价既要体现教学内容上的要求，促使学生达成知识上的掌握，同时也要评价学生在教学中情感、意志等方面的情况，促进学生达成情感的有益变化和意志水平的提高，促使学生的全面发展。

（二）评价关注学生的认知特点

以往的课堂教学评价在认知方面更多的是关注书本，把教材中的内容当作是金科玉律，把教参的提示当成是颠扑不破的真理，把预先设计的教案当做是亦步亦趋的向导，把学生当成是知识的容器，教学是照本宣科。新课程的教学评价要求课堂教学应关注学生的年龄特征和认知的特点，来设计课堂教学目标，确定教学方法，掌握教学内容。

（三）评价关注学生的自主探索与合作交流

传统的课堂教学中，教师是表演者，学生是听众，教学过程是传授和接受的过程。布鲁纳的教育思想强调，学习是一个主动的过程，教师应该做出更多的努力使学生对学习产生兴趣，主动地参与到学习中去，并月.从个人方而体验到有能力来对待他的外部世界。新课程倡导建立自主、合作、探究的学习方式，教师居高临下的地位在课堂教学中将逐渐消失，取而代之的是教师站在学生中间，与学生平等对话与交流:过去山教师控制的教学活动的那种沉闷和严肃要被打破，取而代之的是师生交往互动、共同发展的真诚和激情，教师的职能不再仅仅是传递、训导、教育，而要更多地去激励、帮助、参谋。课堂教学的何一个环节都要体现、引导探索的内容和方法，让学生有自主探索、介作交流、积极思考的活动空间和机会，从而培养学生探索与创新的精神，提高实践一与应川能力。

（四）评价关注教育情景的营造

建构主义理论认为，学生学习不是被动地接受教师对知识的传授和理解，也不是对客观现实达成客观的、一致的认识，而是对知识进行主动加工，建构自己的义。知识建构

的过程是不可能由别人来替代的，而必须借助于学生自己已有的知识经验与这些新的知识经验之间发生交互作用来完成。因此，在教学过程中，应根据学生、教学内容、教学环境，加强知识的现实的联系，营造有利于学习的情境，激发学生学习的兴趣与动机，让学生在情境中，通过观察、模仿、实践等方式获得体验，从而建构知识，学会学习和应用。课堂教学评价关注的是学生在情境中建构学习的情况。

（五）评价关注学生主动参与和有效互动的过程

《基础教育课程改革纲要》指出：教师应尊重学生的人格，关注个体差异，满足不同学生的学习需要，创设能引导学生主动参与的教育环境，激发学产卜的学习积极性，培养学生掌握和运用知识的态度和能力，使每个学生都能得到充分的发展。在课堂教学中，学生主动参与学习是学生主体性的休现，只有学生成为学习的主体，才能激发学生的兴趣、体验学习的过程，共同构建富有生命活力的课。因此，学生主动参与学习的态度、广度、深度是现代课堂教学评价的重要方面。关注师生之间的交往互动是今天课堂教学改革的重点之一，也是课堂教学评价关注的重点。教学是教师的教和学生的学的统一，这种统一的实质是交往。师生交往互动的过程有助于学生社会化和学生健全个性的形成，在教学过程中，师生间、学生间通过知识、情感、态度、需要、兴趣、价值观、生活经验、行为规范等等的动态信息交流，促进了师生之间的相互沟通，相互影响，相互补充，从而达到共识、共享、共进，使学生和教师共同成长。

正如有关研究者指出的那样，当前新课程背景下的课堂教学评价改革呈现出下列一些新的基本趋势的特点：一是在评价功能上，淡化评比与选拔，强调发挥评价促进课堂教学质量改进与提高的作用；二是在评价主体上，改变过去教师被动接受评价的局面，注重教师的自我评价，并将自评和他评有机结合起来；三是在评价内容上，既重视教师的教，又关心学生的学，课堂教学要促进学生在知识与技能、过程与方法、态度情感与价值观等几个方面和谐发展；四是在评价标准与要求上，体现灵活与开放性，弘扬教师个人的教学风格，鼓励教师创造性地实施课堂教学；五是在评价方法能上能下，重视案例分析、课堂观察和成长记录袋等质性评价方法的应用，等等。

第十三章

新课程标准下中学课堂教学管理的对策

第一节　以人为本改进课堂教学管理主体片面化

一、转变课堂教学管理思想

管理实际上是人的管理，所以人是管理的核心，是管理的根本，是管理的出发点，也是终点。从而，从人本身出发的管理理念，是现代课堂教学管理的中心价值。课堂教学管理以全体老师和学生为基点，以全体老师和学生的全面发展为蓝图。在课堂教学中，一定不能忽视任何一位学生，体现他们学习的主体地位，重视老师与学生之间的情感交流和平等对话的需要。通过老师与学生、学生与学生之间的交流、来调动学生参与课堂的积极性，让学生在自主学习中发现自己存在不足和问题，激发他们学习的自身潜能。老师也可以不再一遍又一遍的从事着机械的、繁重的、效果不佳的讲解。如果老师能多多注意正确的引导学生和重视对个别学生的辅导，那么教学效果肯定会有明显的飞跃，而老师也能从中获得成就感。学校要提高课堂教学的效果，那就一定要改变课堂教学管理根本理念，这就是说我们要颠覆传统的以分数来衡量教学效果的教学管理理念，教学方式要从一线下压式的模式变更为民主的、老师与学生共同完成教学的方式，把课堂从老师权威的状态转变为相互激励、相互进步。

二、理顺课堂教学管理关系

在教学管理中，以给予老师和学生充分信任为前提，既要相信每一位学生的学习能力，也要相信老师的教学水平，坚持老师教学的不可动摇性和学生学习的主动性两手都要硬，倡导一种自由、民主、平等的教学管理关系。当然"自由"并不是无限制的放任。老师的教学纪律、内容、水平需要有严格的考核制度，老师在遵循这些教学常规的基础上，完成规定的教学内容的情况下，享有自主选择课堂教学结构、采用新式教学手段和方法的自由。还必须指出，制定严格的考核制度的同时也要有激励老师对教学中的问题进行研究，寻求更好的教学方法和教学模式的奖励机制。"民主"是指学校在教改的进程中，必须要集思广益，给老师们提供一个平台，让老师可以参与学校的管理和制度的建立并提出他们的宝贵意见，而学校必须认真倾听这些意见，吸收有益的建议来共同打造一个和谐校园。学校的各项工作的推进，都要做到公开透明，如教学评价、教学管理人员的选拔等等。不管是领导还是普通的教师，机会都是均等，没有遵守教学规定都会受罚。这样让学校的每一位教职员工都感受到被"尊重"，大家都是平等的。

在课堂教学方面，老师要明确自己是桥、是路标、是领路人，学生可以自主的安排时间、自主的选择方式、方法来完成自身必需的知识的学习，另外还可以自由的挑选感兴趣的知识来学习。所以如何让学生学会学才是老师在课堂教学过程中的首要目标，通过老师的组织教学、对学生的指导和点拨，充分发挥学生已有的自身能力，使他们能够认认真真的学习，学会如何有效地掌握知识，同时学会如何完善自己。教学过程的实质就是老师三导下的学生的认知过程、发展过程。课堂教学中以学生自主认识为着眼点才符合现代教学论所提倡的建构主义的认知过程。只有老师敢于放手，引导学生勤于动手，才能真正建构一个利于老师和学生共同发展的课堂。

三、注重教学管理的激励功能

中学课堂教学管理中一定要重视激励功能在教学管理时起到的不可替代的作用，老师首先运用有趣的实例和发问的形式激励学生进行快速地自学，学生在自学的过程中解决老师提出的问题，同时也可能发现新的问题，从而达到课堂教学目标和自学要求。在此过程中，师，旁指点，并挖掘学生学习的动机，激发学生自己解决问题、寻求结果的潜能学生自学的同时老师下到学生中去巡视，对跟不上的同学进行个别的辅导和关心，使其感受到重视和关心，那么他们就会拥有学习的动力，这就是激励起到的事半功倍的效果。当学生在老师的提点下自己寻找到答案，发现问题并解决问题后，必定能曾强自信心，从学习中获得乐趣，必将更好的全身心的投入到学习中去。采取这样的教学方式教学效果是显而易见的。激励可以是多样化的，除了前面提到的关怀式的，鼓励式的，激发式的，还有让先学会的同学教还没懂的同学，让优生备受鼓舞，于是更加努力学的强化式的等等。

建构新课程标准下的新式课堂，需要老师和学生都积极参与，挖掘出各自的潜能，从而通过课堂教学最大限度实现老师与学生共同发展的全新课堂。

第二节　运用多种学习方式组织教学改善课堂教学组织形式僵硬化

一、研究性学习

研究性学习是指学生在教师指导下，从学习生活和社会生活中选择和确定研究专题，主动地获取知识、应用知识、解决问题的活动。研究性学习与社会实践、社区服务、劳动技术教育共同构成"综合实践活动"，作为必修课程列入《全日制普通高级中学课程计划（试验修订稿）》中。

研究性学习不同于综合课程，虽然在很多情况下，它涉及的知识是综合的，但是它不是几门学科综合而成的课程，也不等同于活动课程。虽然它是学生开展自主活动，但它不是一般的活动，而是以科学研究为主的课题研究活动。它也不等同于问题课程，虽然也以问题为载体，但不是接受性学习，而是以研究性学习为主要学习方式的课程。研究性学习主要是从学生的角度开展的学习活动，强调最大可能的发挥学生的主观能动性，但向时不忽视老师的指导的功效。整个活动开展的过程中，老师都应把主动权交给学生，让学生自己去发现问题、探究问题、提出解决问题的方案并实践验证它。老师交出主动权并不等于放任自流，在学生出现偏差时及时给予指导和提示。

（一）在研究性学习实施过程中，教师要时刻关注学生开展研究活动的进程，对他们遇到的困难提供帮勤，对每个学生出现的情感波动，如自信心、思想品德、心理健康等方面，给予适时的鼓励和指导。老师应成为学生之间研究信息交汇的疏导者，切忌过多的抛出结论，而是提供全面的信息、开拓思路、介绍方法和线索，引导学生判断、实践和创新。

（二）在研究性学习实施过程中，教师必须做好多方面的工作赢得家长和社会有关方面的关心、支持和帮助，为学生开展研究性学习赢得一个广泛的、有价值的校内外教育资源平台。

（三）在研究性学习实施过程中，教师要指导学生做好记录，最好是形成研究日志，及时的、完整的研究情况记载，并加入个人的研究心得，为以后进行总结和评价提供依据。

（四）教师指导工作在不同的时间段要有不同的重点。如学生探究阶段，重点是帮助学生做好资料收集工作；在研究阶段，重点是启发学生研究思路；最后即帮助学生做出合理的判断形成结论等等。

二、合作学习

（一）科学分组，合理分工

只有科学分，合理分工才能保证合作学习井然有序的开展。合作学习最好是将学生分成人一组，每个人要完成相应的工作。老师根据每位学生的思维特点、认知结构、学习能力、心理素质等进行全方位的考察，以互补、公平为基本原则进行分组。小组的每个成员都必须承担相应的任务，任务可以由老师分配，老师综合考虑学习的内容、各个学生的特长、个性差异来安排工作，也可以由小组的成员一起商量来分工合作。不论采取哪种方式，最终目标是一致的，充分发挥小组每位成员的作用与优点，每位成员对任务的完成都是可行的，并能从中获得成就感、自信心，以保证合作学习活动取得成效。另外每个小组要选好组长，一个好的组长是老师得力的帮手，是小组合作学习活动成败的直接因素。在选组长时不要形成只有好生才可以当的意识，组长要乐于为大家服务，老师完全可以利用这个机会调动学生的积极性，培养每位学生平等参与的意识，挖掘某些同学的特点。另外，考虑到学生的有意注意时间是有限的，同一形式使用时间过长，次数过多后，就会失去新鲜感，降低学习兴趣，所以合作小组应该至少每学期调整一次，以便让学生有更宽的交往空间。

（二）精心设计、有效讨论

老师不要觉得开展小组合作学习会比传统的教学来的轻松，老师在课前准备工作除了要吃透教材，对每位学生进行综合分析外，还要就内容、时机、环境是否适合小组合作学习进行综合评定。决定采用合作学习的模式后，就需要精心设计每个环节，如内容的阶段性、合作氛围、学习结果评价、交流反馈等各个方面先进行规划，好在开展活动时不会措手不及。讨论是开展合作学习的必要手段，分工需要讨论，结论反馈需要讨论，评价更需要讨论。在小组合作学习讨论时，特别针对教材的重点、难点先进行一次讨论分好工，小组成员再各自独立思考，将自己的想法形成文字，然后再讨论分别提出自己的想法，形成集体意见。为了避免讨论成为优生的个人表演，可以丰富讨论的形式，小组讨论时都要

陈述自己意见，在参与全班交流中，小组成员轮流发言或抽签决定哪一位成员发言，更可以互问互答。

（三）适时引导，参与调控'

在合作学习时教师的角色任然是组织者、引导者和参与者。老师要善于营造一个学习的外部氛围，一个对学生的合作学习具有帮助，激发学生的学习热情，开发学生的思维，使学生学习的目标更明确的情景。在学生出现困难时巧妙引导，提供有意义的帮助。特别是在意外的局面如"冷场"或"过热"时，要置身小组中，掌握情况和学生一起诊断问题及时调整方向、控制局面、处理问题，保证小组合作学习有序、有效的开展。老师全程跟踪，始终保持机智的头脑，随时调整学习时间，传授探索发现的方法，激起学生思维的火花，把学生的探索引向更深一层。

（四）及时反馈、激励评价

及时反馈、激励评价对小组合作学习有着引导和促进作用。及时的反馈，给各个合作小组充分展示成果的机会，小组论述本组观点，并认真听取他组的观点，取他人之精华，去己之糟粕，修正和补充本组的发言稿，达到每个成员都将新学的知识内化到原有的认知体系。为提高学生的合作意识、激励学生不断提高小组合作水平，要加强激励评价。对小组活动进行评价时注意做到以下几点；评价内容可以包括活动秩序、过程、效果等方面；对合作小组集体评价和对小组成员评价相结合。教学中可以经常评出最佳小组，或最佳发言人，激励所有成员主动承担工作，使小组内出现互动、互助、互勉、互进情绪，强化学生的集体荣誉感，全面提升学生的整体素质；小组自评和组与组互评相结合。既自我分析问题总结经验又取长补短、互相促进。

三、自主学习

自主学习是与传统的接受学习相对应的一种现代化学习方式。顾名思义，自主学习是以学生作为学习的主体，通过学生独立的分析、探索、实践、质疑、创造等方法来实现学习目标。《基础教育课程改革纲要试行》在论及基础教课程改革的具体目标时指出："改变课程实施过于强调接受学习、死记硬背、机械的现状，倡导学生主动参与、乐于探究、勤于动手，培养学生搜集和处理信息的能力、获取新知识的能力、分析和解决问题的能力以及交流与合作的能力。"

（一）转变观念，把课堂还给学生

要让学生成为学习的主人，教师首先要转变观念，真正地解放学生，而不要用考试、作业来压迫学生。学生只有丢掉了枷锁，得到了解放，学习的主动精神才能发挥出来，才会成为学习的真正主人。因此，教师要改变原来的"贵族"与"奴隶"式的师生关系，切实放弃传统的"独舞"式灌输，独霸式控制。针对教材淡化知识体系的情况，教师要不断学习"舍弃"，以自己的"舍"换取学生的"得"，将课堂还给学生。课堂教学中，教师要引导学生积极参与到教学活动中去，把"读"的权利还给学生，通过阅读，使学生学会理解和分析教材，自主提出问题；把"议"的时间交给学生，课堂上一定要留出时间和空间，让学生围绕主题自主思考、分组讨论；把"说"的机会让给学生，鼓励学生大胆质疑，勇于表现，学习分析与归纳，学会倾听与说服，鼓励学生走上讲台，展示自己的观点和才能，促进学生的自信心和创新胆识的发展，让课堂成为学生自主创生的舞台。

（二）唤起意识，让被动接受变为主动学习

想学是自主学习的前提，学生的自主意识是在自主的学习活动中逐步形成的。首先要让学生懂得所学知识的重要性，只有充分认识了它的重要性，才会产生学习的欲望。其次，要提供自主学习机会。学生只有获得了大量的自主学习的时间和机会，才能获得"积极主动学习"的条件。因此，教师要合理安排课堂教学结构，只有合理安排课堂教学结构，给学生留有充足的自主学习时间，才有全员参与的可能性，才便于调动每个学生参与的积极性。在教学全过程中要多设计一些便于学生自主学习的环节，如适当安排学生自己操作的投影资料、小品表演、即兴表演、收集名言、讨论辨析、课前课后调查等等，这样才会使学生多一些自主学习的机会。第三，教师要尊重学生思想情感，创设民主平等的教学氛围，鼓励学生大胆表达自己的看法和体验；要关注学生的个性差异，尊重学生的行为选择，对于羞于表达的学生要大胆鼓励，使其树立信心，争取人人参与；对于思维活跃的学生，要尊重他们的奇思妙想，不要扼杀与教师自己思路不一致，与教材不吻合的，甚至"笨拙"的奇思异想；对于调皮捣蛋的学生要正确引导，激发其求知动力，积极创造条件，变不利为有利，做到全面发展，共同进步。

（三）授之以渔，为自主学习增添源头活水

发挥学生主体作用的关键在于教给其学习的方法，让学生由"要学"到"学会"；再过渡到"会学"；要提高自主学习、自主活动的质量，即在各环节都要注意学生实质上

的学习自主。学生自主学习不等于自由放任，教师要精心设计，加强针对性和启发性，将学生中的突出表现及存在的问题、实际生活中需要解决的问题、指导学生实践的问题等等，设计成辨析题，或设计成主体参与型的实践活动，让学生充分讨论，自主选择最满意的答案。

（四）务实求新，使自主学习落实到实处

中学课堂教学不能只限于教材的知识，还要努力引导学生通过合作、探究等方式积极思维，开启心智，学会解决实际问题的方法。

总之，自主学习是新课程教学改革的一个方向，是新课程标准真正进入课堂的一把标尺。促进学生的自主学习，是深化中学课堂教学改革的需要，也是知识经济社会和实施素质教育的必然要求。但是，促进学生自主学习的方法和途径有多种多样，同时在自主学习的实施过程中会遇到很多困难，这是避免不了的。因此要有充分的思想准备，切莫急躁冒进，也不能退缩妥协。要发扬"摸着石头过河"的精神，在实践中不断摸索，不断改进，不断完善；为推进中学课堂教学的改革，促进学生自主学习创造良好的条件，贡献力量。

参考文献

[1] 王文斌,李民. 我国外语教育研究的理论框架:构建与解析[J]. 外语教学,2017(01):1–18.

[2] 董玲. 美国外语教学法的发展及其影响因素剖析[J]. 外国中小学教育,2011(03):44–48.

[3] 安娜. 中国外语教学与学习传统[D].浙江大学,2013.

[4] 杨昱. 中美英语课堂教学法研究[D].中北大学,2013.

[5] 门纪敏. 多元智能理论在英美文学教学中的应用[D].河北师范大学,2014.

[6] 郝岚. 大数据与世界文学教学[J]. 中国比较文学,2016(01):186–193.

[7] 陈俊松. 英语文学阅读课程有效教学模式的建构——基于教学系统设计理论的探索[J]. 外语教学理论与实践,2016(02):22–27.

[8] 廖炜春,金衡山. 从高校美国文学教材看20世纪80年代中国的美国文学教学与研究[J]. 外语教学理论与实践,2015(01):43–96.

[9] 高蓓. 高中英语课堂中的文学教学实践探索[D].华中师范大学,2015.

[10] 刘晓瑭. 中学外国文学教学中存在的问题及解决的策略[D].哈尔滨师范大学,2015.

[11] 朱其珍. 初中综合美术教学的实践研究[D].上海师范大学,2013.

[12] 周玮. 浅析新课改下高中美术教学存在的问题及对策[J]. 太原大学教育学院学报,2011(03):112–114.

[13] 王成. 谈中小学美术教学中的情感教育[J]. 中国校外教育,2014(25):154.

[14] 刘雅丹. 中学美术教学中的学生审美情感培养研究[D].广西师范大学,2011.

[15] 应宜文. 20世纪初期(1900–1936)中国美术教育的转型研究[D].浙江大学,2013.

[16] 徐畅. 美术教育人生的必修课[D].东北师范大学,2012.